SCHÄFFER
POESCHEL

Rolf Eschenbach / Sebastian Eschenbach
Hermann Kunesch

Strategische Konzepte

Management-Ansätze von Ansoff bis Ulrich

4., überarbeitete und erweiterte Auflage

2003
Schäffer-Poeschel Verlag Stuttgart

Autoren:

o. Univ.-Prof. Dr. Rolf Eschenbach,
wissenschaftlicher Leiter des Österreichischen Controller-Instituts, Wien

Dr. Sebastian Eschenbach,
Fachbereich Management & Controlling des Fachhochschul-Studiengangs Informationsberufe, Eisenstadt

Dr. Hermann Kunesch,
Geschäftsführer der Electroplast GmbH, Wien und
Universitätslektor der Wirtschaftsuniversität Wien

Bibliografische Information Der Deutschen Bibliothek
Die Deutsche Bibliothek verzeichnet diese Publikation
in der Deutschen Nationalbibliografie; detaillierte bibliografische Daten
sind im Internet über <http://dnb.ddb.de> abrufbar.

Gedruckt auf säure- und chlorfreiem, alterungsbeständigem Papier.

ISBN 3-7910-2134-6

www.schaeffer-poeschel.de
info@schaeffer-poeschel.de
Einbandgestaltung: Willy Löffelhardt
Druck und Bindung: Ebner&Spiegel GmbH, Ulm
Printed in Germany
April / 2003

Schäffer-Poeschel Verlag Stuttgart
Ein Tochterunternehmen der Verlagsgruppe Handelsblatt

Vorwort zur 4. Auflage

Strategien entwickeln, sich strategisch verhalten
gehört heute zu den am häufigsten zu hörenden Redewendungen in der Praxis.
Da inzwischen alles strategisch gesehen wird,
... droht die ursprüngliche Bedeutung dieses Begriffs verlorenzugehen.[1]

Die 3. Auflage der „Strategischen Konzepte" erschien vor mehr als fünf Jahren. Seitdem hat sich das Interesse an Strategie in der Betriebswirtschaftslehre nicht verringert, sondern in der Praxis sogar verstärkt. Wir haben den Eindruck gewonnen, dass bei der wissenschaftlichen Diskussion über Strategie eine gewisse Reife zu beobachten ist. Wirklich ganz neue Denkansätze waren kaum festzustellen. Die Autoren prominenter strategischer Konzepte haben in den Neuauflagen ihrer Werke im Allgemeinen ihre bisherigen Denkkonzepte aktualisiert, jedoch nicht aufgegeben und auch nicht durch neue Konzepte ersetzt. Strategische Überlegungen, die in den letzten Jahren in den Vordergrund rückten, wurden neu in diese Ausgabe aufgenommen, wobei sich das einführende Kapitel auch den strategischen Problemen des mittelständischen Unternehmers widmet. Andere Konzepte wurden gestrichen, um den Umfang des Buches möglichst nicht auszudehnen. Bei den militärischen Vorläufern für Unternehmensstrategien wird im Schrifttum in der Regel in erster Linie Carl von Clausewitz genannt. Wir haben den Kreis der strategischen Denker unter den Militärs ausgeweitet, weil sie für das Verständnis moderner Unternehmensstrategie überaus nützlich sein können.

Diese Reife oder auch Stagnation bei der wissenschaftlichen Diskussion des strategischen Know-hows kommt der Wirtschaftspraxis zugute. Manager können nun sicherer sein, dass das, was überdauert hat, auch die Bewährungsproben in den Unternehmen und Organisationen bestanden hat. Der Manager oder der Student von heute hat es also leichter als seine Vorgänger vor zehn Jahren, für seine individuelle Situation passende strategische Ansätze zu finden. Kurzlebige Beraterkonzepte haben dabei an Bedeutung verloren.

Das vorliegende Buch bietet dem Praktiker eine kompakte Übersicht moderner Konzepte, die systematisch und vergleichend nebeneinander gestellt sind. Wir haben versucht, Inhalte, Stärken und Schwächen herauszuarbeiten. Der strategisch denkende und arbeitende Manager kann auf Grund der von uns gegebenen Übersicht jene Konzepte weiterverfolgen, die seinen Ansprüchen am ehesten entsprechen. Wissenschaftlern und Studierenden soll mit diesem Buch

---

1 Staehle (Management), S. 561

eine prägnante Übersicht über die strategischen Konzepte geboten werden, die nach unseren Beobachtungen von der Praxis angenommen werden – freilich in unterschiedlicher Intensität.

Dieses Buch will und kann keine abschließende Darstellung und Wertung der Konzepte vornehmen. Wir konzentrieren uns auf Kernaussagen und grundlegende Annahmen und Sichtweisen. Nur eingehendes Studium der Originalliteratur ist geeignet, die dargestellten Konzepte zur Gänze zu erfassen und anzuwenden.

Wir danken allen Mitarbeiterinnen und Mitarbeitern, die an dieser Auflage mitgearbeitet haben. Insbesondere möchten wir nennen:

- Magister Josef Koller für seine Literaturrecherchen und seine Anregungen zu den militärischen Strategen, die er an der Wirtschaftsuniversität Wien erarbeitet hat.
- Vier Studierende des Fachhochschulstudiengangs Informationsberufe in Eisenstadt, die im Rahmen eines Praxisprojekts die Überarbeitung folgender Kapitel vorbereitet haben: Birgit Femböck (Kapitel über Hamel/Prahalad, Hinterhuber, Itami, Mann, Porter und Pümpin), Thomas Riedl (Kapitel über Ansoff, Malik, Mintzberg und Probst/Gomez), Elisabeth Hackl (Kapitel über Drucker, Ghemawat, Hax/Majluf und Ulrich), Werner Kabelka (Kapitel über Gälweiler und PIMS). Letzterer übernahm zusätzlich große Teile des Layoutierens.

Dr. Christa Hanten hat uns als Lektorin über die Hürden der „neuen" Rechtschreibung geleitet. Die Zusammenarbeit mit den Verantwortlichen im Schäffer-Poeschel Verlag war, wie auch in der Vergangenheit, sehr harmonisch. Auch dafür danken die Autoren.

Wien und Eisenstadt, im Frühjahr 2003

Rolf Eschenbach, Sebastian Eschenbach, Hermann Kunesch

Inhaltsverzeichnis

Igor Ansoff

Carl von Clausewitz

Friedrich der Große

Peter F. Drucker

Peter Gomez

Arnoldo Hax

Hans Hinterhuber

Nicolas Majluf

Fredmund Malik

Henry Mintzberg

Gilbert Probst

Cuno Pümpin

Hans Ulrich

1 Bedeutung strategischer Konzepte in der Unternehmensführung

1.1 Die Ursprünge der Unternehmensstrategie

Die Wurzeln des Strategiebegriffs leiten sich vom griechischen „stratos“ (Heer) und „agos“ (Führer) ab. Von Clausewitz verwendet in seiner auch heute noch von Betriebswirten zitierten Abhandlung über die Gesetze der Kriegsführung („Vom Kriege“) erstmals einen exakten Strategiebegriff.[1] In den 1950er Jahren wird der Strategiebegriff im Rahmen eines Business Policy-Kurses an der Harvard Business School in die Betriebswirtschaftslehre eingeführt. Dabei wird er gegenüber dem militärischen Begriff[2] (Mittelwahl zum Erreichen definierter Ziele) ausgeweitet, indem auch die Zielbildung als Teil der Strategie angesehen wird.[3] Dies wird auch am ersten umfassenden und mehrstufigen strategischen Konzept deutlich, das – aufbauend auf dem Business Policy-Konzept – an der Harvard Business School vorgestellt wird. Das Harvard-Modell unterteilt Unternehmensstrategie explizit in „Formulierung“ und „Implementierung“. Im Rahmen der Formulierung werden strategische Entscheidungen vorbereitet und getroffen. Im Rahmen der Implementierung werden die zuvor festgelegten strategischen Ziele im Unternehmen durchgesetzt und am Markt umgesetzt. Dieser Begriffsumfang und die strenge Trennung zwischen Strategiedefinition und Umsetzung wird bis heute weitgehend unverändert beibehalten.

Die Frage, wann eine betriebliche Entscheidung als strategisch anzusehen ist, wird durch dieses Modell jedoch nicht geklärt. Lange Zeit hat sich dabei die Definition des Strategiebegriffs etwa am Zeithorizont der Planung orientiert. [4] Es ist unter anderem ein Verdienst Gälweilers, dass sich bei der Definition des Strategiebegriffs ein Bewusstseinswandel vollzogen hat. Gälweiler bezieht sich nicht auf den Zeithorizont, sondern auf das Erfolgspotenzial als Quelle und damit Voraussetzung für nachhaltigen operativen Erfolg. Strategie ist somit das Aufbauen und Sichern dieser Erfolgsquellen. Damit wird der Zeithorizont als primäres Unterscheidungsmerk-

1 ausführliche historische Darstellung vgl. Hinterhuber (Wettbewerbsstrategie), S. 3ff.

2 zur Unterscheidung zwischen betriebswirtschaftlichem und militärischem Strategiebegriff vgl. Gälweiler (Unternehmensführung), S. 59ff.

3 vgl. Staehle (Management), S. 561ff.

4 vgl. Hax, Majluf (Concept), S. 2f.; Horak (Controlling), S. 111

mal zwischen operativer und strategischer Planung verdrängt und durch einen inhaltlichen Aspekt ersetzt: das Erfolgspotenzial.

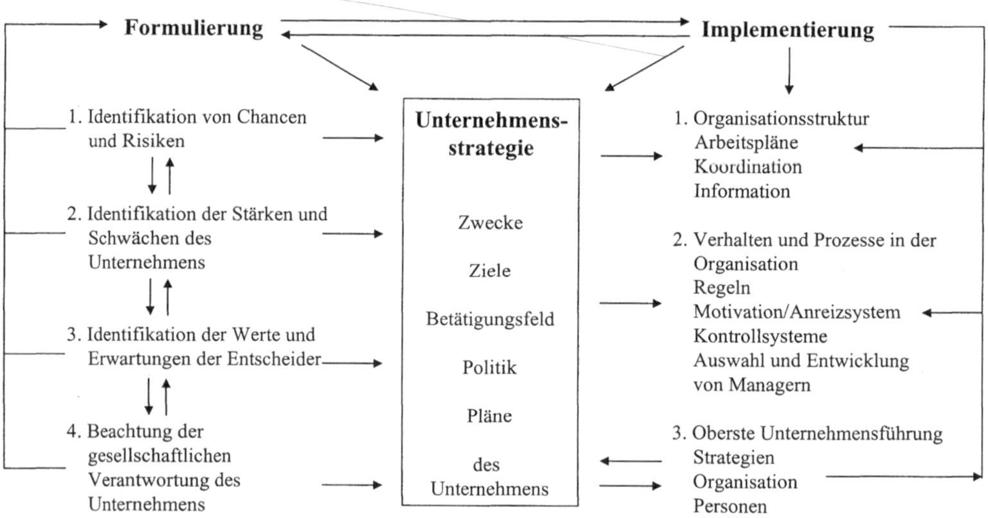

Abb. 1.1 Harvard-Modell[1]

Ein Unternehmen handelt dann strategisch, wenn es Erfolgspotenziale sichert oder aufbaut, ob es dies nun bewusst oder unbewusst tut. Es stellt sich lediglich die Frage, ob bei Unternehmen, die ihre Erfolgspotenziale nur zufällig verfolgen, überhaupt von strategischer Führung gesprochen werden kann. So können beispielsweise Unternehmen über Jahre hinweg erfolgreich sein, ohne ihre Erfolgspotenziale bewusst zu kennen. Selbst wenn sie Maßnahmen ergreifen, die eine Sicherung dieser Erfolgspotenziale bewirken, dies aber nicht im strategischen Bewusstsein tun, kann man vielleicht von einem strategischen Verhalten, aber wohl kaum von einer strategischen Führung oder einem strategischen Management sprechen. Derartige Unternehmen handeln vielleicht unbewusst strategisch, haben aber keine Strategie.

Definiert man strategisches Management als „bewusstes Sichern und Aufbauen von Erfolgspotenzialen", folgt, dass es strategielose Unternehmen geben muss. Wobei damit sowohl jene gemeint sein können, die ihre Erfolgspotenziale mehr oder weniger unbewusst zerstören, als auch und vor allem jene Unternehmen, die keine bewusste Suche nach Erfolgspotenzialen betreiben. Wie kann man Erfolgspotenziale aufbauen oder sichern, wenn sie den Entscheidungsträgern nicht bewusst sind?

Selbst wenn Mintzberg empirisch belegt, dass ein Großteil der später umgesetzten Strategien keinem formalen Planungsprozess entspringt, sondern im Unternehmen entsteht bzw. auftaucht, so bedeutet dies nur, dass strategisches Management keines formalen Planungsprozesses bedarf. Am Ende muss aber auch die emergente Strategie dem Unternehmen bewusst wer-

1 vgl. Andrews (Concept) S. 22

den und einem Auswahl- und Entscheidungsprozess unterzogen werden. Das Ergebnis ist abermals eine bewusste Strategie, deren Umsetzung beurteilt werden kann. Ohne bewusste strategische Entscheidungen und Maßnahmen ließe sich die Umsetzung empirisch überhaupt nicht feststellen.

Neben den Fällen der Strategielosigkeit als Managementfehler kann aber Strategielosigkeit auch ein bewusster Akt sein:[1]

- Eine strategielose Phase kann bewusst als Übergang zwischen zwei Strategien eingeschoben werden, um insbesondere dem Mittelmanagement Zeit zu geben, die alten, eingefahrenen Denkweisen abzulegen.
- Das Management bzw. der Unternehmer kann sich auch in Kenntnis der Gefahr strategielosen Handelns die Freiräume einer „Fahrt ins Blaue" bewusst herausnehmen und dies als Positionierung am Markt verwenden.

Schlussendlich kann man von einer strategiegeleiteten Führung sprechen, wenn die Akteure des Unternehmens[2]

- von einer gemeinsamen Orientierung und einem gemeinsamen Wissen getragen sind, dem sie sich und Entscheidungen des Tagesgeschäfts unterwerfen. (Diese gemeinsame Orientierung muss nicht notwendigerweise durch eine kooperative Entscheidungsfindung entstehen.) Strategien müssen daher ein Mindestmaß an Dauer und ein Mindestmaß an Konsens hinsichtlich der Zielrichtung aufweisen, um als Handlungsmaxime Gültigkeit erlangen zu können.
- Wissen und Orientierung müssen sich auf den Aufbau und die Sicherung von Erfolgspotenzialen beziehen, denn nur, was sich auf diese bezieht, kann Strategie sein.
- Es muss ein Gestaltungswille hinsichtlich der Erfolgspotenziale, ein bewusster Wille zur Gestaltung der Zukunft vorliegen. Anpassungsnotwendigkeit an ein sich veränderndes Umfeld kann zwar Auslöser einer Strategiefindung sein, begründet aber noch kein strategisches Verhalten.
- Das Management muss sich der Bedeutung der Erfolgspotenzialgestaltung bewusst sein und deren operative Wirkungsweise anstreben.

Darüber hinaus muss wohl auch vorausgesetzt werden, dass das Unternehmen Methoden und Konzepte der Strategieplanung zumindest als Ideenlieferant einsetzt. Nur wenn dies geschieht, kann man annehmen, dass der Strategiefindungsprozess einigermaßen rational abläuft. Doch gerade hier klaffen Idee und Praxis weit auseinander.

Verlangt man weiters eine formale oder zumindest bewusste Entscheidungsfindung und Artikulation der Strategie im Topmanagement eines Unternehmens als Grundlage für deren Existenz, klammert man notwendigerweise viele Klein- und Mittelbetriebe aus dem strategischen Management aus. In Anbetracht der empirischen Untersuchungen muss man auch jenen Unternehmen eine Strategie und strategisches Verhalten zugestehen, die beispielsweise von einem

1 vgl. Inkpen (Seeking), S. 315ff.

2 vgl. Kirsch (Wegweiser), S. 120ff.

dominanten Unternehmer getragen sind, der die Strategie mehr oder weniger autokratisch vorgibt, ohne sie einem breiten Entscheidungs- oder Planungsprozess zu unterwerfen.

Empirische Untersuchungen belegen, dass Strategiefindungsprozesse im Unternehmen in aller Regel nicht rational-analytisch erfolgen. Selten werden die gesamten Strategien dokumentiert. Der Strategieentwicklungsprozess ist vielmehr fragmentiert, evolutionär und von Intuition geprägt. Interne und externe Einflüsse werden neben den formalen Strategiebildungsprozessen in die Strategiefindung einfließen. Einzelne strategische Konzepte sind vielfach nicht in der Lage alle strategierelevanten Variablen zu berücksichtigen. Das Topmanagement sucht daher einen sich situativ entwickelnden Konsens über die strategische Ausrichtung.

1.2 Strategieforschung

Ausgehend vom Harvard-Modell, wurde seit den 1960er Jahren eine Vielzahl von Strategiekonzepten entwickelt, deren Ziel es ist, die Wettbewerbsstrukturen, in denen ein Unternehmen agiert, zu systematisieren und verständlich zu machen. Die Schwerpunkte der Konzepte sind sehr unterschiedlich und variieren mit dem spezifischen Erfahrungsschatz und dem eingeschlagenen Forschungsansatz des jeweiligen Autors. Die ersten Strategiekonzepte waren normativ angelegt und konzentrierten sich primär auf den Strategieplanungsprozess. Anfang der 1970er wurden die ersten breit angelegten empirischen Strategieforschungen begonnen, allen voran das PIMS-Programm. In der Folge nahm die Zahl empirischer Untersuchungen laufend zu und es wurde eine Reihe deskriptiver Modelle und Erkenntnisse zum strategischen Management vorgelegt.[1]

Zwei Zielrichtungen der Strategieforschung können unterschieden werden:

1.2.1 Der Strategiefindungsprozess

Die Prozessforschung untersucht das Zustandekommen von Strategien im Unternehmen und die den Prozess beeinflussenden Faktoren. Seit dem ersten bereits dargestellten, an der Harvard Universität entwickelten Prozessmodell, unterstellen die meisten Arbeiten folgendes Phasenschema:

- **Agendabildung**
  Den Start des Strategiefindungsprozesses und die Auswahl der diskutierten Fragestellungen dominieren in aller Regel der subjektiv wahrgenommene Handlungsdruck sowie die im Unternehmen geteilten Werte und Normen.

1 vgl. Knyphausen (Firms), S. 771ff.; Rasche, Wolfrum (Unternehmensführung), S. 501ff.; Berger, Kalthoff (Kernkompetenzen), S. 168ff.

- **Entscheidung**

  Die Analyse und Diskussion des Entscheidungsverhaltens im Unternehmen nimmt den breitesten Raum in der Prozessforschung ein. Es lassen sich rational-analytische, politisch-machtorientierte, bürokratische und adaptive (an die Umfeldanpassung orientierte) Modelle unterscheiden.

  Neben der Frage nach dem Ablauf der Entscheidungsfindung werden auch deren Rahmenbedingungen diskutiert. Fragen nach der Teamgröße, der Homogenität des Managementteams etc. werden gestellt. Von Bedeutung ist auch, welche Auswirkungen eine hohe Diversität der Teammitglieder im Entscheidungsprozess hat. Positiv auf die Entscheidung wirkt die durch die Diversität entstehende Kreativität im gruppendynamischen Prozess. Negativ wirken sich Kommunikationsstörungen und politisches Taktieren sowie übersteigertes Vertrauen in die eigenen Fähigkeiten aus. Dies äußert sich in vielen Fällen auch in der Attributation der Erfolge: Positive Ergebnisse werden der eigenen Stärke, negative Ergebnisse dagegen den schlechten Umfeldbedingungen zugeschrieben, während dies bei der Beurteilung anderer Unternehmen genau umgekehrt ist.[1]

  Relativierend zu den vielen normativen Handlungsempfehlungen, ist anzunehmen, dass formale Strategiefindungsprozesse weit geringeren Einfluss auf die Strategieauswahl haben dürften, als dies durch die Strategiemodelle suggeriert wird. Vielmehr haben Investitions- und operative Managemententscheidungen größeren Einfluss. Dem Management kommt demnach in erster Linie nicht die Aufgabe der treibenden Kraft, sondern die Aufgabe des Katalysators zu.[2]

- **Implementierung**

  Der Frage der Umsetzung von Strategien wurde lange Zeit viel zu wenig beachtet. Strategiefindung und -auswahl galten als die kreativen, anspruchsvollen Handlungen, die Umsetzung wurde dagegen lediglich als ein Durchsetzungsproblem gesehen, dem das Management kein weiteres Augenmerk schenken muss. Dass dies nicht so ist, ist heute hinlänglich bekannt. Die besten Strategien helfen nichts, wenn bereits das Mittelmanagement diese nicht mehr kennt oder nicht mitträgt. Die breite Einbindung aller Unternehmensebenen in den strategischen Planungsprozess wird daher ebenso gefordert wie das Erzielen eines breiten innerbetrieblichen Konsenses. Empirisch können diese normativen Handlungsempfehlungen aber nur schwer nachgewiesen werden. So zeigt sich etwa, dass strategischer Konsens bei Differenzierungsstrategien zum Erfolg führt, bei Kostenführerschaft dagegen keinen Erfolgseinfluss hat. Begründet wird dies damit, dass für den Aufbau eines Differenzierungsvorteils breite innerbetriebliche Übereinstimmung und Fokussierung notwendig ist, wogegen Kostenführerschaft lediglich eines straffen operativen Kontrollsystems bedarf.[3]

---

1 vgl. Müller-Stewens, Lechner (Prozessforschung), S. 12f.

2 vgl. Müller-Stewens, Lechner (Prozessforschung), S. 15f.; siehe dazu auch: Hart (Framework), S. 328ff.

3 vgl. Homburg (Consensus), S. 339ff.

Neben diesen strategiebedingten Einschränkungen allgemein gültiger Umsetzungsempfehlungen wirken auch situative Variable auf den Umsetzungsstil und den Umsetzungserfolg. Dies sind etwa die Unternehmensgröße, die Unternehmensgeschichte und auch die Branche. Beispielsweise ist es einfacher, in sich dynamisch verändernden Industrien einen strategischen Gestaltungsprozess umzusetzen als in alten, stabilen Industrien.[1]

- **Kontrolle**

  Die ersten umfassenden Arbeiten zur strategischen Kontrolle haben diese konzeptionell in Planfortschrittskontrolle anhand von Meilensteinen, Prämissenkontrolle — also laufendes Hinterfragen, ob die für die strategische Entscheidung relevanten Planungsprämissen noch Gültigkeit besitzen — sowie ungerichtete strategische Überwachung zu untergliedern. Die strategische Überwachung entspricht dabei im Wesentlichen einer gezielten Aufnahme schwacher Signale, wie dies Ansoff fordert.[2]

  Tatsächlich praktische Relevanz erlangte aber nur die Meilensteinkontrolle, da sich nur diese in geeigneter Form im Unternehmen implementieren lässt. Erst die Arbeiten zur Balanced Score Card brachten einen frischen Wind in die Diskussion strategischer Kontrolle, indem, basierend auf der Vorsteuerungsidee in den Bereichen Kundenperspektive, Leistungserstellungsprozessperspektive und Entwicklungsperspektive, dem operativen, finanziellen Erfolg vorsteuernde Indikatoren gesucht werden. Diese sollen sich aus der Unternehmensstrategie ableiten und darüber hinaus eine logische Verknüpfung zum operativen Erfolg aufweisen. Dadurch erhält das Management eine Score Card, die die wesentlichen Bereiche des Unternehmens strategieorientiert abbilden und steuern lässt.[3]

1.2.2 Die Strategieinhalte

Die Inhaltsforschung untersucht, weshalb es erfolgreichere und weniger erfolgreiche Unternehmen gibt bzw. wo die strategischen Ursachen für nachhaltige Erfolgsunterschiede liegen. Hier haben sich zwei Sichtweisen herausgebildet: der resource based view, der den Grund für Erfolg in den Unternehmensressourcen sucht, und der market based view, der die Branchencharakteristika für den Unternehmenserfolg verantwortlich macht.

Der resource based view stellt die Ressourcenausstattung eines Unternehmens in den Mittelpunkt der Diskussion über Unterschiede im Erfolg: Maschinen, Know-how, Technologie etc. Jene Unternehmen, die über die besseren Ressourcen verfügen, sind demnach langfristig erfolgreicher. Das Ergebnis sind Modelle der Strategieentwicklung, mit deren Hilfe das Unternehmen die eigene Ressourcenausstattung analysieren und gestalten soll.

Industrieökonomische Ansätze des Market Based View stellen das Unternehmensumfeld ins Zentrum und bieten Instrumente an, mit deren Hilfe sich das Unternehmen im Branchenumfeld positionieren kann.

1 vgl. Müller-Stewens, Lechner (Prozessforschung), S. 13
2 vgl. Steinmann, Schreyögg (Management), 202ff.
3 vgl. Kaplan, Norton (BSC)

Beide Forschungsrichtungen präsentieren in der Folge Instrumente und Vorgehensweisen, mit deren Unterstützung eine erfolgversprechende strategische Konstellation (Fit) erzielt werden kann.

Neben der Vielzahl normativer Erfolgsrezepte hat die Inhaltsforschung auch eine Reihe als empirisch weitgehend gesichert anzusehender strategischer Erfolgsfaktoren anzubieten, deren sich das Management bei der Strategiefindung jedenfalls bewusst sein sollte. Die wichtigsten sind:

- PIMS,
- Erfahrungskurve,
- Produktlebenszyklus,
- Substitutionszeitkurve.

Das PIMS-Programm (Profit impact of Market strategies)[1]

Seit den 1970er Jahren werden vom Strategic Planning Institute, ausgehend von General Electric, mit Unterstützung von Statistiken empirische Daten über strategische Geschäftseinheiten ausgewertet. Ziel der Analyse ist es, Einflüsse auf den Erfolg (definiert als ROI) zu identifizieren beziehungsweise generelle Marktgesetze zu finden.

Das PIMS-Programm berücksichtigt eine Vielzahl von Erfolgsfaktoren. „Mit Hilfe dieser Faktoren ist PIMS in der Lage, 75 bis 80 Prozent des Unterschiedes im ROI zwischen zwei Geschäftseinheiten zu erklären. Der verbliebene Rest kann bislang mit Hilfe der von PIMS benützten Methode nicht erklärt werden."[2]

Die Grafik soll einen groben Überblick über die verwendeten Faktoren geben:

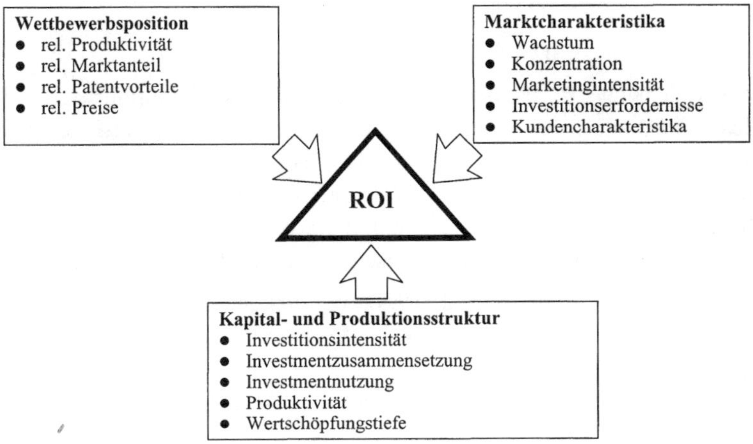

Abb. 1.2: Die wichtigsten Bestimmungsfaktoren des ROI[3]

1 detaillierte Darstellung im Kapitel 19
2 vgl. Neubauer (Portfolio), S. 184
3 Luchs, Müller (Strategien), S. 85

PIMS filtert durch die Sensitivitätsanalyse jene Faktoren aus der Vielzahl der Erfolgsfaktoren heraus, deren Auswirkungen auf den Erfolg am höchsten sind. Dadurch erfolgt eine Reduktion der Komplexität auf empirischer Basis. Die 37 gefundenen Faktoren werden zu sieben Haupteinflussgrößen verdichtet:[1]

- Attraktivität des Markts (z. B. Marktwachstum),
- Stärke der Wettbewerbsposition (z. B. Marktanteil),
- Investitionsintensität (z. B. Kapazitätsausnutzung),
- Produktivität (Wertschöpfung je Mitarbeiter),
- Innovation, Abgrenzung von Konkurrenten (z. B. neue Produkte),
- Produktqualität (aus Sicht der Kunden),
- Vertikale Integration (Wertschöpfung zu Umsatz).

Insbesondere die Variablen Marktwachstum und Marktanteil werden in strategische Modelle übernommen. Trotzdem darf nicht übersehen werden, dass sich der Erklärungswert auf das gesamte Variablenset bezieht und daher eine Isolation einzelner Einflussgrößen methodisch nicht haltbar ist.

Das sind jedoch nicht die einzigen methodischen Probleme, mit denen das PIMS-Konzept konfrontiert ist. Empirisch erkannte Korrelationen dürfen keinesfalls mit gesetzmäßigen Kausalitäten gleichgesetzt werden. Korrelation kann auch entstehen, wenn sich Fehler ausgleichen oder wenn die beiden auf ihre Korrelation untersuchten Variablen jeweils mit einer dritten Variablen korrelieren. Zusätzliche methodische Schwächen liegen in der hohen Korrelation der unabhängigen Variablen sowie in der Beschränkung auf Durchschnittswerte bei der Auswertung, in der Beschränkung auf den ROI als Erfolgsindikator und im hohen Anteil (20 %) nichterklärter Streuung.[2]

Die Lern- und Erfahrungskurve

Ebenfalls empirisch belegt ist das Phänomen der Lern- und Erfahrungskurve. Ursprünglich wurde ein Zusammenhang zwischen Lohnkosten und kumuliertem Fertigungsvolumen empirisch festgestellt (Lernkurve). In der Folge konnte beobachtet werden, dass sich Erfahrungseffekte darüber hinaus auf den gesamten Wertschöpfungsanteil der Stückkosten einstellen.[3] Daher kann folgendes Erfahrungsgesetz formuliert werden: Mit jeder Verdoppelung der kumulierten Ausstoßmenge entsteht ein Stückkostensenkungspotenzial von 20 bis 30 %.[4]

Als Ursachen für diesen Erfahrungseffekt werden verschiedene Gründe genannt:[5]

- Lerneffekte,
- Größendegression,
- Technischer Fortschritt,

1 vgl. Staehle (Management), S. 602
2 vgl. Kreilkamp (Management), S. 398ff.; Staehle (Management), S. 603; Barzen, Wahle (PIMS), S. 109
3 vgl. Dunst (Portfolio Management), S. 68ff.
4 vgl. Gälweiler (Kontrolle), S. 217
5 vgl. Horvath (Controlling), S. 476

- Rationalisierung.

Die „Gesetzmäßigkeit"[1] der Erfahrungskurve bezieht sich sowohl auf einzelne Produkte, Produktgruppen, Bauteile, strategische Geschäftseinheiten etc. als auch auf die gesamte Branche und ist lediglich ein Potenzial, das vom Unternehmen genutzt werden muss.

Für die strategische Positionierung eines Unternehmens ist es von vorrangiger Bedeutung, die Summe seiner Teilerfahrungskurven und die bestehenden Interdependenzeffekte (mehrfach verwendete Bauteile etc.) zu erkennen.

Die strategischen Konsequenzen der Erfahrungskurve sind vielfältig:

- Die Bedeutung des Marktanteils als kritischer Erfolgsfaktor wird unterstrichen. Nützen alle Anbieter eines Produkts die Erfahrungskurve optimal aus, so bestimmt der relative Marktanteil die relative Kostenposition eines Unternehmens. Das Unternehmen mit dem größten relativen Marktanteil verfügt damit ständig über die größte potenzielle Gewinnspanne.
- Hohes Marktwachstum macht rasche Nutzung von Erfahrungseffekten möglich. Dieser Zusammenhang unterstreicht die Bedeutung einer Investition in wachsende Märkte, da dort Erfahrungseffekte schnell genutzt und Marktanteile vergleichsweise leicht errungen werden können.
- Im Bereich des Kostenmanagements führt die Erfahrungskurve zu besserem Verständnis der Kostenentwicklung und zur Abschätzung von Zukunftstrends – sowohl für das eigene Unternehmen als auch im Rahmen der Konkurrenzanalyse für einzelne Wettbewerber oder die Branche. Einsparungspotenziale und Preisentwicklungen können errechnet werden.

Ein Kritikpunkt liegt darin, dass das Konzept der Erfahrungskurve weit weniger empirisch belegt ist als etwa das PIMS-Programm, wodurch eine breite Überprüfung des Ansatzes noch nicht möglich ist. Die Aussagekraft wird auf ein „Rationalisierungspotenzial" beschränkt, das vom Unternehmen aktiv auszuschöpfen ist, daher wird das Erfahrungskurvenkonzept zu einer nicht empirisch überprüfbaren (falsifizierbaren) Tendenzaussage.[2] Darüber hinaus ist der – in der Regel – diskontinuierliche Verlauf des technischen Fortschritts mit ein Grund, dass die Prognosefähigkeit des Konzepts nur über längere Zeiträume hinweg Gültigkeit hat. Ebenso problematisch ist die Entscheidung über die geeignete Bestimmung des Ausgangspunkts der kumulierten Erfahrung und über die Abgrenzung des Gebiets (der Branche), auf die sich die Erfahrungsansammlung bezieht.[3]

Produktlebenszyklus

Studien über Umsatz- und Absatzentwicklungen einzelner Produkte lieferten ein typisches Verlaufsmuster (Lebenszyklus). Nach Glättung und Bereinigung von Sondereinflüssen lassen sich idealtypische Produktlebenszykluskurven entwickeln.

---

[1] Es handelt sich streng genommen nicht um ein Gesetz, da exakte Beurteilung oder Berechnung des Degressionseffekts auf Basis der Einflußfaktoren nicht möglich ist. Vgl. Dunst (Portfolio Management), S. 68f.

[2] vgl. Kreilkamp (Management), S. 350; zum methodologischen Problem der Falsifizierbarkeit vgl. Raffée (Grundprobleme), S. 37

[3] vgl. Hax, Majluf (Strategisches Management), S. 142f.; Staehle (Management), S. 600f.

In der Regel werden diese Kurven in vier Phasen eingeteilt:

- Einführung (geringe Wachstumsraten),
- Wachstum (hohe Wachstumsraten),
- Reifephase (Übergang von Wachstum zu Rückgang),
- Sättigungsphase (Schrumpfung).

Die erkannten Verlaufsmuster des Lebenszyklus sind im Vergleich zu den schon behandelten strategischen Einflussgrößen deutlich weniger empirisch und theoretisch abgesichert. Der Verlauf lässt sich auch leicht von absatzpolitischen Instrumenten beeinflussen und in der Regel nicht vorhersagen. Die klassisch S-förmige Lebenszykluskurve kann als empirisch falsifiziert angesehen werden, es existiert eher eine Reihe von Verlaufstypen, deren Verhalten von spezifischen Einflussfaktoren geprägt wird: besonders vom Käuferverhalten und vom eingesetzten Marketinginstrumentarium.[1]

Trotz dieser Einschränkung wird in der Praxis häufig mit dem Lebenszykluskonzept gearbeitet, indem differenzierte Strategien je nach Lebenszyklusphase erstellt werden. Die einzelnen Phasen werden mit dem Portfoliokonzept verbunden, wobei sie den Feldern in der Vier-Felder-Matrix entsprechen.

Substitutionszeitkurve

Eine Vielzahl empirischer Untersuchungen hat die These bestätigt, dass in der Regel das Ersetzen von bisherigen Technologien durch neue technologische Lösungen beziehungsweise die Ablösung von bisherigen Produkten durch neue (auch bei sehr unterschiedlichen Substitutionszeiten) einem nahezu gleichförmigen Verlaufsmuster folgen.[2]

Der Substitutionsverlauf ergibt grafisch meist eine typisch S-förmige Kurve, die zunächst exponentiell bis zum Wendepunkt (bei 50 % Marktsättigung) ansteigt, dann wieder exponentiell abflacht und einem Sättigungswert zustrebt.

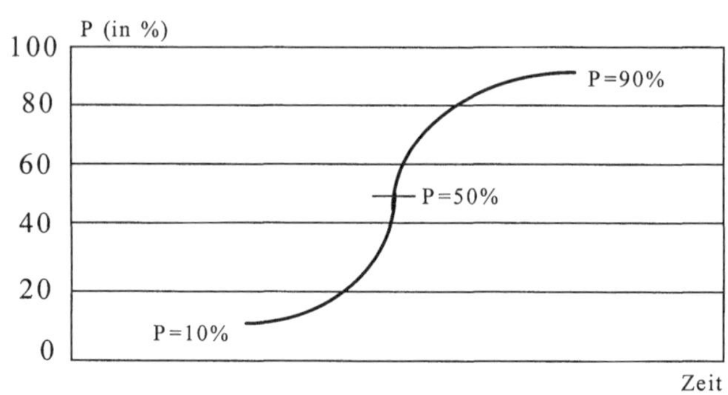

Abb. 1.3: Der Substitutionsverlauf[3] (P = %-Anteil des neuen Produkts am Gesamtmarkt)

1 vgl. Kreilkamp (Management), S. 337ff.
2 vgl. Malik (Management), S. 137ff.
3 Gälweiler (Unternehmensführung), S. 49

Der Gesamtmarkt ist durch die Anwenderprobleme definiert, für die das neue Produkt eine bessere Lösung bringt als das alte. Gälweiler interpretiert die Erkenntnisse der Substitutionszeitkurve so, dass selbst intensive Marketinganstrengungen – sei es zur Verlängerung von Lebenszyklen oder zur positiven Beeinflussung des Marktwachstums – den vorgegebenen Substitutionsverlauf nicht wesentlich beeinflussen können.[1] Konzeptionell lassen sich gegenüber der Substitutionszeitkurve ähnliche Kritikpunkte anführen wie gegenüber dem Produktlebenszyklus.

1.3 Strategische Konzepte

1.3.1 Ressourcenorientierte Konzepte der Strategieentwicklung

Andrews und Ansoff haben die Grundsteine für ressourcenorientierte Konzepte gelegt. Im Zentrum ihrer strategischen Planungsmodelle steht die Suche nach den Stärken und Schwächen der Unternehmen, die es auszubauen gilt. Demzufolge sind die Ressourcen, über die ein Unternehmen verfügt, der zentrale Motor der Wettbewerbsfähigkeit. Wettbewerbsvorteile kann ein Unternehmen nur dann aufbauen, wenn es gegenüber den Mitbewerbern eine bessere Ressourcenausstattung besitzt (asymmetrische Ressourcenallokation zwischen den Wettbewerbern) und diese Ressourcen Nutzen am Markt stiften können. Das ist immer dann möglich, wenn bezüglich dieser speziellen Ressourcen ein unvollkommener Markt herrscht. Andernfalls könnten sich die Wettbewerber diese ebenfalls beschaffen und die Wettbewerbsvorteile wieder zunichte machen.[2]

Die vier zentralen Merkmale, die ressourcenbasierte Wettbewerbsvorteile begründen können, sind:[3]

- Werthaftigkeit (Stiften eines wahrgenommenen Kundennutzens),
- Seltenheit,
- Mangelnde Nachahmbarkeit,
- Fehlende Möglichkeit der Substitution der Ressource.

Der Unterschied im Erfolg begründet sich nach der ressourcenorientierten Sichtweise aus den Eigenheiten und Besonderheiten eines Unternehmens, das selbst Ausgangspunkt der Wettbewerbsvorteile ist. Strategische Konzepte, die dieser Denkweise verpflichtet sind, stellen Instrumente und Methoden in den Vordergrund, mit deren Hilfe die erfolgsrelevanten Ressourcen ermittelt und ausgebaut werden können. Vor diesem Hintergrund sind Erfolgspotenziale etwas Individuelles und Unternehmens- bzw. Situationsbezogenes.

---

1 vgl. Gälweiler (Unternehmensführung), S. 49
2 vgl. Rasche, Wolfrum (Unternehmensführung), S. 502ff.
3 vgl. Schreyögg (Management), S. 401

Ursprünglich standen Kapital- und maschinelle Ressourcen im Vordergrund des resource based view. Heute werden diese am Markt beschaffbaren Ressourcen als leicht imitierbar angesehen und eignen sich daher nicht für den Aufbau nachhaltiger Wettbewerbsvorteile. Die zentralen wettbewerbsbeeinflussenden Ressourcen sind dagegen die im Unternehmen entwickelten Problemlösungsmuster und -techniken, also die Fähigkeiten einer Organisation (capability based view) bzw. das kollektive Wissen einer Organisation (knowledge based view).

Typische Vertreter sind Andrews, Ansoff, Mann, Gälweiler, Hamel und Prahalad.

1.3.2 Industrieökonomische strategische Konzepte

Durch die Arbeiten Porters rückte in den 1980er Jahren der ressourcenorientierte Zugang in den Hintergrund. Porter beurteilt die Branche und die strategische Gruppe, in der ein Unternehmen mit seinen strategischen Geschäftseinheiten agiert, als den bedeutendsten Einflussfaktor für die Rentabilität des im Unternehmen investierten Vermögens. Diese Überlegungen fußen auf der structur conduct performance-Hypothese, die in den Umfeldbedingungen die Ursache von Rentabilitätsunterschieden sieht (industrieökonomische Sichtweise).

Ressourcen werden hingegen nicht als geeignet angesehen, langfristige Wettbewerbsvorteile zu sichern. Unternehmensressourcen gelten zwischen den Unternehmen innerhalb einer Branche als austauschbar und allgemein verfügbar. Langfristig lassen sich mit ihnen keine Rentabilitätsunterschiede erzielen. Bestenfalls das nationale Umfeld im Sinne wettbewerbsfördernder Rahmenbedingungen kann für ein Unternehmen strategische Vor- oder Nachteile bieten.

Die Begründung von Rentabilitätsunterschieden liegt somit in der Branchenattraktivität (Eintrittsbarrieren, Konzentrationsgrad etc.) und in der gelungenen Anpassung der Unternehmen an diese Branchensituation. Da Eintrittsbarrieren in erster Linie durch Betriebsgrößenvorteile und Produktdifferenzierung der bestehenden Wettbewerber aufgebaut werden können, stellen diese beiden Größen die zentrale strategische Auswahl dar. Innerhalb einer Branche oder strategischen Gruppe verfügen die agierenden Unternehmen langfristig über die gleichen Ressourcen und daher auch über die gleichen Erfolgsvoraussetzungen. Erfolgsunterschiede innerhalb einer Branche lassen sich somit nur bedingt erklären und werden daher auch weitgehend bestritten oder dem Zufall zugeschrieben. Der Handlungsspielraum für Unternehmen wird dabei nicht eingeschränkt, sondern auf eine andere Ebene verlagert: Die Branchenwahl und die Abstimmung des strategischen Repertoires auf die jeweilige Branchensituation stehen im Vordergrund.

Typische Vertreter sind Porter, Hinterhuber und Ghemawat.

Trotz der wesentlichen Unterschiede in der Begründung von Wettbewerbsvorteilen und Rentabilitätsunterschieden kommen industrieökonomische und ressourcenbasierte Ansätze in der praktischen Ausgestaltung sich näher, als man auf den ersten Blick vermuten würde. Ressourcenorientierte Ansätze erkennen Branchenunterschiede als relevante Einflussfaktoren ebenso an, wie industrieökonomische Ansätze bei der Begründung brancheninterner Rentabilitätsunterschiede auf die Unternehmensspezifika zurückgreifen. Es ist daher nicht verwunderlich, wenn sich beide Denkschulen in dieselbe Richtung weiterentwickeln: Sowohl in den structure conducts performance- als auch in den ressourcenorientierten Ansätzen tritt immer stärker die Unternehmenshistorie als wesentliche strategische Triebkraft in den Vordergrund. Damit versuchen die Autoren der häufig geäußerten Kritik der zu statisch orientierten Strategieplanung entgegenzuwirken, was sich in unterschiedlicher Form äußert: Drucker spricht von der im Zeitablauf gebildeten Geschäftslogik, Hamel und Prahalad von der auf der Vergangenheit fußenden Entwicklung von Fähigkeiten und Ghemawat vom auf der Unternehmensgeschichte fußenden Commitment.

1.3.3 Systemorientierte Konzepte

Auf einer völlig anderen Ebene sind systemorientierte strategische Modelle angesiedelt. Diese Konzepte sind nicht von der Suche nach einer Erklärung des nachhaltigen Erfolges geprägt, sondern von der Begründung und Erhaltung der Handlungsfähigkeit des Unternehmens in seinem Umfeld.

Im Mittelpunkt systemorientierter Ansätze stehen die Interdependenzen eines Systems (Unternehmen) mit dessen Umfeld. Systeme sind beim Management dieser Interdependenzen immer bemüht, durch die Bildung einer inneren Struktur ein Komplexitätsgefälle zum Umfeld zu erzeugen. Die gewählte Systemstruktur führt zu geringer wahrgenommener Umfeldkomplexität und damit zu leichterem Umgang mit dem Umfeld unter Inkaufnahme möglicher Überraschungen (die wegen der inneren Struktur nicht wahrgenommen und daher gefiltert wurden).

Darüber hinaus verwerfen die systemorientierten Konzepte den Glauben an monokausale Ursache-Wirkung-Beziehungen beziehungsweise Mittel-Ziel-Denken. Die Lenkung des Gesamtsystems (da eine isolierte Betrachtung von Detailausschnitten auf Grund der Komplexität nicht sinnvoll ist) unter Akzeptanz der Komplexität und damit verbundener Unvollständigkeit der Information und des Systemverständnisses tritt in den Vordergrund. Die innere Struktur kann ebenfalls nicht bewusst unter Beachtung aller Zusammenhänge gestaltet werden. Vielmehr liegt systemorientierten Ansätzen eine sich selbst generierende Ordnung zugrunde, die zweckrational sein kann, jedoch nicht zielorientiert gestaltet wird bzw. werden kann. Im Mittelpunkt stehen die Erfassung der Systemstrukturen und die Analyse der Auswirkungen, Rück- und Wechselwirkungen verschiedener Verhaltensmöglichkeiten. Strategie reduziert sich auf eine Steuerung auf Metaebene im Sinne einer Steuerung der operativen Anpassungsbereitschaft. [1]

Typische Vertreter sind Malik, Ulrich sowie Probst und Gomez.

1.3.4 Überblick über die beschriebenen Konzepte

Im Rahmen der drei oben beschriebenen Perspektiven Ressourcen, Branche und System positionieren sich die verschiedenen Autoren und deren Konzepte auf sehr unterschiedliche Weise.

---

1 vgl. Malik (Strategie), S. 173f.

Jeder Autor erstellt sein Konzept auf der Basis seiner Weltanschauung und drückt diesem einen persönlichen Stempel auf. Viele Lehrbücher lösen die wesentlichen Bestandteile dieser Konzepte heraus und fügen sie in einen neu strukturierten Rahmen ein. Dies mag aus hochschuldidaktischen Gründen vielleicht nützlich sein, der Charakter der Konzepte geht dabei aber zumeist verloren. Im Folgenden werden die einzelnen Konzepte getrennt behandelt, um die Charakteristik jedes Autors hervorzuheben.

Autor	Inhalt	Quintessenz	Stärken	Schwächen
Ansoff	Organisiertes Erkennen von schwachen Signalen und Maßnahmen zur Steigerung der Reaktionsbereitschaft	Schwache Signale	Förderung von Flexibilität	Große Aufgeschlossenheit des Managements notwendig
Drucker	Diskussion der wichtigsten strategischen Fragen, die sich ein Unternehmen stellen muss	Verständnis für strategische Aufgaben erzeugen	Leichte Verständlichkeit	Hilfsmittel und Instrumente insbesondere für die Strategieauswahl fehlen
Gälweiler	Grundsystematik des strategischen Managements und dessen Verknüpfung mit operativen Steuergrößen	Strategische Vorsteuergrößen	Integration eines Gesamtmodells	Die einbezogenen Orientierungsgrößen sind umstritten
Ghemawat	Erklärung der strategischen Wahl (Festhalten an strategischen Entscheidungen oder Flexibilität) aus der Vergangenheit bzw. früheren strategischen Weichenstellungen	Commitment	Beachten der Unternehmensgeschichte	Der theoretische Charakter erschwert das Umsetzen
Hamel, Prahalad	Neudefinition der strategischen Rahmenbedingungen vor dem Hintergrund zukünftiger strategischer Wettbewerbsvorteile	Kernkompetenzen; Strategic Intent	Anstoß zu strategischen Herausforderungen	Normative Handlungsempfehlungen ohne breite empirische Absicherung
Hax, Majluf	12-Stufenkonzept der Strategieentwicklung unter Verwendung bekannter strategischer Instrumente wie Szenariotechnik, Portfolio etc.	Prozessablauf der Strategieplanung	Leichte Verständlichkeit; Einbeziehung aller Unternehmensebenen	Sehr bürokratisches Vorgehen

Autor	Inhalt	Quintessenz	Stärken	Schwächen
Hinterhuber	Struktur und Ablaufprozess des strategischen Managements unter besonderer Berücksichtigung der Vision und der Unternehmenskultur	Ablaufprozess des strategischen Managements	Klare Struktur; Durchsetzung wird ausführlich behandelt	Abgrenzung der Bestandteile teilweise unklar
Kaplan, Norton	Individuell anpassbares Kennzahlensystem (Balanced Scorecard) für die Umsetzung von Strategie in operative Ergebnisse	Messbarer Zusammenhang zwischen Strategie und operativem Ergebnis	Strategie wird leicht kommunizierbar und ihre Umsetzung messbar	Keine Garantie für eine gute Strategie; missverstanden nur ein MIS mit überwiegend nichtmonetären Kennzahlen
Itami	Darstellung unsichtbarer Vermögenswerte als Grundlage von Wettbewerbsvorteilen sowie interner und externer strategischer Stimmigkeit	Unsichtbare Vermögenswerte	Orientierung an den Menschen	Nur Beispiele aus Japan, daher nur bedingt übertragbar
Malik	Möglichkeiten der Komplexitätsbewältigung im lebensfähigen System und die Lenkung des Unternehmens im Metasystem	Problemlösungsverhalten; Lebensfähigkeit von Systemen	Interdisziplinäre Betrachtung	Hohes Abstraktionsniveau erschwert die Umsetzung
Mann	Instrumente des strategischen Controlling; Vision und Erfolgspotenziale als Grundlage	Strategische Instrumente; Visionsfindung	Instrumentelle Unterstützung; Anschaulichkeit; Praxisorientierung	Normative Handlungsempfehlungen ohne breite empirische Absicherung

Autor	Inhalt	Quintessenz	Stärken	Schwächen
Mintzberg	Unterschiedliche Formen der Strategiefindung und deren Zusammenhang mit der Organisationsstruktur	Schwache Signale	Empirisch geleitete, praxisorientierte Analyse	Kein in sich geschlossenes Gesamtkonzept, das direkt einsetzbar ist
Porter	Erarbeitung von Wettbewerbsstrategien auf Geschäftsfeldebene; Systematik zur Erklärung und Gestaltung von Wettbewerbsvorteilen	Branchenanalyse; Wertschöpfungskette	Anschaulichkeit	Datenbeschaffung und Operationalisierung wirft oft Probleme auf
Probst, Gomez	Geschlossener Prozess des systemischen Managements	Netzwerk; Papiercomputer	Leichte Verständlichkeit; in sich geschlossene Methodik	Gefahr der Simplifizierung
Pümpin	Aufbau und Weiterentwicklung strategischer Erfolgspositionen und Dynamik im Unternehmen zur Bewältigung von Komplexität	Strategische Erfolgspositionen; Unternehmens-Dynamik	Viele Praxisbeispiele für die Durchsetzung	Umfeldorientierung kommt zu kurz
Ulrich	Darstellung eines systemorientierten Managementmodells	Begründer der St. Gallener systemischen Managementschule	Interdisziplinärer Ansatz	Schwierig umzusetzen; keine konkreten Hilfen

1.4 Entwicklungsstand und Erfolg strategischer Konzepte in der Praxis

Im vorhergehenden Abschnitt wurde ein Überblick über den Stand strategischer Forschung gegeben. Zu untersuchen, wie weit strategisches Management in der betrieblichen Praxis Anwendung findet, ist Aufgabe der empirischen Strategieforschung. Dabei werden drei Zielrichtungen verfolgt:

- Deskriptive Forschung, wie Strategien in Unternehmen gebildet werden,
- Einsatz- und Einsatzbedingungen strategischer Instrumente,
- Erfolgswirkung unterschiedlicher Vorgehensweisen und Instrumente.

1.4.1 Entstehung von Strategien im Unternehmen

Viele empirische Untersuchungen zur Strategieplanung werfen Kritik an der herrschenden Lehrmeinung auf. Sie diagnostizieren

- ein Auseinanderklaffen betriebswirtschaftlicher Modelle und betrieblicher Praxis[1] und
- eine Reihe von Mängeln traditioneller strategischer Konzepte.[2]

Aus einer Diskrepanz zwischen Theorie und Praxis kann zwar logisch noch nicht auf ein Versagen der Theorie geschlossen werden[3], doch müssen derartige empirische Ergebnisse zu denken geben. Der Großteil der Modelle ist zwar logisch bestechend, scheint aber das Wesen strategischer Planung nicht hinreichend wiederzugeben. Als Mängel drängen sich auf:

- Glaube an die Formalisierbarkeit des strategischen Managements,
- Inflexibilität und rigide Grundhaltung der Konzepte,
- Illusion der Steuer- und Kontrollierbarkeit des Systems,
- Glaube an die Vorhersagbarkeit der Zukunft,
- Trennung von strategischem und operativem Management,
- Negieren von Motivations-, Akzeptanz- und Durchsetzungsproblemen.

Vertreter der deskriptiven Strategieforschung versuchen diese Probleme durch empirische Forschung zu überwinden. Das Resultat dieser Bemühungen ist eine Vielzahl von empirischen Ergebnissen, die sich nur schwer systematisieren lassen und in der Regel nicht zu praktisch verwendbaren Konzepten führen. Der Grund dafür liegt in der Unterschiedlichkeit der Ausgangspunkte verschiedener Autoren. Alle Forschungsergebnisse zeigen jedoch, „dass das faktische Verhalten von Personen, Gruppen und Organisationen erheblich andere, zum Teil ‚irrationalere' Formen annimmt, als dies das Planungsmodell vorschreibt".[4]

---

1 vgl. Schreyögg (Unternehmensstrategie), S. 221

2 vgl. Schreyögg (Unternehmensstrategie), S. 141; Mintzberg (Rise), S. 159ff.

3 Unzulänglichkeiten und Probleme in der Praxis sind in vielen Fällen vielmehr der Ausgangspunkt für die Erstellung von Konzepten und Planungshilfen, die die Praxis unterstützen sollen.

4 vgl. Schreyögg (Unternehmensstrategie), S. 215

Der betriebliche Ressourcenallokationsprozess, also der laufend wiederkehrende Machtkampf im Unternehmen um knappe finanzielle Ressourcen, prägt die strategische Ausrichtung des Unternehmens weit stärker als einmal jährlich in Klausur stattfindende Strategiesitzungen. Ein typisches Beispiel dafür ist, dass Investitionsentscheidungen und daher der Prozess der Investitionsplanung und -freigabe weit höheren Einfluss auf die Unternehmensstrategie haben als der formale Strategieplanungsprozess.[1]

Einer der bedeutendsten Vertreter dieser Forschungsrichtung ist Mintzberg, der sich intensiv mit dem Problem zufällig und unbeabsichtigt aus dem Unternehmen heraus entstehender, emergierender Strategien beschäftigt. Das Management wirkt in vielen Fällen nicht als treibende Kraft der Strategieumsetzung, sondern als Katalysator für die überall im Unternehmen auftretenden strategischen Initiativen. Strategische Konzepte helfen dem Management dabei, die Initiativen einzuordnen, zu bewerten und eine Auswahl zu treffen. Ausgewählte Strategien werden durch das Management weiterverfolgt bzw. gefördert.

Ob das Management dabei den klassischen Kommandantenstil verwenden, ob es charismatisch führen oder vielleicht einen betrieblichen Lernprozess aufbauen sollte, hängt von vielen situativen Rahmenbedingungen ab und kann nicht gestützt durch empirische Erkenntnisse beantwortet werden. Nachweisen lässt sich allerdings, dass jene Unternehmen am erfolgreichsten agieren, die ihr Verhalten, also ihren Umsetzungsstil an die jeweilige Situation anpassen können.[2]

Die deskriptive Aufarbeitung des strategischen Managements hat eine Reihe von interessanten Aspekten aufgeworfen und Ansatzpunkte für die Adaptierung normativer Strategiekonzepte gezeigt. Klare und direkt umsetzbare Handlungsempfehlungen werden von diesen aber nur in den seltensten Fällen angeboten. Somit bleiben sie als Gestaltungshilfe für die unter Gestaltungsdruck stehende Praxis meist unbrauchbar. Sie zeigen nur das Dilemma, einerseits gestalten zu müssen, im Handlungsspielraum jedoch weitgehend eingeschränkt zu sein.

1.4.2 Einsatz strategischer Instrumente

Im unternehmerischen Alltag klaffen Kenntnis und Verwendung strategischer Instrumente stark auseinander. So zeigt eine Studie des österreichischen Controller-Instituts, dass der Wissenstand über strategische Instrumente bereits sehr hoch ist, dass dieses Wissen aber nur in seltenen Fällen umgesetzt wird:[3]

---

1 vgl. Müller-Stewens, Lechner (Management), S. 47

2 vgl. Müller-Stewens, Lechner (Prozessforschung), S. 16

3 vgl. Schadenhofer (Neuausrichtung), S. 34f.

	Klein- und Mittelbetriebe		Großbetriebe	
	bekannt	verwendet	bekannt	verwendet
Konkurrenzanalyse	92,9	37,6	96,9	55,9
Stärken/Schwächen-Analyse	89,4	29,8	96,8	50,5
Szenario-Methode	79,9	19,8	93,5	22,6
Portfolio-Methode	89,4	16,3	97,9	33,3
Shareholder Value-Analyse	78,0	6,4	95,8	12,9

Abb.: 1.4: Verbreitung strategischer Instrumente

Bemerkenswert ist auch die deutlich geringere Verwendung strategischer Instrumente im Mittelstand, obwohl die Instrumentenkenntnis auch dort vorhanden ist.

Ähnlich bescheidene Verwendungsraten strategischer Instrumente diagnostizieren auch Niedermayr[1], ebenso Al-Laham[2] und einige andere Autoren: Operative Jahresziele dominieren vor mehrjähriger Planung und Mission Statements an dritter Stelle.[3] Von den strategischen Methoden scheinen sich nur wenige und als klassisch zu bezeichnende wie die Portfoliotechnik und als neueres Instrument die Shareholder Value-Analyse durchgesetzt zu haben.

Drei wesentliche Einflussfaktoren für den Entwicklungsstand des strategischen Managements sind: [4]

Umfelddynamik

Umfelddynamik wird in aller Regel als einer der bedeutendsten Gründe für die Notwendigkeit strategischer Planung angesehen. Tatsächlich lässt sich der Zusammenhang zwischen dem Entwicklungsstand der strategischen Planung und Umfelddynamik auch klar nachweisen. Dies bedeutet, dass Unternehmen immer dann dazu neigen, strategisch zu agieren, wenn im Angesicht der zunehmenden Umfelddynamik die traditionellen Verhaltensweisen als inadäquat erscheinen.

Konkurrenzintensität

Ebenso wie die Umfelddynamik lässt sich auch ein signifikanter Zusammenhang zwischen dem Entwicklungsstand der strategischen Planung und der Konkurrenzintensität diagnostizieren.

Führungsstruktur

Es zeigt sich, dass managergeführte Unternehmen einen deutlich höheren Entwicklungsstand der strategischen Planung aufweisen als inhabergeführte.

1 vgl. Niedermayr (Entwicklungsstand), S. 220 und S. 268ff.
2 vgl. Al-Laham (Strategieprozesse)
3 vgl. Boyd, Reuning-Elliott (Meassurement), S. 186f.
4 vgl. Niedermayr (Entwicklungsstand), S. 284ff.; Hart, Banbury (Procesess) S. 253ff.

1.4.3 Funktion und Erfolgswirkung strategischer Konzepte

Letztendlich stellen viele empirische Untersuchungen auch die Frage nach dem Erfolg einer (systematischen) Strategieplanung. Es scheinen jene Untersuchungen zu überwiegen, die einen positiven Zusammenhang zwischen Strategieplanung und Unternehmenserfolg feststellen können, doch es kommen bei weitem nicht alle zu diesem Ergebnis.[1] Von ca. 40 Studien können nur 22 als Grundlage für den positiven Zusammenhang herangezogen werden, die anderen können entweder gar keinen oder nur einen negativen Zusammenhang belegen.[2] Die empirischen Erkenntnisse sind somit durchaus widersprüchlich. Schlussendlich muss man realistischerweise eingestehen, dass strategische Konzepte nur als Heuristiken anzusehen sind, denen keine allgemein gültige Gesetzmäßigkeit zugrunde liegt.

Derartig bescheidene Ergebnisse sollen aber keinesfalls abhalten, strategische Konzepte in der Praxis anzuwenden. Sie sollen auch nicht als Begründung für den unterlassenen Einsatz strategischer Konzepte missbraucht werden. Vielmehr warnen diese Werte vor allzu großem Optimismus und Instrumentenglauben. Durch den Einsatz strategischer Konzepte ist der Erfolg noch lange nicht sicher, das Management ist auch weiterhin noch gefordert.

Es ist daher nicht verwunderlich, dass bisher keines der Konzepte eine klare Vormachtstellung erreichen konnte, sondern es zeigt sich, dass bei der Wahl einer bestimmten Konzeption die situativen Rahmenbedingungen des jeweiligen Unternehmens beziehungsweise die spezifischen Entscheidungssituation berücksichtigt werden müssen. „Strategisches Management ist also keine Methodenbatterie, in der ein Konzept wahllos neben das andere gereiht wird, sondern eine spezifische Form, über die Entwicklung von Unternehmen zu denken und dementsprechend zu handeln".[3] Sicher ist jedoch, dass es geradezu widersinnig wäre, ein einziges strategisches Konzept als Patentlösung für alle Fälle zu suchen.[4]

Powell geht sogar so weit, zu vermuten, dass strategische Planung keinen langfristigen Erfolgsvorteil bringen kann, da sie leicht imitierbar ist. Sie wirkt also nur so lange, wie die Konkurrenzunternehmen noch nicht über dasselbe strategische Planungsniveau verfügen. In Branchen, in denen strategische Planung zum Stand der Technik geworden ist, führt sie somit nicht zum Erfolg, sie hilft lediglich, Misserfolg zu verhindern. Dagegen kann sie in Branchen, in denen sie noch nicht zum Standard gehört, erfolgsverbessernd eingesetzt werden.[5] Welche strategischen Konzepte ausgewählt werden, ist daher weniger von Bedeutung als die Notwendigkeit, bei der Umsetzung neuer Konzepte immer vorn mit dabei zu sein.

Wenn viele Unternehmen ohne formale strategische Konzepte („konzeptlos") vorgehen und durch den Einsatz eines Konzeptes der Erfolg nicht mit Sicherheit gewährleistet werden kann, drängt sich die Frage nach dem Nutzen strategischer Konzepte auf. Aus welchem Grund sollte ein Unternehmen ein strategisches Konzept umsetzen?

---

1 vgl. Powell (Planning), S. 551ff.
2 vgl. Müller-Stevens, Lechner (Management), S. 46
3 Müller-Stewens, Lechner (Management), S. 18
4 vgl. Siller (Grundsätze), S. 177
5 vgl. Powell (Planning), S. 551ff.

Strategische Planung und strategische Konzepte werden in der Regel dazu verwendet, (politische) Entscheidungs- und Abstimmungsprozesse im Unternehmen in Gang zu setzen, sind aber sicher nicht die einzigen Faktoren, die diesen strategischen Abstimmungsprozess in Gang bringen können. Selbst operative Planungszyklen sind vielfach dazu geeignet, die Diskussion über Strategien zu beginnen und den Strategiebildungsprozess auszulösen.[1]

Strategische Konzepte bieten in aller Regel einen strukturierten Rahmen für den Ablauf der Strategiefindung und -umsetzung. Sie helfen:[2]

- den gesamten Strategieprozess zu strukturieren,
- den Entscheidungsprozess zu versachlichen und zu objektivieren,
- Macht- und Weisungsstrukturen im Unternehmen zu überwinden.

Sie verpflichten das Management, sich mit der Zukunft zu beschäftigen und langfristige Analysen anzustellen, sie erzeugen eine umfassende Kommunikation über Ziele, Strategien und Ressourcen etc. im Management und sie entwickeln ein Informations-Framework aus jenen Daten, die das Management beim operativen Handeln im Auge behalten muss.

Problematisch ist, dass sich rigide Entscheidungsregeln in erster Linie zur Lösung wohlstrukturierter Probleme eignen. Aber gerade strategische Entscheidungen sind typischerweise nicht klar strukturiert. Ebenso ist die Anzahl der möglichen Alternativen nicht im Voraus bekannt. Somit kann de facto nie festgestellt werden, ob alle Alternativen geprüft wurden und ob die angewendeten Methoden der Entscheidungsfindung wirklich problemadäquat sind.

Unternehmen, die hinsichtlich der Strategiefindung flexibler vorgehen, sind meist jenen überlegen, die einem starren Prozess huldigen.[3]

Objektivierung und Überwindung von Weisungsstrukturen erreichen strategische Konzepte in erster Linie durch Gruppenentscheidungen. Dabei geht man davon aus, dass die Gruppenentscheidung auf Engagement der Gruppenmitglieder, Pluralismus und wechselseitiger Anerkennung aufbaut.

Doch die entstehende Gruppendynamik kann auch zu Fehlverhalten und Fehlentscheidung führen. So zeigt die Entscheidungsforschung eine Reihe von Gefahren bei Gruppenentscheidungen, von denen hier nur die bedeutendsten genannt werden sollen:[4]

- Unvollständige Prüfung von Alternativen,
- mangelhafte Risikoeinschätzung und Illusion der kollektiven Unverwundbarkeit,
- Gruppendruck auf „Abweichler“ und in der Folge Selbstzensur Andersdenkender in der Gruppe.

Bei der Umsetzung von Entscheidungen zeigt sich wiederum, dass die Umsetzung durch Partizipation und somit durch Projektgruppen in aller Regel der Umsetzung durch einen engagierten Promotor unterlegen ist. Dieser Promotor muss aber darauf achten, das Mittelmanagement ein-

---

1 Kirsch (Wegweiser), S. 138f.

2 vgl. Quinn (Change), S. 96ff.; Powell (Planning), S. 552f.

3 vgl. Müller-Stewens, Lechner (Prozessforschung), S. 16

4 vgl. Müller-Stewens, Lechner (Prozessforschung), S. 11ff.

zubinden, um es mit ins Boot zu holen. Nur dies sichert den Erfolg bei der Durchsetzung. Insbesondere eine Differenzierungspolitik bedarf eines breiten Konsenses, da nur so die Fokussierung auf die angestrebten Wettbewerbsvorteile erreicht werden kann. Wie überhaupt gemeinsame Normen im Managementteam zum Erfolg führen. Es zeigt sich auch, dass dieser Konsens insbesondere in statischen Märkten positiv wirkt. Je dynamischer dagegen ein Markt ist, desto weniger wichtig ist Konsens als Erfolgsfaktor. Vielfältigkeit hat hier eine größere Erfolgschance. Kommt es jedoch zu Konflikten im strategischen Entscheidungsprozess, wirken sich diese nachweislich negativ auf den Erfolg aus, gleich ob der Konflikt offen ausbricht oder verdeckt ausgetragen wird.[1]

1.5 Perspektiven der strategischen Managementforschung

Die klassische Strategieliteratur vertritt die Idee der vollständigen strategischen Steuerbarkeit des Unternehmens. Es bedürfe nur des richtigen strategischen Zieles und einer zielgerichteten Durchsetzung, um Erfolge im Unternehmen erreichen zu können. Umfelddynamik, unvorhersehbare und widersprüchliche Entwicklungen stehen der Formulierung einer langfristig gültigen Strategie und einem „fit" zwischen Strategie und Wettbewerbsstruktur aber entgegen. Da rüber hinaus gestaltet sich gerade die Umsetzung der Strategie als schwierig und oft unmöglich, bereits dem Mittelmanagement gelingt es nicht mehr, die strategischen Ziele mit dem Tagesgeschäft in Einklang zu bringen. Aus dem Tagesgeschehen heraus entstehen dabei ebenfalls Strategien, die sich in weiterer Folge im Unternehmen, ohne zentral geplant zu werden, durchsetzen und in der Folge umgesetzt werden. Letztendlich wird die strukturierte Strategieplanung damit sogar zum Störfaktor eigentlicher, unstrukturierter Strategieentwicklung. Klassisches strategisches Management wird zunehmend unmöglich.

Das strategische Management reduziert sich auf eine Steuerung auf Metaebene im Sinne einer Steuerung der operativen Anpassungsbereitschaft.[2] Dies führt zu einem Postulat der kleinen Schritte dezentraler Subsysteme, Strategie wird zu einem inkrementalen Vorgehen, einer Strategie des „Durchwurstelns". Es entstehen eine geplante strategische Evolution und ein kollektiver Lernprozess, bei denen sich eine strategische Denkhaltung im Unternehmen auf breiter Basis durchsetzt. Die Verwendung strategischer Konzepte soll den kollektiven Lernprozess stimulieren und vorantreiben. Das Management muss die Beschränkung seiner Steuerungsmöglichkeit anerkennen und Raum für wildwüchsig entstandene Strategien geben sowie diese in den Strategieauswahlprozess einbinden.

Bartlett und *Goshal*[3] postulieren ein neues Rollenverständnis der Topmanager. Manager müssen bei ihren Mitarbeitern Aufmerksamkeit und Interesse wecken, für Schwung sorgen und die zentralen Werte verankern. Insbesondere das Kommunizieren der Werte ist wichtig und schwierig zugleich. Es beschränkt sich nicht auf die Formulierung und Veröffentlichung von

---

1 vgl. Müller-Stewens, Lechner (Prozessforschung), S. 9ff.; Homburg, u.a. (Consensus), S. 339ff.
2 vgl. Bartlett, Goshal (Purpose), S. 81ff.
3 vgl. Bartlett, Goshal (People), S. 80ff.

Visionen, sondern bedarf tiefer Überzeugung und eines Sendungsbewusstseins des Managers, der ständig zentrale Werte vermitteln muss. Dazu gehört aber auch ein abgestimmtes Kontrollsystem, denn die indirekte Wirkung der gewählten Erfolgsmaßstäbe steht allzu oft im Widerspruch zu den zentralen Werten und unterminiert sie damit.

Das Management soll nicht selbst Strategien entwickeln, sondern „key people", mit deren Hilfe das Unternehmen direkt ohne zentrale Planungsvorgaben beeinflusst werden kann. Dadurch lässt sich auch das Kontrollsystem lockern und formale Informationssysteme durch informelle Kommunikationsbeziehungen ersetzen.

Manager, die ihre Aufgabe auf diese Weise begreifen, sehen ihr Unternehmen nicht mehr als hierarchische Organisation, sondern als System von dynamischen Prozessen:

- **Unternehmerischer Prozess** (entrepreneurship) – Externe und chancenorientierte Grundeinstellung der Mitarbeiter.
- **Kompetenzbildender Prozess** – Offenheit für Entwicklung von (Kern-)Kompetenzen durch die Mitarbeiter selbst und Diffundierung durch das gesamte Unternehmen. Dazu müssen die Mitarbeiter zu horizontalen, informellen Beziehungen motiviert werden. Dies gelingt nur, wenn ein faires und gerechtes Klima herrscht, da nur dann die Mitarbeiter bereit sind, Erfahrungen mit ihren Kollegen auszutauschen.
- **Erneuerungsprozess** – Ständige Herausforderung für die Mitarbeiter, die Unternehmensstrategie und deren Rahmenbedingungen zu neuen Perspektiven zu öffnen.

Burgelmann wiederum baut ein Modell der evolutionären Strategiefindung auf, das analog zur biologischen Evolutionstheorie zwischen Variation, Selektion und Retention unterscheidet. Dies bedeutet, dass Strategiealternativen laufend und unstrukturiert im Unternehmen entstehen sollen, einem (formalen) Selektionsprozess unterworfen werden und als besser erkannte Strategien die früher verfolgten verdrängen.[1]

Quinn argumentiert ähnlich und weist dem Management die Rolle des Katalysators beim Entstehen, Verbreiten und Auswählen von Strategien zu. Das Management wählt dabei eine rationale und inkrementale Vorgehensweise.[2]

Einen völlig anderen Weg schlägt dagegen *D'Aveni*[3] ein. Alle klassischen strategischen Denkschulen zielen darauf ab, einen „fit" zwischen Strategie und Wettbewerbsstruktur herzustellen. Damit orientieren sich diese Modelle am Bestehenden und setzen sich der Kritik einer zu statischen Betrachtungsweise aus. D'Aveni versucht, diesem Problem auf eine neuartige Form Herr zu werden: Er zeichnet Szenarien von Wettbewerbsentwicklungen auf, wobei – ausgehend von einer Aktion eines Marktpartners – die Reaktionsmuster der Wettbewerber analysiert und anhand mehrerer Reaktionsszenarien mit dem Ziel prognostiziert werden, die bestehenden Wettbewerbsstrukturen bewusst zu zerstören.

1 vgl. Burgelmann (Ecology), S. 240ff.
2 vgl. Quinn (Change), S. 96ff.
3 vgl. D'Aveni (Hyperwettbewerb), S. 20ff.

Dynamische Strategievorschläge leiten sich nicht aus der derzeitigen Situation ab, sondern aus dem prognostizierten Reaktionsmuster der Wettbewerber. D'Aveni kommt bei seinen allgemein gültigen Reaktionsszenarien zu sehr wesentlichen Erkenntnissen:

- Unabhängig von der Ausgangssituation führt das Wettbewerbsverhalten der Konkurrenten im Zeitablauf immer zu einem Zustand annähernd vollkommener Konkurrenz, ohne diese je zu erreichen. Dies geschieht durch ständig steigende Wettbewerbsintensität.
- Wettbewerbsvorteile auf der Basis von Produktpositionierung (Qualität, Zeit, Eintrittsbarrieren, Segmente etc.) werden im Zeitablauf zunichte gemacht. Die Entwicklung endet immer beim Preiswettbewerb (bezogen auf den Gesamtmarkt und auch auf einzelne Marktsegmente).
- Jeder Versuch, aus einem Preiskrieg auszubrechen und einen neuen Wettbewerbsschauplatz (z. B. Qualität) zu erzeugen, ist nur beschränkt zeitlich wirksam. Es kommt in weiterer Folge wieder zum Preiskrieg, jedoch auf einem neuen Nutzenniveau für den Abnehmer. Der ehemalige Differenzierungsvorteil wird zum Standard für die gesamte Branche.

Aufbauend auf diesen Erkenntnissen, entwickelte D'Aveni Analysemethoden, mit deren Hilfe die zukünftigen Reaktionsmuster eines Marktes analysiert werden können, um Strategien abzuleiten, die sich ganz wesentlich vom traditionellen Verständnis unterscheiden. Traditionelle Strategien versuchen stets das Unternehmen von seiner Konkurrenz abzugrenzen und damit den Wettbewerb zu verringern. Dies geschieht durch die Marktpositionierung oder durch den Aufbau von strategischen Erfolgsfaktoren. D'Aveni empfiehlt dagegen das genaue Gegenteil: das bewusste Zerstören bestehender Wettbewerbsstrukturen, das Erhöhen der Rivalität und das Vorantreiben des Wettbewerbs bzw. des Wettbewerbszyklus. Dadurch soll der Wettbewerber gebannt und in seiner Aktion gehemmt werden. Wettbewerbsvorteile basieren demnach nicht primär auf den strategischen Erfolgsfaktoren Qualität, Zeit etc. (diese sind vielmehr das Vehikel zur Destabilisierung der Marktverhältnisse), sondern auf der Paralyse des Wettbewerbers, der bei der dynamischen Entwicklung des Marktes nicht mithalten kann. Durch das laufende Zerstören der Marktbedingungen (der Geschäftslogik) kann ein dauerhafter Wettbewerbsvorteil erzielt werden, der auf der Fähigkeit beruht, Wettbewerbsentwicklungen vorherzusehen und Marktverhältnisse kontinuierlich zu verändern. Letztlich ist jenes Unternehmen erfolgreich, dem es gelingt, seine Wettbewerber durch dauernde Dynamik in Schach zu halten:

Für das destabilisierende Unternehmen erstreckt sich Strategieplanung auf drei Elemente:

- **Vision** – Langfristige Ziele für die Entwicklung neuer Möglichkeiten, die Interessengruppen zu befriedigen.
- **Ressourcenplanung** – Aufbau von Fähigkeiten in Bezug auf Schnelligkeit und Überraschungseffekte.
- **Taktiken der Schrittfolge** – Abfolge der Änderung der Marktspielregeln, Signale und Vorstöße.

Fraglich bleibt in diesem Zusammenhang, ob derartig agierende Unternehmen längerfristig überhaupt überlebensfähig sind. Dauerndes Agieren und Weiterentwickeln kostet viel Kraft und Energie. Darüber hinaus wirkt diese Vorgangsweise auch destabilisierend und verunsichernd auf die eigenen Mitarbeiter.

1.6 Strategieentwicklung im Mittelstand

In den Untersuchungen über die Verwendung strategischer Instrumente wird ein signifikanter Zusammenhang zwischen Unternehmensgröße und Einsatz strategischer Planungsinstrumente deutlich, nicht jedoch hinsichtlich der Umsetzung von Strategien. Klein- und Mittelbetriebe haben sehr wohl Strategien und setzen diese um, sie nützen in der Regel aber keine instrumentelle Unterstützung bei deren Generierung. Dagegen besteht eine deutliche Dominanz des Unternehmers, der in den meisten Fällen intuitiv handelt und sehr oft gibt der Erfolg ihm Recht.

Viele strategische Instrumente sind für Klein- und Mittelbetriebe nicht ohne weiteres anzuwenden. Beispielsweise dominieren bei der Portfoliotechnik Marktanteil und Marktwachstum als erfolgsbeeinflussende Zielgrößen. Viele Klein- und Mittelbetriebe fokussieren auf Marktsegmente und setzen dort ihre Stärken gezielt ein. Hohe Marktanteile und Wachstumsperspektiven sind dagegen sekundär. Manager von Mittelbetrieben haben oft auch eine persönliche Präferenz für eine bestimmte Unternehmensgröße. Ein Wachstum über diese hinaus würde Änderungen in den Führungsstrukturen verlangen, die der Unternehmer nicht umsetzen will, weshalb ein Wachstum erst gar nicht erwogen wird.

Ein mittelständischer Betrieb kann im Gegensatz zu Großbetrieben in einem stagnierenden oder vielleicht auch schrumpfenden Marktsegment über Jahre hinweg erfolgreich agieren, seine Position in diesen Segmenten sogar ausbauen, weil sich größere Konkurrenten aus dem für sie bereits unattraktiven Markt zurückziehen.

Daher erscheint es sinnvoll, sich sowohl prozessuale als auch inhaltliche Gedanken über die Strategieentwicklung von Klein- und Mittelbetrieben zu machen. Aus prozessualer Sicht weisen Klein- und Mittelbetriebe folgende Besonderheiten auf:

- Es stehen in der Regel keine Planungsabteilungen zur Verfügung. Der Manager muss selbst die notwendigen Daten erheben und aufarbeiten. Der Punkt, an dem der Aufwand einer weiteren Suche von strategierelevanten Daten den durch sie gewonnenen Nutzen übersteigt, wird viel früher erreicht als in Großbetrieben mit umfassenden Planungsstäben. Der Manager verzichtet auf weitere Analysen und entscheidet intuitiv. Je größer sein strategisches Vorwissen dabei ist, desto besser werden diese Entscheidungen ausfallen. Strategische Aus- und Weiterbildung ist daher besonders für Manager im Mittelstand von außerordentlicher Bedeutung.
- In Klein- und Mittelbetrieben herrscht in aller Regel eine weit geringere personelle Fluktuation. Die strategischen Rahmenbedingungen sind daher im Managementteam vielfach bereits seit Jahren bekannt, ein strategisches Einarbeiten mit Hilfe von Analyseinstrumenten ist nicht mehr notwendig. Es existiert ein breiter Konsens über die Logik des Geschäfts, aus der die Strategie „automatisch“ entstehen kann.

- Viele strategischen Planungsmodelle sind auf das Überwinden von Machtstrukturen und auf den Aufbau von Kommunikations- und Informationsstrukturen ausgelegt. Kommunikation und Informationsaustausch funktionieren in der Regel in Klein- und Mittelbetrieben viel besser als in Großbetrieben, und zwar in positiver Weise unstrukturiert. Dagegen werden Instrumente zur systematischen Ideenfindung benötigt, da Unternehmer durch ihre langjährige Tätigkeit in ein und demselbem Unternehmen „betriebsblind“ werden und die internalisierte Geschäftslogik als die einzige Möglichkeit ansehen. Klein- und Mittelbetriebe sollten aus dem strategischen Instrumentenpool also jene auswählen, die ihnen helfen, aus den bekannten Strukturen auszubrechen und neue Ideen zu entwickeln.
- Das Managementteam besteht meist nur aus wenigen Köpfen. Das für Großunternehmen typische Mittelmanagement fehlt in vielen Fällen gänzlich. Hier einen Konsens herzustellen fällt vergleichsweise leicht. Auf strategische Konzepte, die einen stark strukturierten Planungsprozess vorschreiben, kann daher verzichtet werden.
- Da der Unternehmer selbst für den strategischen Prozess verantwortlich ist, läuft er immer Gefahr, über dem Tagesgeschäft die Strategie zu vergessen. Der Strategieprozess und das Nachdenken über strategische Ziele sollte daher so organisiert sein, dass sie von sich aus das Tagesgeschäft in den Hintergrund drängen und den Manager dazu zwingen, sich mit Strategie zu beschäftigen. Dies kann erreicht werden, indem Neugierde an neuen strategischen Konzepten und deren Anwendung geweckt wird (wie dies viele Berater bei Seminaren und Vorträgen machen) oder indem der strategische Anstoß aus den Systemen des Tagesgeschäfts kommt, beispielsweise aus dem Basisdatensystem des Unternehmens (z. B. Zusatzfelder für strategierelevante Sachverhalte bei Kunden- und Teilegruppen, die im Rahmen der operativen Planung einzugeben sind).

Auch aus der inhaltlichen Perspektive müssen Anmerkungen zu den strategischen Konzepten gemacht werden:

- Kundenorientierung und Flexibilität werden meist als die typischen Stärken mittelständischer Unternehmen angesehen. Wie weit diese wirklich als strategische Erfolgsfaktoren gelten können, muss wohl im Einzelfall entschieden werden. Oft werden sie von den Kunden verlangt, ohne dass diese bereit wären, dies auch finanziell zu honorieren. Die Kunden erwarten überdurchschnittliche persönliche Betreuung zum Preis des Kostenführers am Markt. Dies kann langfristig auch vom besten Mittelbetrieb nicht geleistet werden. Darüber hinaus schaffen es dagegen gerade Mittelstandsunternehmen, in speziellen Marktsegmenten einen technologischen Vorsprung zu erzielen, den sie als strategisches Erfolgspotenzial nützen können. In vielen Fällen wird es aber dennoch nahe liegen, sich auf Kundenorientierung und Flexibilität bei der Strategieentwicklung zu konzentrieren.
- Ein wesentliches Potenzial schöpfen mittelständische Unternehmen auch aus Netzwerken mit anderen mittelständischen Unternehmen, ohne dass dies formal und vertraglich abgesichert wäre. Vielmehr bauen derartige Netzwerke auf jahrelangen persönlichen Kontakten zwischen den Unternehmern untereinander auf und bilden ein gefestigtes Vertrauensverhältnis mit einem traditionsbewussten Ehrenkodex. Dabei beeinflussen einander die Teile derartiger Netzwerke auch in strategischer Hinsicht sehr stark. Unternehmen, die in derar-

tigen Netzwerken agieren, müssen demnach auch versuchen, ihre strategischen Planung und Handlungen aufeinander abzustimmen.

- Es ist bemerkenswert, dass gerade Klein- und Mittelbetriebe eine oft erstaunlich gute strategische Kostenposition aufweisen, die ihnen aus der Sicht der Erfahrungskurve und der economies of scale nicht zukommen würde. Dies dürfte auf eine wesentliche Prägung des gesamten Unternehmens durch den (sparsamen) Unternehmer zurückzuführen sein. Klein- und Mittelbetrieb können somit durchaus eine Kostenführerschaftsstrategie einschlagen. Wichtig ist aber in jedem Fall, dass alle Mittelbetriebe, die eine Nischenstrategie gewählt haben, diesen Fokus auch beibehalten und den Verlockungen des Wachstumspfads widerstehen.

1.7 Kritische Erfolgsfaktoren für den Einsatz strategischer Konzepte

Aus den Erfahrungen bei der Anwendung solcher Konzepte lässt sich eine Reihe von kritischen Erfolgsfaktoren ableiten, von denen man annehmen kann, dass sie in direktem Zusammenhang mit dem Erfolg der Strategieentwicklung stehen.[1]

Abb. 1.5: Kritische Erfolgsfaktoren

1 vgl. Ulman (Strategieentwicklung), S. 81ff.

In den verschiedenen Phasen des strategischen Managements kommt diesen Erfolgsfaktoren unterschiedliche Bedeutung zu. Während berater- und kulturbezogene Erfolgsfaktoren vornehmlich in den ersten Phasen – Agendabildung und Strategiefindung – Einfluss haben, wirken anwenderbezogene Erfolgsfaktoren während des gesamten Prozesses. Erfolgsfaktoren der Strategieinhalte und Maßnahmen werden dagegen erst im Rahmen der Strategieauswahl und -umsetzung wirksam.[1]

Werden externe Berater in der Strategieentwicklung beigezogen, kommt dem Engagement des Klientensystems entscheidende Bedeutung zu. Hier muss besonders auf die Beratungsreife des Klientensystems hingewiesen werden. Darunter wird die Fähigkeit verstanden, mit einem externen Partner gemeinsam ein Problem zu lösen. Dazu sind Problemmündigkeit, also die Fähigkeit, Probleme zu erkennen und zu artikulieren, ebenso notwendig wie die Bereitschaft, einen externen Berater bei der Lösung zu Rate zu ziehen, bei dessen Beratung aktiv mitzuarbeiten und ausreichend Ressourcen bereitzustellen.[2]

Als Erfolgsfaktoren für einen beratungsunterstützten Strategieentwicklungsprozess wurden empirisch nachgewiesen:[3]

- Keine inhaltlichen Vorentscheidungen vor der Projektdurchführung treffen,
- klare Projektziele in der Projektvorbereitung festlegen,
- Engagement des Managements (Klientensystems) und Partizipation der Betroffenen an der Problemlösung,
- Bereitschaft zum Lernen und Wandel.

1.8 Das Portfoliokonzept im Dienste der Strategieentwicklung

Das Anfang der 1970er Jahre unter Mitarbeit der Boston Consulting Group (BCG) entwickelte Portfoliokonzept hat sich rasch verbreitet und wurde mittlerweile bereits vielfach modifiziert. Die Grundidee geht auf die Portfolio Selection Theory zurück, deren Gegenstand die optimale Zusammensetzung eines Wertpapierportefeuilles unter Ertrags- und Risikoaspekten ist. Analog dazu wird das Unternehmen als Gesamtheit von Anlagemöglichkeiten („strategische Geschäftsfelder") mit bestimmten Ertragsaussichten, Chancen und Risiken betrachtet.[4]

Ein strategisches Geschäftsfeld ist eine Gesamtheit von

- isolierbaren Aktivitäten des Betätigungsfelds des Unternehmens,
- die mit bestimmten Chancen und Gefahren in Zusammenhang stehen,
- unter spezifischen Wettbewerbsbedingungen ablaufen und

---

1 vgl. Ulman (Strategieentwicklung), S. 117ff.
2 vgl. Hoffmann (Faktoren), S. 145ff.; 172ff.; 207ff.
3 vgl. Hoffmann (Faktoren), S. 261f.
4 vgl. Staehle (Management), S. 603f.

- eigenständige Strategien erfordern und ermöglichen.[1]

Ausgangspunkt des Portfoliokonzepts ist die Überlegung, dass unterschiedliche strategische Geschäftsfelder in unterschiedlichen Wettbewerbspositionen mit unterschiedlichen Wachstumsmöglichkeiten auch unterschiedlicher Strategien bedürfen. Jedes strategische Geschäftsfeld muss entsprechend seiner strategischen Position und seiner Marktaufgabe entweder Finanzmittel abwerfen oder zugewiesen bekommen. Ziel dieses am Cashflow orientierten Portfoliomanagements ist die Stärkung der langfristigen Ertragskraft des Unternehmens durch Ausgewogenheit zwischen Mittel freisetzenden und Mittel verzehrenden strategischen Geschäftseinheiten.[2]

Das Portfolio ist eine in der Regel zweidimensionale Matrix, deren Achsen Umfeldfaktoren (nur beschränkt beeinflussbar) und unternehmensinterne Faktoren (beeinflussbar) darstellen. In den verschiedenen Portfolioversionen werden bei beiden Achsen jeweils unterschiedliche Dimensionen verwendet.

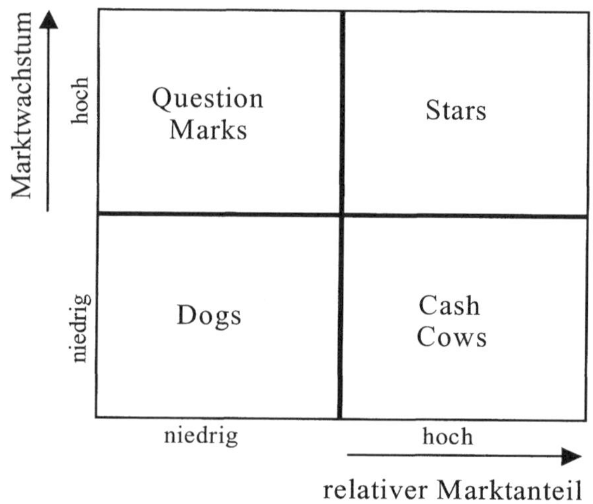

Abb. 1.6: BCG-Portfolio

Das **Portfoliokonzept der Boston Consulting Group** verwendet folgende Dimensionen: [3]

- **Reales Marktwachstum** (wichtigster Umfeldfaktor)

  Das Marktwachstum gibt an, um wie viel sich das Marktvolumen innerhalb eines bestimmten Zeitraums verändert. Es kann im Allgemeinen vom eigenen Umsatz nicht oder nur

1 vgl. Kreilkamp (Management), S. 316f.
2 vgl. Kreilkamp (Management), S. 448ff.
3 vgl. Kreilkamp (Management), S. 448ff.

marginal beeinflusst werden. Das Marktwachstum gilt als hoch, wenn es über dem Wachstum des Bruttosozialprodukts liegt.

- **Relativer Marktanteil,** gemessen am stärksten Konkurrenten (wichtigster unternehmensinterner Faktor)

  Der Marktanteil kann mengenmäßig oder wertmäßig bestimmt werden. Dazu ist zunächst der absolute Wert des Gesamtmarkts sowie der Anteil des Unternehmens und des größten Konkurrenten festzustellen. Aus dem absoluten Marktanteil wird der relative Marktanteil in Prozent ermittelt. Er gilt als hoch, wenn er über dem Marktanteil des wichtigsten Konkurrenten liegt.

Um strategische Geschäftsfelder mit ähnlichen Charakteristika und Strategieerfordernissen zusammenzufassen, wird das Portfolio mit zwei Hilfslinien in vier Quadranten geteilt.

Die Positionierung eines strategischen Geschäftsfelds in der Portfoliomatrix erfolgt mit Hilfe von Kreisen, deren Größe die relative Bedeutung für das Unternehmen darstellt. Als Maß können Umsatz, Deckungsbeitrag, Höhe des gebundenen Kapitals oder Cashflow dienen.

Die vier Quadranten der Matrix werden folgendermaßen beurteilt:[1]

- **Question Marks** – Niedriger relativer Marktanteil, hohes Marktwachstum, in der Regel Produkte in der Einführungsphase. Nachwuchsprodukte haben hohen Finanzmittelbedarf, dem nur geringe Einnahmen gegenüberstehen. Renditechancen und Risiken sind sehr hoch.
- **Stars** – Hoher relativer Marktanteil, hohes Marktwachstum, in der Regel Produkte in der Wachstumsphase. Sie benötigen noch finanzielle Mittel, werfen aber kaum Finanzmittelüberschüsse ab.
- **Cash Cows** – Hoher relativer Marktanteil, geringes Marktwachstum, in der Regel Produkte in der Reifephase. Cash Cows sind die Hauptquelle von Gewinn und Cashflow im Unternehmen.
- **Dogs** – Niedriger relativer Marktanteil, niedriges Marktwachstum, in der Regel Produkte in schrumpfenden beziehungsweise stagnierenden Märkten. Sie erwirtschaften keinen Finanzmittelüberschuss mehr.

Drei Normstrategien lassen sich unterscheiden:

- Wachstumsstrategie (z. B. ein Nachwuchsprodukt soll zu einem Starprodukt werden),
- Haltestrategie (z. B. ein Starprodukt soll möglichst lange erhalten bleiben),
- Schrumpfungsstrategie (z. B. ein Problemprodukt soll aus dem Markt genommen werden).

McKinsey entwickelte das Portfoliokonzept weiter, indem die einzelnen Dimensionen angereichert und die Positionierung verfeinert wurde. Es entstand eine **Neun-Felder-Matrix** mit den Dimensionen Marktattraktivität und relativer Wettbewerbsvorteil, die beide zusammengesetzte Faktoren sind.[2]

---

1 vgl. Kreilkamp (Management), S. 452f.

2 vgl. Kreilkamp (Management), S. 487ff.

Wesentliche Bestimmungsfaktoren der relativen Wettbewerbsvorteile sind die Marktposition, das Produktionspotenzial, das Forschungs- und Entwicklungspotenzial und die Qualifikation der Mitarbeiter. Als Komponenten der Marktattraktivität finden Marktwachstum und Marktgröße, Marktqualität, Energie- und Rohstoffversorgung sowie die Umfeldsituation Verwendung. Diese Faktoren werden im Lauf des Bewertungsverfahrens noch in weitere Subkriterien unterteilt und je nach ihrer situativen Relevanz gewichtet.[1]

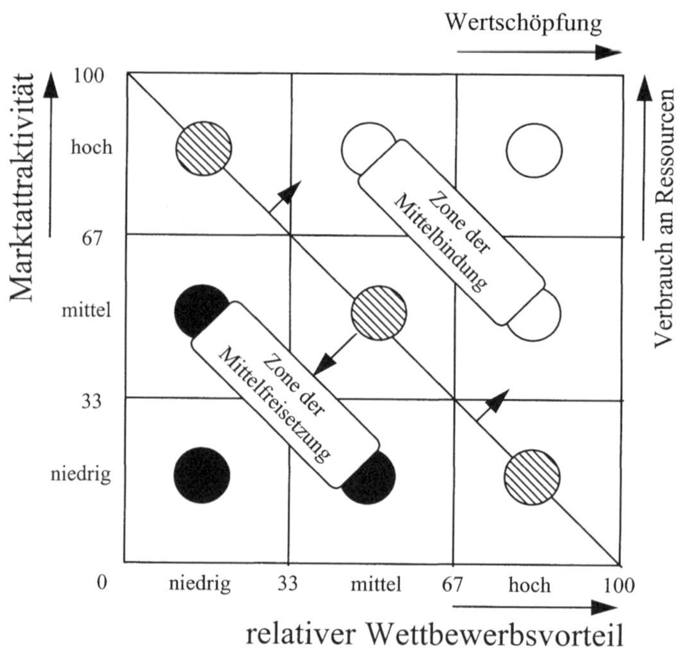

Abb. 1.7: Die Neun-Felder-Matrix mit Normstrategien[2]

Je nach ihrer Positionierung in der Matrix ergeben sich für die strategischen Geschäftsfelder spezifische strategische Stoßrichtungen, Normstrategien. Man unterscheidet dabei grundsätzlich:[3]

- Investitions- und Wachstumsstrategien,
- Abschöpfungs- und Devestitionsstrategien,
- Selektive Strategien.

Investitions- und Wachstumsstrategien werden bei strategischen Geschäftsfelder eingesetzt, deren Marktattraktivität und relative Wettbewerbsvorteile jeweils mittlere bis hohe Ausprä-

1 vgl. Hinterhuber (Unternehmungsführung), Band 1, S. 114ff.
2 Hinterhuber (Unternehmungsführung), Band 1, S. 109
3 vgl. Kreilkamp (Management), S. 495

gungen aufweisen; sie sollen die zukünftigen Gewinne des Unternehmens erwirtschaften. Daher werden ihnen Ressourcen zum Ausbau und zur Festigung ihrer Marktposition zugewiesen.

Für strategische Geschäftsfelder, die in Feldern mittlerer bis niedriger Marktattraktivität positioniert sind und über mittlere bis niedrige Wettbewerbsvorteile verfügen, sind Abschöpfungs- und Devestitionsstrategien vorgesehen. Da es sich hier zumeist um schrumpfende Märkte handelt, gelten in diesem Fall Investitionen als nicht gerechtfertigt: In der Regel wird es nach Ausschöpfung des Rationalisierungspotenzials zu einem stufenweisen Rückzug aus diesen Marktsegmenten bei einer Maximierung des Cashflow kommen. Strategische Geschäftsfelder, die sich in den Diagonalfeldern der Matrix befinden, verlangen Anwendung selektiver Strategien, die in Offensiv-, Defensiv- und Übergangsstrategien unterteilt werden.

Neben diesen beiden bekanntesten Formen der Portfolioplanung existieren noch weitere, zumeist funktional orientierte Portfoliokonzepte (Innovationsportfolio, Beschaffungsportfolio etc.).[1] Bedeutung und Verbreitung dieser Konzepte sind aber deutlich niedriger als bei den schon dargestellten Formen, daher sind sie im Rahmen von strategischen Konzepten auch nur selten anzutreffen.

Grundsätzlich sind sämtliche Portfoliokonzepte darauf ausgerichtet, eine heterogene Masse von strategisch gesondert zu behandelnden Planungseinheiten zu systematisieren und in einen Bezugsrahmen einzubetten. Dadurch kann sich das Management auf das Wesentliche beschränken und Detailstrategien auf das Geschäftsfeldmanagement übertragen. Im Rahmen der strategischen Konzepte wird unterschiedlich intensiv auf die Portfoliotechnik verwiesen. Teilweise handelt es sich um zentrale Instrumente (Hinterhuber, Hax/Majluf), in manchen Fällen wird die Portfoliotechnik nur als eine Möglichkeit der Planung angeboten (Porter). Unterschiedlich ist auch die Bevorzugung einzelner Konzeptionen: Eine Reihe von Autoren wählt eine bestimmte Portfoliomatrix (Hinterhuber), andere lassen dem Anwender Freiheit oder verweisen auf die Notwendigkeit, unterschiedliche Konzepte parallel einzusetzen (Hax/Majluf).

Kritisch ist anzumerken, dass beim Einsatz von Portfoliokonzepten einige Erfolgsfaktoren (insbesondere der Marktanteil) überbewertet werden, dessen eigenständige Erfolgswirkung nicht empirisch gesichert ist. Durch Beschränkung auf einzelne Faktoren wird die Komplexität reduziert. Synergien und Interdependenzen zwischen den Geschäftseinheiten werden außer Acht gelassen. Die abgeleiteten Normstrategien sind vage und bergen die Gefahr von nicht ausreichend hinterfragten Rezepten.[2]

Eine Reihe von Gründen spricht dafür, dass das Portfoliodenken und damit das Denken in strategischen Geschäftsfelder der modernen Realität nicht mehr vollständig gerecht wird. Die wichtigsten dieser Gründe sind:

- Durch die immer kürzer werdenden Produktlebenszyklen wird es zusehends schwieriger, Strategien auf bestehende und in Konstruktion befindliche Produkte aufzubauen. Strategische Entscheidungen müssen auf den dahinter liegenden Kernfähigkeiten des Unternehmens fußen.

---

1 vgl. Kreilkamp (Management), S. 530ff.

2 vgl. Hopfenbeck (Managementlehre), S. 632f.; Staehle (Management), S. 606

- Am Marktanteil der Endprodukte gemessene Marktanteile verzerren das Bild, wenn der Großteil der Hersteller dieser Endprodukte entscheidende Komponenten von nur einem oder wenigen Vorlieferanten zukaufen. Canon hat beispielsweise bei Tischkopierern nur einen vergleichsweise geringen Marktanteil, ist aber der Kopieraggregat-Lieferant von 85 % der auf dem Markt befindlichen Geräte.
- Die Aufteilung eines Unternehmens in strategische Geschäftsfelder führt zu innerbetrieblicher Konkurrenz um knappe Ressourcen. Dies verhindert eine Gesamtunternehmensstrategie und den Aufbau von Fähigkeiten, die für alle Geschäftseinheiten gemeinsam Nutzen stiften. Darüber hinaus verschließt eine derartige Struktur den Blick für neue Märkte, die mit den derzeitigen Fähigkeiten bedient werden können.

2 Militärische Vorläufer

Militärische strategische Denker waren in Europa zunächst Kinder der Aufklärung, der beherrschenden Geisteshaltung des 18. Jahrhunderts, deren Anfänge bis zur Reformation und Renaissance zurückreichen. Die Aufklärung war eine machtvolle Geistesbewegung, die im Rechts- und Staatsleben, in der Religion, im Erziehungswesen und in den Künsten Spuren hinterlassen hat, die noch heute bemerkbar und vielfältig wirksam sind. In der Aufklärungszeit sah man in der Vernunft den bestimmenden Einfluss auf den Menschen. Vernunft war der allgemein gültige Wertmaßstab für menschliches Handeln.

Militärisch war das 18. Jahrhundert durch die Ergänzung des Militärhandwerks durch die Militärwissenschaft gekennzeichnet. In der militärischen Hierarchie tauchten erstmals Stabsoffiziere auf, die die Aufgabe hatten, die Truppenführer vor ihren Entscheidungen zu beraten.

Mit dem preußischen König Friedrich II. (dem Großen) beginnt in Europa die schriftliche Auseinandersetzung mit dem Thema Strategie in der Welt des Militärs. Seine Gedanken wurden vom Habsburger Erzherzog Karl, von dem Schweizer Baron Antoine de Jomini und dem preußischen Generalstäbler Carl von Clausewitz weitergeführt. Damit erreichte die literarische Beschäftigung mit militärischer Strategie einen Höhepunkt. Auf Grund der Lehren der beiden Weltkriege gelang es erst sehr viel später Sir Basil Liddell Hart, die vorhandenen Ansätze weiter zu aktualisieren und beispielsweise um den militärischen Allianzgedanken zu erweitern.

Militärische und unternehmerische Strategie folgen der gleichen Denkmethode. Empirisch gewonnene Erkenntnisse erlauben es, über Grundregeln zu nahezu allgemein gültigen Gesetzmäßigkeiten zu gelangen. Strategisches Wissen ist vorwiegend Erfahrungswissen. Seine konkreten Grundlagen stehen in enger Beziehung zur Realität.

In den Schriften der militärischen Vorläufer sind wichtige Grundprinzipien späterer betriebswirtschaftlicher Konzepte bereits erkennbar, besonders deutlich beispielsweise das Postulat, dass knappe Ressourcen vernünftiger in der Verstärkung von Stärken als in der Minderung von Schwächen eingesetzt werden. Auch die Frage, ob knappe Mittel wirkungsvoller im direkten Vorgehen gegen den Gegner – Erzherzog Karl, von Clausewitz – oder im indirekten Angriff – Jomini, Liddell Hart – aus einer vom Gegner (Wettbewerber) nicht erwarteten Richtung zu konzentrieren sind, wird von den militärischen Strategen schon damals erörtert.

Die Bedeutung der Persönlichkeit von Führungskräften wird schon früh erkannt, nimmt aber mit dem verstärkten Einsatz unerlässlicher überlegener materieller Mittel relativ ab. Gälweilers Konzept der Vorsteuergrößen taucht vor 200 Jahren erstmals auf. Der Ergänzungsansatz, den wir vom strategischen und operativen Controlling kennen[1], wird bereits von Jomini erwähnt. Liddell Hart als Zeitgenosse wirkt sehr modern und zahlreiche seiner Postulate finden sich in aktuellen betriebswirtschaftlichen Strategiekonzeptionen wieder.

In einigen Punkten unterscheidet sich der militärische Strategiebegriff inhaltlich vom betriebswirtschaftlichen[2]:

- Militärstrategie ist antagonistisch.

  Während in der Militärstrategie konkrete Gegner aufeinander treffen und ein Nullsummenspiel zu erwarten ist (es gibt stets Gewinner und Verlierer), ist es das strategische Ziel im Unternehmen, potenzielle Gegnerschaft der Wettbewerber nicht akut werden zu lassen.
- Zeithorizonte unterscheiden sich.

  Im militärischen Bereich wird das Erreichen des Ziels in möglichst kurzer Zeit angestrebt. Wichtige Voraussetzungen sind Überraschung und Geschwindigkeit. Im betriebswirtschaftlichen Bereich geht es darum, die Erfolgsfähigkeit möglichst weit in die Zukunft zu sichern.
- Militärstrategie ist stets Teilstrategie.

  Militärstrategie ist die Strategie eines Subsystems, das die Überlebensfähigkeit eines übergeordneten Systems (Staat) mittelbar anstrebt. Dagegen ist Unternehmensstrategie eine Gesamtstrategie, die das Überleben des Unternehmens/der Organisation unmittelbar sichern will.

2.1 Friedrich II. von Preußen (der Große) (1712–1786)

Es ist eine alte Regel,
wenn man seine Kräfte aufteilt,
wird man stückweise besiegt.

2.1.1 Biografischer Hintergrund

Friedrich durchlief eine harte soldatische Erziehung. Nachdem er im Alter von 24 Jahren die Erlaubnis zu einer eigenen Hofhaltung (Rheinsberg) erhielt, konnte er sich auch seinen künstlerischen Neigungen widmen. Der Briefwechsel mit Voltaire begeisterte ihn für die französische Kultur und die Philosophie. Es heißt, dass er die französische Sprache besser beherrschte als seine deutsche Muttersprache. Friedrich war ein markanter und einflussreicher Vertreter der Aufklärung. Seine Weltanschauung war der Glaube an die Vernunft als ordnendes Weltprinzip. Dieses preußischen Königs und Feldherren staatsmännischer und militärischer Glaubens- und Erfahrungsschatz wirkt über seine Zeit hinaus bis in unsere Tage.

---

1 vgl. Eschenbach/Niedermayr (Konzeption), S. 69ff.

2 vgl. Koller (Vorläufer), S. 25ff.

Seine Jugend, durch harte Auseinandersetzungen mit seinem Vater geprägt, hatte die Grundlage für die Ausschaltung von Gemüt und Gefühl, für kalte Berechnung und Menschenverachtung gelegt, was verletzte und abstieß, während geistige Fähigkeiten und dämonische Kraft zu Bewunderung zwangen.[1]

Nach dem Tode seines Vaters, Friedrich Wilhelm I., wurde Friedrich, bereits mit 28 Jahren, König von Preußen. Bald darauf starb der Habsburger Karl IV. und Friedrich sah eine gute Gelegenheit, dessen Tochter Maria Theresia Schlesien abzujagen. Dass sein Haus auf Teile Schlesiens Erbansprüche zu haben glaubte, spielte bei seinem Krieg gegen die junge Habsburgerin nur eine untergeordnete Rolle. Entscheidend war der Wille, die Gunst der Stunde zu nutzen und Preußen wirkliche Bedeutung in Europa zu verschaffen.[2] Diesen Plan konnte er nach mehreren Feldzügen realisieren. In den Schlesischen Kriegen festigte er seine Herrschaft und führte, militärisch erfolgreich und ökonomisch gestärkt, das Königreich Preußen in die Reihen der europäischen Großmächte.

Die Strenge seines autoritären, soldatischen Regimes milderte der aufgeklärte König durch religiöse Toleranz gegenüber seinen Untertanen. Er schaffte die Folter ab und investierte in Schulen. Er steigerte den allgemeinen materiellen Wohlstand, nicht zuletzt durch Verbesserungen in der Landwirtschaft und Stabilisierung der Ernährungsgrundlage, indem er die Kartoffel in seinen Ländern einführte. Die militärische Entwicklung war durch das Verschwinden von Söldnerarmeen und die Aufstellung stehender Heere gekennzeichnet. Zu Beginn seiner Herrschaft umfasste das preußische Heer 100.000 Soldaten, bei seinem Tode waren es doppelt so viele.[3]

Um die Verwaltung und selbstverständlich um das Heer kümmerte er sich persönlich. Gefürchtet waren seine Randverfügungen auf Briefen und Gesuchen. Der König sah sich als „erster Diener seines Staates“. Die gesamte Verwaltung war auf seine autoritäre Person zugeschnitten und unfähig, selbstständig zu entscheiden oder zu handeln. Dies erwies sich als entscheidender Nachteil, als in der Folge die modernen, flexibel geführten Armeen Napoleons gegen die „alten“ Mächte Preußen, Österreich und Russland Krieg führten und diese zunächst besiegten.

Friedrich war ein fleißiger Briefeschreiber und Buchautor in französischer Sprache. Die ersten politischen Traktate erschienen 1738 und 1739.[4] In seinen historischen und militärischen Schriften erläuterte er die Gründe, die ihn bewogen, seine Erfahrungen niederzuschreiben. Er hegte die Hoffnung, dass seine Nachfolger aus seinen Schriften Lehren ziehen und aus der Geschichte lernen. In seinem ersten militärischen Aufsatz, *die Generalprinzipien des Krieges* (1748), verarbeitete er seine Erfahrungen aus zwei Schlesischen Kriegen. Das Werk war ein Geheimdokument und ausschließlich für seine Generäle gedacht. Wie auch andere Militärschriftsteller, besonders ausgeprägt Sir Liddell Hart, bezog Friedrich seine Lehren aus der Geschichte. Er veröffentlichte daher in über 40 Jahren mehrere Bücher, in denen vor allem seine

1 vgl. Braubach (Westf. Frieden), S. 131
2 vgl. Braubach (Westf. Frieden), S. 130
3 vgl. Delbrück (Modern Warfare), S. 241ff.
4 vgl. Braubach (Westf. Frieden), S. 130

Regierungszeit dokumentiert wird. Ende des Siebenjährigen Krieges entwickelte er seine militärischen Ideen in seinem „militärischen Testament“ fort.[1]

2.1.2 Grundlagen

Führungstätigkeit setzt Fähigkeiten voraus, die erlernt und trainiert werden können. Darüber hinaus muss eine Führungskraft über persönliche Talente verfügen, die als Geschenk der Natur darüber entscheiden, ob hervorragende Führungsleistungen erzielt werden.

Die wichtigsten Talente sind:

- Ehrlichkeit,
- Verstellungskunst,
- Natürlichkeit,
- Misstrauen,
- Sanftmut und Strenge,
- Ruhe.

Friedrich geht davon aus, dass Konflikte der Normalzustand sind und die Vorbereitung auf die Krise daher Hauptaufgabe der Führung. Diese muss alle Pläne mit Umsicht abwägen, sorgsam in ihren Überlegungen sein, aber rasch von Entschluss in unerwarteten Fällen. Sie muss wissen, dass es besser ist, einen schlechten Entschluss zu fassen und ihn auf der Stelle auszuführen, als unentschlossen zu bleiben. Ihre vorrangige Aufgabe ist zu entscheiden.

Entscheidungen werden ausschließlich auf oberster Hierarchieebene getroffen. Nachgeordnete Ebenen haben ihre Vorgesetzten zu informieren (nicht zu beraten, wie in moderneren Führungskonzepten) und im Übrigen die ihnen gegebenen Anordnungen möglichst exakt umzusetzen. Information fließt nur auf der Einbahnstraße von unten nach oben.

2.1.3 Das Konzept

Das Konzept zur Bewältigung von Konflikten geht von zwei Voraussetzungen aus:

- Stärke und
- Information.

Die Wurzeln von Stärke sind Disziplin, Übung und Ressourcen. Aus ihnen entwickeln sich die Folgen von Stärke:

- Schnelligkeit,
- Flexibilität und
- Ausdauer.

1 vgl. Earle (Modern strategy), S. 53

Aus der Ausdauer resultiert quantitative, aus Schnelligkeit und Flexibilität qualitative Stärke. Die quantitative Stärke wirkt ausschließlich langfristig. Die Betonung liegt auf Qualität, denn qualitative Stärke kann Mangel an Quantität kompensieren, nie umgekehrt. Konflikte sind deshalb kurzfristig und entschieden zu beenden. Ziehen sie sich in die Länge, steigt die Bedeutung der quantitativen Stärke (Ausdauer). Qualität wird verbraucht und kann nicht mehr ersetzt werden, sodass „der Mann, der den letzten Pfennig in der Tasche hat"[1], über Erfolg und Misserfolg entscheidet.

Qualitative Stärke gründet auf der Fähigkeit von Menschen. Menschenführung ist daher eine wichtige Säule einer Führungs-Konzeption.

Quantitative Stärke basiert auf geeigneten Strukturen und Ressourcen. Der Aufbau dieser Stärke ist durch Ressourcenmangel begrenzt. Die Frucht dieser Stärke ist langfristiges Durchhaltevermögen.

Die eigene Stärke muss die gegnerische nicht generell übertreffen, sie kann lokal oder gegen die Schwächen des Gegners eingesetzt werden. „Es ist eine alte Regel, wenn man seine Kräfte aufteilt, wird man stückweise besiegt."

Die Führung muss den Konfliktgegner möglichst genau kennen. Mindestens so wichtig ist, dass ihr das Konfliktumfeld „wie dem Schachspieler das Schachbrett" bekannt ist.

Offensive ist der Vorzug vor der Defensive zu geben. In der Offensive „hat der Anführer alles zu hoffen, und selbst im Unglücksfall bleibt ihm immer noch die Defensive".

Die Führungskraft hat die Ziele vorzugeben. Im Verlauf einer Auseinandersetzung kann es zu Überraschungen kommen, sei es durch falsches eigenes Vorgehen, sei es durch Zufälle und unerwartete Ereignisse. Um darauf rasch antworten zu können, muss das jeweils Erreichte ständig kontrolliert werden und die Organisation muss mit Flexibilität und Schnelligkeit, verstärkt durch Übung, Disziplin und Information reagieren.

2.1.4 Stärken und Schwächen des Konzepts

Friedrich II. entwickelte noch kein geschlossenes strategisches Konzept, jedoch lassen sich bereits zahlreiche Bausteine feststellen, die strategische Epigonen später aufgriffen. Er war einer der letzten Potentaten, die Politik und Strategie aus einem Guss betreiben konnten. Es war deshalb nicht erforderlich, zwei Ebenen zu unterscheiden, wie das seine strategischen Nachfolger taten. Als Feldherr und „erster Diener" seines Staates griff Friedrich sogar oft genug in das operative Tagesgeschäft ein.

Er perfektionierte das überkommene militärische Führungskonzept, das einem ganzheitlichen Ansatz gehorcht, und war damit erfolgreich. Vergangenheit und Zukunft werden bereits einbezogen. Schaffung und Erhaltung der Mittel haben hohen Einfluss auf den Erfolg. Die Unterteilung in quantitative und qualitative Mittel bedeutet eine Abkehr von der Konzentration auf

1 Duffy (Friedrich), S. 450

Zahl und Masse. Offensive ist die wichtigere Strategie, von Defensive ist strategisch nichts zu erwarten. Seine Strategie ist damit deutlich stärker chancen- als risikoorientiert.

Als Schwäche wird man bei Friedrichs Konzept wohl das uneingeschränkte Vertrauen auf die angeborenen Talente der Führungskraft ansehen. Sie allein bestimmen die Qualität der Führung.

2.2 Erzherzog Karl von Habsburg (1771–1847)

Offensivstrategie ist in jeder Hinsicht die vorteilhafteste, sie führt am geschwindesten zum Zweck.

2.2.1 Biografischer Hintergrund

Karl wurde als Sohn des späteren Kaisers Leopold in Florenz geboren. Trotz seiner labilen Gesundheit entwickelte er eine besondere Vorliebe für den Soldatenberuf.

Erste militärische Erfolge erzielte er 1793 als Generalkonsul in der österreichischen Provinz Belgien. Es gelang ihm, zunächst die französische Revolutionsarmee zu vertreiben. Auch in den folgenden Jahren war er als Reichsgeneralfeldmarschall und Befehlshaber der Rheinarmee im Kampf gegen die französischen Truppen immer wieder erfolgreich. Seinen bedeutendsten Sieg errang Karl, nunmehr Oberbefehlshaber der Armee, im Jahre 1809 über Napoleon. Nachdem Wien bereits am 13. Mai kapituliert hatte, zog Karl nördlich von Wien bei Aspern und Essling seine Truppen zusammen und besiegte in richtiger Einschätzung der Lage die in der Lobau über die Donau setzenden französischen Truppen.[1] Da der Erfolg weder militärisch noch politisch richtig ausgenutzt werden konnte, blieb er ohne Folgen. Im Gegenteil, in der folgenden Schlacht bei Wagram (5./6. Juli 1809) besiegte Napoleon Erzherzog Karl.

Nach dieser verlorenen Schlacht legte Karl das Oberkommando nieder und widmete sich verstärkt und ausschließlich seinen schriftstellerischen Ambitionen, vor allem auch der Militärschriftstellerei.

Karl war kein kühner Reformer. Er stand fest auf dem Boden einer absolutistisch geführten Monarchie und war somit ein Vertreter der „alten Mächte“ gegen das revolutionäre Frankreich. Aber er hatte die geistigen und gesellschaftlichen Veränderungen, die von der Französischen Revolution (14. Juli 1789) ausgingen und in die napoleonische Zeit hineinwirkten, erkannt und wollte die Herausforderungen durch behutsame Anpassungen meistern. Kaiser Leopold II. versuchte durch eine Verfassungsreform, durch die Abschaffung der Polizeiwillkür und eine Reform der allmächtigen Geheimpolizei die Massen von einer Revolution abzuhalten. Nach seinem Tod kamen unter Franz II. alle Reformbestrebungen wieder zum Stillstand.

---

1 Braubach (Westf. Frieden), S. 104ff.

Zwei Koalitionskriege verloren die alten Monarchien gegen Napoleon und erst in der Völkerschlacht bei Leipzig (16. bis 18. Oktober 1813) konnten die Reste des in Russland schwer geschlagenen napoleonischen Heeres durch eine Allianz aus Preußen, Österreich, Russland und Schweden besiegt werden. Aus dem anschließenden Exil wieder zurückgekehrt, erlitt Napoleon 1815 seine letzte, weil diesmal vernichtende Niederlage in der Schlacht von Waterloo. Damit endete ein Zeitalter und es begann eine Periode der Restauration, die mit der territorialen Neuordnung Europas durch den Wiener Kongress (1814/15) eingeleitet wurde.

2.2.2 Grundlagen

Als Autor strategischer Schriften ist Erzherzog Karl vor diesem historischen und persönlichen Hintergrund zu sehen. Schon 1806 verfasste er für die Generäle der österreichischen Armee die *„Grundsätze der höheren Kriegskunst"* und gründete ein Jahr später die *„Österreichische militärische Zeitschrift"*, um beim Offizierkorps Interesse für militärwissenschaftliche Fragen zu wecken. Machiavelli und Friedrich der Große beeinflussten ihn mit ihren Schriften. Es galt, die Erfahrungen aus dem Kampf gegen das modern geführte, bewegliche französische Herr zu verarbeiten, und so schuf er 1813 die *„Grundsätze der Strategie"*, in der Absicht, die militärische Führung in Österreich zu unterstützen.

Karl war nicht, wie Friedrich II., davon überzeugt, dass man hauptsächlich auf Basis angeborener Talente ein guter Anführer wird. Die wichtigsten persönlichen Voraussetzungen sind zwar

- Entschlossenheit,
- Wissen und
- Erfahrung,

aber außer auf diese persönlichen Attribute eines Führers vertraute Karl auf die Erfolgsfaktoren

- Kraft (Ressourcen),
- Zeit und
- Raum.

Diese Faktoren richtig zu kombinieren macht die Führungskunst aus. Damit schafft Karl erstmals den Übergang vom Militärhandwerk zur Militärwissenschaft.

Aufgabe der Führung ist es, alle nur verfügbare Kraft gleich beim Ausbruch eines Konflikts einzusetzen, denn Konflikte sind so rasch wie möglich zu beenden. Das Maß der einzusetzenden Kraft findet seine Beschränkung nur in der „reinen Unmöglichkeit". Kraft wird durch Schnelligkeit gesteigert. Von Umwegen hält Karl nichts. Es zählt nur der direkte, mit Überlegenheit geführte Schlag.

Ziel der Konfliktlösung ist ein dauerhafter Frieden, der nur erreicht werden kann, wenn beide Seiten mit der Lösung mehr oder weniger gezwungen einverstanden sind. Bleibt eine Seite unzufrieden, steckt darin bereits der Keim neuer Auseinandersetzung.

2.2.3 Das Konzept

Karl unterscheidet drei Führungsebenen:

- Übergeordnete (d.h. politische) Ebene zur Zielvorgabe,
- strategische Ebene und
- taktische Ebene.

Auf die Entscheidungen der übergeordneten Ebene haben die beiden nachgeordneten Ebenen keinen Einfluss.

Die strategische Ebene beschäftigt sich vor allem mit dem Raum. Es kommt darauf an, bestimmte Punkte und ihre Verbindungslinien unter Kontrolle zu bekommen und unter Kontrolle zu halten. Die Kraft, die durch die Kombination von Punkten und Verbindungslinien gewonnen wird, wird von der Taktik verwendet, um die strategischen Ziele zu erreichen (heute würden wir an Stelle von Taktik das Wort Operation gebrauchen): *„Strategie und Taktik sind eng miteinander verbunden. Taktische Fehler können den Verlust strategischer Punkte und Linien nach sich ziehen; dagegen haben die richtigen taktischen Maßregeln selten einen dauerhaften Nutzen, sobald sie an Orten oder in einer Direktion geschehen, die nicht strategisch sind.“*[1] Hier taucht deutlich der später insbesondere von Gälweiler aufgegriffene Gedanke auf, dass erfolgreiche Taktik (im Sinne von Operation) durch Strategie vorgesteuert wird. Taktisch kann nur genutzt werden, was zuvor strategisch vorbereitet wurde. Andererseits ist auch dafür zu sorgen, dass strategisch vorbereitete Chancen nicht operativ vertan werden.

Offensivstrategien sind der Defensive vorzuziehen. In diesem Punkt sind Friedrich II. und Erzherzog Karl einer Meinung. *„Jede Operation wird dadurch erleichtert, daß der Feind die Seinigen nach jenen des offensiv Agierenden zu richten gezwungen ist.“*[2] Der Angreifer ist in der Lage, seine Aktionen selbst zu bestimmen, während der Verteidiger reagieren muss und weder Zeit noch Mittel zur eigenen Aktion zur Verfügung hat. Deshalb ist der Erstschlag von hoher strategischer Bedeutung. Es gilt den Gegner *„außer Stand zu setzen, jemals wieder eine Superiorität zu gewinnen“*.[3]

Wichtige Säulen in Karls Konzept sind strategische Punkte. Sie gewähren für die Operation den entscheidenden Vorteil – man beachte die Ähnlichkeit mit dem Erfolgsfaktoren-Konzept unserer Tage. Strategische Linien dienen dem Ressourcentransfer und der Kommunikation. Optimale strategische Punkte nützen nur, wenn die Verbindungslinien sicher sind, Kommunikation in kürzester Zeit erlauben und den Ressourcentransport ermöglichen. Der Gedanke des strategischen Überbaus über die Operationen kommt auch hier schon deutlich zum Ausdruck.

---

1 Karl (Schriften), Band I, S. 236
2 Karl (Schriften), Band I, S. 6
3 Karl (Schriften), Band I, S. 7

2.2.4 Stärken und Schwächen des Konzepts

Die Qualität einer Führungskraft wird nicht ausschließlich von angeborenen Eigenschaften bestimmt, wovon noch Friedrich II. fest überzeugt war, sondern von einer Kombination aus Persönlichkeit und Ressourcen. Der Führungsbegriff wird durch den Aspekt der Menschenführung erweitert, der Wert von Informationen und Kenntnissen wird erkannt. Karl setzt erste Schritte in Richtung einer wissenschaftlichen und systematischen Fundierung militärischer Strategien an Stelle des bis dahin dominierenden Militärhandwerks.

Offensive ist der Defensive jedenfalls vorzuziehen. Strategische Punkte und Linien bilden einen klar definierten Bezugsrahmen, innerhalb dessen operative Ziele erreicht werden müssen.

Nur der direkte Weg zum Erfolg führt zum Ziel, Umwege werden nicht akzeptiert. Überlegenheit ist der Erfolgsfaktor Nummer eins. Motivation oder Moral der Truppe werden in Karls Gedankenwelt vernachlässigt.

2.3 Baron Antoine Henri de Jomini (1779–1869)

Gute Führung versteht es,
mit der geballten Kraft
gegen Teile des Gegners vorzugehen.

2.3.1 Biografischer Hintergrund

Jomini[1] wurde 1779 im Kanton Vaud in der Schweiz in einem bürgerlichen Elternhaus geboren. Trotz seiner internationalen Militärkarriere blieb er sein Leben lang Schweizer Bürger und musste sich deshalb in seinen militärschriftstellerischen Äußerungen auch nie höfischen Pressionen beugen. In Basel absolvierte er eine Banklehre. Dort entdeckte er die 1761 gegründete Militärbibliothek mit ihren modernen Beständen. Der wissbegierige und militärisch interessierte junge Mann untersuchte die Operationen des jungen Generals Bonaparte in Italien und verglich sie mit den Feldzügen Friedrich II.[2]

Mit 18 Jahren ging er als Bankangestellter nach Paris und trat ein Jahr später als Oberleutnant in den Stabsdienst der Helvetischen Legion ein, die auf französischer Seite kämpfte. Er wurde bald zum Bataillonskommandeur befördert, vertrug sich aber mit seinem Vorgesetzten nicht und wechselte nach dem Frieden von Amiens wieder in seinen kaufmännischen Beruf.

Er hatte jedoch Freude am Militär gefunden und sein bereits umfangreiches militärisches Wissen ebnete ihm den Weg zu einer Bekanntschaft mit Marschall Ney. Dieser förderte Jominis strategische Studien und machte ihn zu seinem Adjutanten. Napoleon war vom gründlichen

1 Stahel (Strategisch denken), S. 11ff.
2 vgl. Koller (Vorläufer) S. 74

militärischen Verständnis des jungen Offiziers beeindruckt, beförderte ihn 1806 zum Oberst und nahm ihn in seinen persönlichen Stab auf.

Jomini wurde als Stabschef wieder Marschall Ney zugeteilt, von Napoleon zum Baron d'Empire erhoben und zum Brigadegeneral befördert. Unter Ney lernte er in Spanien eine neue Art des Krieges kennen, nämlich den Guerillakrieg. Intrigen verhinderten ein selbstständiges Kommando als Truppenoffizier. Napoleon ernannte ihn zum Direktor des Historischen Dienstes des Generalstabes, weil er damit hoffte, ihn nicht zu verlieren. Vergebens! Enttäuscht verließ Jomini die französische Armee mit 34 Jahren und trat als Generalleutnant und Generaladjutant in die Dienste von Zar Alexander von Russland.

Am Wiener Kongress nahm er als Berater des Zaren teil und knüpfte gute persönliche Beziehungen zu Erzherzog Karl. Bis 1829 leitete er die militärische Erziehung des Zarewitsch Nikolaus und organisierte die Petersburger Kriegsschule für Stabsoffiziere. 1832 übersiedelte er nach Brüssel, wo er die nächsten 30 Jahre lebte. Im Krimkrieg 1854 beriet er Zar Nikolaus und 1859 konsultierte ihn Napoleon III. in seinem Feldzug in Italien.[1] Als er 1869 in Paris starb, galt er als führender Militärexperte Europas und alle Militärschulen lehrten seine Grundsätze.

2.3.2 Grundlagen

Als Jomini nach dem Frieden von Amiens seine militärische Laufbahn unterbrach, um wieder als Kaufmann zu arbeiten, nutzte er die Zeit, um sein erstes militärwissenschaftliches Werk zu verfassen: *Traité de ges grandes operations.* Gefördert von Marschall Ney, brachte er das Buch 1805 in drei Bänden heraus. Es umfasst 35 Kapitel, 30 sind der geschichtlichen Entwicklung gewidmet, fünf den Lehren daraus.[2]

Während seiner Zeit als Direktor des Historischen Dienstes des Generalstabs standen ihm umfangreiche und zuverlässige Quellen zur Verfügung. Seine Studien verarbeitete er zu einem Riesenwerk in 15 Bänden mit vier Atlanten, das bis heute noch nicht in die deutsche Sprache übersetzt wurde: *Histoire critique et militaire des Guerres de la Revolution.* Der erste Band erschien 1814, der letzte 1824.

1839 kam sein Hauptwerk über *das Wesen der Kriegskunst* erstmals in deutscher Übersetzung heraus.

Jominis Werke sind dadurch gekennzeichnet, dass aus historischen Analysen Konzepte abgeleitet werden. Ähnlich dachte Friedrich II. und noch konsequenter viel später Sir Liddell Hart. Als die sicherste Grundlage der Kriegskunst betrachtete Jomini in der Vergangenheit begangene Fehler. Er schuf damit einen neuen Typ von Militärliteratur: Gestützt auf unzählige historische Beispiele, entwickelte er seine Sicht der Führung.

Jomini ging deduktiv vor. Er versuchte das Große zu verstehen, um daraus die Details abzuleiten. Seine theoretischen Grundsätze sollen unabhängig von Zeit und Ort gelten.

---

1 vgl. (Britannica 1962), S. 135
2 vgl. Koller (Vorläufer), S. 79

Auf der Grundlage von Theorie erwächst durch Anwenden Können, durch Lernen Wissen. Die Richtigkeit seiner Schlüsse soll sich also in der praktischen Erprobung erweisen. Die Kombination aus Können und Wissen führt zum Erfolg. Das Dirigieren eines Ensembles kann nicht durch Normen geregelt werden, jedes einzelne Instrument gehorcht jedoch feststehenden Gesetzen. Das Ausmaß und der Zeitpunkt des Einsatzes einzelner Instrumente eines Orchesters im Hinblick auf den Gesamteindruck liegen jedoch außerhalb des wissenschaftlichen Kalküls.

Jomini unterscheidet folgende Instrumente:

- Politik,
- Strategie,
- Große Taktik,
- Logistik,
- Technik und
- Kleine Taktik.

Große Bedeutung kommt der Information über Stärken, Schwächen und Ressourcen des Gegners und über das Umfeld zu. Die Moral der Truppe ist ebenso wichtig wie Disziplin und Ordnung.

Ähnlich wie Friedrich II. sieht auch Jomini in charakterlichen Voraussetzungen seiner Führungskräfte einen unerlässlichen Erfolgsfaktor. Führungskräfte müssen gut planen und erfolgreich umsetzen können. Die Fähigkeit zur Planung kann ein Geschenk der Natur sein oder erlernt werden. Die Fähigkeit zur Umsetzung ist als Charaktereigenschaft ausschließlich angeboren. Die personelle Qualität der Führung, ob angeboren oder erlernt, ist für Jomini noch wichtiger als für seine strategischen Vorgänger.

2.3.3 Das Konzept[1]

Das strategische Konzept von Jomini ist umfang- und facettenreich. Es lassen sich hier nur wenige Hauptgesichtspunkte anführen.

Strategie folgt drei grundsätzlichen Prinzipien. Die Vernachlässigung nur eines dieser Grundsätze hat schwer wiegende negative Folgen:

- Die Masse der eigenen Kräfte ist am entscheidenden Punkt einzusetzen.[2]
- Gute Führung setzt geballte Kraft gegen Teile des Gegners ein.
- Es ist mit ausreichender Energie zum richtigen Zeitpunkt gegen den Gegner vorzugehen.

Im Allgemeinen ist die Offensive der Defensive vorzuziehen, es sei denn, für die Auseinandersetzung stehen sehr große Räume zur Verfügung, die vom Angreifer auf Grund fehlender Ressourcen nicht beherrscht werden können.

Der Strategieprozess wickelt sich in folgenden sechs Schritten ab:

1 vgl. Jomini (Art of War)
2 vgl. Stahel (Strategisch denken), S. 16

1. Die Führung hat zu entscheiden, ob Offensive oder Defensive vorteilhafter ist.
2. Die Führung verschafft sich ein genaues Bild des Gebietes, in dem die Operation stattfindet.
3. Die Führung wählt die Operationsbasen aus, in denen die eigenen Kräfte konzentriert und kombiniert werden.
4. Die Führung prüft die Übereinstimmung der Operation mit den übergeordneten politischen Zielen.
5. Die Führung bestimmt die strategischen Positionen, die erreicht werden müssen, um die gesetzten Ziele zu erfüllen.
6. Die Führung zieht eine Linie von der strategischen Position bis zum Operationsziel, um den Weg der eigenen Kräfte zu kanalisieren.

Wie modern mutet dieses Strategiekonzept an! Es enthält bereits die wichtigsten Elemente aktueller Strategiekonzepte: Ausgangspunkt erfolgreicher Strategie ist die sorgfältige Analyse der eigenen Position und des Wettbewerbsumfeldes, Konzentration eigener Stärken auf die Schwächen der Konkurrenz und konsequente Zielorientierung. Politik und Strategie schweben nicht wie eine Wolke über der operativen Führung. Die Führungskräfte haben vielmehr dafür zu sorgen, dass die übergeordneten Ziele auf die Operationen heruntergebrochen werden.

2.3.4 Stärken und Schwächen des Konzepts

Jominis Konzept ist eine Synthese aus theoretischen Leitsätzen und praktischer Umsetzung. Zwar wird das politische Ziel dem Strategen vorgegeben, aber die Führungskraft muss die Bedingungen und Voraussetzungen kennen, unter denen es entstanden ist. Strategie ist in erster Linie Planung. Umsetzung ist Sache der taktischen (operativen) Ebene, die dem Geschehen am nächsten ist.

Durch die Festlegung der politischen Ziele von einer Oberinstanz können Auswirkungen strategischer Maßnahmen auf diese Politik nicht erfasst werden. Die Meisterung eines Konflikts als Resultat von Kunst und nicht von Wissenschaft zu sehen zeigt, dass Jomini vor dem letzten konsequenten rationalen Gedankenschritt noch zurückschreckt.

2.4 Carl von Clausewitz (1780–1831)

So ist denn in der Strategie alles sehr einfach,
aber darum nicht auch alles sehr leicht.

Carl von Clausewitz[1] stammte aus einer mitteldeutschen Familie von evangelischen Pastoren und mittleren Beamten. Eine Ausnahme bildete sein Vater, der als Leutnant im Siebenjährigen Krieg kämpfte, aber bald danach verabschiedet wurde.

Schon mit 13 Jahren trat Clausewitz dem preußischen Infanterieregiment Nr. 34 bei und nahm als Fähnrich am Rheinfeldzug 1793/94 gegen die französischen Revolutionstruppen teil. 1795 wurde er Leutnant und besuchte von 1801 bis 1803 die Allgemeine Kriegsschule in Berlin, wo der um 25 Jahre ältere Scharnhorst sein Lehrer und väterlicher Freund wurde.

Am Feldzug von 1806 nahm er als Stabskapitän und Adjutant des Prinzen August von Preußen teil. Nach der katastrophalen Niederlage von Jena und Auerstädt und dem militärischen und politischen Zusammenbruch Preußens stieß er zum Kreis preußischer Reformer um Stein, Hardenberg, Scharnhorst, Gneisenau, Boyen und Grolman, die der künftigen Erhebung den Weg bereiteten. In dieser Zeit lehrte er Strategie an der preußischen Kriegsschule und unterrichtete den preußischen Kronprinzen in den Kriegswissenschaften.

Nach dem Bündnis zwischen Preußen und Frankreich 1812 ging er wie viele andere enttäuschte preußische Offiziere in die russische Armee, um als russischer Oberst gegen Napoleon zu kämpfen. Seinem Geschick war es zu verdanken, dass in der Konvention von Tauroggen das preußische Korps als neutral anerkannt wurde. Das war die Initialzündung für die Befreiungskriege, die das europäische Gleichgewicht wiederherstellten. Diese Initiative vergaß König Wilhelm III. nicht, ebenso allerdings auch nicht seinen Abschied 1812 mit dem folgenden Eintritt in die russische Armee.

1814 wurde Clausewitz wieder in die preußische Armee aufgenommen und war zwischen 1815 und 1818 Chef des Generalstabs des Kommandos von Gneisenau in Koblenz. 1818 wurde er Direktor der Allgemeinen Kriegsschule in Berlin und zum Generalmajor befördert. Erst als sich 1830 eine zweite Revolutionswelle mit Aufständen in Paris, Belgien und Polen abzeichnete und die Kriegsgefahr wuchs, brauchte die Armee wieder erfahrene Offiziere und Clausewitz wurde im März 1831 Generalstabschef unter Gneisenau.

Am 16. November 1831 starb er im Alter von erst 51 Jahren in Breslau an der Cholera.

Carl von Clausewitz erlebte die beginnende Ablöse der europäischen Monarchien durch die aus einer Revolution hervorgegangene republikanische Staatsverfassung. Die autokratische Herrschaft des Adels und des Klerus wurde zumindest im öffentlichen Bereich durch die neuen Gedanken von Freiheit (von der Beherrschung durch den Adel), Gleichheit (aller vor dem Gesetz) und Brüderlichkeit (als Grundlage einer neuen Weltordnung) verdrängt. In allen anderen

1 vgl. Stahel (Strategisch denken), S. 16ff.

Bereichen, wie in den Betrieben und in der Familie, blieb es bei den alten autokratischen Verhältnissen.

Vor dem Schwung der Revolutionsarmee[1] mussten die alten Monarchien zurückweichen und kapitulieren. Napoleon nutzte die revolutionäre Motivation seiner Truppen. Die traditionellen Monarchien hatten der neuen Art der Kriegsführung nichts Gleichwertiges entgegenzusetzen. Auf der einen Seite stand die hoch motivierte und äußerst bewegliche Revolutionsarmee, auf der anderen fochten nach wie vor unzuverlässige Söldner, bei denen man nie sicher sein konnte, ob sie nicht, oft in größeren Einheiten, die Fahne wechseln würden.

2.4.1 Grundlagen[2]

Als Verwaltungsdirektor der Allgemeinen Kriegsschule war Clausewitz von 1818 bis 1830 ohne Einfluss und musste den Stillstand der Reformen miterleben. Er hatte jedoch Zeit genug, sich seinen militärstrategischen Schriften zu widmen. Er studierte 134 Feldzüge vom 16. Jahrhundert bis zur napoleonischen Zeit. Durch derartig umfangreiches empirisches Material abgesichert, schrieb er von 1818 bis 1829 sein Hauptwerk „*Vom Kriege*". Es handelt sich um acht Bücher zu folgenden Themen: Natur des Krieges, Theorie des Krieges, Strategie, Gefecht, Streitkräfte, Verteidigung, Angriff, Kriegsplan.

Im Mittelpunkt stehen folgende Inhalte:[3]

- Das Gegensatzpaar „Absoluter" und „Wirklicher" Krieg,
- die verschiedenen Arten des Krieges,
- „Friederizianische" oder „Napoleonische" Strategie,
- die „Dreifaltigkeitsthese" als Bindeglied zwischen dem absoluten und dem wirklichen Krieg,
- der „Schwerpunkt",
- „Zweck-Ziel-Mittel"- bzw. „Ziel-Mittel-Einsatz"-Relation,
- der „Kulminationspunkt".

Methodisch geht Clausewitz induktiv vor. Die in den Realwissenschaften gebräuchliche Methode entwickelt aus dem Detail das Allgemeine, ohne Detailkenntnisse wird das Gesamtbild unrealistisch.

Die Lösung eines Konflikts sieht Clausewitz in der Anwendung von Gewalt. Mit diesem Mittel soll dem Gegner der eigene Wille aufgezwungen werden. Das ist der Zweck der Auseinandersetzung. Der Widerstand des Gegners wird aus seiner Kraft (Ressourcen), den Quellen seiner Kraft und aus seiner Moral gespeist. Will man den Gegner bezwingen, muss man auf diese drei Faktoren einwirken. Gelingt es, die Moral des Gegners zu untergraben, stürzt das Gebäude sofort ein. Ohne den Willen zum Widerstand nützen weder Ressourcen noch deren Quellen.

---

1 vgl. Höhn (Vermächtnis), S. 13ff.
2 vgl. Clausewitz (Kriege), Clausewitz (Kriege II)
3 Stahel (Strategisch denken), S. 17

Andererseits kann Widerstand nicht gebrochen werden, solange noch ein Funken Moral vorhanden ist.

Führungskräfte benötigen

- Verstand,
- Mut und
- Kraft.

Der Verstand regiert die beiden anderen Eigenschaften. Er lenkt Kühnheit und Standhaftigkeit und bedient sich der Ausdauer. Die Kombination dieser drei Eigenschaften zeichnen eine gute Führungskraft mit den folgenden Attributen aus:

- Entschlossenheit,
- Geistesgegenwart,
- Willenskraft,
- Selbstbeherrschung und
- Fantasie.

Clausewitz unterscheidet drei Ebenen der Führung:

- Politik, die den Zweck einer Auseinandersetzung vorgibt und der die beiden anderen Ebenen untergeordnet sind;
- Strategie, die das Mittel (das Potenzial) zur Erfüllung des politischen Zwecks ist, und
- Taktik (im heutigen Sprachgebrauch Operation), bei der es sich um die Anwendung der Mittel handelt.

Damit wird auch der berühmte Satz von Clausewitz „Der Krieg ist eine bloße Fortsetzung der Politik mit anderen Mitteln“ besser verständlich. Mit ähnlichen Worten hatte das Gleiche bereits der preußische General Friedrich Wilhelm von Bülow ausgesprochen.[1]

2.4.2 Das Konzept[2]

Das eigene und das gegnerische Potenzial werden durch moralische Größen, durch physische Größen und durch das Umfeld bestimmt. Moralische Größen umfassen alles, was durch geistige Eigenschaften und Wirkungen hervorgerufen wird. Die Kraft wird bestimmt durch den Einwirkungspunkt, den Zeitpunkt ihres Einsatzes und ihr Ausmaß. Das Umfeld gehört weder zum eigenen Bereich noch zu dem des Gegners, beeinflusst jedoch gleichwohl einen Konflikt.

Um Ziele zu erreichen, bedarf es der Planung, deren Grundlage die Analyse der Ausgangssituation und des Mitteleinsatzes ist. Die Analyse des Istzustandes ist heute Bestandteil jeder strategischen Konzeption. Der Mitteleinsatz muss auf das Ziel abgestimmt sein, wobei es auf

---

1 vgl. Höhn (Vermächtnis), S. 28

2 vgl. Clausewitz (Kriege), Clausewitz (Kriege II)

eine ausgewogene Ziel-Mittel-Relation ankommt. Der dritte Faktor ist die Moral. Sie verstärkt oder vermindert die Wirkung des Mitteleinsatzes.

Den Punkt, an dem zwischen Offensive und Defensive gewechselt wird, nennt Clausewitz Kulminationspunkt. Es kommt darauf an, den Zeitpunkt richtig zu erkennen, an dem die vorhandenen Kräfte zur Offensive nicht mehr ausreichen und für die Defensive reserviert werden müssen. An diesem Punkt kann man sich nur in der Verteidigung halten und das Ende des Konflikts abwarten. Dieser Punkt ist nicht objektiv messbar, sondern vom individuellen Urteil der Führungskräfte abhängig.

2.4.3 Stärken und Schwächen des Konzepts

Die Zusammenhänge zwischen der Chance, strategische Ziele zu erreichen, und dem Mitteleinsatz werden erkannt. Die Mittel dürfen nur im Hinblick auf die angestrebten Ziele ausgewählt und dosiert werden. Das Ziel einer einzelnen Auseinandersetzung kann sich wiederum als Mittel zur Erreichung übergeordneter (politischer) Ziele darstellen. Die Anerkennung des Primats der Politik über die Strategie ist wichtig, jedoch nicht neu. Schon die strategischen Vorgänger denken in Ebenen und in diesem Zusammenhang an die Grenzen und Bedingungen der militärischen Strategie.

Eigene und gegnerische Moral ist eine ebenso wichtige Ressource wie materielle Mittel und daher in die Planung einzubeziehen.

Das Erkennen des Kulminationspunktes, an dem man selbst oder der Gegner von der Offensive zur Defensive wechseln muss, entscheidet über die Zielerreichung, weil die Überlegenheit über den Gegner häufig nicht bis zum Ende einer Auseinandersetzung aufrechterhalten werden kann. Im Vergleich mit seinen strategischen Vorgängern, die eindeutig auf Offensive setzen, erkennt Clausewitz auch die Defensive als strategische Waffe.

Die einzige Möglichkeit zur Lösung eines Konflikts ist der Einsatz von Gewalt. Die Wehrlosigkeit des Kontrahenten ist das dominante Ziel jeder Strategie.

Zwar wird die Bedeutung der Moral erkannt, doch Wege, sie zu beeinflussen, werden nicht gewiesen.

2.5 Sir Basil Henry Liddell Hart (1895–1970)

Bewegung erzeugt Überraschung
und Überraschung verleiht der Bewegung Nachdruck.

2.5.1 Biografischer Hintergrund[1]

Liddell Hart[2] wurde in der Nähe von Paris als Sohn eines Pfarrherrn geboren. Kurz vor Ausbruch des Ersten Weltkrieges begann er ein Studium an der Cambridge University, das er mit dem Kriegseintritt Englands abbrach, um in der französischen Armee zu dienen. Während des Feldzuges lernte er eine neue Art des Krieges kennen. Die Defensivfähigkeit der Armee wurde durch ganz neue Schnellfeuerwaffen und durch die Verbesserungen im Festungsbau gestärkt und die Kraft der Offensivwaffen konnte mit der Verstärkung der Defensivmöglichkeiten nicht Schritt halten. Der Bewegungskrieg wich dem zermürbenden und opferreichen Stellungskrieg.

Nach Kriegsende verwertete Liddell Hart seine Erfahrungen, um über Möglichkeiten nachzudenken und zu schreiben, wie man die Angriffskraft stärken und dadurch Beweglichkeit und Überraschungsmöglichkeiten zurück gewinnen könnte.

1927 trat er, einer Verletzung wegen, aus der britischen Armee als Captain der Infanterie aus. Schon als Militärtheoretiker anerkannt, lernte Liddell Hart 1925 Major J. F. C. Fuller kennen, zu Kriegsende Generalstabschef des Royal Tank Corps. Beide Offiziere arbeiteten eng zusammen und wurden Befürworter der mechanisierten Armee mit der Überlegenheit von Luftwaffe und Panzertruppe.

1937 bis 1938 war Liddell Hart Berater des britischen Kriegsministers Leslie Hore-Belisha und konnte gegen den Widerstand des größten Teils der britischen Generalität Reformen bei der Mechanisierung der Armee initiieren.

Noch mehr Beachtung fanden seine Konzepte in Deutschland, wo er als der theoretische Urheber der mechanisierten Kriegsführung angesehen wurde. Seine Überlegungen wurden die Grundlage der deutschen „Blitzkriegsführung" und führten zu Anfang des Zweiten Weltkrieges zu spektakulären Erfolgen der deutschen Streitkräfte. Auch in den USA wurde die Lektion vom Einsatz überlegener Mechanisierung verstanden und wiederholt bis in die jüngste Vergangenheit in die Realität umgesetzt.

Nach dem Krieg stand Liddell Hart der nuklearen Abschreckung und dem Konzept des Totalen Krieges kritisch gegenüber und trat für die Stärkung konventioneller Waffen ein. 1966 wurde er von Königin Elisabeth II. geadelt. Er starb 1970 als einer der bedeutendsten militärischen Denker des 20. Jahrhunderts.

---

1 vgl. (Britannica), S. 338f.

2 vgl. Stahel (Strategisch denken) S. 22ff.

2.5.2 Grundlagen[1]

Liddell Hart war ein außergewöhnlich fruchtbarer und erfolgreicher Militärschriftsteller. Schon 1920 verfasste er das offizielle Handbuch der britischen Armee für die Ausbildung der Infanterie. Von 1925 bis 1935 und während des gesamten Krieges war er militärischer Korrespondent des Daily Telegraph und von 1935 bis 1939 militärischer Berater der Times. Dadurch wurde er einem breiteren Publikum bekannt und legte den Grundstein für seine Popularität.

Im Oktober 1937 vertrat er in mehreren Artikeln in der Times die Ansicht, dass Großbritannien die Theorie des beschränkten Krieges annehmen und sich auf die traditionelle Blockade- und Wirtschaftskriegsführung zurückziehen sollte.

Er verfasste mehrere Bücher über Kriegsgeschichte und auch in seinem Hauptwerk (1954, in deutscher Übersetzung 1955) *Strategy – the indirect approach* widmete er 80 Prozent des Inhaltes der Aufarbeitung von historischem Anschauungsmaterial als Grundlage seiner Überlegungen zu den damals aktuellen Problemen der nuklearen Abschreckung und des Totalen Krieges.

Die Geschichte, man kann auch sagen, eigene und fremde praktische Erfahrungen sind die wichtigste Säule des Erkenntnisprozesses. Ergänzt um theoretische Erfahrung – Hypothesen –, bilden sie die Grundlagen des Erkenntnisprozesses. Aus unzähligen Beispielen lassen sich Muster und wiederkehrende Prozesse erkennen, die, frei von den subjektiven Erfahrungen des Beobachters, ein Bild des Ganzen ergeben.

Hinsichtlich der verschiedenen Ebenen der Führung steht Liddell Hart ganz in der Tradition seiner militärischen strategischen Vorläufer. Er unterscheidet die politische, die strategische und die taktische Ebene, Erstere nennt er „höhere Strategie". Die Strategie dient der Erreichung politischer Ziele, die Taktik (Operation) der Umsetzung strategischer Ziele. Die Politik stellt die Mittel bereit, die zur Erreichung der politischen Ziele nötig sind. Die Strategie plant und verteilt diese Mittel und die Taktik setzt diese ein.

2.5.3 Das Konzept[2]

Ausgangspunkt jeder Strategie ist das Ziel. Dieses kann – in aller Regel gegen Widerstand – entweder direkt oder indirekt erreicht werden. Der direkte Weg ist jener, der sich offensichtlich anbietet, der indirekte dagegen der, der am wenigsten erwartet wird. Das Maß für den Widerstand ist die physische und die psychische Kraft, die zu seiner Überwindung erforderlich ist. Dafür bieten sich zwei Hebel an: Entweder wird die Kraft möglichst nahe am Ort des Widerstandes eingesetzt, wo sich die beste Wirkung erzielen lässt, oder man versucht die Kraftquellen des Gegners zu treffen.

---

1 vgl. Liddell Hart (Strategy)

2 vgl. Koller (Vorläufer), S. 140ff.

Zur Überwindung eines Gegners reichen bisweilen die eigenen Kräfte nicht aus, deswegen sind Koalitionen (Allianzen) nötig. Diese bergen allerdings Risiken: Die Pläne sind schwierig zu koordinieren und nach der Zielerreichung treten Konflikte auf, die während der gemeinsamen Anstrengung nur überdeckt waren. Dann werden aus Partnern Gegner. Gefahr geht jedoch auch von übergroßer Harmonie aus, die lähmt. Fortschritt wird nur durch Mannigfaltigkeit erlangt. Gegensätze zwischen Partnern müssen akzeptiert und dürfen nicht ignoriert werden.

Strategische Erfolgsfaktoren sind Verwirrung und Konzentration. Verwirrung hat zwei Wurzeln, nämlich Überraschung und Bewegung. Bewegung basiert auf physischer Stärke beim Transfer von Kraft (Ressourcen). Verwirrung wird beim Gegner durch indirekte Strategie erzeugt. Ein Schlag in eine Richtung, in der er am wenigsten erwartet wird, möglichst dort, wo der geringste Widerstand anzunehmen ist, lähmt den Gegner. Es geht also um die Konzentration der eigenen Stärken auf die Schwächen des Wettbewerbers, ein Gedanke, der sich besonders bei Rudolf Mann wiederfindet.

Liddell Hart hat strategische Leitsätze[1] aus der Beobachtung der Geschichte heraus entwickelt. Deren Beachtung sichert den Erfolg und vermindert das Risiko des Scheiterns:

Positive Leitsätze

- Stimme das Ziel auf die zur Verfügung stehenden Mittel ab. Am Anfang jedes Erfolges steht das Gefühl für das Mögliche.
- Verliere nie das Ziel aus den Augen, wenn der ursprüngliche Plan entsprechend neuer Verhältnisse geändert werden muss. Zwischenziele müssen hinsichtlich der Möglichkeit des Erreichens und nach ihrem Wert für das Endziel beurteilt werden.
- Wähle den Weg, den der Gegner am wenigsten erwartet. Die Führung muss im Stande sein, sich in die Gedanken des Kontrahenten zu versetzen.
- Nutze die Richtung des geringsten Widerstandes, vorausgesetzt, sie weist in die Richtung des Endzieles.
- Wähle eine Richtung, die verschiedene Möglichkeiten offen lässt. Verschiedene Ziele erlauben, die günstige Möglichkeit auszunutzen, eines davon zu erreichen. Wird nur ein Ziel gewählt, ist die Wahrscheinlichkeit groß, dass es nicht erreicht wird, sobald der Konkurrent sich des Zieles bewusst ist.
- Stelle sicher, dass sowohl der Plan als auch die einzelne Disposition flexibel sind, dass sie sich geänderten Verhältnissen in kürzester Zeit anpassen lassen. Der Plan sollte für die nächsten Schritte den Fall des Erfolges, des Fehlschlages und auch des Teilerfolges, der am häufigsten vorkommt, vorsehen.

Negative Leitsätze

- Wirf dich nie auf einen Gegner, der auf der Hut ist. Kein wirkungsvoller Schlag gegen einen Kontrahenten ist möglich, solange die Kraft, Widerstand zu leisten, nicht gelähmt ist.

---

1 vgl. Koller (Vorläufer), S. 147f.

- Nimm keine Offensivoperation in der gleichen Richtung wieder auf, in der schon die erste fehlgeschlagen ist. Der Gegner hat seine Kräfte im betroffenen Bereich sicher verstärkt.

2.5.4 Stärken und Schwächen des Konzepts

Direkte und indirekte Strategie müssen einander ergänzen. Die indirekte Strategie fordert vor allem die intellektuelle Kraft. Dies hatten Liddell Harts strategische Vorgänger zwar auch erkannt, jedoch nicht in dieser zwingenden Folgerichtigkeit. Allerdings wird die Unterscheidung zwischen psychischen und physischen Kräften kaum erklärt.

Erstmals werden in der militärischen Strategieliteratur Chancen und vor allem Risiken von Allianzen herausgearbeitet – deutliches Resultat des Schicksals von Kooperationserfolgen und -misserfolgen während und nach dem letzten Weltkrieg. Allerdings wären weitere Einzelheiten wünschenwert.

In den Leitsätzen werden konkrete Handlungsanweisungen und nicht nur Postulate aufgestellt. Diese sind universell anwendbar – keineswegs nur im militärischen Bereich.

3 Igor Ansoff

This book is, above all, an exercise
in the comprehension of complexity.

3.1 Zur Person des Autors

Igor Ansoff wurde 1918 in Wladiwostok geboren. Nach Abschluss eines Mathematik- und Physikstudiums war er bis 1963 als Vice President und General Manager für Planung bei der Lockheed Electronics Company tätig. Danach wurde Ansoff Professor an der Carnegie-Mellon Universität in Pittsburgh und an der Vanderbilt Universität in Nashville. Bis Februar 2000 war er Professor für strategisches Management an der United States International University of San Diego und am European Institute for Advanced Studies in Management sowie in Brüssel und Stockholm.

Homepage: http://www.alliant.edu/usicb/ansoff.htm

3.2 Grundlagen[1]

Umfeldveränderungen zwingen Unternehmen dazu, ihr strategisches Verhalten ständig an neue Bedingungen anzupassen. Ansoff beschreibt den Entwicklungsprozess, den strategische Managementsysteme seit Beginn des 20. Jahrhunderts – ausgelöst durch Umfeldveränderungen – durchgemacht haben. Darüber hinaus belegt er durch empirische Erhebungen, dass es eine in allen Unternehmen unter allen Umfeldbedingungen am besten geeignete Erfolgsbedingung nicht gibt.

Beobachtet man die Erfolgsfaktoren, die im 20. Jahrhundert von Bedeutung waren, erkennt man folgende Entwicklung:

- Vor 1930 waren die Branchen produktionsgetrieben. Erfolgreiche Unternehmen beherrschten den Fertigungsprozess besser als ihre Konkurrenten. Legendäres Beispiel in diesem Zusammenhang ist Henry Ford.

1 vgl. Staehle (Management), S. 601ff.; Ansoff (Implanting), S. 12ff.

Seit 1930 fand – ausgehend von der Konsumgüterindustrie – zunehmend eine Veränderung in Richtung marktgetriebener Branchen statt. Ein Pionier marktorientierter Strategien war Alfred Sloan.

- Ab ca. 1940 kam es zu einer Weiterentwicklung in Richtung innovations- und technologiegetriebener Branchen.
- Der letzte Entwicklungsschritt, der mit zunehmender Umfeldkomplexität einhergeht, begann nach 1950 und mündete in umfeldgetriebenen Branchen. Dies scheint zumindest vorläufig der letzte Entwicklungsschritt zu sein, der zu einem turbulenten Unternehmensumfeld führte und neue Managementtechniken erforderlich machte.

Im Zusammenhang mit den betrieblichen Umfeldveränderungen diagnostiziert Ansoff vier markante Entwicklungsstufen, die jeweils mit einem spezifischen Grad an Umfeldkomplexität korrespondieren:

- Management by Control (stabiles Umfeld),
- Management by Extrapolation (instabile Märkte),
- Management by Anticipation (handhabbare Märkte),
- Management by Flexible/Rapid Response (unvorhersehbare Überraschungen).

Strategische Planung verliert vor diesem Hintergrund nicht ihre grundsätzliche Bedeutung, muss aber hinsichtlich ihres Stellenwerts revidiert werden, da sie nicht die einzige Erfolgsbedingung darstellt. Drei weitere Aufgabenfelder des strategischen Managements müssen als wichtig akzeptiert werden:

- Echtzeit-Reaktion auf Umfeldveränderungen (Strategic Issue Management),
- Frühzeitiges Erkennen von Trendbrüchen (Weak Signal Management),
- Institutionalisiertes Krisenmanagement, wenn keine Zeit bleibt, mit strategischen Maßnahmen auf Veränderungen zu reagieren (Response Management).

Ansoff nimmt damit die kritische Haltung gegenüber einer starren strategischen Planung bereits vorweg, die später im Zusammenhang mit dem Systemansatz und der Chaosforschung – aber z. B. auch von Minzberg – artikuliert wurde. Grundlage für eine derartige konventionelle strategische Planung sind jährliche Planungszyklen, in denen sich das Management mit der Strategievereinbarung beschäftigt. Diese Planung stützt sich auf zwei Prämissen:

- Inhaltlich **konkrete Daten** stehen
- **rechtzeitig** zur Verfügung.[1]

Diese Anforderungen stellen in einem statischen Umfeld keine Probleme dar, da es leicht möglich ist, ausgehend von Vergangenheitswerten auf die Zukunft zu schließen. Bei ständigen Veränderungen des Umfelds basiert die strategische Planung jedoch auf Daten der Gegenwart, die zum Zeitpunkt der Planausführung bereits überholt sind. Die Stärken, Schwächen, Chancen und Risiken, die zu einer strategischen Entscheidung geführt haben, können sich bereits in ihr Gegenteil verkehrt haben.

---

1 vgl. Ansoff (Surprise), S. 22

3.3 Inhalt des Konzepts

3.3.1 Strategieentwicklung im Rahmen der dritten Entwicklungsstufe strategischen Managements

Für die strategische Planung entwickelte Ansoff 1966 ein Schema, das im Wesentlichen dem typischen Phasenablauf der strategischen Planung entspricht. Parallel zur Entwicklung der Wettbewerbsstrategie (competitive strategy) wird eine Diversifikationsstrategie erarbeitet. Damit läuft die Entwicklung der Geschäftsfeldstrategie und der corporate strategy, aufbauend auf denselben Umfelddaten, simultan und nicht nacheinander ab.[1]

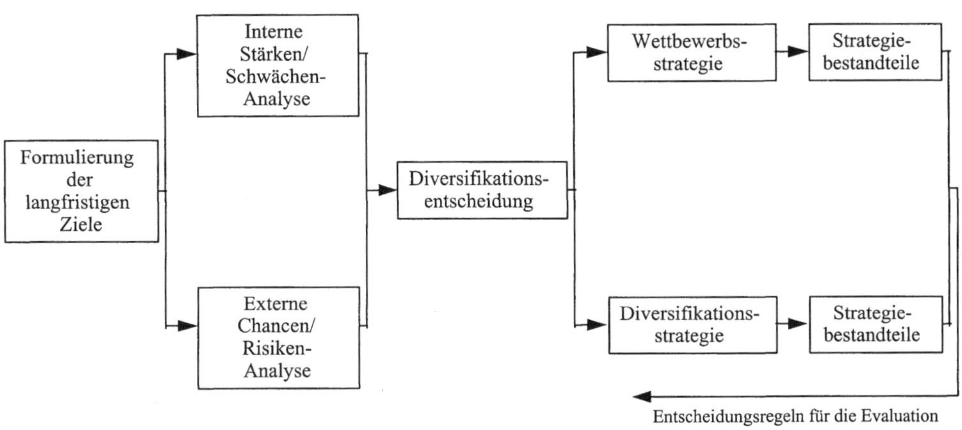

Abb.3.1: Entscheidungsregeln für die Evaluation

In weiterer Folge erstellt Ansoff die Produkt/Markt-Matrix (Ansoff-Matrix) zur Formulierung der Diversifikationsstrategie.[2]

1 vgl. Ansoff (Strategy), S. 21ff.
2 vgl. Ansoff (Strategy), S. 131; Staehle (Management), S. 612

Produkt	Markt	
	gegenwärtig	**neu**
gegenwärtig	*Marktdurchdringung* Konzentration auf den bestehenden Markt	*Marktentwicklung* Erschließung neuer Märkte
neu	*Produktentwicklung* Erstellen neuer Produkte für den traditionellen Markt	*Diversifikation* Horizontale, vertikale oder laterale Entfernung vom angestammten Geschäft

Abb. 3.2: Ansoff-Matrix

3.3.2 Strategic Issue Management[1]

Strategic Issue Management ist auf die schnelle Reaktionsfähigkeit des Unternehmens gerichtet. Die Hauptbestandteile des Issue Managements sind die ständige Überwachung des Umfelds und eine Senior Management Group, die bei Diskontinuitäten sofort einschreitet. Die Übertragung der Verantwortung für das Strategic Issue Management auf eine Senior Management Group erklärt sich aus der Notwendigkeit, prompt und ohne hierarchiebedingte Verzögerungen einschreiten zu können und Zugang zu Ressourcen zu haben.

Wenn notwendig, übergeht und durchkreuzt das Strategic Issue Management die Hierarchie, um Maßnahmen sofort an jenen Stellen ansetzen zu können, bei denen sie die größten Erfolge versprechen.

Strategic Issue Management ist somit keine Maßnahmen„planung", sondern eine maßnahmensetzende Funktion.

Das System des Strategic Issue Managements wird von drei Gruppen getragen, die jeweils unterschiedliche Phasen des Issue Managements betreiben:[2]

- Staff Group – hat die Aufgabe, das Umfeld zu überwachen, Veränderungen zu erkennen und auftretende Probleme zu orten.
- General Management Group – beurteilt das Ausmaß der Erfolgsbeeinflussung, die verbleibende sowie die benötigte Reaktionszeit und legt Prioritäten fest.
- Workers – führen die Maßnahmen aus. Nur in seltenen Fällen sollte es auf dieser Ebene zu einer Planung kommen.

1 vgl. Ansoff (Implanting), S. 369ff.
2 vgl. Ansoff (Implanting), S. 371f.

3.3.3 Weak Signal Management

Die zweite Anforderung, die sich neben der Echtzeit-Reaktionsfähigkeit aus einem sich schnell ändernden Umfeld ergibt, ist die Fähigkeit, Chancen und Risiken möglichst rasch zu erkennen. Aus dieser Forderung leiten sich (verglichen mit der Situation im stabilen Umfeld) höhere Anforderungen an die Informationsversorgung ab:[1]

- Signale aus dem Unternehmensumfeld müssen in Echtzeit aufgegriffen werden.
- Informationen müssen kontinuierlich gesammelt und sofort analysiert werden – und nicht erst, wenn ihre Zuverlässigkeit sichergestellt ist.

Vor diesem Hintergrund entwickelt Ansoff das „Konzept der schwachen Signale". Unter „schwachen Signalen" versteht er Informationen, die hinsichtlich ihrer Herkunftsquelle und Auswirkung nicht genau klassifizierbar sind. In der Regel sind schwache Signale auch höchst unbestimmt und unsicher.[2]

Schwache Signale eignen sich nicht dafür, die durch sie angezeigte Chance oder Bedrohung nach ihrer Art, Auswirkung oder gar nach den nötigen Reaktionsmöglichkeiten vollständig und richtig zu beurteilen. Häufig kann zunächst nicht einmal bestimmt werden, ob durch ein schwaches Signal eine Chance oder eine Bedrohung angekündigt wird: Es wird nur das Gefühl für bevorstehende Diskontinuität vermittelt.[3] In der Regel sind folgende drei Dimensionen einer Diskontinuität nicht völlig determiniert:

- Stärke ihrer Ausprägung,
- Sicherheit ihres tatsächlichen Eintreffens,
- Möglichkeiten der Reaktion darauf.[4]

Im Zeitverlauf konkretisieren sich schwache Signale und entwickeln sich zu starken Signalen bevorstehender Chancen und Risiken, zu deren Bewältigung konkrete Maßnahmen erarbeitet werden können. Abbildung 3.3 zeigt die einzelnen Phasen der Entwicklung von schwachen zu starken Signalen.

Der durch die Dimensionen der Ungewissheit gekennzeichnete Ausprägungsraum visualisiert die dem jeweiligen Stand der Information entsprechenden Reaktionsmöglichkeiten (grauer Bereich). Es ist nicht möglich, nur auf Grund der Vermutung einer Gefahr einen Maßnahmenkatalog zu entwerfen. Die Gefahr kann aber beobachtet und eine eigene Stärken/Schwächen-Analyse bezüglich der Reaktionsmöglichkeiten durchgeführt werden.[5]

Ansoff entwickelt mit dem Strategic Issue Management ein System zur ständigen Überwachung, das über mehrere Analysephasen zur Auswahl von Reaktionsstrategien führt (siehe Abb. 3.4). Die wichtigsten Bestandteile des Systems sind:

---

1 vgl. Ansoff (Implanting), S. 370
2 vgl. Simon (Signale), S. 18ff.
3 vgl. Ansoff (Surprise), S. 23
4 vgl. Ansoff (Implanting), S. 383ff.
5 vgl. Ansoff (Surprise), S. 135f.

- Chancen/Anfälligkeits-Analyse,
- Erkennen möglicher Reaktionsstrategien,
- Analyse der Reaktionsbereitschaft,
- Chancen/Risiken-Analyse,
- Festlegen der Prioritäten.[1]

	Ungewissheitsgrade				
Informationsgehalt	(1) Anzeichen der Bedrohung oder Chance	(2) Ursache der Bedrohung oder Chance	(3) konkrete Bedrohung oder Chance	(4) konkrete Reaktion	(5) konkretes Ergebnis
Überzeugung, dass Diskontinuitäten bevorstehen	**Ja**	**Ja**	**Ja**	**Ja**	**Ja**
Bereich oder Organisation als Ursache der Diskontinuität ist bekannt	Nein	**Ja**	**Ja**	**Ja**	**Ja**
Merkmale der Bedrohung, Art und Zeitpunkt der Wirkung, allgemeiner Wirkungsgrad	Nein	Nein	**Ja**	**Ja**	**Ja**
Reaktion festgelegt: Zeitpunkt, Handlung, Programme, Budgets	Nein	Nein	Nein	**Ja**	**Ja**
Wirkung auf Gewinn und Folgen der Reaktionen sind errechenbar	Nein	Nein	Nein	Nein	**Ja**

Abb. 3.3: Stadien der Ungewissheit[2]

1 vgl. Simon (Signale), S. 72ff.
2 Ansoff (Surprise), S. 135; Ansoff (Bewältigung), S. 241

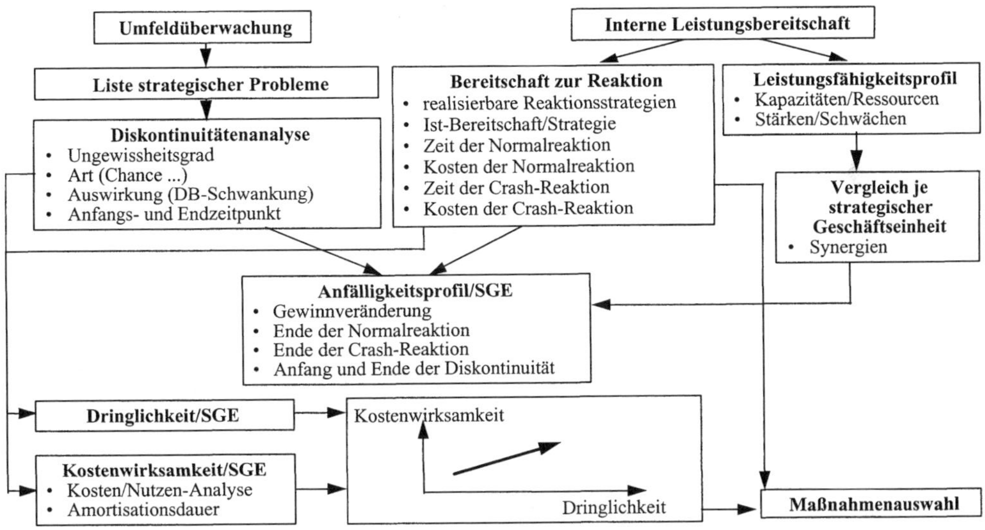

Abb. 3.4: Das System des Strategic Issue Management[1]

Chancen/Anfälligkeits-Analyse

Ein wichtiger Bestandteil im Strategic Issue Management ist die Chancen/Anfälligkeits-Analyse, mit der Auswirkungen schwacher Signale untersucht werden, um angemessen reagieren zu können. Die Genauigkeit des Ergebnisses ist abhängig vom Stadium der Ungewissheit der Information. Diese Analyse läuft in fünf Phasen ab:[2]

- Identifikation der strategisch relevanten Ereignisse, die bedeutenden, anhaltenden Einfluss auf das Unternehmen haben.
- Einstufen eines identifizierten Ereignisses als Chance oder Bedrohung.
- Schätzen der Auswirkungen auf den Unternehmenserfolg beziehungsweise Gewinn.
- Prognose des frühesten und spätesten Eintrittszeitpunkts dieser Chance/Bedrohung.
- Einschätzen des gegenwärtigen Wissensstandes über diese Chance/Bedrohung.

Reaktionsstrategien

Erst wenn die Auswirkungen von Ereignissen weitgehend bekannt sind, kann ein Unternehmen operationale Maßnahmen formulieren. Vorbereitende Maßnahmen sind aber auch schon bei schwachen Signalen möglich. Die folgende Abbildung verdeutlicht die alternativen Reaktionsstrategien in Anbetracht der zur Verfügung stehenden Informationen. Dabei kann zwischen

1 Simon (Signale), S. 74
2 vgl. Ansoff (Surprise), S. 24f.

Gestaltung der Beziehung zum Umfeld und Gestaltung der internen Konfiguration unterschieden werden:[1]

	Reaktionsstrategien: Direkte Reaktion	Flexibilität	Aufmerksamkeit
Reaktion – Beziehung zum Umfeld	**„External Action“** Die „External Action Strategy“ stellt direkte, ausformulierte Maßnahmen zur Bekämpfung einer Bedrohung bzw. Maßnahmen, um Chancen wahrzunehmen, dar.	**„External Flexibility“** Die „Flexibility Strategy“ soll die zukünftigen Reaktionspotenziale des Unternehmens erhöhen. Die externe Flexibilität wird insbesondere durch Differenzierung erreicht, um Abweichungen vom erwarteten Mittelwert sicher auffangen zu können.	**„Environmetal Awareness“** „Environmetal Awareness Strategies“ zielen darauf ab, durch Prognosen das Bewusstsein des Unternehmens auf mögliche Diskontinuitäten zu lenken. Im Zentrum stehen Szenarien, Umfeldmodelle, Prognosen etc.
Bereich der – Interne Konfiguration	**„Internal Awareness“** Die „Internal Awareness Strategy“ ist die Vorstufe und Unterstützung der „External Action Strategy“. In dieser Phase werden die zur Durchführung der Reaktionen erforderlichen Ressourcen, Strukturen und Kenntnisse bereitgestellt.	**„Internal Flexibility“** Die „Flexibility Strategy“ soll die zukünftigen Reaktionspotenziale des Unternehmens erhöhen. Intern müssen sich Manager auf Diskontinuitäten vorbereiten und mit strategischer Planung umgehen lernen.	**„Self Awareness“** Die „Self Awareness Strategy“ hilft, Diskontinuitäten im eigenen Unternehmen zu erkennen. Zum Einsatz gelangen alle bekannten Formen der internen operativen und strategischen Analysen.

Abb. 3.5: Alternative Reaktionsstrategien[2]

Welche dieser Strategien als Reaktion auf Diskontinuitäten eingesetzt werden kann, hängt von Menge und Qualität der zur Verfügung stehenden Informationen ab, nach Ansoff vom „state of ignorance“.

Jede einzelne Strategie leistet ihren spezifischen Beitrag zur Reaktionsbereitschaft des Unternehmens, wobei das entscheidende Kriterium ihrer Wirksamkeit der rechtzeitige Einsatz ist. Während es eine bestimmte Zeit in Anspruch nimmt, auf die Auswirkungen einer Diskontinuität zu reagieren, kann die Reaktionszeit durch vorbereitende Maßnahmen zu einem Zeitpunkt, zu dem die Auswirkungen erst latent vorhanden sind, wesentlich verkürzt werden.[3]

---

1 vgl. Ansoff (Implanting), S. 388ff.
2 Ansoff (Implanting), S. 388ff.
3 vgl. Ansoff (Implanting), S. 389f.; Ansoff (Bewältigung), S. 246f.

	Ungewissheitsgrade				
Reaktionsstrategie	(1) Anzeichen der Bedrohung oder Chance	(2) Ursache der Bedrohung oder Chance	(3) konkrete Bedrohung oder Chance	(4) konkrete Reaktion	(5) konkretes Ergebnis
Umfeld-wahrnehmung					
Selbst-wahrnehmung					
Interne Flexibilität					
Externe Flexibilität					
Unternehmensinterne Bereitschaft					
Direktes Handeln					

Abb. 3.6: Möglicher Einsatz alternativer Reaktionsstrategien[1]

Ansoff unterscheidet in diesem Zusammenhang drei Reaktionstypen:[2]

- Normal Response,
- Ad-hoc-Crash Response: Es wird alles Notwendige gemacht, um den „normalen“ Ablauf der Reaktion zu beschleunigen,
- Pre-planned Response: Durch Vorbereitung und Steigerung der Flexibilität können selbst Ad-hoc-Crash Responses noch schneller durchgeführt werden.

Bereitschaftsdiagnose

Zur Analyse der Reaktionsbereitschaft und der erforderlichen Vorbereitungsmaßnahmen setzt Ansoff das Instrument der Bereitschaftsdiagnose ein.

Sie wird in erster Linie dazu verwendet, um festzustellen, für welche der sechs Reaktionsstrategien zusätzliche Vorbereitungsmaßnahmen notwendig sind. Weiters können die mit den je-

1 Ansoff (Bewältigung), S. 248
2 vgl. Ansoff (Surprise), S. 28

weiligen Reaktionstypen (Normal oder Crash Response) in Verbindung stehenden Kosten erfasst werden.

Bei der Bereitschaftsdiagnose werden für jede der sechs Reaktionsstrategietypen folgende Fragestellungen untersucht:[1]

- Status: Angemessenheit der Reaktionsstrategie für das Problem (in % von 100).
- Relative Wichtigkeit: Bedeutung der Reaktionsstrategie für das Gelingen der Reaktion.
- Kosten: Kosten der Strategie jeweils bei Normal oder Crash Response.
- Zeit: Zeitbedarf für die Umsetzung der Strategie jeweils bei Normal oder Crash Response.

Chancen/Risiken-Analyse

Das Chancen/Risiken-Profil verknüpft die Ergebnisse der Chancen/Risiken-Analyse mit der Bereitschaftsdiagnose:

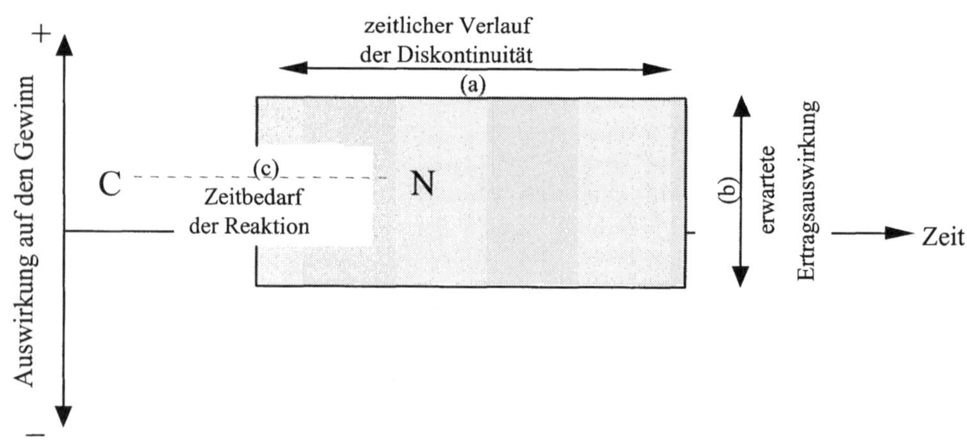

Abb.3.7: Chancen/Risiken-Profil [2]

Graue Rechtecke im Chancen/Risiken-Profil umspannen die „Regionen eines wahrscheinlichen Eintretens der Diskontinuität“. Die horizontale Achse zeigt die zeitliche Komponente (a), die das wahrscheinliche Eintreten und den Verlauf der Diskontinuität verdeutlicht. Die vertikale Achse zeigt die durch die Diskontinuität erwarteten Ertragsveränderungen (Gewinn oder Verlust) (b). Die gepunktete Linie gibt das erwartete Ende von „Crash“- beziehungsweise „Normal Response“-Strategien an (c). Aus der Kombination der Rechtzeitigkeit eines Normal (N) oder Crash (C) Response mit den Kosten dieser Reaktion und den erwarteten Ertragsauswirkungen

1 vgl. Ansoff (Surprise), S. 29
2 Ansoff (Bewältigung), S. 252

der Diskontinuität kann entschieden werden, welche Reaktion der betreffenden Diskontinuität am ehesten gerecht wird.[1]

Der Prozess endet vorläufig mit der Festlegung der Prioritäten der einsetzbaren Maßnahmen und der Maßnahmenauswahl entsprechend ihrer Priorität und dem Unsicherheitsgrad.[2]

3.3.4 Krisenmanagement[3]

Das Strategic Issue Management hilft, erkannte Diskontinuitäten zu beherrschen. Trotzdem ist es möglich, dass Diskontinuitäten, die Krisensituationen im Unternehmen auslösen, übersehen werden. Für diesen Fall sind Vorbereitungen zu treffen, die eine rasche und adäquate Reaktion gewährleisten. Ansoff gibt Anleitungen, wie diese Vorbereitungen zur Krisenbewältigung im Rahmen des Surprise Managements erfolgen können. Weiters untersucht er die Gründe für die Widerstände, denen Krisenmanagement ausgesetzt ist.[4]

Krisenkommunikationsnetz

Kern des Krisenbewältigungssystems ist ein Krisenkommunikationsnetz. Da der Zeitfaktor bei Überraschungen meist höchste Bedeutung hat, muss die Reaktionszeit des Unternehmens möglichst kurz gehalten werden. Ansoff schlägt für den Überraschungsfall vor, ein eigenes Kommunikationsnetz zu schaffen, mit dessen Hilfe alle von der Reaktion betroffenen Stellen direkt miteinander in Verbindung treten können.[5]

Aufgabenverteilung in der Krise

Ansoff empfiehlt folgende Aufgabenverteilung, wenn Überraschungen eintreten:[6]

- Eine Gruppe sorgt für die Weiterführung des täglichen Geschäfts,
- eine zweite für die Erarbeitung und Umsetzung der Antwort auf die Überraschung und
- eine dritte für die „Aufrechterhaltung der Moral".
- Die letzten beiden Gruppen arbeiten über das angeführte Krisenkommunikationsnetz.

3.4 Stärken des Konzepts

- Ansoff lenkt die Blickrichtung strategischen Managements in den Problembereich ungerichteter Flexibilität. Im Gegensatz etwa zu ungewissheitstheoretischen Ansätzen geht das

---

1 vgl. Ansoff (Managing Surprise), S. 146
2 vgl. Simon (Signale), S. 79f.
3 vgl. Ansoff (Implanting), S. 357ff.
4 vgl. Ansoff (Strategy), S. 205ff.; Ansoff (Management), 186ff.
5 vgl. Ansoff (Implanting), S. 22ff.
6 vgl. Ansoff (Implanting), S. 22f.

Strategic Issue Management nicht von einer vorgegebenen Problemdefinition aus, sondern lenkt die Aufmerksamkeit auf den Bereich der Crisis Preparedness.[1]

- Ansoff stellt den zeitlichen Ablauf notwendiger Verhaltensweisen bei der Bewältigung auftretender Diskontinuitäten dar. Dabei legt nicht das Entscheidungsproblem den Informationsbedarf fest, sondern verfügbare Informationen determinieren realisierbare Entscheidungen.[2] Je schwächer die Informationsbasis ist, desto mehr muss mit ungerichteten Flexibilitätsüberlegungen gearbeitet werden.[3]
- Wesentlicher Bestandteil des Konzepts ist das Verständnis für dic Abläufe bei der Informationsbeschaffung und deren Bedeutung. Das Unternehmen muss genauso ausführlich analysiert werden wie der Markt, in dem es tätig ist.
- Das Konzept reicht bis zur Darstellung der Durchsetzungsproblematik. Die Formulierungen sind allerdings zumeist allgemein gehalten.[4]
- Ansoffs Konzept ist auch gut geeignet, die Stärken und Schwächen des eigenen Unternehmens im Vergleich zu seinen Wettbewerbern festzustellen. Auf dieser Grundlage kann die Fähigkeit beurteilt werden, strategische Schritte einzuleiten. Gegebenenfalls müssen Maßnahmen gesetzt werden, um diese Fähigkeit zu verbessern.[5]

3.5 Schwächen des Konzepts

- Ansoff schränkt den tragenden Gedanken ein, dass Diskontinuitäten prinzipiell vorhersehbar sind, und weist auf die Lückenhaftigkeit der Früherkennung hin. Unternehmensintern wird diese Problematik durch den Filterungsprozess verstärkt, da in der Regel nicht die Entscheidungsträger selbst mit der Erfassung der Signale aus dem Umfeld befasst sind, sondern Mitarbeiter an der Peripherie des Unternehmens, die den Entscheidungsträgern Berichte vorlegen müssen. Dadurch werden den Entscheidungsträgern Unsicherheiten in der Lagebeurteilung, abweichende Meinungen, vom Empfänger falsch eingeschätzte Signale etc. nicht bewusst.[6]
- Die Funktionen von Strategic Issue Management und Strategic Surprise Management hängen stark von der Kritikfreudigkeit, Flexibilität und „Offenheit" für abweichende Wirklichkeitsmodelle ab. Im Unternehmen muss vor der Implementierung eines solchen Systems ein hoher Entwicklungsstand hinsichtlich Unternehmenskultur und Führungsstil erreicht werden.[7]

---

1 vgl. Hillmer (Unternehmensflexibilität), S. 234f.
2 vgl. Ansoff (Surprise), S. 150
3 vgl. Ansoff (Surprise), S. 147
4 vgl. Hillmer (Unternehmensflexibilität), S. 258ff.
5 vgl. Ansoff (Managementstrategie), S. 98f.
6 vgl. Simon (Signale), S. 177
7 vgl. Simon (Signale), S. 178

- Ansoff behandelt ausführlich die Bedeutung der Flexibilitätserhöhung. Der Zusammenhang zwischen dieser und den dadurch verursachten Kosten, der veränderten Organisationsstruktur und der Unternehmenstechnologie wird aber nicht betrachtet.[1]
- Ansoff beschreibt vorwiegend Abläufe und Zusammenhänge. Er zeigt die Rahmenbedingungen einer Implementierung seines Systems auf. Sein Konzept ist aber dennoch kein umfassendes System des strategischen Managements (Ansoff selbst grenzt Strategic Issue Management von strategischer Planung ab).[2]
- Das Konzept der schwachen Signale unterstellt, dass die Anwender in der Lage sind, noch unspezifischen Signalen einen spezifischen – wenn auch vagen – Informationsgehalt zuzuschreiben. Sind die Empfänger dazu nicht fähig, werden sie keine schwachen Signale registrieren, sondern lediglich ein unspezifisches „Rauschen“ vernehmen.[3]
- Der zentrale Begriff der schwachen Signale wird nur unzulänglich erörtert und nicht operationalisiert. „Es könnte sein, dass schwache Signale lediglich jene Informationsmengen darstellen, die ex post als schwache Signale identifiziert werden können.“[4]
- Der Aufbau von Strategic Issue Management/Strategic Surprise Management (Ausschau und Vorbereitung auf mögliche Diskontinuitäten) verleitet zu Überreaktionen des Systems. Dies geschieht einerseits durch falsch signalisierte Änderungen und andererseits durch falsche Bewertung dieser Änderungen.[5]

3.6 Bedeutung für die Unternehmensführung

Ansoffs Konzepte des strategischen Managements finden in der Literatur breiten Widerhall. Sein Buch „Corporate Strategy“ wurde in 13 Sprachen übersetzt. Seine Überlegungen haben die Entwicklung der strategischen Unternehmensführung nachhaltig beeinflusst.

Die direkte Implementierung des Konzepts ist schwierig, da Ansoff keine konkret umsetzbaren Handlungsanweisungen, sondern lediglich Anregungen gibt. Wertvoll sind besonders die Hinweise zur Vorbereitung und zum Training der Entscheidungsfindung.

3.7 Empfohlene Literatur

- Ansoff, I.: Implanting Strategic Management, London 1992, 500 Seiten. Umfassende Darstellung des strategischen Managements und dessen Entwicklung. Fragen des Portfoliomanagements werden ebenso dargestellt wie Fragen zur Internationalisierung, zu strategiege-

1 vgl. Arnold (Unternehmensführung), S. 292
2 vgl. Ansoff (Surprise), S. 151
3 vgl. Arnold (Unternehmensführung), S. 292
4 vgl. Arnold (Unternehmensführung), S. 292
5 vgl. Simon (Signale), S. 210

rechter Struktur, Technologie etc. Breiter Raum ist dem Modell der schwachen Signale gewidmet.

- Ansoff, I.: The New Corporate Strategy. New York 1988, 245 Seiten. Überarbeitete Neuauflage des Buches aus dem Jahr 1965. Stellt die Grundlagen des strategischen Managements dar.

4 Peter F. Drucker

Effectiveness is the foundation of success –
efficiency is the minimum condition for survival
after success has been achieved.
Efficiency is concerned with doing things right,
effectiveness is doing the right things.

4.1 Zur Person des Autors

Peter Drucker, 1909 in Wien geboren, wanderte Ende der 1920er Jahre nach Deutschland aus, um dort als Journalist zu arbeiten und gleichzeitig Jus zu studieren. 1933 wandert er weiter: zunächst nach England, wo er als Wirtschaftsfachmann ins Bankwesen wechselte. Kurz vor Ausbruch des Zweiten Weltkrieges ließ sich Drucker in den USA nieder. Als Berater von General Motors und anderen Großunternehmen und als Universitätsprofessor für Politik und Philosophie begann erst dort seine eigentliche Karriere. 20 Jahre lang unterrichtete er Wirtschaftswissenschaften an der New York University. Seit 1971 ist er Professor für Management und Sozialwissenschaften an der Claremont Graduate School of Management in Kalifornien.

Peter Drucker hat sein Verständnis von Management in den letzten 45 Jahren in einer Vielzahl von Veröffentlichungen ständig weiterentwickelt. Jetzt liegt mit „Was ist Management?“ (Orginaltitel „The Essential Drucker“) eine Zusammenfassung seiner zentralen Gedanken vor.

Bestimmte Schwerpunkte lassen sich durch seine gesamte Arbeit verfolgen: Unternehmensführung, Innovation, Leadership, Menschenführung.

Viele wichtige Entwicklungen in Wirtschaft und Management, vom „Management by Objectives“ über die Dezentralisierung und Privatisierung bis zum Entstehen der Wissensgesellschaft, wurden von ihm prognostiziert und durch seine Überlegungen mitgestaltet.

Auf http://www.drucker.org präsentiert sich die „Peter F. Drucker Foundation for Nonprofit Management“.

4.2 Grundlagen

Zu Fragen des strategischen Managements nimmt Drucker in vielen seinen Veröffentlichungen Stellung.

Als legendär kann man seine Strategiedefinition bezeichnen:

Doing the right things.

Dagegen behandeln operative Entscheidungen das Problem: „Doing things right."

Die ersten Aussagen zu Strategie stammen bereits aus den 1950er Jahren und sind beispielsweise in „Die Praxis des Managements" zu finden. Kernprobleme des strategischen Managements und insbesondere der strategischen Analysen und Entscheidungen werden später in „Managing for Results" behandelt. Innovation, alternative Innovationsstrategien und die Bedeutung der Innovation für das strategische Management bilden die Grundlage von „Innovation and Entrepreneurship". Drucker beschäftigt sich auch mit Non Profit Organisationen. Hier stellt er die Mission in das Zentrum strategischer Überlegungen.

4.3 Inhalt des Konzepts

4.3.1 Die Geschäftslogik – „The theory of the business"[1]

Ein Unternehmen entwickelt im Zeitablauf eine individuelle Theorie des Geschäfts, die die unternehmerischen Handlungen leitet. Diese Geschäftslogik setzt sich aus drei Teilen zusammen:

- Annahmen über das **Umfeld** – Gesellschaft, Technologie, Markt und Kunde; für welche Leistungen das Unternehmen „bezahlt" wird,
- **Mission** – gesellschaftliche Begründung des Unternehmens; was Sinn für das Unternehmen macht,
- Beurteilung der **Kernkompetenzen** – worauf sich das Unternehmen zu konzentrieren hat, um erfolgreich zu sein.

Annahmen über das Umfeld

Drucker hat von Beginn an Überlegungen zum betrieblichen Umfeld, zur Branche („Geschäft"), in dem ein Unternehmen tätig ist, und zu den Kunden ins Zentrum seiner Untersuchungen gestellt.

Zuletzt hat er sie in „Assessment for Nonprofit Organisations" im Rahmen von fünf Fragen formuliert:[2]

---

1 vgl. Drucker (Theory), S. 95ff.

2 Drucker (Foundation); Drucker (Self-Assessment Tool), S. 1

What is our business?
Who is our customer?
What does the customer consider value?
What have been our results?
What is our plan?

Das Geschäft oder die Branche darf nicht anhand bestehender Produkte und Wettbewerber definiert werden. Vielmehr nimmt der Kunde beziehungsweise das Kundenproblem eine zentrale Stellung ein. Kunden kaufen nicht Produkte, sondern Problemlösungen. Ausgangspunkt einer strategischen Orientierung muss daher die Frage nach dem Kundenproblem sein.

Die Mission[1]

Die Mission ist das unternehmerische Selbstverständnis – was das Unternehmen zur Gesellschaft beitragen will. Sie bestimmt Zweck und Auftrag der Organisation. Die Bedeutung der Mission als Grundlage des Zielsystems wurde insbesondere durch die Beschäftigung mit Nonprofit Organisationen erkannt, da diese hinsichtlich ihrer grundlegenden Ziele Besonderheiten gegenüber Unternehmen aufweisen.[2]

Drucker nennt drei Kriterien einer erfolgreichen Mission:

- Ausrichtung auf die Stärken und Kompetenzen der Organisation durch Konzentration auf die Kernaufgabe (*Welche unserer Stärken können wir weiter ausbauen?*).
- Vollständiges Kommitment aller Stakeholder und besonders der Mitglieder für die Mission (*Woran glauben wir?*).
- Darstellung der Möglichkeiten und der emotionalen Bindung (*Wo können wir einen Unterschied machen, der Relevanz hat?*).

Kernkompetenzen

Ausgangspunkt für die Analyse der Kernkompetenzen sind die Stärken und Schwächen des Unternehmens. Langfristig erfolgswirksam sind jene Stärken, denen kritische Erfolgsfaktoren (Schlüsselfaktoren) gegenüberstehen. Derartige Schlüsselfaktoren beziehen sich meist auf Größen, die einen „signifikanten Beitrag zum wahrgenommenen Kundennutzen liefern", und lassen sich als Teilwertschöpfungsschritte des Wertschöpfungssystems darstellen.

Drucker nennt vier Anforderungen, denen eine Geschäftslogik zu genügen hat:

- Alle vier Bestandteile der Geschäftslogik müssen der Realität standhalten.
- Die Bestandteile der Geschäftslogik müssen zueinander passen.
- Die Geschäftslogik muss im Unternehmen bekannt sein und verstanden werden.
- Die Geschäftslogik muss ständig auf ihre Gültigkeit geprüft werden.

Viele Schwierigkeiten in Unternehmen sind auf mangelnde Erfüllung dieser Anforderungen zurückzuführen, insbesondere auf eine im Zeitablauf obsolet gewordene Geschäftslogik. Um

---

1 vgl. Drucker (Non-Profit), S. 3ff.
2 vgl. Horak (Controlling), S. 166

diese Probleme zu verhindern, bedarf es eines Früherkennungssystems, das die Geschäftslogik ständig auf Relevanz testet. Dies kann mit Hilfe zweier Messgrößen erfolgen:

- **Verzicht** – Etwa alle drei Jahre sollte sich eine Organisation die Frage stellen: „Wären wir noch nicht in diesem Markt (Distributionskanal, Produkt- und Dienstleistungssegment, Politik etc.), würden wir heute eintreten?“ Solange das Bestehende als gerechtfertigt angesehen wird, wird die Geschäftslogik nicht in Frage gestellt. Erst wenn Bestehendes hinterfragt und aufgegeben wird, wird auch die Geschäftslogik überdacht.
- **Nicht-Kunden** – So gut wie alle strategischen Ansätze erkennen einen zentralen Erfolgsfaktor: „den Kunden kennen“. Dabei werden die Nicht-Kunden übersehen, von denen aber in aller Regel die Veränderungen des Geschäfts ausgehen. Die Begründung, weshalb Nicht-Kunden keine Kunden werden, gibt Aufschluss über die Marktgegebenheiten und deren Veränderungen.

4.3.2 Das Strategieprogramm

Das Treffen konkreter strategischer Entscheidungen ist ein weiterer Schritt im strategischen Management, der auf einer Analyse des Unternehmens und seines Umfelds aufbaut.[1] Im Rahmen seines Self-Assessment Tools spricht Drucker von „What Have Been Our Results“ und „What Is Our Plan“.[2]

Analyse der Result-Areas[3]

Die Analyse der Result-Areas teilt sich in drei Bereiche, die einer gemeinsamen Betrachtung unterzogen werden müssen:

- Produkt,
- Markt,
- Distribution.

Die Analyse beginnt mit der Definition des Produkts. Im Unternehmen muss keine Einigkeit über das Wesen des Produkts erzielt werden, es ist aber wichtig, dass die Ansichten aller Unternehmensbereiche artikuliert werden. Schwieriger als die Bestimmung des Produkts ist die Lokalisierung des Markts und die Analyse der Distribution, da diese außerhalb des Unternehmens liegen.

Für die Analyse können folgende Fragen herangezogen werden:[4]

- Wer ist der Kunde?
- Wie kauft der Kunde?
- Was kauft der Kunde?

---

1 vgl. Drucker (Managing), S. XII
2 vgl. Drucker (Self-Assessment Tool), S. 1
3 vgl. Drucker (Managing), S. 17ff.
4 vgl. Drucker (Praxis), S. 69ff.

- Worin besteht der Wert für den Verbraucher?
- Welche Wünsche haben Verbraucher, die mein Produkt nicht kaufen?
- Wie soll sich das Produkt entwickeln?

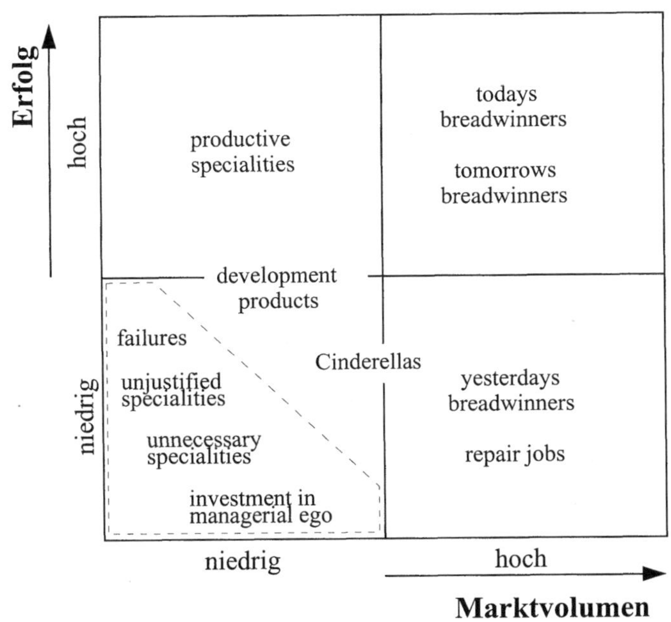

Abb. 4.1: Analyseraster[1]

Nach Beantwortung der Fragen ist es notwendig, die einzelnen Produkte, Märkte und Distributionskanäle zu klassifizieren. Dazu werden von Drucker Kategorien angeboten, denen sämtliche Produkte, Märkte und Distributionskanäle zugeordnet werden können. Diese können in folgender Form zusammengefasst werden (siehe Abb. 4.1).

Die Einordnung der Result-Areas in den Analyseraster ist aber noch zu wenig; es müssen auch eintretende und zu erwartende Veränderungen erkannt werden.

Zwei einfache Regeln für Klassifizierungen in allen Result-Areas sind anzuwenden:

1. Jede signifikante Abweichung der Performance von Erwartungen ist vermutlich auch ein Signal für eine Klassifikationsänderung. Jedenfalls müssen Abweichungen Auslöser für weitere Analysen sein.
2. Jedes Produkt ist einem Lebenszyklus unterworfen. Analysen über entstehende Kosten für weiteren Wertzuwachs zeigen, wo sich ein Produkt im Lebenszyklus befindet und wie hoch seine „Lebenserwartung" ist.

---

1 vgl. Drucker (Managing), S. 51ff

Analyse der Kosten und Kostenstrukturen

Drucker definiert Kosten als den Betrag, den ein Kunde bereit ist, für das Produkt zu bezahlen. Damit werden Kosten zu einem außerhalb des Unternehmens definierten Faktor. Der Konsument ist nicht am Fertigungsverfahren, an der Fertigungstiefe oder anderen Kosteneinflussgrößen interessiert. Er orientiert sich eher an Substituten und am Wert, den ein Produkt für ihn hat. Der Preis, den der Konsument zu zahlen bereit ist, entspricht damit den Zielkosten, die das Unternehmen erreichen muss, um erfolgreich zu sein.

Kostenplanung und -kontrolle verlieren aber nicht an Bedeutung. Drucker formuliert in diesem Zusammenhang drei Anforderungen an das Kostencontrolling:[1]

- Kosten sind dort zu steuern, wo sie anfallen.
- Unterschiedliche Kosten bedürfen auch unterschiedlicher Behandlung.
- Kosteneinsparungen können nachhaltig nur durch Einsparung von Aktivitäten erzielt werden.

Mit der Orientierung an den Aktivitäten nimmt Drucker bereits 1964 einen Trend vorweg, der Ende der 1980er Jahre vor dem Hintergrund steigender Gemeinkosten zur Entwicklung des Activity-Based-Costing geführt hat. Drucker definiert „cost points" als „simply the few activities within a cost center that are responsible for the bulk of its costs".[2]

Analyse der Kunden

Drucker stellt bei der Darstellung der Kundenanalyse die typischerweise behandelten Themen jenen gegenüber, die in der Regel fälschlicherweise nicht in die Analyse einbezogen werden, da sie sich auf Bereiche beziehen, die für das Unternehmen als irrelevant betrachtet werden.

Fragestellungen der klassischen Kundenanalysen
Wer ist der Kunde?
Wo ist der Kunde?
Wie kauft der Kunde?
Worauf legt der Kunde Wert?
Welche Wünsche befriedigt das Produkt beim Kunden?
Welche Rolle spielt das Produkt beim Kunden?
Wie wichtig ist das Produkt für den Kunden?
Wann hat das Produkt keinen Wert für den Kunden?
Wer sind die Konkurrenten?
Wie verhalten sich die Konkurrenten heute und in der Zukunft?

1 vgl. Drucker (Managing), S. 69
2 vgl. Drucker (Managing), S. 78

Fragestellungen, die in der Regel unberücksichtigt bleiben
Wer ist der Nicht-Kunde?
Wie sieht der gesamte Warenkorb des Kunden aus?
Was kaufen Kunden und Nicht-Kunden von anderen?
Welches (existierende oder mögliche) Produkt stellt den Kunden zufrieden?
Was hilft dem Kunden, ohne das Produkt auszukommen?
Was sind die bedeutenden Bestandteile des Produkts, die der Kunde honoriert?
Wer sind die Nicht-Konkurrenten – und warum?
Wessen Nicht-Konkurrent ist das Unternehmen?

Abb. 4.2: Kundenanalyse

Analyse der Fähigkeiten[1]

Wie bei der Marktanalyse muss bei der Analyse der Fähigkeiten eine Reihe von Fragen beantwortet werden:

- Existieren die richtigen Fähigkeiten und werden sie auf Erfolg versprechende Bereiche konzentriert?
- Wie effektiv und effizient werden die Fähigkeiten genützt?
- Gehen unsere Fähigkeiten ausreichend in das Produkt ein?
- Wie können wir unsere Fähigkeiten ausbauen?

Strategieplanung[2]

In Übereinstimmung mit den Leitungsfunktionen des Managements können zwei Hauptstoßrichtungen strategischer Führung unterschieden werden:

- Verbesserung bestehender Produkte,
- Innovation.[3]

Ausgangspunkt der Formulierung konkreter Strategien ist immer die Suche nach versteckten Erfolgspotenzialen. Entwicklungsbarrieren, die in den ökonomischen Bedingungen einer Industrie, in den Verfahren und in der Marktstruktur liegen, müssen durchbrochen werden. Jede dieser Entwicklungsbarrieren kann überwunden und zu einer Stärke ausgebaut werden.

Weiters müssen Umfeldveränderungen möglichst frühzeitig antizipiert werden, wobei insbesondere auf schleichende Veränderungen zu achten ist. Nicht zuletzt bedarf es der Vision und des Willens, das Umfeld und die Zukunft zu gestalten – eines Entrepreneurs.

Der Prozess der Strategiefindung durchläuft drei Bereiche:[4]

---

1 vgl. Drucker (Managing), S. 118ff.
2 vgl. Drucker (Managing), S. 131ff.
3 vgl. Drucker (Managing), S. 146f.
4 vgl. Drucker (Managing), S. 196ff.

- Formulierung eines Leitbilds,
- Suche nach Spitzenleistungen,
- Setzen von Prioritäten.

Strategiealternativen[1]

Drucker unterscheidet drei Strategiealternativen:

- Spezialisierung,
- Diversifizierung,
- Integration.

Entscheidend ist, dass die Konzentration auf nur eine dieser Alternativen zum Misserfolg führt. Für eine erfolgreiche Strategie muss ein Gleichgewicht zwischen notwendiger Spezialisierung (Konzentration der Kräfte) und Diversifizierung (Größe des Marktes) gefunden werden.

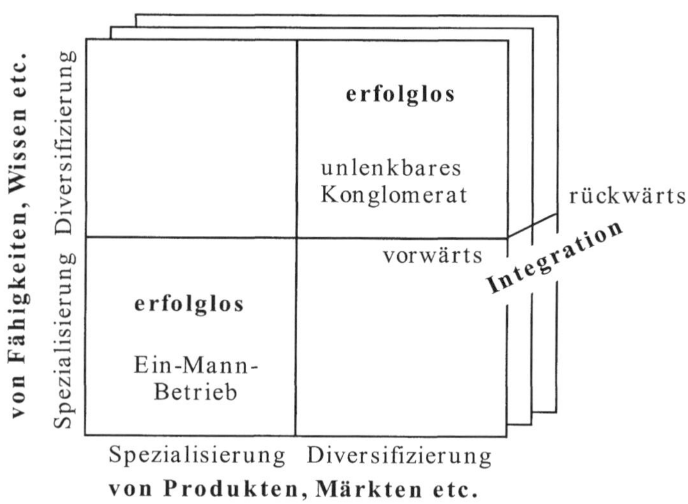

Abb. 4.3: Strategiealternativen

4.3.3 Self-Assessment Tool

Im Rahmen seiner Arbeiten für Non Profit Organisationen hat Drucker eine für ihn bisher untypische Konkretisierung seiner Überlegungen durchgeführt und einen Praxisleitfaden für die Strategieplanung erarbeitet, der neben Informationen für den Strategieworkshopleiter eine Vielzahl von zu behandelnden Fragen umfasst. Diese sind zwar für Nonprofit Organisationen verfasst, lassen sich aber problemlos auf Unternehmen übertragen und können Vorbereitung

1 vgl. Drucker (Managing), S. 208ff.

und Durchführung von Strategieklausuren unterstützen. Der Leitfaden ist nach den bereits dargestellten Fragen gegliedert und umfasst einzelne Worksheets zu folgenden Punkten:

What is our business?
Was versuchen wir zu erreichen? Welche spezifischen Ergebnisse streben wir an? Was sind unsere Stärken und Schwächen? Muss die Mission überarbeitet werden?
Who is our customer?
Welche sind unsere Hauptkunden? Welche sind unsere B- und C-Kunden? Haben sich die Kunden verändert? Sollten zusätzliche Kunden gefunden oder Kunden abgebaut werden?
What does the customer consider value?
Was stellt für unsere Hauptkunden Wert dar? Was stellt für unsere B- und C-Kunden Wert dar? Wie gut stellen wir das her, was für Kunden Wert stiftet? Wie können wir das, was Wert stiftet, effizienter herstellen? Welche Zusatzinformationen benötigen wir?
What have been our results?
Wie definieren wir Erfolg in unserer Organisation? In welchem Ausmaß haben wir unsere Ziele erreicht? Wie gut nutzen wir unsere Ressourcen?
What is our plan?
Was haben wir gelernt? Worauf sollen wir unsere Anstrengungen konzentrieren? Was sollten wir anders machen? Welche Schritte setze ich, um die Ziele meines Verantwortungsbereichs zu erreichen? Welche Schritte setze ich, um die Ziele der Organisation zu erreichen?

Abb. 4.4: Worksheets des Self-Assessment Tools

4.3.4 Innovation als Vorsorge für die Zukunft

Das Innovationsmanagement nimmt für Drucker neben dem Absatz bestehender Produkte eine bedeutende Stellung in der Unternehmensführung ein. Der Auslöser innovativer Tätigkeit ist für ihn nicht die Suche nach neuen Produkten und Technologien, sondern der Wille zur Veränderung des Umfelds. Damit wird die Fähigkeit eines Unternehmens zur innovativen Arbeit zu einer Funktion des Managements. Die Notwendigkeit des Managements der Innovationen wird zwar von jeder Unternehmensleitung betont, aber nur wenige organisieren die innovative Tätigkeit als eigenständige und wichtige Aufgabe. Manager befassen sich hauptsächlich mit der administrativen Funktion des Managements, bereits Bekanntes und Erprobtes in Gang zu halten und zu verbessern.

Innovation ist harte Arbeit und nur durch konsequente Konzentration auf die eigenen Stärken Erfolg versprechend.[1]

Erfolgs- und Misserfolgsfaktoren des Innovationsmanagements

Erfolgreiche Innovationen sind von folgenden Faktoren abhängig:[2]

- Systematische Analyse der Chancen: Neue Produkte verlangen auch nach einem veränderten Unternehmensumfeld.
- Wahrnehmen der Bedürfnisse und Einstellungen der Kunden: Forschung darf nicht im „Elfenbeinturm“ stattfinden.
- Einfache und spezielle (fokussierte) Lösungen: Komplexität erhöht die Gefahr von Anlaufschwierigkeiten.
- Erfolgreiche Innovationen sind keine „grandiosen Ideen“. Revolutionierende Ideen sind in der Regel nicht praktikabel.

Für Misserfolge sind verantwortlich:[3]

- Der Versuch besonders raffinierter Lösungen: Die Innovation muss für „Durchschnittsmenschen“ anwendbar sein und deren Anforderungen entsprechen. Was darüber hinaus geht, ist kontraproduktiv.
- Die Zersplitterung der Kräfte: Eine Innovation durchzusetzen erfordert die gesamte Kraft.
- Der Wunsch, für die Zukunft und nicht für die gegenwärtigen Bedürfnisse zu innovieren: Jede Innovation benötigt von Beginn an Einsatzmöglichkeiten.

Erfolgsmaßstäbe[4]

Auch innovative Leistungen müssen erfasst und beurteilt werden. Da sie im klassischen System der Erfolgsmessung nicht berücksichtigt werden, muss ein eigenes Bewertungssystem aufgebaut werden.

---

1 vgl. Drucker (Innovation), S. 138ff.
2 vgl. Drucker (Innovation), S. 134ff.
3 vgl. Drucker (Innovation), S. 136ff.
4 vgl. Drucker (Innovation), S. 158ff.

Im ersten Schritt werden Innovationsprojekte geplant und die erreichten Zahlen mit dem Plan verglichen. Damit kann man sowohl die Planungsqualität als auch das Innovationsprojekt kontrollieren.

Im nächsten Schritt wird das gesamte Feld innovativer Tätigkeiten in einem Unternehmen integriert betrachtet, um Prioritäten setzen zu können. Zu diesem Zweck werden auch die Innovationsstrategien der Wettbewerber analysiert.

Im dritten Schritt werden mehrjährige Pläne und Budgets erstellt.

Organisationsstruktur[1]

Die Erforschung neuer Projekte und Aufgabengebiete sollte gesondert von den übrigen Managementaufgaben stattfinden: Man kann nicht gleichzeitig Neues schaffen und sich um das Tagesgeschäft kümmern. Daher organisieren innovative Unternehmen die Forschungsarbeit in separaten Einheiten, die sich ausschließlich mit Neuentwicklungen befassen.

In einer innovativen Organisation weiß man auch, dass die innovative Arbeit von Anfang an nicht als Funktion, sondern als Unternehmen oder Projekt angesehen werden muss. Das heißt, dass die herkömmliche chronologische Anordnung, bei der zuerst Forschung, dann Entwicklung und Fertigung und zuletzt der Absatz zu organisieren sind, aufgegeben werden muss. Innovative Organisationen betrachten diese funktionalen Bereiche als Bestandteil ein- und desselben Prozesses in der Entwicklung eines neuen Aufgabenbereichs. Wann und wie solche Bereiche im Einzelnen mit einbezogen werden, ergibt sich aus der jeweiligen Situation. Daraus leitet sich ein weiteres Gestaltungsprinzip innovativer Tätigkeiten ab: das Team, das außerhalb der bestehenden Strukturen als autonome Einheit errichtet wird.

Innovationsstrategien[2]

Drucker unterscheidet vier Innovationsstrategien, die einander allerdings nicht ausschließen, sondern beliebig kombinierbar sind:

- Being fustet with the mostest.
  (schnellstens und stärkstens handeln)
- Hitting them where they ain't.
  (in die Lücke stoßen)
- Finding and occupying a specialized „ecological niche".
  (ökologische Nischen finden und besetzen)
- Changing the economic characteristics of a product, market, or an industry.
  (Veränderung der Wert- und Wirtschaftlichkeitsmerkmale anstreben)

Jede dieser Innovationsstrategien eignet sich für unterschiedliche Innovationsvorhaben und hat ihre speziellen Chancen und Risiken.

---

1 vgl. Drucker (Innovation), S. 161ff.

2 vgl. Drucker (Management), S. 161f.

Schnellstens und stärkstens handeln[1]. Bei der Strategie „schnellstens und stärkstens" handeln muss ein Unternehmen versuchen, eine selbst kreierte Innovationschance so gut zu nutzen, dass der Aufbau eines neuen Industriezweigs gelingt. Das Ziel muss die Beherrschung dieses neu geschaffenen Markts sein. Grundlage ist das sorgfältig geplante, zielgerichtete Vorhaben, der Innovationschance zum absoluten Durchbruch zu verhelfen. Zeichnen sich die ersten Anfangserfolge ab, darf der Ressourceneinsatz nicht gedrosselt werden. Ganz im Gegenteil, der Innovator muss in dieser Phase größten Einsatz zeigen, da er andernfalls den Markt nur für die Konkurrenz aufbereitet hat.

Der Unternehmer muss darauf achten, dass sein Produkt durch seine eigene, nächste Entwicklung überholt wird und nicht durch Entwicklungen der Konkurrenz. Der Innovator muss derjenige sein, der die Preise für seine Produkte oder Verfahren systematisch senkt. Hochpreispolitik würde lediglich Schutz und Schirm für die gegenwärtigen Konkurrenten bedeuten und potenzielle Wettbewerber auf den Plan rufen.

Die Strategie „schnellstens und stärkstens handeln" ist allerdings äußerst riskant und schwierig, sodass sie nur bei Innovationen von überragender Bedeutung einsetzbar ist. Sie ist vor allem dann zum Scheitern verurteilt, wenn die Ressourcen nicht ausreichen, um den eigenen Erfolg voll ausnutzen zu können.

Da diese Strategie auf die Schaffung von wirklich Neuem und Andersartigem ausgerichtet ist, haben Laien und Außenseiter oft genauso viel, manchmal sogar mehr Erfolg als Fachleute und Branchenkenner.

Ökologische Nischen finden und besetzen. Wer sich für die Strategie entscheidet, nach ökologischen Nischen zu suchen, will einen Markt oder eine Branche kontrollieren und/oder beeinflussen, aber nicht dominieren. Die Strategie der ökologischen Nischen strebt ein Fast-Monopol in einem kleinen Markt an. Ziel ist es, wettbewerbsbestimmend zu werden.

In den erfolgreichsten Strategien dieser Art hat es sich bewährt, so unscheinbar wie möglich zu bleiben, obwohl das Produkt für ein bestimmtes Verfahren unentbehrlich ist. Das Unternehmen platziert sich im Hintergrund, es erscheint potenziellen Konkurrenten als so harmlos, dass keiner der Wettbewerber auf die Idee kommt, eine Konkurrenzposition einnehmen zu wollen. Die gegebene Begrenztheit der Märkte macht ein Wachstum der anderen Unternehmen unmöglich. Diese Position kann daher die für ein Unternehmen am meisten gewünschte sein!

In ökologischen Nischen unterscheidet man drei verschiedene Strategien:

- „Toll-gate Strategy" (Schlagbaum-Strategie)
- „Specialty skill strategy" (Spezialkönnen-Strategie)
- „Specialty market strategy" (Spezialmärkte-Strategie)

In die Lücke stoßen[2] **– Kreative Nachahmung**. Angelpunkt dieser Strategie ist die Tatsache, dass ein Unternehmer die Bedeutung seiner Innovation nicht richtig verstanden hat. Diesen Umstand kann sich ein „kreativer Nachahmer" zunutze machen, indem er die Innovationschan-

1 vgl. Drucker (Innovation), S. 209ff.
2 vgl. Drucker (Innovation), S. 220ff.

ce besser als der Innovator vermarktet. Der Nachahmer schafft also nicht neue Nachfrage, sondern befriedigt die bestehende auf wirksamere Art und Weise, indem er das Produkt um ein Merkmal ergänzt, für das die Kunden bereit sind, eine Preisprämie zu bezahlen.

Kreative Nachahmer kommen oft in Versuchung, ihre Kräfte zu zersplittern, um alle Marktmöglichkeiten auszunutzen, oder sie interpretieren den Trend falsch und ahmen nach, was sich letztlich doch nicht als erfolgreich herausstellt.

In die Lücke stoßen – Unternehmerisches Judo. Ein Innovator hat zwar ein technisch ausgereiftes neues Produkt oder Verfahren entwickelt, aber auf kaufmännischer Seite schwerwiegende Fehler begangen. Ein anderes Unternehmen kann die Innovation aufgreifen und sich durch schonungsloses Ausnutzen der vom Innovator gemachten Fehler an die Marktspitze vorkämpfen.

Unternehmerisches Judo birgt unter allen unternehmerischen Strategien, die auf Führungs- und Vormachtstellung in einem Wirtschaftszweig oder Markt abzielen, das geringste Risiko und die größte Erfolgswahrscheinlichkeit: Unternehmen halten nämlich meist auch dann an ihren schlechten Gewohnheiten fest, wenn sie schon einmal auf Grund vergangener Fehler aus einem ihrer angestammten Märkte verdrängt wurden. Deshalb geht man immer nach dem gleichen Schema vor: Suchen nach schlechten Angewohnheiten der etablierten Unternehmen, Entwickeln eines für ein gegebenes Marktsegment spezifischen und optimalen Produkts, um die alteingesessenen Unternehmen zu überflügeln. Ein Umstand, den sich die japanische Industrie im Kampf um die Vormachtstellung mit den USA oft zunutze gemacht hat.

Veränderung der Wert- und Wirtschaftlichkeitsmerkmale anstreben.[1] Das Produkt, also der „Innovationsträger" als solcher, kann schon lange existieren. Die Strategie macht aus diesem Produkt etwas Neues, indem der Nutzen oder Wert verändert wird. Physisch ändert sich nichts, aber wirtschaftlich handelt es sich um eine Neuheit. Diese Strategie besteht aus vier Möglichkeiten:

- „Creating utility" (Nutzen für den Kunden schaffen)
- „Pricing" (Preisgestaltung)
- „Adaption to the customer's social and economic reality"
  (Adaption an die soziale und ökonomische Situation der Kunden)
- „Delivering what represents true value to the customer"
  (dem Kunden das geben, worauf er Wert legt)

4.3.5 Strategie im 21. Jahrhundert[2]

Im 21. Jahrhundert stellt sich dem Manager die Frage, worauf eine Strategie in dieser Zeit raschen Wandels und großer Unsicherheit basieren kann.

---

1 vgl. Drucker (Innovation), S. 243ff.

2 Drucker (21. Jahrhundert) S. 65ff.

Drucker beschreibt fünf Phänomene:

Der „Geburtsratenknick"

Strategie hat sich grundlegend mit der Tatsache zu beschäftigen, dass die Geburtsraten in den „entwickelten Ländern" einbrechen. Der Anteil der älteren Bevölkerung wird weiter wachsen. Eine Folge davon wird steigende Immigration in diesen Ländern sein. Diese Entwicklung wird nachhaltige politische und soziale Konsequenzen haben.

Die Verteilung des Einkommens

Die vier Wachstumsbereiche des 20. Jahrhunderts: Behörden, Gesundheitswesen, Bildung und Freizeit werden nach Drucker größten Einfluss auf die Verteilung des zur Verfügung stehenden Einkommens der Kunden im 21. Jahrhundert haben.

Die Definition von Leistung

Demografische Phänomene haben die Eigentumsverhältnisse in allen Industrienationen verschoben. Das führt auch zu Machtverschiebungen: Die immer größer werdende wohlhabende (aber keineswegs reiche) Mittelschicht besteht heute aus Menschen, die nie körperlich gearbeitet haben. Die steigende Lebenserwartung führt zur Entwicklung von Institutionen wie Pensions- und Investmentfonds. Solche Institute schaffen sich immer mehr Eigentumsanteile an großen Konzernen. Kurzfristige Gewinne sind offensichtlich nicht das Ziel dieser Aktionäre! Gleichzeitig haben Unternehmen die Interessen ihrer wissensbasiert arbeitenden Beschäftigten zu berücksichtigen. Das macht eine neue Definition von Unternehmensleistung notwendig.

Die globale Wettbewerbsfähigkeit

Die Bedeutung des Standorts nimmt ab. Keine Institution kann mehr Erfolg haben, wenn sie sich nicht an den Standards der „Marktführer" in der Branche, die irgendwo auf der Welt stationiert sind, misst. Weder Billiglohn und hohe Subventionen noch hohe Zölle oder rigide Einfuhrbestimmungen werden ihre protektionistische Wirkung beibehalten. Jeder muss sich an den weltweiten „Spitzenreitern" messen.

Die zunehmende Inkongruenz von wirtschaftlicher Globalisierung und politischer Zersplitterung

Die Weltwirtschaft wird globaler. Politische Grenzen werden aber keineswegs verschwinden. Drucker warnt davor, sich bei strategischen Entscheidungen von Anreizen der Politik vor Ort leiten zu lassen. Letztendlich würde das Unternehmen einen zu hohen Preis dafür bezahlen.

Drucker rät auch ab von Unternehmens-Akquisitionen als Mittel zur Expansion oder Internationalisierung, wenn sie nicht zur Unternehmensstrategie passen. Zusätzlich müssen Manager noch besser lernen, gleichzeitig globalen Wettbewerb und schwankende internationale Wechselkurse als Rahmenbedingungen der Unternehmensführung zu verstehen.

4.4 Stärken des Konzepts

- Drucker hat die Fähigkeit, komplexe Ideen und Zusammenhänge einfach und elegant darzustellen und empfängerorientiert zu kommunizieren. Darüber hinaus unterstreicht er seine Überlegungen mit einer Vielzahl von Fallbeispielen.
- Drucker sensibilisiert seine Leser dafür, Änderungen des Umfelds und Auswirkungen auf das Unternehmen systematisch zu erforschen und zu antizipieren.
- Drucker zeigt, dass das Unternehmen als offenes System in ständiger Wechselwirkung mit seinem Umfeld steht. Bei der Formulierung seiner Unternehmensstrategien geht das Management vom Umfeld aus (dem Kunden mit seinen Wünschen, Vorstellungen, Erwartungen etc.). Über die Innovation wirkt das Unternehmen wieder auf das Umfeld ein. Dem Leser wird klar, dass alles im Gesamtzusammenhang gesehen werden kann und eine isolierte Betrachtungsweise zu Fehleinschätzungen und schließlich zum Scheitern führt.

4.5 Schwächen des Konzepts

- Drucker stellt eine Reihe von Strategiealternativen dar. Er verabsäumt dabei völlig, dem Unternehmer Hilfestellung bei der Beantwortung der Frage nach der zum jeweiligen Unternehmen passenden Strategie zu geben. Schließlich eignen sich nicht alle Unternehmen gleich gut für die Umsetzung bestimmter strategischer Überlegungen.
- Drucker bietet keinen Service für jenen Personenkreis, der sich bei der Auseinandersetzung mit bestimmten Sachverhalten gerne von visuellen Hilfsmitteln leiten lässt (Portfolios, Checklisten etc.).

4.6 Bedeutung für die Unternehmensführung

Heute wird Peter Drucker als „Vater des modernen Managements“ bezeichnet. Als Überblickswerk bietet er „Was ist Management?“ an, das sein bisheriges Schaffen zusammenfasst.

4.7 Empfohlene Literatur

- Drucker, P.: Was ist Management? München 2002. 389 Seiten. Ein Überblick über die wichtigsten Fragen und Lösungsansätze, mit denen sich Peter Drucker seit dem Ende der 1940er Jahre beschäftigt hat. Gut geeignet als Einführung in sein umfangreiches Werk. Allerdings ohne Strategie-Schwerpunkt.

- Drucker, P.: Management im 21. Jahrhundert, München 1999. 272 Seiten. Analyse des Veränderungsprozesses der Rahmenbedingungen für strategisches Handeln. Druckertypisch gut lesbar und leicht verständlich, ohne abstrakte Modelle oder Theorien.
- Drucker, P.: Innovation and Entrepreneurship, New York 1999. 277 Seiten. Bekenntnis zum Unternehmertum und Innovationsdrang. Gut verständlich, mit vielen Beispielen angereichert.

5 Aloys Gälweiler

Erfolgspotenziale sind die Möglichkeiten, die man haben muss,
ehe es ans Erfolge Realisieren geht.
Was im Potenzial nicht drin ist, kann man nicht realisieren.

5.1 Zur Person des Autors

Aloys Gälweiler (1922-1984) war nach dem Studium der Volks- und Betriebswirtschaft an der Universität Mainz (Promotion 1953) von 1950 bis 1956 bei der Zellstofffabrik Waldhof, Wiesbaden, beschäftigt, zunächst als Mitarbeiter in der betriebswirtschaftlichen Zentralabteilung, später als deren Leiter. Von 1957 bis 1966 stand er an der Spitze des Zentralbereichs Betriebswirtschaft bei Brown, Boveri & Cie. in Mannheim und wurde 1967 Generalbevollmächtigter und Direktor des Zentralbereichs Unternehmensplanung.

Daneben engagierte er sich in Forschung und Lehre. Gälweiler lehrte als Honorarprofessor für Unternehmensstrategie an der Universität Köln und als Honorarprofessor für Unternehmensplanung an der Fachhochschule Ludwigshafen, als Dozent an mehreren Universitäten, darunter in Gießen, an der Technischen Akademie Wuppertal, an der Hochschule St. Gallen und am Management-Zentrum St. Gallen. Gälweiler war Vorsitzender des Vorstands der agplan-Gesellschaft für Planung e.V., Beiratsmitglied und Leiter des Arbeitskreises Planung der Schmalenbach-Gesellschaft/Deutsche Gesellschaft für Betriebswirtschaft e.V.[1]

5.2 Grundlagen

Die von Gälweiler entwickelte allgemeine Grundsystematik ist durch „bestechende Logik“[2] gekennzeichnet. Sinn und Bedeutung dieser Darstellung liegen darin, zu zeigen, welche Problemfelder bei der Entwicklung einer Strategie zu beachten sind.

Das Modell ist bewusst allgemein gehalten, um es leicht an die spezifischen Gegebenheiten einzelner Unternehmen anpassen zu können.

---

1 vgl. Töpfer, Afheldt (Unternehmensplanung), S. 547
2 Malik (Planungsmanagement), S. 188

5.3 Inhalt des Konzepts

5.3.1 Strategie versus Operation

Führung besteht für Gälweiler aus

- strategischen (Produkte und Märkte betreffenden) und
- operativen (Umsetzung und Effizienz betreffenden) Entscheidungen.[1]

Von Bedeutung ist die zeitliche und sachliche Rangfolge dieser Entscheidungen. Sie impliziert, dass Versäumnisse bei strategischen Entscheidungen nicht durch nachfolgende organisatorische operative Anstrengungen aufgeholt werden können.[2]

Gälweiler stellt nicht auf die herkömmliche Dreiteilung in kurz-, mittel- und langfristige Unternehmensplanung ab, sondern verwendet diese Einteilung nur als Überbrückungshilfe zwischen zeitlichen und aufgabenbezogenen Konzepten.

Strategische Führung ist für Gälweiler „die Suche, der Aufbau und die Erhaltung hinreichend hoher und sicherer Erfolgspotenziale unter Berücksichtigung der damit verbundenen langfristigen Liquiditätswirkungen".[3]

Die operative Führung ist auf unmittelbare Erfolgserzielung ausgerichtet, auf bestmögliche Realisierung der gegebenen Erfolgspotenziale, ohne dadurch langfristig ergiebige Erfolgspotenziale zu schädigen.[4]

5.3.2 Vorsteuergrößen

Sowohl operative als auch strategische Führung benötigen spezifische Orientierungsgrundlagen (Orientierungshilfen). Strategische Orientierungsgrundlagen (im Sinne von verlässlich geltenden Erfolgsfaktoren) sollen Sicherheit schaffen, die den Entscheidungsträgern zukunftsorientierte Vorsteuerung von Erfolg und Liquidität erleichtert.[5]

Aus diesem Grund fügt Gälweiler den operativen Führungs- beziehungsweise Steuerungsgrößen eines Unternehmens – Liquidität und Erfolg – eine neue strategische Steuerungsgröße hinzu: das Erfolgspotenzial. Von der Liquidität über den Erfolg bis zu den Erfolgspotenzialen werden diese Größen zunehmend abstrakter und komplexer. Vorgelagerte Steuerungsgrößen (z.B. Erfolg im Sinne von Gewinn) üben auf nachfolgende Steuerungsgrößen (z.B. Liquidität) Vorsteuerungsfunktion aus. Gälweiler spricht in diesem Zusammenhang von der Vorsteue-

1 vgl. Gälweiler (Unternehmensführung) S. 25ff. Anfänglich unterschied Gälweiler zwischen operativer, taktischer und strategischer Führung.
2 vgl. Gälweiler (Divisionalisierung), S. 60
3 Gälweiler (Unternehmensführung), S. 28
4 vgl. Gälweiler (Unternehmensführung), S. 28
5 vgl. Gälweiler (Unternehmensführung), S. 241

rungsfunktion des Erfolgs für die Liquidität. „Vorsteuern heißt, etwas frühzeitiger zu bemerken und sein Verhalten danach ausrichten."[1]

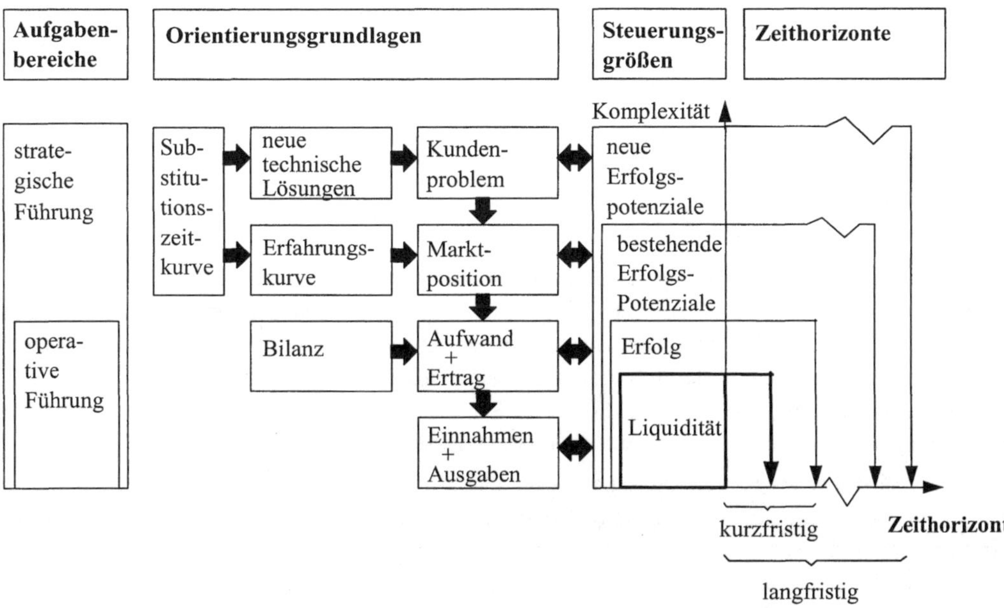

Abb. 5.1: Aufgabenbereiche der Unternehmensführung mit ihren Steuerungsgrößen und der zunehmenden Komplexität der jeweiligen Orientierungsgrundlagen[2]

Liquidität und Erfolg[3]

Liquidität ist die Fähigkeit eines Unternehmens, jederzeit betrags- und termingerecht seinen Zahlungsverpflichtungen nachkommen zu können. Ist die Liquidität nicht ausreichend, ist die Existenz des Unternehmens gefährdet. Daraus folgt, dass kurzfristig gesehen die Aufrechterhaltung der Liquidität am wichtigsten ist.

Der Erfolg ist der Überschuss der Erträge über die Aufwendungen. Er ist zwar Voraussetzung für ausreichende Liquidität, gibt aber keine Sicherheit. Es bedarf daher einer laufenden, separaten Überwachung beider Größen.

Die Liquidität und der Erfolg sind die Führungs- und Steuerungsgrößen der operativen Führungsebene.

1 Gälweiler (Unternehmensführung), S. 29
2 Gälweiler (Unternehmensführung), S. 34
3 vgl. Gälweiler (Unternehmensführung), S. 29ff.

Erfolgspotenziale[1]

Erfolgspotenziale üben auf den Erfolg eine analoge Vorsteuerfunktion aus, wie Erfolg auf die Liquidität. Sie sind eine notwendige, aber nicht hinreichende Bedingung für operativen Erfolg. Unter „Erfolgspotenzial" versteht Gälweiler „das gesamte Gefüge aller jeweils produkt- und marktspezifischen erfolgsrelevanten Voraussetzungen, die spätestens dann bestehen müssen, wenn es um die Erfolgsrealisierung geht"[2]. Gälweiler beschreibt in diesem Zusammenhang:[3]

- Marktanteil und Erfahrungskurve,
- Anwender- und Kundenproblem,
- Innovationen,
- Substitutionszeitkurve.

Der Aufbau von Erfolgspotenzialen benötigt relativ viel Zeit, die grundsätzlich nicht beliebig verkürzt werden kann.[4] Der Aufbau von Erfolgspotenzialen bedarf produkt- und marktspezifischer Zeitkonstanten. Dazu gehören die Entwicklungsdauer für neue Produkte, die Zeit für den Aufbau von Produktionskapazitäten, Marktpositionen und einer kostengünstig funktionierenden Organisation, die Länge der Produkt- und Marktlebenszyklen, die Substitutionszeit (wenn neue technische Lösungen an die Stelle bisheriger treten), die Produktionszeit usw.[5]

Gälweiler differenziert weiters zwischen bestehenden und neuen Erfolgspotenzialen. Maßgeblich dafür ist, dass auch die Erfolgsvorsteuerung mittels der bestehenden Erfolgspotenziale Grenzen hat, und zwar dort, wo es auf Grund von technologischen Änderungen, Substitutionseffekten und Änderungen des Nachfrageverhaltens zu Umstrukturierungen kommt. Das erzwingt den Aufbau neuer Erfolgspotenziale, was sich immer auf die Schaffung neuer Produkte und/oder neuer Märkte bezieht.

Orientierungsgrundlage für bestehende Erfolgspotenziale ist die momentane Marktposition, gemessen am relativen Marktanteil, als Basis für Erfahrungskurveneffekte. Neue Erfolgspotenziale können durch die Berücksichtigung von Kundenproblemen aufgebaut werden. Das Kundenproblem bewirkt neue technische Lösungen und steht damit im Zentrum der strategischen Vorsteuerung. Neue technische Lösungen beeinflussen die Substitutionszeit, die wiederum auf Erfahrungskurve und Marktposition wirkt.

Aus den Überlegungen zur Vorsteuerfunktion von Erfolgspotenzialen leiten sich folgende Aussagen über strategische Führung ab:[6]

- Die strategische Führung hat die Aufgabe, Erfolg und Liquidität vorzusteuern.
- Strategische Führung mit Erfolgspotenzialen kann nur Voraussetzung mit hohen Erfolgschancen, aber keine Sicherheiten für spätere Erfolge schaffen.
- Erfolgspotenziale stellen Obergrenzen für den realisierbaren Erfolg dar.

1 vgl. Gälweiler (Unternehmensführung), S. 26ff.
2 Gälweiler (Unternehmensführung), S. 26
3 vgl. Gälweiler (Unternehmensführung), S. 37ff.
4 vgl. Gälweiler (Unternehmensführung), S. 26
5 vgl. Gälweiler (Zeithorizont), S. 207ff.
6 vgl. Gälweiler (Unternehmensführung), S. 29ff.

- Erfolgspotenziale hat jedes Unternehmen, bewusst oder unbewusst.
- Strategische Steuerung ist nur innerhalb der Grenzen des langfristigen, freien Cashflows (Liquidität) möglich.

5.3.3 Grundsystematik strategischer Planung

Gälweiler baut auf seinen Überlegungen zur Vorsteuerfunktion eine Grundsystematik von strategisch relevanten Problemfeldern auf. Ziel dieser Systematik ist es, strategisches und operatives Management miteinander zu verbinden und dabei die strategischen Problemfelder und die bereits beschriebenen Orientierungsgrundlagen mit zu berücksichtigen.[1]

Ausgangspunkt für das strategische Management ist das Kundenproblem, das unabhängig von existierenden Lösungen (Technologie) formuliert werden muss. Es steht in enger Beziehung zu Technologie und Innovation, die wiederum die Marktentwicklung nachhaltig beeinflussen.[2] Gälweiler unterscheidet in seiner Systematik beeinflussbare und unbeeinflussbare Größen, die miteinander verknüpft werden und über die interne und externe Planungsprämissen gebildet werden. Aus der (unbeeinflussbaren) Marktentwicklung muss das Unternehmen Marktanteilsziele ableiten. Um diese erreichen zu können, müssen Marketingziele festgelegt und eigenes Wachstum erzielt werden. Dieses Wachstum gründet sich wiederum auf Erfahrungskurveneffekte (Einsparungspotenziale) und Investitionen. Schlussendlich mündet alles im freien Casflow (Mittelflusssaldo), der den Rahmen der durchführbaren Maßnahmen absteckt.

Im Zentrum der Systematik stehen die strategischen Geschäftseinheiten. Darunter versteht Gälweiler gedankliche Gebilde, deren Zweck die Erarbeitung von langfristig tragfähigen Zielen ist.[3] Dazu müssen die gesamten Unternehmensaktivitäten in jeweils strategisch geschlossen zu betrachtende Arbeitsgebiete oder Geschäftsfelder aufgegliedert werden.[4]

Nach Gälweiler ist dabei nicht nur auf Märkte und Produkte Bezug zu nehmen, sondern es sind auch funktionale Stärken eines Unternehmens (z. B. F&E, Marketing, Produktions-Know-how) zu berücksichtigen.[5]

Gälweiler verwendet das Instrument der Portfoliotechnik, das er ausführlich erläutert, um die strategischen Geschäftseinheiten zu beurteilen und funktionale Strategien in Übereinstimmung mit dem Finanzierungspotenzial abzuleiten.[6]

Eine umfassende Checkliste bezieht sich auf sämtliche Problemfelder und deren Verknüpfung (Vernetzung). Sie bildet auch einen wesentlichen Bestandteil der strategischen Kontrolle bei der Überprüfung der Vollständigkeit und Konsistenz der Planung.[7]

---

1 vgl. Gälweiler (Unternehmensführung), S. 29ff.
2 vgl. Gälweiler (Unternehmensführung), S. 31
3 vgl. Gälweiler (Unternehmensführung), S. 276
4 vgl. Gälweiler (Unternehmensführung), S. 51
5 vgl. Gälweiler (Unternehmensführung), S. 265
6 vgl. Gälweiler (Unternehmensführung), S. 80ff.
7 vgl. Gälweiler (Unternehmensführung), S. 208ff.

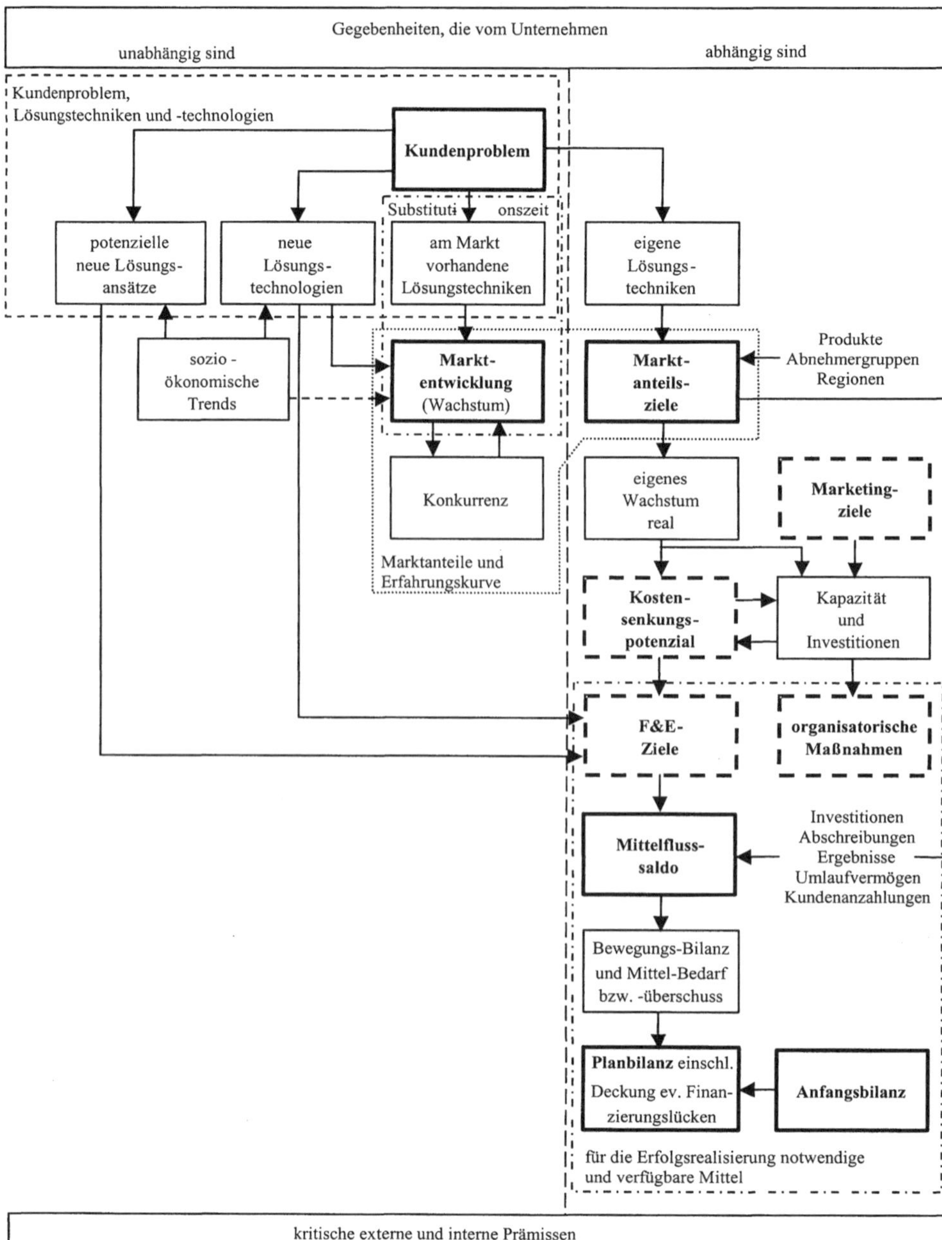

Abb. 5.2: Systematik der für strategische Planung relevanten Problemfelder und ihre Verknüpfungen[1]

1 Gälweiler (Unternehmensführung), S. 31

5.3.4 Geschäftspolitische Grundsätze[1]

Geschäftspolitische Grundsätze sind Führungsmittel, mit deren Hilfe der laufende Geschäftsbetrieb auf allen Entscheidungsebenen auf die strategischen Unternehmensziele orientiert wird. Derartige Grundsätze sollen das Unternehmen in die Lage versetzen, in alltäglichen, wiederkehrenden Entscheidungssituationen mit strategischer Tragweite einheitliches Entscheidungsverhalten im Unternehmen zu praktizieren. Dazu müssen die geschäftspolitischen Grundsätze schriftlich dokumentiert werden. Wirksam werden solche Grundsätze allerdings erst durch Akzeptanz und ständige Berücksichtigung im Unternehmen.

Inhaltlich orientieren sich strategische geschäftspolitische Grundsätze an der gegenwärtigen und künftigen Marktposition beziehungsweise an den Produkten und Märkten, an denen das Unternehmen interessiert ist. Sie umfassen beispielsweise:[2]

- Produkte, Leistungen und Anwenderprobleme,
- Marktanteile,
- Qualitätsniveau,
- Produkt- und Verfahrenstechnologien etc.

Geschäftspolitische Grundsätze sind der Rahmen für Unternehmenspolitik und -planung.

5.3.5 Der Planungsprozess

Die historische Entwicklung der Planung im Unternehmen durchlief sechs Entwicklungsstufen[3]:

- Die Urform der Planung ist unstrukturiert und findet ausschließlich im Kopf des Unternehmers statt. Planung und Ausführung werden von derselben Person durchgeführt.
- Kennzeichen der zweiten Stufe ist die Niederschrift der Pläne.
- In der dritten Stufe erhalten Pläne die Aufgabe eines Kommunikationsmittels zwischen Planendem und Mitarbeiter. Der Unternehmer ist weiterhin alleiniger Ersteller der Pläne.
- In der nächsten Stufe werden Ziel- und Ausführungsplanung gedanklich getrennt. Die Ausführungsplanung wird weitgehend strukturiert, die Zielplanung bleibt unstrukturiert.
- In der fünften Phase wird auch die Zielplanung strukturiert und an konkreten Erfolgsgrößen ausgerichtet. Es entsteht lang-, mittel- und kurzfristige Planung.
- Den Höhepunkt erreicht die Entwicklung mit der Differenzierung zwischen operativer und strategischer Planung. Strategische Planung erfordert völlig neue Begriffswelten und Denkgebäude. Strategische und operative Entscheidungen bedürfen einer getrennten Planung, da jeweils unterschiedliche Rahmenbedingungen und Steuerungsgrößen beachtet werden müssen.

---

1 vgl. Gälweiler (Unternehmensführung), S. 96ff.; Gälweiler (Unternehmensplanung), S. 163ff.

2 vgl. Gälweiler (Unternehmensführung), S. 113

3 vgl. Gälweiler (Unternehmensplanung), S. 45ff.

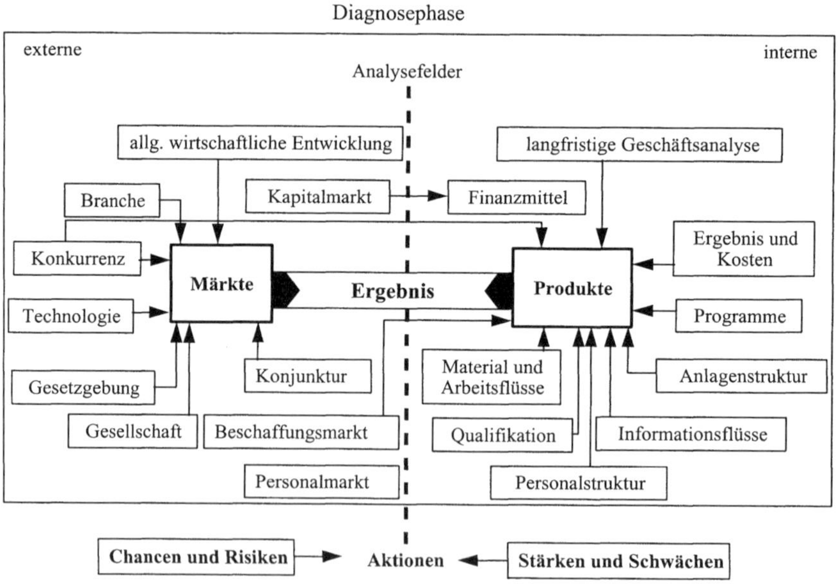

Abb. 5.3: Beziehungsgefüge externer und interner Analysefelder[1]

In beiden Fällen gliedert sich der Planungsprozess in vier Grundphasen:[2]

- Analyse,
- Zielbildung,
- Strategiebildung,
- Ausführungsplanung.

Die Analysephase wird von Gälweiler ausführlich behandelt, da er hier das geringste Prozesswissen vermutet. Er trennt diese Phase in eine interne und eine externe Analyse und schafft damit eine Struktur für eine Potenzialanalyse (Stärken/Schwächen – Chancen/Risiken). Die Ergebnisse verknüpft er mit dem Markt (Kundenproblem) und dem Leistungsumfang des Unternehmens.[3]

Die Qualität des Planungsergebnisses wird von drei Faktoren maßgeblich beeinflusst, die vom Unternehmen gestaltet werden können:[4]

- Qualifikation des Planungsträgers,
- Planungssystem (Systematik),
- Qualität der in den Plan eingehenden Informationen.

1 Gälweiler (Unternehmensplanung), S. 198
2 vgl. Gälweiler (Unternehmensplanung), S. 187ff.
3 vgl. Gälweiler (Unternehmensplanung), S. 193ff.
4 vgl. Gälweiler (Unternehmensplanung), S. 207ff.

5.3.6 Strategische Kontrolle

So wie die strategische Planung andere Orientierungsgrundlagen und Instrumente braucht als die operative Planung, so muss auch die strategische Kontrolle anderen Anforderungen als die operative Kontrolle genügen. Bestandteile einer strategischen Kontrolle sind:[1]

- Kontrolle der Vollständigkeit und Konsistenz der Planung,
- laufende Überwachung der Planungsprämissen,
- terminliche Überprüfung der Strategieentwicklung und -umsetzung (Meilensteine),
- laufende Beurteilung der Auswirkungen operativer Entscheidungen auf die Strategie,
- regelmäßige strategische Analyse und periodische Prüfung der Abgrenzung strategischer Geschäftseinheiten,
- periodische Kontrolle der Verhaltensgrundsätze.

5.3.7 Die Evolution des Planungssystems

Gälweiler betont, dass für langfristiges Überleben ständige Anpassung an die sich verändernden Umfeldeinflüsse notwendig ist. Im Unterschied zu vielen modernen Autoren, die diese Überlegungen mit einer Analogie zur Naturwissenschaft begründen, betont Gälweiler die Unterschiede zwischen Natur und Unternehmen.

Der naturwissenschaftliche Evolutionsbegriff ist von Anpassung an bereits eingetretene Veränderungen geprägt. Zukünftige Entwicklungen und noch nicht offenkundig gewordene, nur latent vorhandene Trendwenden können im Rahmen der naturwissenschaftlichen Evolutionstheorie nicht zu Anpassungsmaßnahmen der Organismen führen. Darüber hinaus stellt sich der evolutionsbedingte Wandel zwar als zielgerichtet dar, nicht jedoch als bewusst gesteuerter und beeinflussbarer Prozess.

Damit liegt der Unterschied zur Unternehmensführung, die anpassenden Wandel als zukunftsorientierte sowie bewusst gestaltende Aktivität ansieht und die auch noch nicht eingetretene, aber bereits erwartete Umfeldeinflüsse antizipiert. Auch hier hat das Kundenproblem herausragenden Stellenwert im Wirkungsgefüge.[2]

5.4 Stärken des Konzepts

- Gälweiler gelang es, die strategischen und operativen Führungsaufgaben in Verbindung mit ihren spezifischen Orientierungsgrundlagen und zeitlichen Wirkungshorizonten in einem integrierten Gesamtkonzept klar darzustellen.

---

1 vgl. Gälweiler (Unternehmensführung), S. 208

2 Gälweiler (Unternehmensführung), S. 310ff.

- Gälweiler wies als Erster auf die logische Verknüpfung der Liquiditäts- und Erfolgssicherung hin. Er plädierte für Berücksichtigung einer der Erfolgssteuerung vorgelagerten zusätzlichen Steuerungsgröße, des Erfolgspotenzials. Die Bedeutung der Vorsteuerung besteht nicht nur in der Erweiterung des zugänglichen sachlichen und zeitlichen Wirkungshorizonts, sondern auch in ihrem Charakter als Vorübung der Unternehmenssteuerung. Je besser die Vorsteuerung beherrscht wird, um so leichter wird die Steuerung.
- Die von Gälweiler entwickelte Grundsystematik der Unternehmenssteuerung enthält „in genialer Einfachheit alle wesentlichen Sachverhalte"[1]. Sie bildet eine solide Basis für Orientierung und Steuerung aller Unternehmensaktivitäten.
- Ein weiteres Verdienst Gälweilers ist, dass der strategischen Unternehmensführung anstelle eines zeitlichen (kurz-, mittel- und langfristig) ein funktional bestimmter Ansatz zugrunde gelegt wird. Damit hat Gälweiler die deutschsprachige Strategiediskussion in Wissenschaft und Praxis nachhaltig beeinflusst.

5.5 Schwächen des Konzepts

- Gälweiler verwendet in seinem Konzept Orientierungsgrößen, deren Erfassung in der Praxis oft auf Schwierigkeiten stößt und die zum Teil auch theoretisch kritisiert werden.
- Das Personal wird im strategischen Konzept Gälweilers nicht ausdrücklich berücksichtigt. Der Autor gliedert die Schlüsselfaktoren für Planungsprobleme beziehungsweise -entscheidungen in strategische, organisatorische und operative.[2] Zu den organisatorischen Schlüsselfaktoren (struktur- und systemgestaltende) zählt er unter anderem das Personal. Dadurch entsteht der Eindruck, dass Gälweiler den Menschen in seinem Konzept nicht als Erfolgspotenzial betrachtet, vor allem auch deshalb, weil er in seinen späteren Arbeiten die organisatorische Ebene ausgegliedert hat.

5.6 Bedeutung für die Unternehmensführung

Das strategische Konzept von Gälweiler wird von den Autoren des deutschsprachigen Raums weitgehend akzeptiert. Sein Konzept findet sowohl in einschlägiger neuerer Literatur als auch in der Lehre Widerhall.[3]

Die Erhaltung von bestehenden und die rechtzeitige Schaffung von neuen Erfolgspotenzialen als Führungs- und Steuerungsgröße unter Berücksichtigung der damit verbundenen langfristi-

1 vgl. Malik (Planungsmanagement), S. 185
2 vgl. Gälweiler (Unternehmensplanung), S. 341ff.
3 vgl. Hopfenbeck (Managementlehre), S. 567ff.; vgl. Malik (Planungsmanagement), S. 166ff.

gen Liquiditätswirkungen wird weithin als Kernaufgabe der strategischen Planung beziehungsweise Führung angesehen.[1]

5.7 Empfohlene Literatur

- Gälweiler, A.: Strategische Unternehmensführung, Frankfurt/Main 1990, 330 Seiten. Umfassende Darstellung der Entwicklung und Konzeption der strategischen Planung und strategischen Steuerungsgrößen. Den Instrumenten der strategischen Planung wird breiter Raum gewidmet.
- Gälweiler, A: Unternehmensplanung, Grundlagen und Praxis, Frankfurt/Main 1986, 420 Seiten. Leicht lesbarer Klassiker zum Thema Unternehmensplanung (als Teil der Unternehmensführung).

1 vgl. Hopfenbeck (Managementlehre), S. 567ff.

6 Pankaj Ghemawat

Sie haben die ganze Literatur über Wettbewerbsvorteile gelesen,
die besten Ideen und Strategien in die Tat umgesetzt
und schließlich den angestrebten Vorsprung erreicht.
Doch können sie ihn auch behaupten?
Denn vermutlich haben die Wettbewerber die gleichen Bücher gelesen
und ähnliche Konzepte verwirklicht.

6.1 Zur Person des Autors

Pankaj Ghemawat studierte in Harvard angewandte Mathematik und erhielt 1982 den Ph. D. in Betriebswirtschaftslehre. Danach arbeitete er zwei Jahre lang als Berater für McKinsey & Company in London. 1991 wurde er zum jüngsten Professor in der Geschichte der Harvard Business School ernannt. Dort ist er als „The Jaime and Josefina Chua Tiampo Professor of Business Administration" tätig. In Forschung und Lehre spezialisierte er sich auf die Dynamik von Strategie und Globalisierung in weltweit vernetzt tätigen Firmen.

Homepage: http://www.hbsp.harvard.edu

6.2 Grundlagen

Der Industrial-organization-Ansatz der strategischen Unternehmensführung geht davon aus, dass der Wettbewerb die Rentabilität verschiedener Wettbewerber innerhalb einer Branche angleicht. Tatsächlich bestehen aber auch weiterhin Rentabilitätsunterschiede. Den Grund dafür sieht Ghemawat in der Bindung des Managements durch strategische Entscheidungen in der Vergangenheit.

Ghemawat versucht, die statisch ausgerichtete Strategiekonzeption zu dynamisieren. Er berücksichtigt bei strategischen Fragestellungen auch frühere strategische Entscheidungen, die den derzeitigen Handlungsspielraum einschränken.

Konzeptionell geht er von der Kritik an Strategieansätzen aus. Nach Ghemawat macht das Management drei signifikante Fehler bei der Definition von Strategie:[1]

- Manager tendieren dazu, Strategie als eine zeitlose Basis für Erfolg anzusehen.
- Strategieanalysen werden fälschlicherweise für langfristige Wettbewerbspositionen erstellt.
- Manager haben sich zu sehr darauf konzentriert, strategische Prinzipien zu entwickeln, denen sie alle individuellen Entscheidungen untergeordnet haben.

Er kritisiert aber auch die klassische industrieökonomische Strategietheorie. Beide Theoriegebäude geben aus seiner Sicht keine zufrieden stellende Erklärung für Ertragsunterschiede von Unternehmen. Industrieökonomische Ansätze, wie jener von Porter, können Profitabilitätsunterschiede zwischen verschiedenen Branchen erklären, bieten aber keine hinreichende Begründung für unterschiedliche Profitabilität einzelner Unternehmen.

Ressourcenorientierte Ansätze basieren auf kritischen Erfolgsfaktoren einer Branche. Weiters wird implizit unterstellt, dass die Kosten für den Aufbau von auf diesen Erfolgsfaktoren beruhenden Wettbewerbsvorteilen geringer sind als der Nutzen dieser Wettbewerbsvorteile. Dieses Kosten-Nutzen-Ungleichgewicht konnte allerdings bisher weder empirisch noch logisch bewiesen werden.

6.3 Inhalt des Konzepts

6.3.1 Commitment und strategische Wahl[2]

Commitment ist das Festhalten an eingeschlagenen strategischen Richtungen, d. h. ein im Zeitverlauf wirkender (also dynamischer) Zwang zu einer strategischen Entscheidung. Für sich betrachtet kann dieser Zwang sowohl positive als auch negative Effekte für ein Unternehmen haben. In der Terminologie der Wahrscheinlichkeitsrechnung bedeutet das:[3]

$$P(X_t = A \mid X_{t-1} = A) > P(X_t = \overline{A} \mid X_{t-1} = A)$$

Commitment besteht, wenn die (bedingte) Wahrscheinlichkeit für die Wahl der strategischen Alternative A, sofern in der Vergangenheit A bereits realisiert wurde, höher ist als die Wahrscheinlichkeit für eine andere Alternative (Chancenungleichheit verschiedener Strategien).

Gedächtnislosigkeit beschreibt dagegen eine Situation, bei der – unabhängig von der Strategie in der Vergangenheit – alle Alternativen die gleiche Wahrscheinlichkeit aufweisen.

Ghemawat nennt folgende Gründe (sticky factors) für das Festhalten an bereits früher eingeschlagenen Strategien:

---

1 Vgl. Ghemawat (Commitment), S. XI
2 vgl. Ghemawat (Commitment), S. 13ff.; vgl. Ghemawat (Strategy), S. 121ff.;
3 vgl. Ghemawat (Commitment), S. 15

Lock-In (Austrittsbarrieren) – Durch das Anhäufen von dauerhaften, spezialisierten und nicht frei handelbaren (Produktions-)Faktoren wird das Revidieren einer eingeschlagenen Strategie unattraktiv. Die Gründe dafür sind: hohe sunk costs, immaterielle Vermögensgegenstände (z.B. Zeit), „fortgeschrittene" Faktoren wie speziell ausgebildetes Personal etc.

Lock-Out (Wiedereintrittsbarrieren) – Wenn durch den strategischen Wechsel (Produktions-) Faktoren aufgegeben werden, die später nicht mehr beschafft werden können, bindet sich das Unternehmen an die getroffene Entscheidung.

Lag (Zeitverzögerung) – Der Erfolg einer Strategie lässt sich in der Regel erst einige Jahre nach der strategischen Entscheidung beurteilen. Bis zu dieser Beurteilung ist das Unternehmen auf die eingeschlagene Strategie festgelegt.

Inertia (Organisationsträgheit) – Neben diesen harten Faktoren der Festlegung auf eine strategische Alternative existieren auch psychische und soziale Gründe für das Festhalten an altbekannten Strategien.

Unternehmen, die unterschiedlich mit diesen sticky factors ausgestattet sind, geraten unweigerlich auf unterschiedliche strategische Entwicklungspfade und realisieren somit auch verschiedene Rentabilitäten. Unternehmen verlassen ihre Entwicklungspfade über längere Perioden hinweg nicht. Allerdings ist ihre kontinuierliche Entwicklung von revolutionären Sprüngen durchbrochen, die einen Wechsel des Entwicklungspfades ermöglichen. Es sind dies die strategischen Schlüsselentscheidungen, die dem Unternehmen wiederum für eine längere Periode eine Festlegung auf eine Strategie bescheren: Sie erzeugen Commitment. Gerade auf diese Commitment-intensiven strategischen Schlüsselentscheidungen muss im Rahmen der Strategieentwicklung geachtet werden.

6.3.2 Positionierung – ökonomischen Nutzen stiften[1]

Bevor strategische Schlüsselentscheidungen getroffen werden, muss eine Reihe von Analysen vorliegen. Zu Beginn ist es sinnvoll, die Produkt-/Marktposition aufzuarbeiten. Dazu eignet sich folgende Vorgehensweise, die mit der Analyse der Produkt-/Marktposition startet und als Ergebnis den Wert der Position (Positionswert) ergibt. Dieser Wert besteht in der höchstmöglichen Kombination aus Gewinnspanne und Absatzvolumen.

Die Einflussfaktoren des Positionswertes werden durch economies of scale, Lerneffekte, Synergieeffekte, Know-how sowie durch den Zugang zu Absatz- und Liefermärkten beeinflusst. Diese Faktoren sind die notwendigen Voraussetzungen für langfristige Wettbewerbsfähigkeit[2].

---

1 vgl. Ghemawat (Commitment), S. 53ff.
2 vgl. Ghemawat (Wettbewerbsvorteile), S. 105ff.

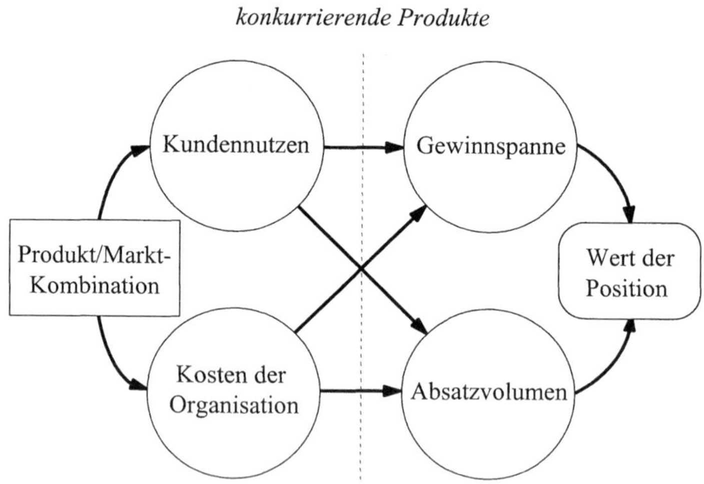

Abb. 6.1: Positionierungsanalyse[1]

Ghemawat beschreibt die Logik dieses Gerüstes folgendermaßen: Die Wahl einer strategischen Position hat vorhersehbare Auswirkungen, einerseits auf die Kosten, die ein Unternehmen zu tragen hat, andererseits auf die Vorteile durch das Produkt für den Kunden. Beides wirkt sich auf Absatzvolumen und Gewinn aus. Der Positionswert entsteht aus der Kombination des höchstmöglich vorhersehbaren Gewinns mit dem Absatzvolumen.

Produkt/Markt-Perspektiven

Bei der Analyse der Produkt-/Marktperspektiven müssen folgende Punkte beachtet werden:

- Alle Bereiche, die mit der Leistungserstellung in Zusammenhang stehen (F&E, Produktion, Marketing etc.) müssen funktionsübergreifend analysiert werden.
- Produkte, die mehrere Märkte bedienen, sind als separate Produkt-/Marktkombinationen zu erfassen und getrennten Analysen zu unterziehen.
- Sämtliche möglichen Substitutionsprodukte sind einzubeziehen.
- Die Analyse muss auf das externe Umfeld und die bestehende Organisationsstruktur (Aufteilung des Unternehmens in Unterabteilungen) achten, um den Informationsfluss sicherzustellen.

Kosten der Organisation[2]

Die Kosten der Organisation müssen ebenfalls funktionsübergreifend betrachtet und in Kostenkategorien unterteilt werden. Für jede dieser Kostenkategorien müssen die relevanten Kostentreiber gefunden werden.

1 vgl. Ghemawat (Commitment), S. 59
2 vgl. Ghemawat (Strategy), S. 62ff.

Nutzen für den Kunden

Bis auf wenige Ausnahmefälle (reine Commodities) hat die Analyse des Kundennutzens weit höhere Bedeutung als die Kostenanalyse. Die Analyse muss auf den charakteristischen, möglichst objektiv bestimmbaren Produktmerkmalen aufbauen, die für die Kaufentscheidung bestimmend sind. Dazu muss die Verwendung durch den Kunden untersucht werden; daneben müssen aber auch subjektive Kaufmotive betrachtet werden.

Kombination von Gewinnspanne und Absatzvolumen

Aus den möglichen Kombinationen von Gewinnspanne und Absatzvolumen lassen sich verschiedene Positionierungen im Vergleich zum Wettbewerb ableiten: hohe Gewinnspanne für geringes Absatzvolumen (Differenzierung) oder niedrige Gewinnspanne für hohes Absatzvolumen (Massenprodukt). Immer wenn sich Unterschiede in der zeitlichen Abfolge der Zahlungsströme unterschiedlicher Positionierungsalternativen ergeben, ist eine dynamische Betrachtung (Diskontierung der Cashflow-Ströme) vorzunehmen.

6.3.3 Nachhaltigkeit – Vorteile erhalten[1]

Strategische Maßnahmen lösen beim Unternehmensumfeld – insbesondere bei den Wettbewerbern – Reaktionen aus, die den Erfolg der gewählten Strategie zu untergraben versuchen. Wettbewerbsvorteile gegenüber der Konkurrenz können nur durch die bereits beschriebenen sticky factors aufrechterhalten werden. Sie werden in diesem Fall zu Erfolgsfaktoren der Branche, für die kein vollkommener Markt existiert, der auf die Wettbewerbsvorteile und die mit diesen in Zusammenhang stehenden Rentabilitätsunterschiede nivellierend wirken würde.

Commitment ist aber keine ausreichende Begründung für das Fortbestehen von Wettbewerbsvorteilen. Die relevanten Erfolgsfaktoren müssen auch in Zukunft knapp, aber dem Unternehmen zugänglich sein. Will ein Unternehmen Wettbewerbsvorteile langfristig sichern, müssen die relevanten Faktoren aufgedeckt und hinsichtlich Knappheit und Verfügbarkeit analysiert werden. Im ersten Schritt der Analyse ist herauszufinden, welcher Wettbewerber von einer strategischen Entscheidung am meisten betroffen wird. Danach können die Reaktionsmöglichkeiten betrachtet werden, die dem Wettbewerber offen stehen.

Die Konkurrenz hat folgende Möglichkeiten zu reagieren, die ebenfalls in die Analyse einbezogen werden müssen:

Imitation[2] – Durch Imitation kann die Knappheit auf einem Markt beseitigt werden. Im Rahmen der Analyse muss daher die Gefahr einer Imitation bewertet werden. Einer Imitation stehen fünf Vorteile des „Entwicklers“ entgegen: geheime Informationen, economies of scale, geschützte Rechte und Verträge, angedrohte Vergeltungsmaßnahmen, Reaktionszeit des Imitators.

1 vgl. Ghemawat (Commitment), S. 81ff.
2 vgl. Ghemawat (Strategy), S. 84ff.

Substitution[1] – Durch Substitution wird die Bedeutung der Erfolgsfaktoren verringert, die sich auf das ursprüngliche Produkt bezogen. Dagegen werden neue Erfolgsfaktoren relevant. Substitution ist gefährlich, weil sie in aller Regel nicht von direkten Wettbewerbern ausgeht.

Holdup[2] – Durch Cospezialisierung verändert sich die Verteilung des Wertzuwachses in einer Branche zwischen Kunden, Lieferanten, Wettbewerbern und anderen Spielern aus dem geschäftlichen Umfeld einer Organisation. Gegenmittel sind z. B. Verträge, Integration, Bündnisse, Verhandlungsmacht oder der Aufbau von Vertrauen.

Slack[3] – Ein gewisses Maß an Trägheit ist für Organisationen notwendig. Gleichzeitig bedroht Trägheit allerdings die Wertschöpfungs-Kraft, wenn sich die Rahmenbedingen dynamisch verändern. Der aktuelle bzw. vergangene Erfolg scheint ein wesentlicher Treiber für Slack. Mögliche Gegenmaßnahmen bilden z. B. das Sammeln von Information, geeignete Incentives, der Appell an entsprechende Normen, Change-Management.

Ineffizienzen in der Verwendung von knappen sticky factors reduzieren den möglichen Wettbewerbsvorteil eines Unternehmens.

Das Management hat die Aufgaben, jene strategischen Möglichkeiten zu wählen, die langfristig gegenüber der Konkurrenz Bestand haben, von dieser also nicht kopiert oder zunichte gemacht werden können. Derartige Strategien haben hohen Nachhaltigkeitswert.

Gründe für die beschränkte Reaktionsfähigkeit der Konkurrenz sind:[4]

- **Staatliche Interventionen** – Kartellrecht, Patentrecht, Wettbewerbsrecht etc. – beschränken die Möglichkeiten einzelner Wettbewerber.
- **Defensives Verhalten** – Wettbewerber, die noch mit (Fehlern) der Vergangenheit beschäftigt sind, verabsäumen in der Regel, rasch auf Aktivitäten der Konkurrenz zu reagieren.
- **Beharrungstendenzen** – Viele Unternehmen unterliegen starken (psychologischen) Beharrungstendenzen und reagieren daher sehr langsam.

6.3.4 Flexibilität – der Wert von Ressourcen[5]

Flexibilität ist die Möglichkeit, eine früher getroffene strategische Entscheidung wieder zu verändern. Das ist immer dann wichtig, wenn zu einem späteren Zeitpunkt zusätzliche Informationen auftauchen, die für die strategische Entscheidung relevant sind. Je höher die Flexibilität ist, desto leichter lässt sich eine Strategie ändern.

Jeder strategischen Entscheidung entspricht ein Flexibilitätswert. Der Wert einer strategischen Alternative A (zum Zeitpunkt t_0) errechnet sich aus vier Komponenten:

---

1 vgl. Ghemawat (Strategy), S. 90ff.
2 vgl. Ghemawat (Strategy), S. 95ff.; für die Begriffe „holdup" und „slack" im hier verwendeten Sinn vgl. Williamson (Markets)
3 vgl. Ghemawat (Strategy), S. 101ff.
4 vgl. Ghemawat (Wettbewerbsvorteile), S. 107ff.
5 vgl. Ghemawat (Commitment), S. 109ff.

- Wert von A zwischen t_0 und t_1 (neue Informationen) (A t_0)
- Wert von A ab t_1 (Strategie wird beibehalten) (A t_1)
- Wert von Alternative B ab t_1 (Strategieänderung) (B t_1)
- Revisionswahrscheinlichkeit (R).

Der Wert für das Beibehalten von A (Nachhaltigkeitswert) errechnet sich folgendermaßen:

$$\text{Wert von } \bar{A} = R \times (\text{Wert von B } t_1 - \text{Wert von A } t_1)$$ [1]

Da eine derartige Bewertung nicht für alle denkbaren Strategien möglich ist, sollte man die Flexibilitätsanalyse anhand zweier Extremszenarien durchführen. Diese sollen denkmöglich, in sich stimmig und geeignet sein, das gesamte Strategiespektrum abzudecken.

Flexibilität erscheint somit primär positiv. Hohe Flexibilität ist aber oft mit einem geringen zu erwartenden Wettbewerbsvorteil gekoppelt, da sie im Gegensatz zu Spezialisierung steht.

6.3.5 Strategiebeurteilung

Um eine Strategie anhand ihres Wertes beurteilen zu können, müssen Positionierungs-, Flexibilitäts- und Nachhaltigkeitswert addiert werden. Die Strategie mit dem höchsten Gesamtwert ist zu wählen.

6.3.6 Strategische Fehler[2]

Auch bei der besten strategischen Analyse kann es zu Fehlentscheidungen kommen. Die Gründe dafür sind:

- Überschätzung des Wertes einer Strategie,
- Tendenz zur positiven Szenarioerstellung,
- Beschränkte Informationssuche und -verarbeitung,
- Mangelnde Prüfung von erhaltenen Informationen und schlechte Auswertung von Mehrdeutigkeiten.

Fehler können durch Erfahrung vermieden werden, auch wenn sie subjektiv und daher fehleranfällig sind. Es gibt aber auf Erfahrung beruhende Grundregeln, die die Erfolgswahrscheinlichkeit von strategischen Entscheidungen erhöhen:

- Kompetenz (Stärken) – Strategien, die auf Kompetenzen eines Unternehmens aufbauen, sind Strategiealternativen vorzuziehen, da bereits Vorteile gegenüber der Konkurrenz bestehen, die schwer nachahmbar sind.
- Finanzielle Ausgewogenheit – Langfristig sollte durch eine Strategie Ausgewogenheit zwischen externer und interner Finanzierung angestrebt werden.

---

1 vgl. Ghemawat (Commitment), S. 119ff.
2 vgl. Ghemawat (Commitment), S. 135ff.

- Struktureller Kontext – Organisation, Führungssystem etc. müssen mit der Strategie kompatibel sein.

Versäumnisfehler versus Ausführungsfehler

Versäumnisfehler entstehen, wenn grundsätzlich richtige strategische Entscheidungen verabsäumt werden. Ausführungsfehler entstehen durch die Realisierung einer falschen Strategiealternative. Beide Fehlertypen hängen eng miteinander zusammen. Werden etwa aus Angst keine strategischen Entscheidungen getroffen, reduziert sich die Wahrscheinlichkeit des Ausführungsfehlers, während die Wahrscheinlichkeit des Versäumnisfehlers ansteigt.

Große bürokratische Organisationen tendieren zum Versäumnisfehler. Durch straffe Strukturen prüfen sie die Möglichkeit und Auswirkungen von Ausführungsfehlern, versäumen dabei aber viele strategische Chancen.

Dynamische Unternehmerorganisationen nehmen dagegen Ausführungsfehler in Kauf, weil sie jede Idee weiterverfolgen. Sie verringern dadurch die Wahrscheinlichkeit des Versäumnisfehlers. Derartige Organisationen sind in einem dynamischen Umfeld erfolgreicher als bürokratische Organisationen, für die eher statische Umfeldbedingungen geeignet sind.

6.4 Stärken des Konzepts

- Ghemawat bietet eine wissenschaftliche Aufarbeitung und Weiterentwicklung des strategischen Managements. Dies ist zu begrüßen, insbesondere weil der Strategieliteratur sehr oft Unwissenschaftlichkeit vorgeworfen wird.
- Er versucht, die statische Betrachtung der strategischen Wahl zu überwinden, indem er die Vergangenheit und die Festlegung für die Zukunft (Flexibilität) explizit in die Auswahlentscheidung mit einbezieht.
- Die Ableitung der Überlegungen ist ganz im Sinne der angloamerikanischen Strategieliteratur anhand vieler praktischer Beispiele illustriert.

6.5 Schwächen des Konzepts

- „Commitment – The Dynamic of Strategy", das Hauptwerk Ghemawats, ist schwer lesbar und mit vielen Formeln und Ableitungen angereichert. Für Praktiker eignet sich die Primärliteratur daher nur eingeschränkt.
- Die Umsetzung der Ideen ist nur beschränkt möglich, insbesondere da Ghemawat keine direkt anwendbaren Instrumente anbietet.

6.6 Bedeutung für die Unternehmensführung

Ghemawat hat durch seine Arbeit an der Harvard Business School insbesondere in den USA einen sehr guten Ruf gewonnen. Seine Veröffentlichungen werden auf Grund ihrer primär theoretischen Orientierung aber bisher nur beschränkt in der Unternehmensführung berücksichtigt.

6.7 Empfohlene Literatur

Ghemawat P.: Strategy and the Business Landscape, Upper Saddle River/N. J., 2001. 134 Seiten Text plus zehn ausführliche Fallstudien. Der Textteil entspricht dem Inhalt der Pflichtlehrveranstaltung „Competition & Strategy" an der Harvard Business School.

Ghemawat P.: Commitment – The Dynamic of Strategy, New York 1991, 178 Seiten. Wissenschaftlich interessantes Buch, für den praxisorientierten Leser aber nur bedingt geeignet.

7 Gary Hamel, Coimbatore Prahalad

Die Zukunft des Unternehmens aktiv zu gestalten ist allemal besser, als sich unter dem Zwang der Krise oder dem Druck der Konkurrenten neu ausrichten zu müssen.

7.1 Zur Person der Autoren

Gary Hamel lehrt an der Harvard Business School und ist Professor für Strategisches und Internationales Management an der London Business School. Als Gründer und Chairman von Strategos, einer internationalen Unternehmensberatung, unterstützt er renommierte Unternehmen wie Rockwell, Motorola, Alcoa, Nokia, EEDS, Ford und Dow Chemical bei deren Strategieentwicklung.

Homepage: http://www.strategosnet.com/team/team_people.htm

Coimbatore Prahalad ist Harvey C. Fruehauf Professor of Business Administration und Professor für Corporate Strategy & International Business an der Universität von Michigan. Gleichzeitig ist er ebenso wie Hamel als Unternehmensberater tätig.

Homepage: http://www.bus.umich.edu/research/cs-ib.html

7.2 Grundlagen

Traditionelles strategisches Management konzentriert sich vor allem auf die Gegenwart und die nahe Zukunft. Die betrachteten Einflussfaktoren und Instrumente sind Branchenstruktur, Marktanteil, Wettbewerbsanalyse, Wertkettenanalyse etc. Alle diese Einflussgrößen und Methoden sind nur für bereits existierende Märkte geeignet. Der Wettbewerb für zukünftige Märkte findet aber schon heute statt, weil jetzt die Grundlagen für zukünftige Marktanteile gelegt werden. Dazu müssen derzeitige Markt- und Branchenabgrenzungen überwunden sowie Fähigkeiten, Fertigkeiten und Allianzen eines Unternehmens unabhängig von Markt und Branche betrachtet werden.[1]

---

1 vgl. Hamel, Prahalad (Zukunft), S. 58ff.

Hamel und Prahalad stehen auch den Konzepten von Reengineering und Umstrukturieren kritisch gegenüber. Diese bewirken zwar oft eine notwendige Kostenreduktion, verlagern aber die Perspektive auf die Vergangenheit und die Gegenwart statt auf die Zukunft. Umstrukturierung und Reengineering führen zumeist zu Reduktion und Verkleinerung, was die Erfolgsperspektiven der Zukunft verringert und die Marktanteile notgedrungen schmälert.

Hamel und Prahalad fordern daher stärkere Zukunftsorientierung des Managements:

heute	in der Zukunft
• Welche Kunden bedienen wir heute? • Auf welchen Vertriebswegen erreichen wir die Kunden heute? • Wer sind unsere jetzigen Konkurrenten? • Worauf gründet sich heute unser Wettbewerbsvorteil? • Woher kommen heute die Gewinne? • Durch welche Fähigkeiten und Fertigkeiten unterscheidet sich unser Unternehmen heute von anderen?	• Welche Kunden bedienen wir? • Auf welchen Vertriebswegen werden wir die Kunden in der Zukunft erreichen? • Wer sind unsere zukünftigen Konkurrenten? • Was sind die Grundlagen unseres zukünftigen Wettbewerbsvorteils? • Woher kommen in Zukunft die Gewinne? • Durch welche Fähigkeiten und Fertigkeiten unterscheidet sich unser Unternehmen in der Zukunft von anderen?

Abb. 7.1: „Wird Ihr Unternehmen auch morgen noch Marktführer sein?“[1]

Auf der Basis eines konsequenten Hinterfragens der zukünftigen Wettbewerbsstellung muss das Unternehmen bewusst und aktiv die Zukunft gestalten. Das Unternehmen muss versuchen, den Wandel selbst herbeizuführen und zum eigenen Vorteil zu nützen.

Insofern bestreiten Hamel und Prahalad die vollständige Unbeeinflussbarkeit des Marktgeschehens durch das Unternehmen. Vielmehr zeigen sie anhand von Beispielen innovativer und technologieintensiver Industrien, wie einzelne Unternehmen technologischen Fortschritt zur aktiven Marktgestaltung und zum eigenen Vorteil verwenden können.

Für eine derartige Marktgestaltung stehen dem Unternehmen drei Möglichkeiten zur Verfügung:

- Neuregelung des Engagements in einer Industrie,
- Neudefinition der Grenzen einer Industrie,
- Schaffung einer neuen Industrie.

Aus der Forderung einer stärkeren Zukunftsorientierung entwickeln Hamel und Prahalad Kritik an der traditionellen strategischen Planung, die an drei Punkten ansetzt:

- zu kurzfristiger Zeithorizont,
- Orientierung an strategischen Geschäftseinheiten statt Konzern oder Gesamtunternehmen,

1 vgl. Hamel, Prahalad (Zukunft), S. 40

- Beschränkung auf bestehende Marktabgrenzungen.

Strategische Planung wird viel zu sehr als Betrachtung momentaner Probleme und deren zukünftiger Überwindung verstanden. Sie scheitert an immer kürzer werdenden Prognosehorizonten und den ständig neu auftauchenden Tagesproblemen. Dadurch wird Strategie zu einem formalen, inkrementalen Prozess, der Kreativität unterbindet und nicht herausfordernd wirkt.

7.3 Inhalt des Konzepts

7.3.1 Grundsätze einer zukunftsorientierten Strategie

Will man heute bereits die Grundlagen für die zukünftige Wettbewerbsposition legen, muss eine Reihe von lieb gewonnenen strategischen Gestaltungsvariablen überwunden und durch neue ersetzt werden:

Marktanteile versus Chancenanteile[1]

Um auf zukünftigen Märkten eine dominante Stellung einnehmen zu können, darf nicht in derzeitigen Marktanteilen, sondern muss in Anteilen an den zukünftigen Chancen eines Marktes gedacht werden. In diesem Zusammenhang sind zwei Fragen zu beantworten:

- Welcher Chancenanteil lässt sich mit den derzeitigen Fähigkeiten erreichen?
- Welche neuen Fähigkeiten müssen aufgebaut werden, um Chancenanteile zu vergrößern?

SGF-Kompetenz versus Konzernkompetenz[2]

Zukünftige Märkte orientieren sich nicht an den derzeitigen Grenzen von strategischen Geschäftsfeldern (SGF). Zukunftsorientierte Strategien müssen daher konzernübergreifende Fähigkeiten in den Mittelpunkt stellen.

Isolierte Innovation versus integrierte Systeme[3]

Das traditionelle Innovationsmanagement orientiert sich bei der Steuerung der Forschung und Entwicklung an immer neuen, eigenständigen Produktentwicklungen. Marktverändernde Innovationssprünge werden aber nicht mehr von einzelnen Unternehmen alleine bewerkstelligt. Vielmehr müssen strategische Allianzen gebildet werden, um den hohen Anforderungen gewachsen zu sein.

Schnelligkeit versus Ausdauer[4]

Der zentrale gegenwärtige Wettbewerbsfaktor ist Schnelligkeit. Dies gilt in der Welt der Marktanteile. Chancenpotenziale können sich aber nicht durch Schnelligkeit, sondern nur

---

1 vgl. Hamel, Prahalad (Zukunft), S. 63ff.
2 vgl. Hamel, Prahalad (Zukunft), S. 64ff.
3 vgl. Hamel, Prahalad (Zukunft), S. 66ff.
4 vgl. Hamel, Prahalad (Zukunft), S. 66ff.

durch Ausdauer entwickeln. Diese Ausdauer lässt sich nur erreichen, wenn sich das gesamte Unternehmen auf eine Chance einschwört, Einigkeit über die potenziellen Auswirkungen einer Innovation erzielt und vom Wunsch getragen wird, die Zukunft zu verändern.

Strukturierte versus unstrukturierte Arenen[1]

Traditionelle Strategieentwicklung bewegt sich in gut strukturierten Entscheidungsräumen. Konkurrenz und Branchenstruktur sind klar abgegrenzt, und das Verhalten der Konkurrenten ist bekannt. Zukunftsorientierter Wettbewerb findet in noch unstrukturierten Arenen statt. Weder die Branche noch die Wettbewerber sind bekannt und lassen sich klar abgrenzen. Es bestehen noch keine Wettbewerbsregeln, die traditionellen Instrumente versagen. Um diesen Schwächen zu entgehen, müssen folgende Fragen gestellt werden:

- Welche Kompetenzen werden entscheidend sein?
- Wessen Standards werden übernommen werden?
- Welche Kundenbedürfnisse werden entstehen?
- Wessen Produktkonzepte werden sich durchsetzen?
- Wie optimieren wir unser Vermögen?

Einphasiger versus mehrphasiger Wettbewerb[2]

In bestehenden Märkten ist der Marktanteil die zentrale Wettbewerbsgröße. Ein zukunftsorientierter Wettbewerb schließt dagegen weitere Wettbewerbsgrößen mit ein, die bereits vor dem Wettbewerb um Marktanteile beachtet werden müssen. Nur wer diese frühen, zukunftsorientierten Phasen des Wettbewerbs erkennt, kann sich langfristig Marktanteile sichern.

7.3.2 Vorsteuergrößen des Marktwettbewerbs

Ähnlich dem Konzept der Vorsteuergrößen kann man beim Zukunftswettbewerb von einem Vormarktwettbewerb sprechen. Die Dimensionen dieses Wettbewerbs sind der Kampf um die Marktentwicklung, der in drei Phasen gegliedert werden kann:

1 vgl. Hamel, Prahalad (Zukunft), S. 71ff.
2 vgl. Hamel, Prahalad (Zukunft), S. 79ff.

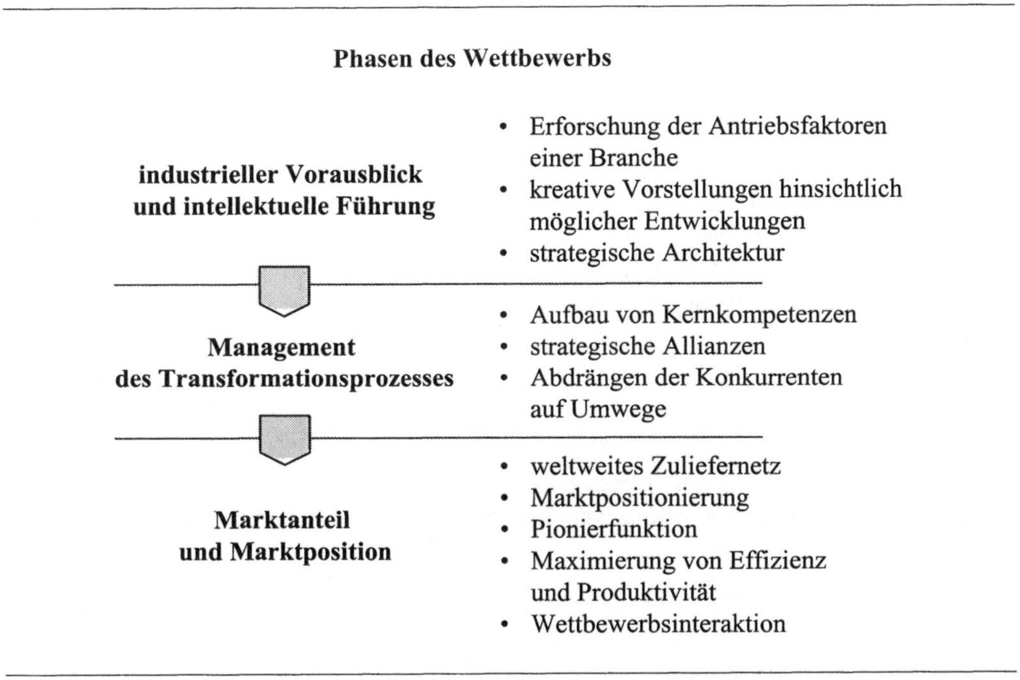

Abb. 7.2: Phasen des Wettbewerbs[1]

7.3.3 Industrieller Vorausblick

Eine wichtige Basis einer Strategie ist die unternehmerische Voraussicht (hinsichtlich Trends, Gesellschaft, Branchen etc.), die als tragende gemeinsame Größe die Entwicklung des Unternehmens bestimmt. Hamel und Prahalad wenden sich damit gegen ein strategisches Management, das als detaillierte Planung missverstanden wird: Detailplanung ist bei weiten Zeithorizonten unmöglich. Vielmehr sind langfristige Visionen das zentrale Element der strategischen Führung, sie müssen aber eng mit kurzfristigen, operativen Maßnahmen verzahnt werden. Dies geschieht in der strategischen Architektur, dem Bauplan der Zukunft: „Was müssen wir heute tun, um die Zukunft vorwegzunehmen?“[2] Dazu müssen bestehende Bedingungen ständig hinterfragt und die kurzsichtige Fixierung auf gegenwärtige Märkte und Produkte überwunden werden.[3]

1 vgl. Hamel, Prahalad (Zukunft), S. 86
2 Hamel, Prahalad (Zukunft), S. 176
3 vgl. Hamel, Prahalad (Zukunft), S. 135ff.

Strategic Intent[1]

Wie in anderen neueren Strategiekonzepten steht auch bei Hamel und Prahalad eine Vision an der Spitze – sie sprechen dabei von „Strategic Intent".

Strategic Intent legt die strategische Zielrichtung fest, in die sich eine Organisation entwickeln soll. Sie muss so formuliert sein, dass jeder Mitarbeiter die Bedeutung seines persönlichen Beitrags für die Entwicklung der Organisation nachvollziehen kann. Dann wirkt sie für die Organisation sinnstiftend. Strategic Intent soll eine herausfordernde Wunschvorstellung sein, damit Strategie nicht zu einem Machbarkeitssieb wird. In der Vergangenheit wurden wesentliche Innovationen nicht erzielt, weil sie realistisch zu sein schienen.

Strategic Intent bezweckt ein Reflektieren der Zukunft vor dem Hintergrund eines strategischen Fernziels. Das operative Tagesgeschehen erhält damit eine Zielorientierung und muss sich, anders als bei Visionen traditioneller Art, direkt aus der Zielrichtung ableiten lassen. Detailliert geplant wird lediglich in kleinen, überschaubaren Planungshorizonten.

Maßnahmen zur Erreichung der strategischen Ziele sind nicht in operationalen Mittelfristplanungen zu suchen, sondern im Aufbau von Voraussetzungen für strategische Erfolge:

- Erzeugen von Quasi-Krisen,
- Wettbewerbsorientierung und Kenntnisse über die Konkurrenz auf allen Ebenen,
- Ausbau der für die Strategieerreichung notwendigen Fähigkeiten der Mitarbeiter,
- Festlegen von Etappenzielen.

Ressourcen Leverage[2]

Die Analyse erfolgreicher Unternehmen zeigt, dass sie weniger Forschungs- und Entwicklungsaufwendungen haben als ihre erfolglosere Konkurrenz. Dies rührt daher, dass erfolgreiche Unternehmen den Ehrgeiz haben, aus einer geringeren Ressourcenausstattung höhere Erträge und Wettbewerbspotenziale zu erzielen.

Strategische Architektur

Die strategische Architektur ist das Pendant zur strategischen Planung klassischer Strategiekonzepte. Der Begriff wurde gewählt, um die Unterschiede zur traditionellen Strategieplanung zu verdeutlichen. Strategische Planung zielt auf einen bürokratischen, inkrementalen und kurzfristorientierten Prozess ab, der weder Freiraum für Kreativität noch Basis für eine Sinngebung ist.

Strategische Architektur ist dagegen ein Bauplan für die erträumte Zukunft. Sie ist ein Plan für die Entwicklung neuer Funktionen, Kundenschnittstellen und Fähigkeiten, der ausreichend genau ist, um die Richtung vorzugeben, der aber einen Zeithorizont aufweist, der keine detaillierte Ausarbeitung gestattet.

---

1 vgl. Hamel, Prahalad (Zukunft), S. 204ff.

2 vgl. Hamel, Prahalad (Zukunft), S. 231ff.

	strategische Planung	strategische Architektur
Planungsziel	• Verbesserung der Marktposition und des Marktanteils	• Neuformulierung der Spielregeln • Schaffen neuer Wettbewerbsräume
Planungsprozess	• formal, auf SGF ausgerichtet • fußt auf bestehender Branchen- und Wertschöpfungsstruktur • Harmonisierung von Ressourcen und Plänen • Kapitalverteilung auf konkurrierende Projekte	• erforschend, offen • basiert auf Diskontinuitäten und Kompetenzen • Suche nach neuen Funktionen und Wegen zu deren Bereitstellung • Erweiterung der Chancenhorizonte • Unternehmen als Gesamtheit
Planungsressourcen	• Führungskräfte der SGF • wenige Experten • Stabsstellen	• viele Manager • gemeinsames Wissen aller Linien- und Stabsmitarbeiter

Abb. 7.3: Wettbewerbsphasen[1]

7.3.4 Management des Transformationsprozesses[2]

Erfolgreiches Transformationsmanagement erfordert schnell vorangetriebene Produktentwicklungen und Abdrängen der Konkurrenten auf Umwege, indem ihnen Hindernisse (Standards, Druck nachgelagerter Branchen etc.) in den Weg gelegt werden.

Folgende Faktoren wirken auf den Transformationsprozess:

- Fähigkeiten, Bündnisse zu befriedigen,
- Fähigkeit, rasch Marktkenntnisse zu erlangen,
- globales Bewusstsein, weltweite Präsenz,
- Einfluss auf Normen und Gesetze,
- Aufbau kritischer Fähigkeiten (Kernkompetenzen).

1 vgl. Hamel, Prahalad (Zukunft), S. 418f.
2 vgl. Hamel, Prahalad (Zukunft), S. 278

Je besser diese Faktoren von einem Unternehmen gesteuert werden, desto eher kann es den zukünftigen Markt gestalten.[1]

7.3.5 Marktanteile und Marktposition

Erst in der letzten Phase des Zukunftswettbewerbs greift das traditionelle strategische Management, das auf den klassischen Erfolgsfaktoren beruht. Doch auch diese Phase des Wettbewerbs hat sich gegenüber der Vergangenheit hinsichtlich erfolgreicher strategischer Stoßrichtungen und hinsichtlich der Erfolgsfaktoren grundlegend gewandelt. Die Grenzen dieses traditionellen „Ertragsmotors" und Erfolg versprechender strategischer Stoßrichtungen sind:

Ertragsmotor		
Komponenten	**traditionelle Fragestellungen**	**Grenzen**
Konzept des bedienten Marktes	• Welchen Nutzen bieten wir an? • Wie ist der Markt segmentiert? • Wer sind die Kunden? • Wo sind die Kunden?	• Welche Kundenbedürfnisse werden nicht befriedigt?
Ertrags- und Spannenstruktur	• Wo entstehen die Gewinne? • Woher kommen die Gewinnspannen? • Was bestimmt deren Höhe? • Welche Faktoren wirken auf Kosten und Preise?	• Können an einem anderen Punkt der Wertschöpfungskette Gewinne erzielt werden?
Betriebsvermögen und Kompetenzen	• Was glauben wir gut zu können? • Auf welche Infrastruktur stützt sich das Geschäft? • Welche sind die herausragenden Fähigkeiten? • Wie sieht die Verlaufskurve der Entwicklungsausgaben aus?	• Könnten die Kundenbedürfnisse durch eine alternative Zusammensetzung von Fähigkeiten besser befriedigt werden?
Flexibilität und Anpassungs-	• Wie aufmerksam werden Entwicklungen neuer Kundennutzenmodelle beobachtet?	• Wie verwundbar ist das Geschäft durch neue Spielregeln?

[1] vgl. Hamel, Prahalad (Zukunft), S. 282ff.

fähigkeit	• Können Investitionsprogramme und Infrastruktur neuen Gegebenheiten leicht angepasst werden? • Welche Interessentengruppen würden sich am meisten dagegen sträuben?	

Abb. 7.4: Komponenten und Grenzen des Ertragsmotors[1]

strategische Stoßrichtungen	
Strategie	**Vorgehen**
Überwindung der generischen Strategien	Viele japanische Beispiele haben gezeigt, dass die klassische Unterscheidung Porters in Kostenführerschaft und Differenzierung nicht mehr haltbar ist. Japanische Anbieter haben bei gleichzeitiger Kosten- und Preissenkung die Qualität ihrer Produkte erhöht. Zug um Zug müssen Kostensenkung und Qualitätsverbesserung vorangetrieben werden, sie sollen nicht als einander ausschließende strategische Alternativen, sondern als zwei Bestandteile der Leistungssteigerung angesehen werden.
Erkennen der Schwächen der Konkurrenz	Um sich in Märkten zu etablieren, muss man die Schwächen der Konkurrenten kennen, um die eigene Strategie auf diese Schwächen abstimmen zu können. Das Ziel sind nicht unbeachtete und für die Konkurrenz unbedeutende Marktnischen, sondern Angriffsbasen, die als Stützpunkte für den Wettbewerb dienen können.
strategische Allianzen	Allianzen bringen den Zugang zu Technologien, Märkten und Produktionsvolumen. Viele japanische Anbieter haben sich dabei eine alte Maxime zunutze gemacht: Der Feind meiner Feinde ist mein Freund. Allianzen können aber auch dazu verwendet werden, den früheren Konkurrenten durch die Allianz zur Aufgabe der eigenen Forschungstätigkeit zu bewegen und ihn damit insgesamt zu schwächen.
Verändern der Spielregeln	Erfolgreiche Markteindringlinge demonstrieren immer wieder, wie die Markt- und Branchendefinitionen überwunden werden können. Etablierte Anbieter kleben an ihren althergebrachten Erfolgsrezepten und können nicht mit den eigenen Waffen geschlagen werden. Wenn man den Wettbewerb aber auf eine andere Ebene verlagert, sind sie wehrlos.

Abb. 7.5: Strategische Stoßrichtungen

1 vgl. Hamel, Prahalad (Zukunft), S. 109 und 111

7.3.6 Wettbewerb um Kompetenz[1]

Die klassische Strategieplanung orientiert sich an den vom Unternehmen angebotenen Produkten beziehungsweise den strategischen Geschäftseinheiten (SGE), die durch Kombination dieser Produkte mit den jeweiligen Märkten entstehen. Aufbauend auf diesem Denken in SGE, entwickelte sich der Gedanke des diversifizierten Konzerns, der seine Tochtergesellschaften als Teile eines umfassenden Portfolios begreift.

Produktlebenszyklen verkürzen sich ständig, während die Entwicklungskosten ansteigen. Ein Denken in Produkten greift daher zu kurz. Wettbewerbsvorteile können und dürfen nicht mehr ausschließlich für einzelne Produkte oder SGE entwickelt werden, sondern für hinter diesen stehende Fähigkeiten. Mit deren Hilfe lassen sich breite Synergien nützen.

Aus diesem Grund rücken Hamel und Prahalad Kernkompetenzen in das Zentrum der Wettbewerbsüberlegungen. Sie bringen zwei neue Begriffe in die Strategiediskussion ein:

- **Kernkompetenzen**: Vom Unternehmen im Zuge eines Lernprozesses entwickelte Fähigkeiten, bestimmte erfolgskritische Schritte in der Wertschöpfungskette besser als andere zu bewältigen. Kernkompetenzen sind Fähigkeitsbündel, nicht einzelne Fähigkeiten. Nicht jeder Wettbewerbsvorteil ist somit eine Kernkompetenz. Um als solche zu gelten, müssen folgende Anforderungen erfüllt sein:
  - Zugang zu einer Vielzahl an Märkten,
  - überdurchschnittlicher Beitrag zum wahrgenommenen Kundennutzen,
  - Imitation durch die Konkurrenz weitgehend unmöglich (was alle haben, kann eine Kompetenz, aber nie eine Kernkompetenz sein).
- **Kernprodukte**: Verbindungsglieder zwischen den eigenen Kernkompetenzen und den am Markt abgesetzten Endprodukten. Es handelt sich in aller Regel um Komponenten und Bauteile, die wesentlichen Einfluss auf das Endprodukt und den von diesem gestifteten Kundennutzen haben.

Ein Beispiel soll die Bedeutung der Unterscheidung zu den traditionellen Begriffen Kompetenzen (im Sinne von Stärken) und Produkten (im Sinne von Endprodukten) verdeutlichen: Mazushita (Panasonic, JVC, National etc.) hat Kernkompetenzen in der Videotechnik, die seit den 1960er Jahren aufgebaut und ständig verbessert wurden, und verfügt über einen Marktanteil bei den Schlüsselprodukten für Videogeräte von etwa 45%. Der Marktanteil bei Endprodukten liegt dagegen bei lediglich 20%.

Der Zusammenhang zwischen Kernkompetenzen, Kernprodukten, Geschäftseinheiten und Endprodukten lässt sich grafisch folgendermaßen veranschaulichen:

1 vgl. Hamel, Prahalad (Kernkompetenzen), S. 66ff.

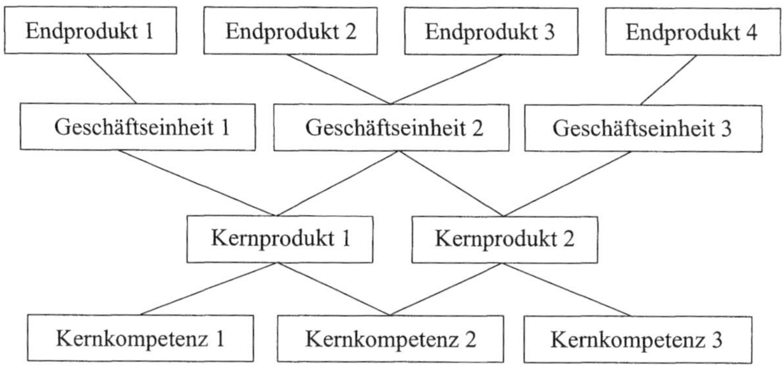

Abb. 7.6: Kompetenzen als Wurzel der Wettbewerbsfähigkeit

Zukunftsorientierte Unternehmen investieren in Kernkompetenzen, für die ein breites zukünftiges Einsatzgebiet abzusehen ist, unabhängig davon, ob bereits Produkte oder Produktideen vorliegen. Durch die Kernkompetenzen erarbeitet sich ein Unternehmen die „Zutrittsberechtigung“ beziehungsweise die Optionen für eine Teilnahme am zukünftigen Wettbewerb einer Reihe von Endproduktmärkten.[1]

Der Wettbewerb um Kompetenzen findet somit auf vier Ebenen statt:

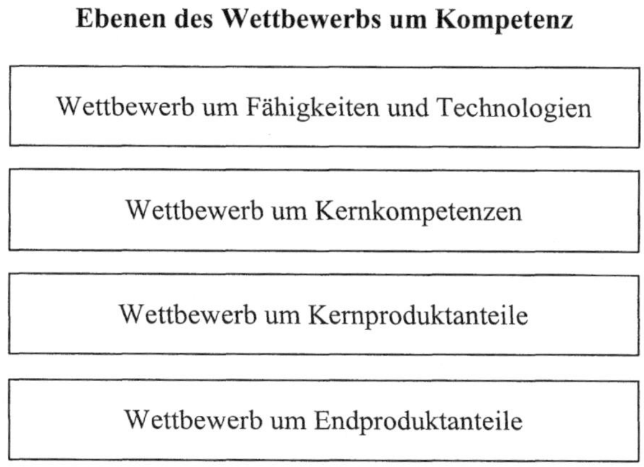

Abb. 7.7: Ebenen des Kompetenzwettbewerbs

Identifizierung von Kernkompetenzen

Kernkompetenzen können nur aufgebaut und genutzt werden, wenn man sich ihrer Existenz bewusst ist. Die Identifizierung geschieht idealerweise in einem Team, das sich aus Mitarbeitern aller Funktionen, Bereiche, Gebiete und Geschäftseinheiten des Unternehmens zusammen-

1 vgl. Hamel, Prahalad (Zukunft), S. 299ff.

setzt. Man listet die Fähigkeiten auf und untersucht, ob es sich um Kernfähigkeiten handelt, indem man durch die bereits dargestellten Fragen Kernkompetenzen von Nicht-Kernkompetenzen trennt. Zu einer Kernkompetenz gehörende Fähigkeiten müssen zusammengefasst werden.

Akquisitionsplan

Für die Frage des Ausbaus von Kernkompetenzen haben Hamel und Prahalad die Ansoff-Matrix hinsichtlich Kernkompetenzen abgewandelt.

	Markt	
Kernkompetenzen	**gegenwärtig**	**neu**
gegenwärtig	***Lücke füllen*** Bestehendes Portfolio des Unternehmens: Hier wird dargestellt, welche Kernkompetenzen in welche Produkte einfließen.	*weiße Flecken* Chancen, bei denen außerhalb des bestehenden Geschäfts die vorhandenen Kernkompetenzen eingesetzt werden können.
neu	***Exklusivposition*** Welche neuen Kernkompetenzen müssen aufgebaut werden, um auch in Zukunft am Markt bestehen zu können?	*Megachancen* Besonders attraktive Chancen müssen ergriffen werden, auch wenn keine Überlappung mit der derzeitigen Position besteht.

Abb. 7.8: Akquisitionsmatrix

Aufbau von Kernkompetenzen

Kernkompetenzen entstehen durch einen unternehmensinternen Lernprozess, bei dem Fähigkeiten aus dem gesamten Unternehmen gebündelt und weiter ausgebaut werden. Es ist daher erforderlich, Konzerngliederungen vor diesem Hintergrund neu zu überdenken. Strukturen, die sich an den SGE orientieren, müssen zugunsten von kompetenzorientierten Strukturen aufgegeben werden. Dies ermöglicht das Zusammenführen von technologischem Wissen sowie Prozessfähigkeiten und den Aufbau von Kommunikation und Engagement über die Grenzen der Produkte hinweg.

Das Unternehmen muss über die aufzubauenden Kernkompetenzen breiten Konsens erzielen, denn nur so kann die notwendige Ausdauer sichergestellt werden. Weiters darf der Aufbau von Kernkompetenzen nicht an kurzfristigen Gewinnen gemessen werden.[1] Vielmehr müssen Innovationen anhand folgender Bewertungskriterien beurteilt werden:

- Wie viele Menschen betrifft eine Innovation?

---

[1] vgl. Hamel, Prahalad (Zukunft), S. 346f.

- Wie nützlich werden sie die Innovation finden?
- Wie groß ist der potenzielle Anwendungsraum der Innovation?

Erhalten von Kernkompetenzen[1]

Ähnlich dem Kapital müssen Kernkompetenzen und deren wesentlichste Repräsentanten von der Konzernzentrale verwaltet und den einzelnen SGE zugeteilt werden. Dazu müssen die einzelnen Produkte beziehungsweise SGE eines Unternehmens konsensual hinsichtlich ihres Marktpotenzials gereiht werden. Die besten Mitarbeiter sollen sich dann den Erstgereihten zuwenden.

Schutz und Verteidigung[2]

Zu wenig Engagement, mangelnde finanzielle Ressourcen oder Fragmentierung in diverse Einzelbereiche erodieren Kernkompetenzen. Kernkompetenzen müssen bewusst geleitet werden, und ständig ist Ausschau nach neuen zu halten.

7.3.7 Revolutionäre Unternehmensführung

Gary Hamel knüpft mit dem Buch „Leading the Revolution“ an das Konzept der Kernkompetenzen an. Es handelt von den Kriterien und Spielregeln für gelungene Strategieentwicklung und Innovationen. Hauptthese Hamels ist, dass es auf die Fähigkeit von Unternehmen ankommt, nichtlineare, radikale Innovation und innovative Geschäftsmodelle zu entwickeln und dadurch „Branchenrevolutionäre“ zu sein, wie er es nennt.

„In fast jeder Branche neigen Unternehmen dazu, ihre Strategien an irgendeiner vom Branchendogma diktierten ‚zentralen Tendenz‘ auszurichten. Strategien nähern sich an, weil Erfolgsrezepte sklavisch imitiert werden.“[3] Mit dieser Kernaussage soll zum Ausdruck gebracht werden, dass die meisten Unternehmen in einer Branche sich über kurz oder lang an gemeinsamen Spielregeln orientieren. Durch diese Angleichungsprozesse werden die Unternehmen immer ähnlicher, wodurch letztlich alle weniger verdienen. Je stärker die Geschäftsmodelle konvergieren, umso geringer ist die Chance, überdurchschnittliche Gewinne zu erwirtschaften.[4] Hält sich das Unternehmen an die vorherrschenden Branchenspielregeln, so sind die Aussichten auf nachhaltiges, ertragreiches Wachstum marginal.

Will ein Unternehmen mehr als nur durchschnittliche Erfolge erzielen beziehungsweise überleben, muss es diese konventionellen geschäftspolitischen Denkzwänge, auf die es sich in seinem jeweiligen Wettbewerbsumfeld eingestellt hat, radikal verändern.

Je erfolgreicher ein Unternehmen in der Vergangenheit mit seiner Strategie war, desto schwieriger fällt es ihm, sich revolutionär zu verhalten. Genau aus diesem Grund werden zahlreiche

---

1 vgl. Hamel, Prahalad (Zukunft), S. 347ff.
2 vgl. Hamel, Prahalad (Zukunft), S. 351ff.
3 vgl. Hamel (Revolution), S. 63
4 vgl. Hamel (Revolution), S. 117

frühere Erfolgsunternehmen heute Opfer der eigenen Innovationsfeindlichkeit, denn der Wettbewerb findet in immer mehr Wirtschaftszweigen „nicht zwischen Produkten oder Unternehmen statt, sondern zwischen Geschäftsmodellen“[1].

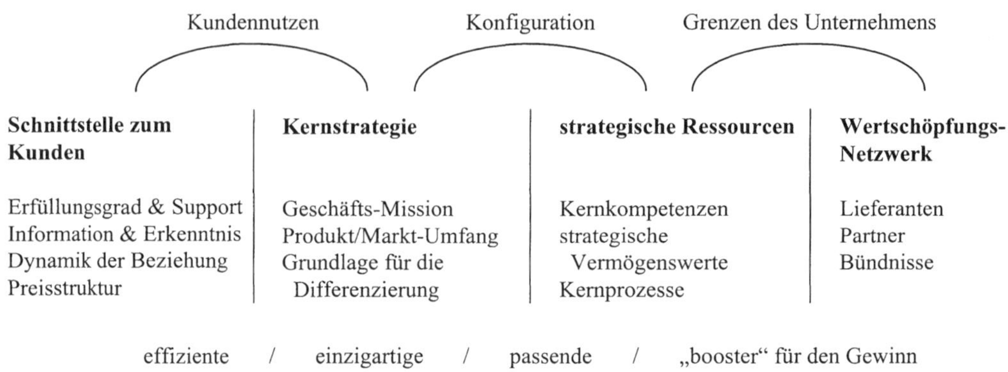

Abb. 7.9: Bausteine eines Geschäftsmodells[2]

„Branchenrevolutionäre gehen davon aus, dass das gesamte Ziel einer Strategie darin besteht, einen ungleichen Wettbewerb zu schaffen. Für sie zielt Strategie vor allem auf die Bildung von Quasi-Monopolen.“[3] Zukunftsweisende, wertschöpfende Innovationen müssen in radikal erneuerten Geschäftskonzepten gefunden werden: Die Schaffung einer völlig veränderten Wettbewerbslage muss den Kunden einerseits eine innovative Art von Nutzen bieten und andererseits Investoren mit außergewöhnlichen Ertragschancen locken.

Das Ausweichen als Alternative zur herkömmlichen Art der (Wettbewerbs-)Konfrontation ist Kernpunkt der radikalen Erneuerung etablierter Geschäftsmodelle. „Diese Strategie basiert auf Umgehung, nicht auf Angriff. Der Schlüsselgedanke, der dahinter steckt: Was sich nicht von der Konkurrenz unterscheidet, ist nicht strategisch.“[4] Nicht umsonst sind die „Revolutionen“ in vielen Branchen oft durch Neulinge initiiert worden – das erläutert Hamel an aktuellen Beispielen.

7.4 Stärken des Konzepts

- Prahalad und Hamel entwickeln die klassische – auf Stärken und Schwächen aufbauende – Strategieplanung weiter und bringen eine Vielzahl von neuen Ideen in die Diskussion ein. Das Konzept setzte die bereits für abgeschlossen gehaltene Diskussion über ressourcenorientierte Strategiefindung wieder in Gang.

1 vgl. Hamel (Revolution), S. 83
2 vgl. Hamel (Revolution), S. 70ff.
3 vgl. Hamel (Revolution), S. 119
4 vgl. Hamel (Revolution), S. 87

- Prahalad und Hamel entwickeln ihre Gedanken in verständlicher und spannend zu lesender Form und unterstreichen sie mit einer großen Zahl an anschaulichen Fallbeispielen.
- Viele der Ideen sind nicht neu und wurden vor allem von Peter Drucker bereits aufgezeigt, werden aber auf neue und kreative Art kombiniert. Dadurch eröffnen sich Auswege aus einer seit einigen Jahren in vielen Bereichen stecken gebliebenen Weiterentwicklung des strategischen Managements.

7.5 Schwächen des Konzepts

- Hamel und Prahalad zeigen viele Ansätze moderner Strategiefindung, sie verabsäumen es aber, dem Praktiker handhabbare Instrumente in die Hand zu geben, die im eigenen Unternehmen eingesetzt werden können. Insofern bleibt das Konzept ein Denkrahmen ohne konkrete instrumentelle Unterstützung.
- Die Überlegungen basieren auf innovativen modernen Branchen und großen, weltweit agierenden Konzernen. Sie sind für traditionelle Industrien sowie Klein- und Mittelbetriebe daher nur schwer anwendbar.
- Mit „Leading the Revolution“ wird ein unkonventioneller Innovationsansatz angeboten, dessen Anwendbarkeit bei der Erneuerung etablierter Geschäftsmodelle sich in der Praxis erst bewähren muss.

7.6 Bedeutung für die Unternehmensführung

Das Werk von Prahalad und Hamel hat mittlerweile seinen festen Platz in der Standardliteratur zum Thema strategisches Management. Das in Hamels neuestem Werk vorgestellte Konzept mit seinen vielen Praxisbezügen wurde zwar mit Begeisterung aufgenommen, die tatsächliche Bewährungsprobe ist aber noch ausständig.

7.7 Empfohlene Literatur

- Hamel G.: Das revolutionäre Unternehmen, München 2001, 383 Seiten. Spannend zu lesen – mit vielen Beispielen aus der Praxis und einem klar strukturierten Strategiekonzept.
- Hamel G.; Prahalad C.: Wettlauf um die Zukunft, Wien 1995, 484 Seiten. Bestseller der letzten Jahre, gut lesbare Managerlektüre mit wissenschaftlichem Hintergrund.

8 Arnoldo Hax, Nicolas Majluf

Das höchste Ziel des strategischen Managements
ist die Entwicklung von Wertvorstellungen des Unternehmens,
Fähigkeiten der Manager, organisatorischen Verantwortlichkeiten
und administrativen Systemen, die die ... Entscheidungsfindung
auf allen hierarchischen Ebenen und quer durch alle Sparten
und funktionalen Autoritätslinien des Unternehmens miteinander verbinden.

8.1 Zur Person der Autoren

Arnoldo Hax ist Professor für strategisches Management an der Sloan School of Management des Massachusetts Institute of Technologie, Deputy Dean des MIT und koordiniert die strategische Neuorientierung der Sloan School.[1] Daneben arbeitet er als Unternehmensberater.

Homepage der MIT Sloan School of Management: http://mitsloan.mit.edu/

Sein Autorenkollege Nicolas S. Majluf ist Professor im „Department of Industrial and Systems Engineering of the Catholic University of Chile". Er ist außerdem als Unternehmensberater im Bereich Strategie und Design für Industrie, Finanzwelt, Ölsektor, Telekommunikation etc. tätig.

Homepage der Catholic University of Chile: http://www.puc.cl/

8.2 Grundlagen

Im Zuge der starken Diversifikationstendenzen in den USA Ende der 1960er Jahre entstand das Konzept der Unternehmenssegmentierung, nach dem Unternehmen in selbstständige Unternehmensbereiche gegliedert werden, die eigene Strategien entwickeln und mittels eigener Geschäftsstrategien in relativer Unabhängigkeit vom Gesamtunternehmen geführt werden.

Die geänderte Konkurrenzsituation der 1970er und 1980er Jahre und die rasante Entwicklung der Informationstechnologien erforderten mehr Flexibilität und Anpassungsvermögen und eine ganzheitlich orientierte, strategische Betrachtung des Gesamtunternehmens. Um eine Verbin-

---

1 Hax (Interview)

dung zwischen Geschäftseinheiten- und Unternehmensstrategie zu ermöglichen, entwickelten Hax und Majluf ihr Konzept der Unternehmensstrategieplanung, das sowohl das Unternehmen als Ganzes betrachtet als auch die Individualität der einzelnen Geschäftseinheiten berücksichtigt. Sie beziehen sich dabei auf Arbeiten von Richard Vancil (Professor an der Harvard Business School) und Peter Lorange (Präsident der Norwegian School of Management).[1]

Ziel dieses Konzepts ist es, einen formalen Planungsablauf zu entwickeln, der in einem kontinuierlichen Prozess alle Schlüsselmanager in die strategische Planung einbezieht, um so eine Vielfalt an Meinungen und Wissen zu erhalten.

2001 entwickelte A. C. Hax mit Dean L. Wilde II das „Delta-Modell": Es geht von der Überzeugung aus, dass die wirtschaftliche Welt Transformationen enormer Größe erlebt hat, die dazu führten, dass bestehende Annahmen über Rahmenbedingungen heute entweder falsch oder unvollständig sind.[2] Mit Hilfe dieses Modells können neue Ressourcen für Profitabilität in einer vernetzten Wirtschaft gefunden werden.

8.3 Inhalt des Konzepts

8.3.1 Die drei Lehrsätze der Strategie

Was ist der zentrale Zweck von Strategie?

Was ist die Basis, um diese dann auch zu verwirklichen?

Folgende Abbildung fasst die drei „Lehren" des strategischen Managements von Hax und Wild zusammen:[3]

- **Erstens: Wirtschaftlichen Wert stiften**. Übergeordnete und beständige finanzielle Leistungen erbringen, die sich als längerfristige Rentabilität messen lassen.
- **Zweitens: Kundenbindung mit der Unterstützung von: „Unique customer Value Proposition"**. Den Kunden „fesseln", zufrieden stellen und halten.
- **Drittens: „Spirit of Success" entfachen**. Nettofluss von Talent: qualifizierte Mitarbeiter fesseln, zufrieden stellen und halten.

8.3.2 Das Delta Modell[4]

Dieses Modell bietet vier Hauptbeiträge:

1. Das Dreieck: Drei verschiedene Strategieoptionen:

- Das beste Produkt

---

1 vgl. Vancil, Lorange (Planning), S. 6ff.

2 Hax, Wilde (Delta), S. 1

3 vgl. Hax, Wilde (Delta), S2

4 vgl. Hax, Wilde (Delta), S. 7ff.

- Die totale Kundenlösung
- Austrittsbarrieren (System Lock-In)

2. Der Anpassungsprozess:

- Betriebliche Effizienz
- Zielgruppenanpeilung
- Innovation

3. Die quantitativen Erfolgskriterien

4. Die Experimentierphase und das Feedback

Wilde und Hax betrachten ihr Modell als ganzheitlichen, neuen Ansatz und Wissenszweig für strategisches Management.

8.3.3 Corporate Strategy[1]

Im strategischen Management lassen sich drei Planungsebenen unterscheiden: Unternehmensleitung (Konzernzentrale), Divisions- und Funktionsbereichsebene. Entsprechend diesen Planungsebenen, gibt es drei Strategietypen: Corporate Strategy, Business Strategy und Functional Strategy. Das Aufgabenfeld der Corporate Strategy erstreckt sich auf das gesamte Unternehmen, Ziel ist die Wertsteigerung. Auf dieser Ebene müssen Synergien zwischen den einzelnen Divisionen ausfindig gemacht und Prioritäten gesetzt werden. Entscheidungen, die eine derartige Reichweite besitzen, können folgendermaßen systematisiert werden:

1 vgl. Hax, Majluf (Concept), S. 26ff.; Vancil, Lorange (Planning), S. 7f.

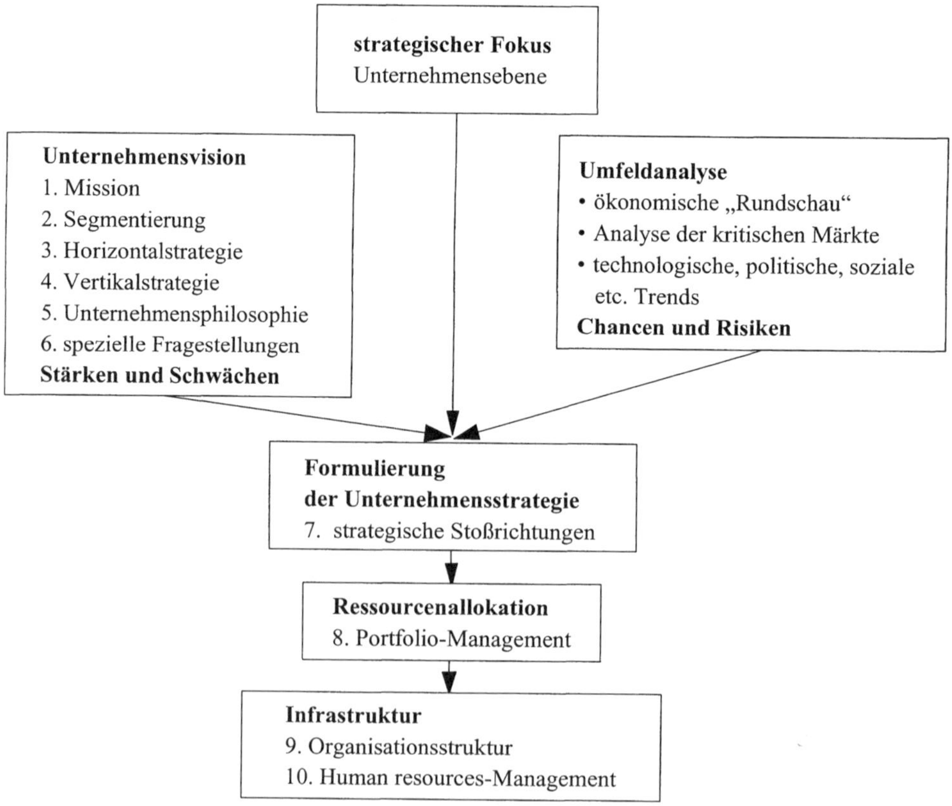

Abb. 8.1: Die Elemente der Corporate Strategy[1]

Einige dieser Elemente sollen in der Folge genauer erläutert werden:

Die Mission[2]

Die Mission eines Unternehmens legt die derzeitige und zukünftige Reichweite der Produkte, Märkte sowie geografischen Regionen und die spezifischen Fähigkeiten des Unternehmens fest. Wachstum ist dabei die dominante Kraft der Zukunftsgestaltung. Der zweite wichtige Bestandteil ist das Programm, mit dessen Hilfe Wettbewerbsvorteile erreicht werden sollen. Der Zeitrahmen der Mission beträgt etwa fünf Jahre. Wesentliches Element ist die Bestimmung, auf welche Art das Unternehmen versucht, einen dauerhaften Wettbewerbsvorteil oder die Marktführerschaft zu erreichen.

1 vgl. Hax, Majluf (Concept), S. 107
2 vgl. Hax, Majluf (Concept), S. 32ff., S. 113ff.

Der Segmentierungsgrad[1]

Die Segmentierung ist eng mit der Frage der Organisation verbunden. Das zentrale Problem ist die Identifizierung von Verantwortung und Kompetenzen. Ergebnis der Segmentierung sind strategische Geschäftseinheiten.

Horizontale Integration[2]

Durch die Trennung des Unternehmens in eigenständige strategische Geschäftseinheiten entsteht Bedarf nach der Suche von Synergien. Diese Suche setzt in der Regel am Konzept der Wertkette an und wurde in letzter Zeit unter der Bezeichnung „Prozessmanagement" bekannt.

Unternehmensphilosophie[3]

Die Unternehmensphilosophie ist eine auf Dauer ausgerichtete Bestimmung

- der Beziehung zu den Stakeholdern des Unternehmens,
- der generellen Unternehmensziele,
- der Unternehmenspolitik (Führungsstil, Human resources-Management etc.) und
- der Verhaltensregeln.

8.3.4 Unternehmensplanung in zwölf Stufen

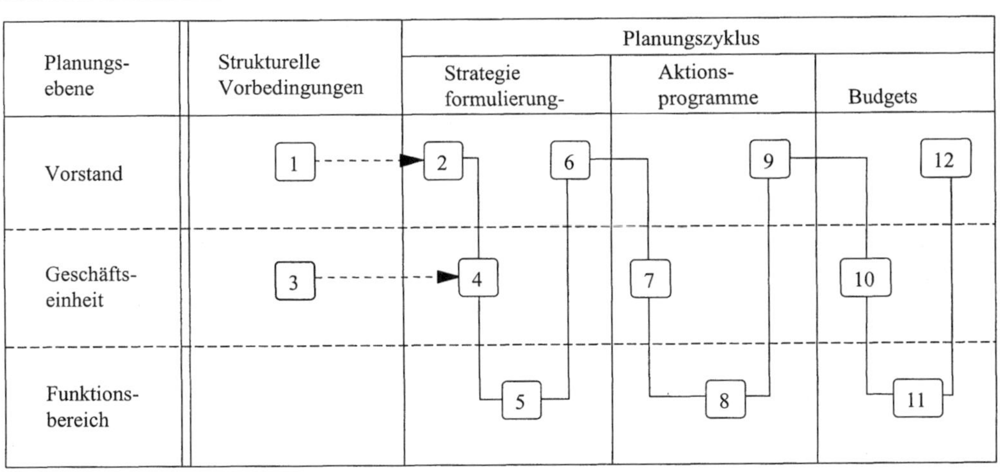

Abb. 8.2: Der formale Prozess der Unternehmensstrategieplanung[4]

1 vgl. Hax, Majluf (Concept), S. 118ff.
2 vgl. Hax, Majluf (Concept), S. 123ff.
3 vgl. Hax, Majluf (Concept), S. 146ff.
4 Hax, Majluf (Strategisches Management), S. 61

Der Prozess der Unternehmensstrategieplanung nach Hax und Majluf ist ein formal durchdachter organisatorischer Ablauf, der von der Strategieerstellung bis zur Ausformulierung operativer Aktionsprogramme reicht. Wesentliche Bestimmungselemente des Planungsablaufs sind die einbezogenen Hierarchieebenen des Unternehmens und die durchzuführenden Aufgaben. Die Konzernebene als erste in den Planungsprozess einbezogene Ebene legt mit der Erarbeitung einer Unternehmensvision im Rahmen der strategischen Planung eine Leitlinie für alle weiteren Planungsaktivitäten fest. In den weiteren Planungsebenen werden die konkreten Strategien für die einzelnen Teilbereiche des Unternehmens entwickelt, die dann auf Konzernebene aufeinander abgestimmt werden.[1]

Die Aufgabengebiete im Planungsprozess teilen sich in zwei Bereiche: in Aufgaben, die jährlich durchgeführt werden müssen, und in Aufgaben, die sich über mehrere Planungszyklen nicht signifikant verändern. Unter diesen „strukturellen Vorbedingungen" verstehen Hax und Majluf die Vision des Unternehmens und die Mission[2]. Zu den Aufgaben, die jährlich überprüft und revidiert werden müssen, zählen

- Strategieformulierung,
- strategische Programme und
- strategische und operationale Budgetierung.[3]

Betrachtet man die Abfolge der einzelnen Planungsschritte, zeigt sich, dass die Strategieplanung weder ein Top-down- noch ein Bottom-up-Prozess ist, sondern eine Aktivität, die starke Miteinbeziehung aller leitenden Manager auf Konzern-, Geschäfts- und Funktionsebene erfordert.

8.3.5 Planungsablauf

Schritt 1: Die Vision des Unternehmens[4]

Die Vision des Unternehmens ist eine längerfristig gültige Aussage, die von der Konzernleitung formuliert wird. Durch sie soll sowohl eine Quelle der Herausforderung und der Inspiration als auch ein Mittel zur Kommunikation der Ideale und Werte geschaffen werden. Die Vision beinhaltet folgende Aspekte:

- Die Vermittlung des Grundcharakters der Organisation hinsichtlich des Unternehmenszweckes, des Geschäftsbereichs und der Führerschaft im Wettbewerb.
- Erstellen eines Rahmens, der die Beziehung zwischen dem Unternehmen und seinen wichtigen Interessengruppen angibt: den Mitarbeitern, Kunden, Aktionären, Lieferanten und den Gesellschaften, mit denen die Firma zusammenarbeitet.

---

1 vgl. Hax, Majluf (Strategisches Management), S. 60ff.

2 Hax und Majluf verwenden im Original die Bezeichnung mission, die in der deutschen Fassung mit der irreführenden Bezeichnung Geschäftsauftrag übersetzt wurde.

3 vgl. Hax, Majluf (Strategisches Management), S. 61

4 vgl. Hax, Majluf (Strategisches Management), S. 63ff., S. 305ff.

- Formulierung der allgemeinen Leistungsziele der Firma bezüglich Wachstum und Rentabilität.

Ein weiterer wesentlicher Punkt der Vision ist die Segmentierung des Unternehmens in strategische Geschäftseinheiten. Das Ausmaß der Segmentierung reicht bis zur Differenzierung voneinander vollkommen unabhängiger Geschäftseinheiten, die nur auf Konzernebene des Unternehmens zusammengefasst werden. Starke Segmentierung kann aber auch dazu führen, dass alle Vorteile aufgegeben werden, die durch die Nutzung gemeinsamer Ressourcen und Interessen entstehen können.[1]

Schritt 2: Das Verfahren zur Entwicklung der strategischen Grundhaltung[2]

Die strategische Grundhaltung des Unternehmens lässt sich aus der Vision und der Situationsanalyse herausfiltern.

Umfeldanalyse

Die Analyse des externen Umfelds auf Konzernebene versucht, den allgemeinen Zustand der Branchen festzustellen, in denen das Unternehmen tätig ist. Dabei werden wirtschaftliche, politische, soziale und legislative Einflüsse bewertet. Aus historischer Perspektive analysiert man, mit welchem Erfolg das Unternehmen seine Ressourcen mobilisieren konnte, um den Anforderungen des Umfelds zu entsprechen. Mit Blickrichtung in die Zukunft werden die Möglichkeiten geprüft, Grundlagen für eine Positionierung entsprechend den sich ändernden Anforderungen des Umfelds zu schaffen. Ergebnis der Analyse sind Szenarien wahrscheinlicher Trends jener Indikatoren, die planungsbeeinflussend sind. Ergänzend dazu werden Pläne für Extremszenarien – optimistische und pessimistische Entwicklungen – erarbeitet.

Ein weiterer wesentlicher Punkt ist die Erstellung von Globalszenarien der generellen Trends in den Hauptmärkten des Unternehmens. Obwohl auf Ebene der strategischen Geschäftseinheiten noch einmal detailliertere Untersuchungen durchgeführt werden müssen, ist es für den gesamten Planungsablauf wesentlich, die Trends schon auf Konzernebene zu bewerten, um einen allgemeinen Beurteilungsrahmen zu erhalten. Damit soll die Konsistenz zwischen Trends, Geschäftsstrategien und Aktionsprogrammen sichergestellt werden.

Interne Prüfung

Die interne Prüfung auf Konzernebene dient der Erfassung der personellen, finanziellen und technologischen Ressourcen. Entsprechend der externen Umfeldanalyse, wird auch diese Prüfung sowohl vergangenheits- als auch zukunftsbezogen durchgeführt. Dabei sollen Stärken des Gesamtunternehmens erkannt werden, auf denen die Strategien fußen können. Darauf wird die strategische Grundhaltung des Unternehmens aufgebaut. Sie dient als Rahmen für die Strategieentwicklung auf der Divisions- und Bereichsebene und beinhaltet:

- Strategische Hauptstoßrichtungen: Hauptaktivitäten, die das Unternehmen zur Erreichung einer soliden Wettbewerbsposition innerhalb der nächsten drei bis fünf Jahre durchführen muss.

---

1 vgl. Hax, Majluf (Strategisches Management), S. 54f.

2 vgl. Hax, Majluf (Strategisches Management), S. 68ff., S. 313ff.

- Leistungsziele: Quantitative Indikatoren, die den Gesamtertrag, die Rentabilität und die Wachstumsrate betreffen.

Schritt 3: Der Geschäftsauftrag („Mission of the business")[1]

Die Mission entspricht der Vision des Unternehmens auf der Ebene der strategischen Geschäftseinheit und bildet die Grundlage der Strategieerstellung. Dieser Schritt ist vergleichbar mit Schritt 1 auf Geschäftsfeldebene und nimmt ebenfalls Bezug auf Produkte, Märkte und Wettbewerbsstärke. Die Formulierung ist enger, detaillierter und von der Unternehmensvision stark beeinflusst. Dennoch kann sie sich in bestimmten Punkten, wie z. B. in der Art der angestrebten Marktposition, von der Vision unterscheiden.

Schritt 4: Formulierung der Geschäftsstrategie und des allgemeinen Aktionsprogramms[2]

Die Geschäftsstrategie umfasst einen Katalog aufeinander abgestimmter Aktionsprogramme, die auf Sicherung eines dauerhaften Wettbewerbsvorteils abzielen. Sie wird von der strategischen Stoßrichtung der Konzernebene beeinflusst. Zur Formulierung der einzelnen Geschäftsstrategien werden unterschiedliche Instrumente eingesetzt, um die gegenwärtige und zukünftige Position der Geschäftseinheiten anhand von zwei Kriterien untersuchen zu können:

- Nicht beherrschbare Kräfte des Umfelds (Bestimmung von Trends und Marktmöglichkeiten),
- Interne Stärken und Kompetenzen (Bestimmung des Potenzials für Wettbewerbsführerschaft).

Der Ablauf der Vereinbarung der Geschäftsfeldstrategie kann durch Verwendung alternativer Instrumente variiert werden. Beispielsweise können unterschiedliche Portfoliotechniken eingesetzt werden.

Schritt 5: Funktionsstrategie und allgemeines Aktionsprogramm[3]

Die Funktionsstrategie entspricht der Geschäftsfeldstrategie auf der funktionalen Ebene. Der Ablauf beider Planungsphasen ist ident. Das Ausmaß des Mitwirkens der Funktionsmanager im Strategieplanungsprozess hängt von der Organisationsstruktur ab. Bei starker Dezentralisierung sind die Funktionsmanager bei der Formulierung der Geschäftsstrategie direkt beteiligt, während ihr Mitwirken bei Schritt 5, der Vereinbarung von Funktionsstrategien, relativ gering ist, da nur noch eine Feinabstimmung erfolgt.

Im Rahmen zentralisierter Organisationen überprüfen Funktionsmanager die sie betreffenden Geschäftsstrategien und können gegebenenfalls Einwendungen im Rahmen von informellen Verhandlungen anbringen. Ist auf dem Verhandlungsweg keine Einigung zu erzielen, müssen Meinungsunterschiede in der Phase der Konsolidierung ausgetragen werden. Die Formulierung des Aktionsprogramms erfolgt in Form von Plänen mit mehrjährigen Eckdaten. Diese werden durch detaillierte Programme in den folgenden Planungsabläufen unterstützt.

---

1 vgl. Hax, Majluf (Strategisches Management), S. 76, S. 329f.
2 vgl. Hax, Majluf (Strategisches Management), S. 77f., S. 313ff.
3 vgl. Hax, Majluf (Strategisches Management), S. 78f., S. 353ff.

Schritt 6: Konsolidierung der Geschäfts- und Funktionsstrategien auf Konzernebene[1]

Dieser bedeutende Schritt im Planungsprozess verlangt nach einer kritischen Musterung und Sanktionierung der von Geschäftseinheits- und Funktionsmanagern vorgeschlagenen allgemeinen Aktionsprogramme. Dabei sollten auf jeden Fall vier Problembereiche angesprochen werden:

- Lösung der Kontroversen,
- Ausgleich des Portfolios des Unternehmens,
- Verfügbarkeit strategischer Mittel, Verschuldungspolitik und maximal finanzierbares Wachstum,
- Bewertung der vorgeschlagenen Aktionsprogramme und Festsetzung der Prioritäten für die Ressourcenzuweisung.

Schritt 7 und Schritt 8: Spezifische Aktionsprogramme[2]

Im nächsten Schritt werden die allgemeinen Aktionsprogramme der Geschäfts- und Funktionsebene in spezifische Programme mit konkreten Aufgaben umgesetzt. Ein spezifisches Aktionsprogramm ist in sich strukturiert, mit klar definierten zeitlichen Abläufen, die über eine Zeitspanne von sechs Monaten bis eineinhalb Jahren gehen. Jedes Aktionsprogramm wird hinsichtlich der gleichen Elemente beschrieben, wodurch die Ergebnisse der einzelnen spezifischen Programme leicht miteinander verglichen werden können. Die Beschreibung ist standardisiert und umfasst folgende Bereiche:

- Verbale Definition,
- Zuordnung von Prioritäten,
- Schätzung von Kosten und Erlösen,
- Schätzung der Personalkapazität,
- Durchführungszeiten,
- Identifizierung der für die Implementierung verantwortlichen Person,
- Vorgangsweise bei der Ergebniskontrolle.

Schritt 9: Ressourcenzuweisung und Definition der Leistungsmaßstäbe[3]

Nach der endgültigen Bewertung der Vorschläge der Geschäfts- und Funktionseinheiten durch die Führungsebene werden die Ressourcen einzelnen Geschäftsbereichen zugewiesen, die ausgewählte Aktionsprogramme durchführen. Der Ablauf enthält folgende Aufgaben:

- Sammlung und Klassifizierung der Informationen der Geschäfts- und Funktionseinheiten,
- Gegenüberstellung der strategischen Bedeutung der Geschäfts- und Funktionseinheiten und der verlangten Mittel,
- Analyse der wirtschaftlichen Indikatoren und des Wertschöpfungspotenzials der vorgeschlagenen Aktionen,

---

1 vgl. Hax, Majluf (Strategisches Management), S. 79ff., S. 356ff.
2 vgl. Hax, Majluf (Strategisches Management), S. 83ff., S. 367ff.
3 vgl. Hax, Majluf (Strategisches Management), S. 85f., S. 370ff.

- Definition der kurz- und langfristigen Leistungsmaßstäbe für die Ergebniskontrolle der allgemeinen und spezifischen Aktionsprogramme,
- Definition der Ressourcenmaßstäbe für das kommende Jahr.

Schritte 10 bis 12: Phasen der Budgetierung[1]

Die Schritte 10 bis 12 führen zu einem Budget für alle drei Ebenen des Unternehmens. Die Budgetierung stellt bei Hax und Majluf keine Extrapolation von Vergangenheitsdaten dar. Die Budgets enthalten strategische und operative Verpflichtungen. Erstere führen zur Entwicklung neuer Geschäftsmöglichkeiten, die oft die bestehenden Bedingungen entscheidend beeinflussen können. Letztere dienen der effektiven Erhaltung der Geschäftsgrundlagen.

Mit der Budgeterstellung ist der Planungszyklus abgeschlossen.

8.3.6 Strategisches Management[2]

Das Herzstück des strategischen Managements ist der strategische Planungsprozess. Weitere Bestandteile eines integrierten strategischen Managements sind:

- Organisationsstruktur,
- Unternehmenskultur,
- Kommunikations- und Informationssystem,
- Führungskontrollsystem,
- Motivations- und Belohnungssystem.

Besondere Bedeutung im strategischen Management hat die Integration von Planung und Kontrolle, die über die Budgetierung erreicht wird. Schlusspunkt der strategischen Planung sind Budgets, die für den Kontrollprozess den Ausgangspunkt detaillierter Analysen bilden. Ergebnis sind:

- Anpassungsmaßnahmen,
- Budgetrevisionen,
- Revisionen strategischer Programme,
- Strategierevisionen.

8.4 Stärken des Konzepts

- Hax und Majluf stellen ihr Konzept in einfacher und präziser Sprache dar und bauen in leicht nachvollziehbarer Reihenfolge die einzelnen Schritte aufeinander auf. Sie entwickeln ihr Konzept konsequent weiter und passen es an die aktuellen Erfordernisse und Erkenntnisse an.

---

1 vgl. Hax, Majluf (Strategisches Management), S. 86ff., S. 370ff.

2 vgl. Hax, Majluf (Strategisches Management), S. 93ff.

- Die Einbeziehung aller Unternehmensebenen in den Planungsablauf führt zu starker Einbindung aller Führungskräfte in den Prozess der Strategieerstellung. Das ermöglicht die Identifikation der Schlüsselmanager mit den erstellten Strategien und unterstützt die Umsetzung.
- Alle relevanten Ebenen sammeln Informationen. Die Ausarbeitung der Strategievorschläge sowie die Abstimmung der Aktionsprogramme erfolgen jeweils in den drei Unternehmensebenen. Vom Ausgangspunkt der Unternehmensvision bis zur Erstellung der strategischen und operativen Budgets auf Funktionsebene bietet dieses zusammenhängende, in sich geschlossene Konzept jenen Rahmen, der es ermöglicht, eine logisch-konsistente, auf ein Höchstmaß an Information aufbauende Strategie für das Unternehmen zu entwickeln.
- Der strukturierte Ablauf des strategischen Planungsprozesses und die Verbindung der einzelnen Tätigkeiten gewährleisten gemeinsam mit einem entsprechenden Zeitplan eine stetige, explizite Auseinandersetzung des Führungsteams mit strategischen Grundfragen. Auf diese Weise wird verhindert, dass Probleme des Tagesgeschehens langfristige strategische Überlegungen verdrängen.

8.5 Schwächen des Konzepts

- Beim Konzept von Hax und Majluf besteht die Gefahr, dass durch das stark formalisierte, disziplinierte und damit bürokratisierte Verfahren kreatives, eigenständiges Denken und individuelle Ausgestaltung behindert werden und der Prozess zu einem bürokratischen Akt verkümmert. Auch der planerische Spielraum, der nötig ist, um auf unvorhergesehene Ereignisse zu reagieren, wird so stark eingeschränkt, dass neben der formalen Planung nicht mehr genug Freiraum für situationsbezogene Reaktionen verbleibt.
- Hax und Majluf machen nicht den Versuch, ihr Konzept mit relevanten Fragen der Administration, Unternehmenskultur, Kommunikations- und Informationssysteme und Entlohnungssysteme zu verknüpfen, obwohl sie in ihrem Buch „Strategisches Management“ die nächste Phase der strategischen Unternehmensführung, das strategische Management, ausführlich als Integration der strategischen Planung mit allen anderen wesentlichen Unternehmensbereichen beschreiben.
- Das Konzept ist ausschließlich auf Analyse von beziehungsweise Beschäftigung mit bereits bestehenden Geschäftseinheiten ausgerichtet. In keinem Schritt wird auf die Notwendigkeit eingegangen, sich auch mit der Suche nach zukünftigen Betätigungsfeldern aus einander zu setzen.

8.6 Bedeutung für die Unternehmensführung

Der Widerhall des Konzepts von Hax und Majluf in der Literatur konzentriert sich auf den amerikanischen Sprachraum. Ihr Hauptwerk „Strategisches Management: Ein integrativer Ansatz aus dem MIT" wurde 1988 in deutscher Sprache veröffentlicht und seitdem auch in der deutschsprachigen Literatur viel beachtet.

8.7 Empfohlene Literatur

- Hax, A.; Wild, D.: The Delta Model – Discovering new sources of profitability in a networked economy, St. Martin`s Press, 2001. Sehr gut verständliche Darstellung des entwickelten Konzepts.
- Hax, A.; Majluf, N.: Strategisches Management: Ein integratives Konzept aus dem MIT., Frankfurt, New York 1988, 406 Seiten. Nach einer Kurzdarstellung des Konzepts werden anhand zweier Unternehmen die Phasen der strategischen Planung anschaulich dargestellt.

9 Hans Hinterhuber

Die strategische Entscheidung ist
letztendlich eine symbolische Handlung,
die grundlegende Ideale und Wertvorstellungen
einer Führungskraft verkörpert.

9.1 Zur Person des Autors

Univ.-Professor Dipl.-Ing. Dr. Hans Hinterhuber (geboren 1938 in Bruneck/Südtirol) schloss 1960 das Studium an der Montanuniversität in Leoben mit dem Grad eines Diplomingenieurs ab und promovierte 1963 in Venedig zum Doktor rer. oec. Von 1963 bis 1968 war er in Mailand als Direktionsassistent der AGIP SpA. und von 1969 bis 1970 als Hauptabteilungsleiter der ARAL Italiana SpA. ebenfalls in Mailand tätig. In diese Zeit fallen auch seine Habilitationen in Rom (1967) und Leoben (1969). 1970 wurde er als ordentlicher Universitätsprofessor an die Technische Universität Graz berufen, wo er bis 1974 wirkte. Im selben Jahr wurde er ordentlicher Universitätsprofessor und Vorstand des Instituts für Unternehmungsführung der Universität Innsbruck.

Seit 2001 ist er Vorstand des Instituts für Unternehmensführung, Tourismus und Dienstleistungswirtschaft der Universität Innsbruck und seit 1994 Gastprofessor an der Universität Bocconi in Mailand. Er ist als Aufsichtsratsmitglied in mittelständischen Unternehmungen eng mit der Wirtschaft verbunden.

Homepage: http://www.uibk.ac.at/c/c4/c436/u_fuehrung/de/hinterhu.html

9.2 Grundlagen

Nach Auffassung Hinterhubers bedürfen Strategien zu ihrer Umsetzung eines geeigneten Instrumentariums. Die Betrachtung der strategischen Unternehmensführung kann sich daher nicht auf den Planungsprozess selbst beschränken. Ein geschlossenes System liegt erst dann vor, wenn neben dem Planungsprozess ein integrierendes, instrumentengestütztes Gesamtkonzept für die Führung eines Unternehmens entwickelt wird. Dabei ist es notwendig, die Zusammenhänge der einzelnen Systembausteine zu zeigen und für deren Gleichgewicht zu sorgen.[1]

9.3 Inhalt des Konzepts

Hinterhuber entwickelt ein sieben Stufen umfassendes Strategiekonzept. Diese Stufen sind interdependente Bausteine der strategischen Unternehmensführung, deren Konkretisierung mit jeder Stufe zunimmt und die durch Rückkopplungsprozesse ständig aufeinander einwirken.

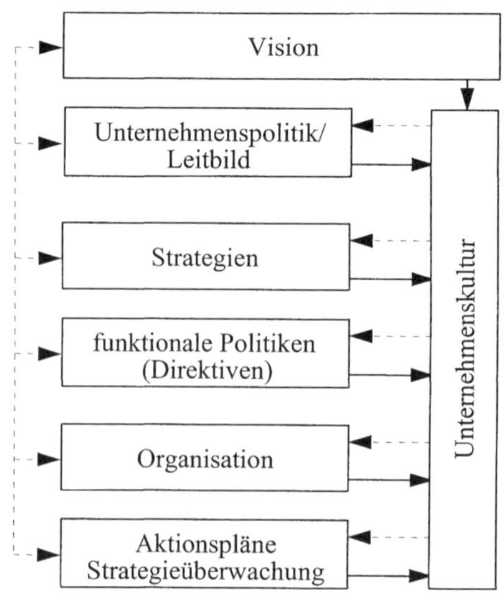

Abb. 9.1: Die sieben Komponenten der strategischen Unternehmensführung[2]

9.3.1 Vision[3]

Die Vision kann als unternehmerischer Wunschtraum, das Umfeld zu verändern, bezeichnet werden. Sie stellt für Hinterhuber eine unabdingbare Voraussetzung für unternehmerisches Handeln dar. Die Vision kommt einem Sendungsbewusstsein gleich, einer Überzeugung, dazu berufen zu sein, innovatorisch tätig zu werden. Visionen sind dazu geeignet, neue Horizonte zu erschließen, Märkte zu schaffen und verkrustete Strukturen aufzubrechen.

1 vgl. Hinterhuber (Unternehmungsführung), Band 1, S. 34f.
2 Hinterhuber (Unternehmungsführung), Band 1, S. 26
3 vgl. Hinterhuber (Unternehmungsführung), Band 1, S. 43ff.

Eine Vision, die von den obersten Führungskräften vorgelebt und verkörpert wird, zieht motivierte Mitarbeiter an und richtet sowohl die Tätigkeit des Unternehmens als auch dessen Mitarbeiter an den vereinbarten Zielen aus. Dadurch wird das selbstständige Handeln der Mitarbeiter auf allen hierarchischen Ebenen erleichtert. Voraussetzung ist, dass die visionären Ziele herausfordernd und außergewöhnlich sind.

Da auch Visionen nur zeitlich begrenzt gültig sind, muss die Suche und kritische Diskussion von Visionen innerhalb des Unternehmens institutionalisiert werden. Dafür schlägt Hinterhuber die Einrichtung eines Visionsteams vor.

9.3.2 Unternehmenspolitik[1]

„Die Unternehmenspolitik ist eine Gesamtheit von Unternehmensgrundsätzen und Leitmaximen.“[2] Sie hat die Aufgabe, die Vision der Unternehmensleitung innerhalb des Unternehmens zu verbreiten und auszugestalten, wodurch sie dem Unternehmen eine charakteristische innere und äußere Ordnung verleiht. Sie beinhaltet die Werte, Normen und Ideale, denen das Unternehmen verpflichtet ist. Dabei ist es unerheblich, ob sich die Unternehmenspolitik in einem Leitbild manifestiert oder nur verbal kommuniziert wird.

Die Unternehmensgrundsätze, die von der Unternehmenspolitik festgelegt werden, umfassen vor allem:

- Zweck und Tätigkeitsbereich des Unternehmens,
- Verantwortung des Unternehmens gegenüber seinen Interessengruppen,
- einzugehende Allianzen,
- Verwendung des Gewinns.

Diese Grundsätze werden im Leitbild in Form von praktischen Leitsätzen dargestellt, wobei die Brauchbarkeit eines Leitbilds an den Antworten auf folgende Fragen gemessen werden kann:[3]

Ist das Leitbild

- von den Führungskräften selbst erarbeitet,
- von den Mitarbeitern akzeptiert,
- konkret,
- allgemein gültig,
- in Hinblick auf einen langen Zeithorizont entwickelt,
- bestimmend für das Verhalten der Führungskräfte,
- an veränderte Umfeldbedingungen anpassbar,
- (dessen Verwirklichung) überprüfbar?

---

1 vgl. Hinterhuber (Unternehmungsführung), Band 1, S. 43ff.

2 Hinterhuber (Unternehmungsführung), Band 1, S. 43

3 vgl. Hinterhuber (Unternehmungsführung), Band 1, S. 100ff., Hinterhuber (Wettbewerbsstrategie), S. 211ff.

Unternehmenspolitik und Leitbild bilden auch die Grundlagen für die Beurteilung und ständige strategische Kontrolle.[1]

9.3.3 Formulierung von Strategien

„Das Ziel der Strategie ist, die von der Unternehmenspolitik gesetzten Aufgaben unter bestmöglicher Verwendung der verfügbaren Mittel zu erreichen."[2] Strategien sind nicht Selbstzweck, sondern Mittel zur Steigerung der Wettbewerbsfähigkeit. Strategie ist die Konkretisierung eines von der Unternehmenspolitik vorgegebenen leitenden Gedankens. Vor dem Hintergrund des evolutiven Prozesses der Entwicklung der Wettbewerbsfähigkeit geschieht Folgendes:[3]

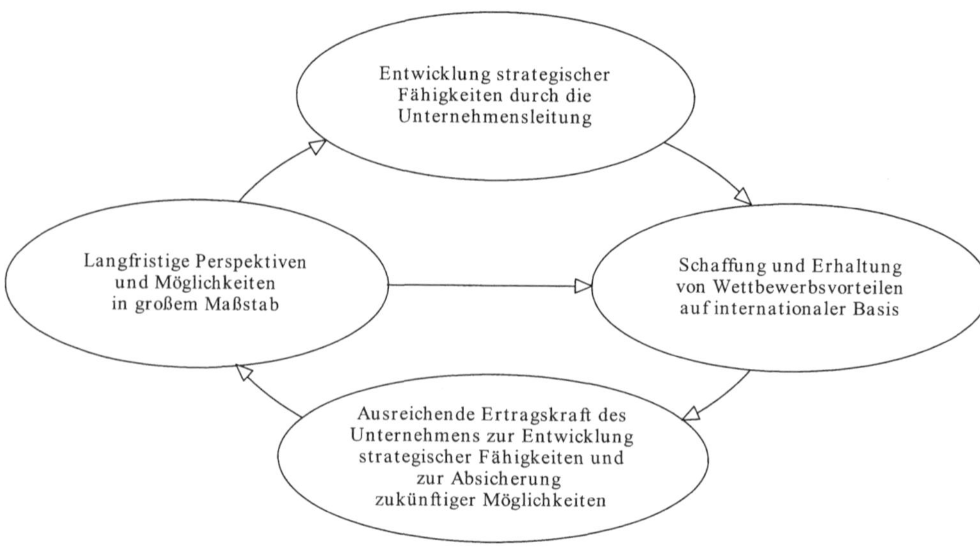

Abb. 9.2: Prozess der Entwicklung der Wettbewerbsfähigkeit

9.3.3.1 Analyse der strategischen Ausgangsposition[4]

Für jede strategische Neuorientierung ist die Analyse der Ausgangsposition des Unternehmens unerlässlich. Nur sie kann Perspektiven für eine realitätsbezogene strategische Unternehmensführung zeigen. Den Startpunkt des strategischen Planungsprozesses bildet die Umfeldanalyse.

1 vgl. Hinterhuber (Unternehmungsführung), Band 1, S. 107f.
2 Hinterhuber (Wettbewerbsstrategie), S. 206
3 vgl. Hinterhuber (Wettbewerbsstrategie), S. 134
4 vgl. Hinterhuber (Unternehmungsführung), Band 1, S. 113ff.

Umfeldanalyse[1]

Ausgestaltung und Umfang der Umfeldanalyse und -prognose müssen situativ festgelegt werden. Da nie alle relevanten Daten erhoben werden können, muss sich das Unternehmen darauf beschränken, relevante und kritische Aspekte des Unternehmensumfelds und dessen Entwicklung zu zeigen. Allgemein sollten die politische, gesellschaftliche, wirtschaftliche und technische Umfeldentwicklung, die Entwicklung der relevanten Branchen sowie die Stellung des Unternehmens in diesen Branchen in die Analyse einbezogen werden.

Für die Branchenanalyse greift Hinterhuber auf das System von Porter zurück und entwickelt es konzeptionell weiter.[2] Ergebnis der Umfeldanalyse sind kritische Erfolgsfaktoren, die in der Folge als Basis für Unternehmensanalyse und -prognose dienen.

Unternehmensanalyse[3]

Ziel von Unternehmensanalyse und -prognose ist die Bestimmung des tatsächlichen Handlungsspielraums des Unternehmens mit seinen aktuellen und potenziellen Ressourcen. Instrumentell unterstützt wird die Unternehmensanalyse durch die Stärken/Schwächen-Analyse, die für die in der Umfeldanalyse erarbeiteten Erfolgsfaktoren erstellt wird. Dabei werden die Ressourcen des Unternehmens mit den ermittelten Branchenerfolgsfaktoren verglichen.

Unternehmensanalyse und -prognose beschränken sich nicht nur auf die gegenwärtigen Stärken und Schwächen des Unternehmens. In ihrem Rahmen werden vielmehr die Unternehmensressourcen auch mit prognostizierbaren Umfeldbedingungen in Beziehung gebracht, was strategische Entwicklungsmöglichkeiten und Handlungsspielräume auf Grund der aktuellen und potenziellen Ressourcen des Unternehmens beschreibt.

9.3.3.2 Strategieentwicklung

Bei der Formulierung der Strategie muss zwischen Geschäftsfeldstrategien und Unternehmensstrategie unterschieden werden. Vielfach muss schon die Umfeldanalyse den unterschiedlichen Rahmenbedingungen einzelner strategischer Geschäftseinheiten Rechnung tragen. In der Folge werden für jedes strategische Geschäftsfeld die derzeitige Ausgangsposition und die geplante strategische Zielposition entwickelt.

Als Planungsinstrument setzt Hinterhuber die Portfoliotechnik ein.

Ergebnis dieser Planungsphase auf Geschäftsfeldebene sind ein Ist-Unternehmensportfolio und ein strategisches Plan-Unternehmensportfolio. Die Strategieentwicklung auf Unternehmensebene entspricht somit einer Konsolidierung der strategischen Geschäftseinheiten. Erst darauf aufbauend, können Ressourcen zugeteilt und Maßnahmen beziehungsweise strategische Hauptstoßrichtungen verabschiedet werden.

---

1 vgl. Hinterhuber (Unternehmungsführung), Band 1, S. 116ff.

2 vgl. Hinterhuber (Unternehmungsführung), Band 1, S. 121ff.; Hinterhuber (Wettbewerbsstrategie, 1. Auflage), S. 57ff.

3 vgl. Hinterhuber (Unternehmungsführung), Band 1, S. 121ff.

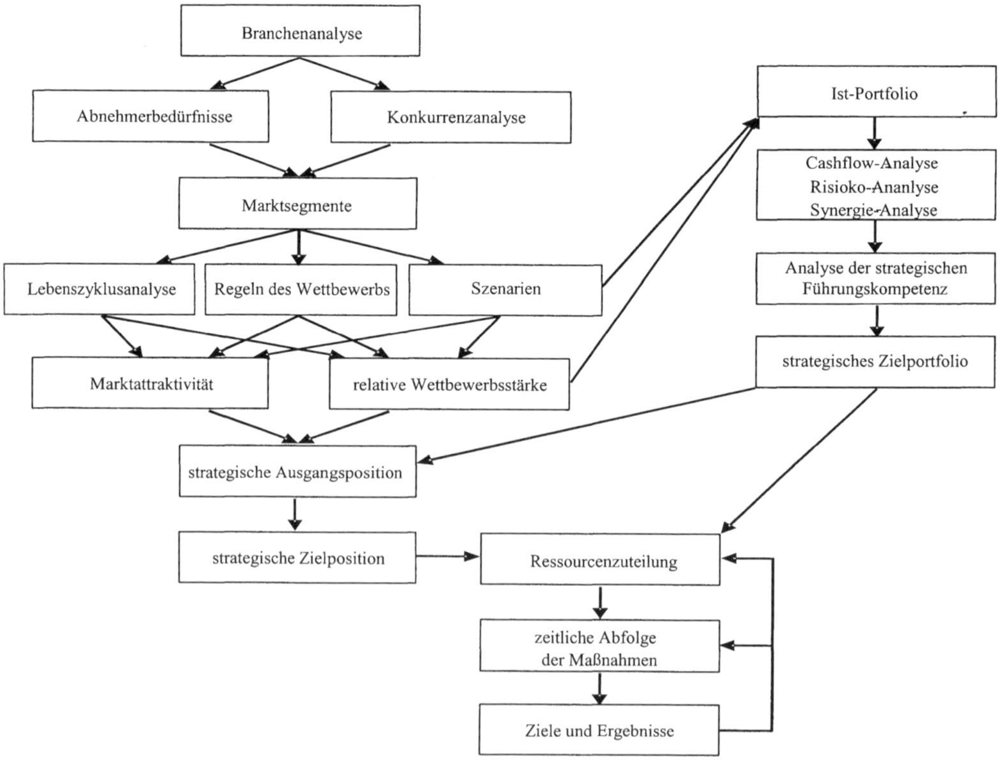

Abb. 9.3: Prozess der strategischen Planung[1]

Strategieentwicklung auf der Ebene der strategischen Geschäftseinheiten[2]

Ausgehend von der bereits beschriebenen Umfeldanalyse, werden die relativen Wettbewerbsvorteile des Unternehmens in Bezug auf jede strategische Geschäftseinheit ermittelt. Die aus der Portfolio-Positionierung resultierende Normstrategie dient als Grundlage für die Ausarbeitung von Strategien, deren Ziel es ist, einen Markt oder eine Marktnische zu finden, in der sich die strategische Geschäftseinheit am besten positionieren kann.

Für jede strategische Geschäftseinheit werden Zielpositionen festgelegt. Die mit der Zielposition in Zusammenhang stehenden Geschäftsfeldstrategien (Alternativstrategien) müssen anhand unterschiedlicher Kriterien geprüft werden, wie beispielsweise ROI, Cashflow am Umsatz, Wertschöpfung etc. Erst nach erfolgter Bewertung kann entschieden werden, ob eine Geschäftsfeldstrategie wünschenswert und ausführbar scheint. Die zum strategischen Plan erho-

1 Hinterhuber (Unternehmungsführung), Band 1, S. 146
2 vgl. Hinterhuber (Unternehmungsführung), Band 1, S. 174ff.

benen Alternativstrategien der Geschäftseinheiten werden zur Unternehmensstrategie verdichtet.

Strategieentwicklung auf Unternehmensebene[1]

Die Summe der Strategien der einzelnen Geschäftsfelder ist nicht gleichbedeutend mit der Unternehmensstrategie. Die einzelnen Geschäftsfeldstrategien müssen mit der Unternehmensleitung abgestimmt, an die strategische Gesamtlinie angepasst und eventuell neu erstellt werden. Ziel ist ein Portfolio, das sowohl hinsichtlich des durch die strategischen Geschäftsfelder generierten Cashflows als auch bezüglich des Ausgleichs zwischen Risiko und Gewinnerwartungen eine ausgewogene Struktur aufweist.

Der erste Schritt des Koordinationsprozesses auf Gesamtunternehmensebene ist das Ist-Portfolio des Gesamtunternehmens. Nach der Vereinbarung der einzelnen Geschäftsfeldstrategien wird das Ziel-Portfolio des Unternehmens erstellt. Dieses wird auf seine strategische Ausgewogenheit überprüft und dient zur Formulierung des strategischen Unternehmensplans. Dieser legt die Märkte, Marktsegmente, Nischen etc. fest, in denen das Unternehmen tätig sein will. Endlich erfolgt die Ressourcenzuteilung an die strategischen Geschäftseinheiten.

9.3.4 Ausarbeitung von Direktiven[2]

Die Überleitung der Strategie in konkrete Aktionen und die operative Führung erfolgen mittels Direktiven. Sie konkretisieren die unspezifischen Angaben der Strategien in Form von Richtlinien für die selbstständige Entscheidung einzelner funktionaler Bereiche. Die Direktiven stellen eine grundlegende Interpretation der Strategien dar; sie setzen die Grenzen, innerhalb derer die Mitarbeiter der Funktionsbereiche im Rahmen der Strategieerfüllung tätig werden und eine spezifische Maßnahmenplanung erstellen müssen. Darüber hinaus tragen sie zur Koordination der Tätigkeiten der einzelnen Bereiche und zur Kontrolle der Strategien bei.

9.3.5 Strategie und Organisation[3]

Eine entscheidende Voraussetzung für den optimalen, strategischen Ressourceneinsatz ist die Anpassung der Organisationsstruktur des Unternehmens an die Strategie (structure follows strategy). Jede Strategie verlangt ihre spezifische Organisationsstruktur, da jede Strategie unterschiedliche Prioritäten setzt, Ressourcenzuweisungen variiert und Informationsflüsse umstrukturiert. Daher ist es Aufgabe der Unternehmensleitung, ständig die Kongruenz von Unternehmenspolitik, Strategien, strategischen Geschäftseinheiten und Organisation zu überprüfen.

---

1 vgl. Hinterhuber (Unternehmungsführung), Band 1, S. 195ff.
2 vgl. Hinterhuber (Unternehmungsführung), Band 2, S. 3ff.
3 vgl. Hinterhuber (Unternehmungsführung), Band 2, S. 109ff.

Ein wichtiger strategischer Erfolgsfaktor ist die organisatorische Verankerung der strategischen Geschäftseinheiten. Das wird durch eine „Sekundärorganisation" ermöglicht, in der Regel in Form einer mehrdimensionalen Matrix.[1]

Für den Erfolg einer Strategie ist die Auswahl geeigneter Führungskräfte noch bedeutender als die aufbauorganisatorische Verankerung strategischer Geschäftseinheiten. Insbesondere bei der Besetzung der Führung von strategischen Geschäftseinheiten, die sowohl strategische als auch operative Aufgaben umfasst, muss darauf geachtet werden, dass unterschiedliche Strategien auch unterschiedliche Führungseigenschaften bedingen.[2]

Im Unterschied zu einer Reihe anderer Autoren[3] betont Hinterhuber die situative Bedingtheit des Führungsstils. Der Führungsstil des Managements muss an die konkrete Situation und an die Erwartungen beziehungsweise den „Reifegrad" der Mitarbeiter angepasst werden.[4]

9.3.6 Aktionspläne, Strategiekontrolle und Strategieüberwachung[5]

Für die endgültige Durchsetzung der Strategie bedarf es in der Folge:

Einer kurz-, mittel- und langfristigen Durchführungsplanung

Dabei werden jene Aktivitäten festgelegt, die zum Erzielen der angestrebten strategischen Position durchgeführt werden müssen. Im durch die Direktiven festgelegten Rahmen erfolgt somit eine auf der Strategie fußende operative Planung.

Eines Motivationssystems

Eine wesentliche Aufgabe des Managements ist die Motivation der Mitarbeiter. Sie wird durch Förderung von Arbeitszufriedenheit, Installation eines Anreizsystems und Gestaltung des Organisationsklimas erreicht.

Eines Überwachungssystems

Die Geschäftsführung ist auf relevante Informationen aus gewissen Kernbereichen mit strategischer Bedeutung angewiesen. Sie muss in die unternehmensinterne Informationsflut strategische Filter einbauen, die irrelevante Überinformation unterbinden. Die erhobenen Kontrollinformationen sind mit den geplanten Resultaten zu vergleichen; bei Soll-Ist-Divergenzen wird eine Abweichungsanalyse in Gang gesetzt, die Grundlage für die Revision und Neufassung der Strategien bildet.

Eines Informationssystems

Damit werden jene Informationen – vornehmlich aus dem Umfeld – geliefert, die das Unternehmen benötigt, um Chancen und Bedrohungen rechtzeitig erkennen zu können.

---

1 vgl. Hinterhuber (Unternehmungsführung), Band 2, S. 139ff.
2 vgl. Hinterhuber (Unternehmungsführung), Band 2, S. 147ff.
3 vgl. insbesondere den Beitrag über Mann
4 vgl. Hinterhuber (Unternehmungsführung), Band 2, S. 156ff.
5 vgl. Hinterhuber (Unternehmungsführung), Band 2, S. 199ff.

9.3.7 Unternehmenskultur[1]

Integratives Element der strategischen Unternehmensführung ist die Unternehmenskultur. Sie ist durch Rückkopplungsmechanismen mit allen Stufen der strategischen Unternehmensführung verbunden. Nur wenn sie mit der Strategie in Einklang steht, kann diese erfolgreich implementiert und ausgeführt werden. Die Leitung des Unternehmens beziehungsweise der einzelnen strategischen Geschäftseinheiten hat die Aufgabe, die bestehende Unternehmenskultur mit den Anforderungen der Strategien zu vergleichen und eventuell notwendige Anpassungsmaßnahmen vorzunehmen.

In engem Zusammenhang mit der Unternehmenskultur steht das äußere Erscheinungsbild des Unternehmens, die Corporate Identity.

9.3.8 Strategisches Controlling[2]

Die zunehmende Zersplitterung strategischer Führung in strategische Geschäftseinheiten, Divisions und Subunternehmen macht ein institutionalisiertes strategisches Controlling notwendig, das die Aufgabe hat, eine ganzheitliche Sicht des Unternehmens zu bewahren. Darüber hinaus muss das Controlling den gesamten strategischen Prozess begleiten und einen kybernetischen Prozess der Komplexitätsbeherrschung aufrechterhalten.

9.3.9 Strategische Führung in rezessiven Zeiten[3]

In rezessiven Zeiten treten operative Fragestellungen zunehmend in den Vordergrund. Sparmaßnahmen, Personalabbau, Reorganisation etc. werden zu den wichtigsten Themen. Obwohl dies verständlich ist, darf die Unternehmensstrategie nicht gänzlich verdrängt werden, auch wenn die Planbarkeit der Zukunft immer stärker eingeschränkt wird.

In rezessiven Zeiten zeichnen sich erfolgreiche Unternehmen durch Abstimmung folgender Faktoren (Imperative) aus:

- Zufriedenheit der Stakeholder,
- Konzentration auf Schlüsselfähigkeiten,
- Orientierung auf Geschäftsprozesse,
- Schnelligkeit, Flexibilität, Selbstvertrauen,
- Lernende Organisation,
- Wertsteigerung,
- Kommunikation.

---

1 vgl. Hinterhuber (Unternehmungsführung), Band 2, S. 235ff.
2 vgl. Hinterhuber (Unternehmungsführung), Band 2, S. 263ff.
3 vgl. Hinterhuber (Unternehmungsführung), Band 1, S. 79ff.

Direktiven für den Erfolg des strategischen Managements in rezessiven Zeiten:

- Umfassende Beurteilung der Lage,
- Klare, kommunizierbare Strategien,
- Klare und detaillierte Aktionspläne,
- Keine Kompromisse in Bezug auf Qualität,
- Prozessmanagement,
- Sinn für Dringlichkeit,
- Konzentration der Kräfte,
- Belohnung herausragender Leistungen,
- Gute Beispiele kommen von oben.

9.4 Stärken des Konzepts

- Eine wesentliche Stärke des Konzepts liegt in seiner klaren und durchgehenden Struktur. Die Grundlage dafür bildet die Einteilung der strategischen Unternehmensführung in sieben aufeinander aufbauende Stufen, die durch ständige Rückkopplungsprozesse miteinander verbunden sind. Dadurch gelingt es, die Mannigfaltigkeit strategischer Entscheidungsprobleme übersichtlich darzustellen und ihre Interdependenzen zu zeigen. Hinterhubers Konzept vermittelt eine integrierte, umfassende Darstellung des Unternehmens und der sich dort vollziehenden Prozesse.
- Das Konzept zeigt die Vielfalt von Umfeldeinflüssen, die in die Planung einbezogen werden müssen, und setzt sie zu beeinflussbaren unternehmensinternen Faktoren in Beziehung. Dadurch wird das strategische und planerische Verständnis der Mitarbeiter gefördert, ihre Einsicht in die strategische Position des Unternehmens erhöht und der Übergang von der Planung zum Handeln erleichtert. Hinterhuber nutzt in seinem Konzept eine Vielzahl von strategischen Instrumenten.
- Das Konzept strebt danach, die Strategien der einzelnen strategischen Geschäftseinheiten zu einer konsistenten Strategie des Gesamtunternehmens zu koordinieren. Durch die Zusammenführung von Bereichsstrategien, die eine Nutzbarmachung von Synergien ermöglicht, und durch die Ausrichtung der strategischen Geschäftseinheiten auf zu erwartende Erfolgspotenziale wird dem Bereichspartikularismus innerhalb des Unternehmens entgegengewirkt.
- Hinterhuber widmet in seinem Konzept der Durchsetzung der Strategie breiten Raum.

9.5 Schwächen des Konzepts

- Hinterhuber konzentriert sich auf bereits bestehende strategische Geschäftseinheiten und zeigt keine Wege, neue Geschäftseinheiten zu positionieren. Insbesondere auf die zunehmende Umfelddynamik und den damit verbundenen Innovationsdruck wird nur kurz eingegangen.
- Die Konzeptionen der strategischen Überwachung und des strategischen Controlling sind eng. Hinterhuber konzentriert sich bei der Überprüfung strategischer Alternativen in erster Linie auf objektiv erfassbare Kennzahlen. Überlegungen zur strategischen Früherkennung, insbesondere in Form von schwachen Signalen, werden dabei nicht berücksichtigt.
- Die Phase der Strategieformulierung gliedert sich in die Formulierung der Geschäftsfeldstrategien und der Unternehmensstrategie. Unklar bleibt, inwieweit die Analyse der strategischen Ausgangsposition für die Geschäftseinheiten getrennt und/oder auf Gesamtunternehmensebene durchzuführen ist beziehungsweise wie die Analyseschritte voneinander abzugrenzen sind.
- Die Systembausteine Vision und Unternehmenspolitik lassen sich nur sehr unscharf voneinander trennen, was zu Unklarheiten im Ablaufprozess führen kann. In der zweiten Auflage der „Wettbewerbsstrategie" verzichtet Hinterhuber auf die Vision als Determinante der Unternehmensstrategie.

9.6 Bedeutung für die Unternehmensführung

Hinterhuber hat als bedeutender Vertreter des Portfolio-Managements im deutschen Sprachraum erheblichen Widerhall in der Literatur gefunden, vor allem, was die von ihm verwendete Neun-Felder-Matrix, die Bestimmung der Matrixdimensionen „Marktattraktivität" und „relative Wettbewerbsvorteile" sowie die Ableitung spezifischer Normstrategien betrifft.[1]

9.7 Empfohlene Literatur

- Hinterhuber, H.: Strategische Unternehmungsführung, Bd. 1 und 2, Berlin, New York 1996. 2 Bände, zusammen 570 Seiten. Umfassende Darstellung des Ablaufs und der Instrumente des strategischen Managements. Lehrbuch mit vielen Abbildungen und Literaturhinweisen.
- Hinterhuber, H.: Wettbewerbsstrategie, Berlin, New York 1990, 264 Seiten. Ausführliche Auseinandersetzung mit der Entwicklung und den Wegbereitern des strategischen Den-

1 vgl. Roventa (Portfolio-Analyse), S. 154ff.; Hahn (Stand), S. 12; Hahn (Zweck), S. 223ff.

kens. Das Buch richtet sich an alle, die an der geschichtlichen Entwicklung strategischer Führung interessiert sind. Umfassendes Literaturverzeichnis.

10 Robert S. Kaplan, David P. Norton

Making strategy everyone's everyday job.

10.1 Zur Person der Autoren

Robert S. Kaplan lehrt als Marvin Bower Professor of Leadership Development an der Harvard Business School. Darüber hinaus berät er internationale Unternehmen und ist Vorstandsmitglied des Beratungsunternehmens Balanced Scorecard Collaborative Inc. Weltweit bekannt wurde er in den 1980er Jahren durch seine Arbeiten zum Thema Prozesskostenrechung.

Homepage: http://www.people.hbs.edu/rkaplan/

David P. Norton arbeitet als Unternehmensberater. Er ist Präsident der Balanced Scorecard Collaborative Inc.

Homepage: http://www.bscol.com/

10.2 Grundlagen

Unter einer „scorecard" versteht man ein Blatt Papier auf dem – möglichst übersichtlich – der Punktestand bei einem Spiel oder beim Sport festgehalten wird, wie z. B. beim Minigolfen. Kaplan und Norton haben etwas Vergleichbares für das strategische Management entwickelt. Mit ihren Scorecards können Organisationen anschaulich mitverfolgen, wie gut sie bei der Umsetzung ihrer Strategie im Rennen liegen.

Weil eine einzige Kennzahl dafür nicht ausreicht, arbeiten Kaplan und Norton mit einem *ausgewogenen* Bündel von etwa eineinhalb bis zwei Dutzend Kennzahlen, daher der Name ihres Konzepts: Balanced Scorecard oder kurz BSC. Eine Übersetzung des Begriffs ins Deutsche ist nicht üblich.

Im Informationszeitalter stehen die wesentlichen Erfolgsfaktoren immer weniger in den Bilanzen und Gewinn- und Verlustrechnungen. Neue Produktentwicklungen, Prozessfähigkeiten, das Know-how, die Motivation und die Flexibilität der Mitarbeiter, Kundentreue oder Datenbanken – solche immateriellen und intellektuellen Vermögenswerte sind die Leistungstreiber des operativen Ergebnisses. Sie lassen sich mit Finanzkennzahlen nicht realistisch bewerten.

Das herkömmliche Rechnungswesen reicht daher nicht mehr aus, um eine Organisation sicher zu führen.[1]

Mit einer guten Balanced Scorecard wird der Zusammenhang handhabbar, der zwischen der Vision und der Strategie auf der einen Seite und den Finanzkennzahlen für den operativen Erfolg auf der anderen Seite besteht. Dazu müssen die dazwischenliegenden strategischen Ziele definiert und mittels eines systematischen Controlling-Prozesses verfolgt werden.

Strategische Ziele und Kennzahlen müssen für jede Organisation individuell erarbeitet werden. Kaplan und Norton beschreiben eine große Zahl möglicher Kennzahlen und ein Konzept, um Ursache/Wirkungs-Zusammenhänge zwischen den Kennzahlen verständlich zu machen. Es geht ihnen um die Kommunikation und Umsetzung von Strategien, nicht um die Strategieformulierung.

10.3 Inhalt des Konzepts

10.3.1 Von der Mission zum Finanzergebnis

Strategie und Vision verstehen die beiden Autoren als Zwischenstufen in einem „logischen Kontinuum“[2] zwischen der Mission einer Organisation und ihrer operativen Ebene, auf der einzelne Mitarbeiter tätig sind:[3]

- **Mission**: Warum wir existieren.
- **Grundwerte**: An was wir glauben.
- **Vision**: Wo wir hinwollen.
- **Strategie**: Unser „Spielplan“.
- **Balanced Scorecard**: Fokussierung und Implementierung.
- **Strategische Maßnahmen**: Was wir tun müssen.
- **Persönliche Ziele**: Was ich tun muss.

Der Prozess zum Aufbau einer Scorecard setzt daher eine Vision bzw. eine Strategie voraus, wobei sich deren Formulierung im Laufe der Arbeit mit einer Balanced Scorecard ändern kann und häufig präziser wird.

Balanced Scorecards umfassen Ziele, Kennzahlen, Vorgaben und entsprechende Maßnahmen, damit Visionen und Strategien operative Ergebnisse liefern. In der Regel werden die Ziele und Kennzahlen zu vier Gruppen zusammengefasst. Kaplan und Norton sprechen von „Perspektiven“ (siehe Abb. 10.1).

Die Autoren empfehlen die Verwendung von etwa 20 bis 25 Kennzahlen, die typischerweise auf folgende vier Perspektiven verteilt werden:[1]

---

1 vgl. Kaplan, Norton (BSC), S. 7
2 Kaplan, Norton (Organisation), S. 66
3 vgl. Kaplan, Norton (Organisation), S. 67

- Finanzwirtschaftliche Perspektive: fünf Kennzahlen,
- Kundenperspektive: fünf Kennzahlen,
- Interne Prozessperspektive: acht bis zehn Kennzahlen,
- Lern- und Entwicklungsperspektive: fünf Kennzahlen.

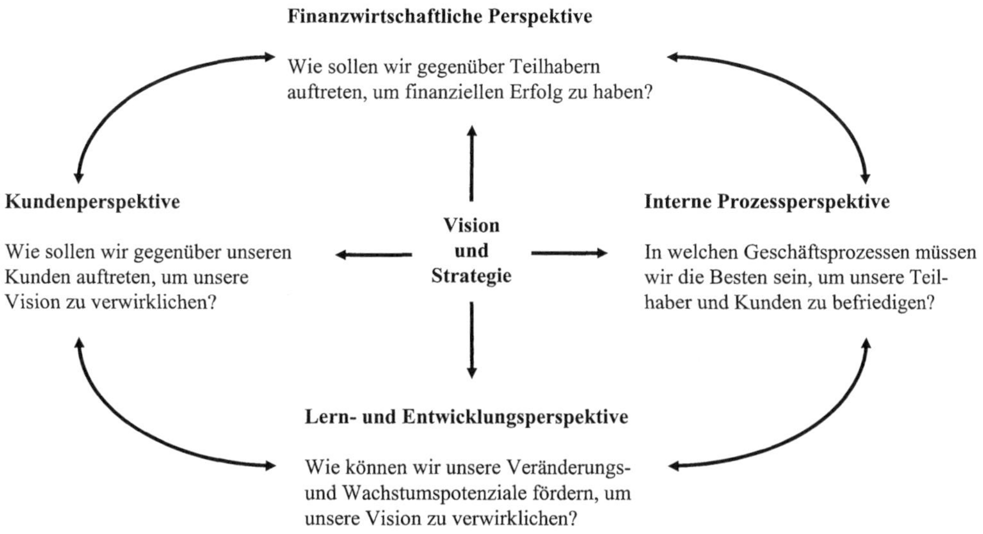

Abb. 10.1: Vier Perspektiven einer Balanced Scorecard[2]

10.3.2 Finanzwirtschaftliche Perspektive[3]

Balanced Scorecards dienen der Umsetzung von Visionen und Strategien. Warum enthalten sie dann eine finanzwirtschaftliche Perspektive?

Balanced Scorecards koppeln strategisches Management enger als alle anderen Konzepte an operative Ergebnisse. Dies „stellt deutlich heraus, daß das langfristige Unternehmensziel die Erwirtschaftung finanzieller Erträge für Investoren ist, und daß alle Strategien, Programme und Initiativen die Erreichung finanzwirtschaftlicher Ziele für die Geschäftseinheit bewirken sollen“[4]. Die Qualität einer Strategie lässt sich also letztlich nur über ihre Auswirkung auf das operative Ergebnis beurteilen.

1 vgl. Kaplan, Norton (Organisation), S. 330
2 vgl. Kaplan, Norton (BSC), S. 9
3 vgl. Kaplan, Norton (BSC), S. 46ff.
4 Kaplan, Norton (BSC), S. 60

Balanced Scorecards für Unternehmen beziehen alles auf die finanzwirtschaftliche Perspektive, aber keineswegs alles auf eine einzige monetäre Kennzahl, wie etwa den Return on Investment (ROI) oder den Economic Value-Added (EVA).

Kaplan und Norton befürworten Finanzkennzahlen, die sich an der strategischen Situation einer Geschäftseinheit orientieren. Damit stellen sie sich gegen die Praxis, von jeder Geschäftseinheit eines Unternehmens das gleiche finanzielle Ergebnis zu erwarten (z. B. einen ROI in einer festgelegten Höhe).

Die strategische Position im Lebenszyklus einer Geschäftseinheit gibt den Ausschlag. Geschäftseinheiten in der Wachstumsphase sollten anhand von anderen Kennzahlen beurteilt werden als Geschäftseinheiten in der Reife- oder Erntephase. (Z. B. wird in der Wachstumsphase erwartet, dass Umsatz und Ergebnis stark wachsen; in der Reifephase steht eine hohe Kapitalrendite im Vordergrund; und in der Erntephase geht es um hohe Cashflow-Rückflüsse.)

Die Strategie bestimmt die Höhe der Vorgaben an das operative Ergebnis. Diese Vorgaben sollten durch Kennzahlen in vier Bereichen definiert werden:

- Ertragswachstum,
- Kostensenkungen bzw. Produktivitätssteigerungen,
- Vermögensverwendung und Investitionsstrategie,
- Risikomanagement.

Balanced Scorecards in Non Profit Organisationen und in der öffentlichen Verwaltung

Selbstverständlich haben auch diese Scorecards eine finanzwirtschaftliche Perspektive, denn auch diese Organisationen müssen finanzielle Ergebnisse erbringen. Häufig steht die finanzwirtschaftliche Perspektive aber nicht an der Spitze, sondern diesen Platz nimmt die Kundenperspektive ein.[1]

10.3.3 Kundenperspektive[2]

Das Management einer strategischen Geschäftseinheit versucht, in bestimmten Marktsegmenten konkurrenzfähig zu sein. Bevor Ziele für die Kundenperspektive gesteckt werden können, müssen daher die entsprechenden Kunden- und Marktsegmente präzise identifiziert werden. Folgt man Kaplan und Norton, dann sollte dieser erste Arbeitsschritt „mit Hilfe einer gründlichen Marktforschung [durchgeführt werden] die verschiedene Markt- und Kundensegmente und ihre Wünsche in bezug auf Preis, Qualität, Funktionalität, Image, Ruf und Service herausfindet“[3].

Häufig werden dann aus zwei Gruppen Kennzahlen ausgewählt. „Die Gruppe der Kernkennzahlen ist für alle Organisationen gleich.“[4] Sie werden im zweiten Arbeitsschritt festgelegt.

1 vgl. Kaplan, Norton (Organisation), S. 119ff.
2 vgl. Kaplan, Norton (BSC), S. 62ff.
3 Kaplan, Norton (BSC), S. 63
4 Kaplan, Norton (BSC), S. 66

Dazu kommen später Kennzahlen, die das besondere Leistungsangebot einer Organisation beschreiben. Kaplans und Nortons Liste der Kernkennzahlen enthält die folgenden fünf Punkte:

- Marktanteil,
- Kundenanteil (d. h. der Anteil an der Versorgung eines bestimmten Kunden mit einem bestimmten Produkt oder einer Dienstleistung),
- Kundenakquisition,
- Kundenzufriedenheit,
- Kundenrentabilität.

Die Autoren gehen davon aus, dass sich Zufriedenheit auf Akquisition, Rentabilität und Treue auswirkt und dass Akquisition genauso wie Treue auf Marktanteil und Rentabilität wirkt.

Im dritten Arbeitsschritt werden Kennzahlen definiert, mit deren Hilfe das besondere Leistungsangebot einer Organisation bewertet wird. Diese organisationsspezifischen Kennzahlen beschreiben das Leistungsangebot in drei Kategorien:

- Eigenschaften der Produkte und Dienstleistungen (d. h. Funktion, Qualität und Preis),
- Eigenschaften der Beziehung zwischen einer Organisation und ihren Kunden,
- Image und Ruf einer Organisation.

10.3.4 Interne Prozessperspektive[1]

Damit die Ziele der finanzwirtschaftlichen und der Kundenperspektive erfüllt werden können, müssen Organisationen bestimmte erfolgskritische Prozesse beherrschen. Dabei geht es vor allem um Zeit-, Qualitäts- und Kostenziele.

Üblicherweise – so Kaplan und Norton – versuchen Organisationen ihre internen Prozesse kontinuierlich leistungsfähiger zu machen, z. B. indem Durchlaufzeiten oder Kosten gesenkt werden. Mit Hilfe einer Balanced Scorecard kann dieser Vorgang systematischer in Angriff genommen werden. Top-down bestimmt die Strategie einer Geschäfteinheit die Ziele für die Verbesserung von internen Prozessen.

Kaplan und Norton schlagen vor, die Arbeit in diesem Bereich mit einer vollständigen Definition der Wertschöpfungskette zu beginnen, damit Prozessziele und -kennzahlen unabhängig von Abteilungsgrenzen bestimmt werden können. Sie unterteilen die Wertschöpfungskette in drei Prozessgruppen:

- Innovationsprozesse,
- Betriebsprozesse,
- Kundendienstprozesse (zusammen mit Rechnungs- und Inkassoprozessen).

Die Autoren betonen, dass sich Verbesserungen nicht nur auf Betriebsprozesse beziehen dürfen, sondern auch die vorgelagerten Innovationsprozesse bearbeitet werden sollen. Sie schlagen

1 vgl. Kaplan, Norton (BSC), S. 89ff.

daher Kennzahlen für Grundlagenforschung, angewandte Forschung und Produktentwicklung vor.

Die Leistungsfähigkeit von Betriebs- und Kundendienstprozessen wird mit Hilfe der folgenden drei Kennzahlengruppen vorangetrieben:

- Kennzahlen zur Prozesszeit,
- Kennzahlen zur Prozessqualität,
- Kennzahlen zu den Prozesskosten.

Im Zusammenhang mit den Prozesskosten verweisen die Autoren erwartungsgemäß auf die Prozesskostenrechung – einem anderen Arbeitsgebiet Professor Kaplans.

10.3.5 Lern- und Entwicklungsperspektive[1]

Kaplan und Norton sehen in der vierten Perspektive die Fähigkeiten einer Organisation, zu lernen und sich weiterzuentwickeln. Diese Fähigkeit ist die Voraussetzung für Erfolge in den drei vorangegangenen Perspektiven.

Investitionen in diese Fähigkeit verbessern das operative Ergebnis nicht unmittelbar, sondern nur indirekt und langfristig. Weil diese Investitionen aber nicht aktiviert werden, schmälern sie unmittelbar das operative Ergebnis. Wenn eine Geschäftseinheit ausschließlich anhand der operativen Finanzergebnisse geführt wird, dann ist die Gefahr groß, dass Investitionen in diesem wichtigen Bereich zu kurz kommen. Mit Hilfe einer Balanced Scorecard kann verständlich gemacht werden, wie wichtig solche strategischen Investitionen für die Zukunft einer Geschäftseinheit sind.

Ohne Zweifel fällt es relativ schwer, für die Lern- und Entwicklungsperspektive passende Kennzahlen zu finden. Das Fehlen geeigneter Kennzahlen interpretieren Kaplan und Norton als Beleg dafür, dass diese wichtige Perspektive in vielen Organisationen bisher nicht ausreichend mit der Strategie verknüpft wurde.

In der praktischen Arbeit mit Balanced Scorecards haben sich Kennzahlen in drei Hauptkategorien herauskristallisiert[2]:

- Kennzahlen für das Potenzial der Mitarbeiter. Beurteilt werden die Zufriedenheit, die Treue und die Produktivität der Mitarbeiter, aber auch der Grad, zu dem strategische Weiterbildungsziele erreicht werden.
- Kennzahlen für das Potenzial der Informationssysteme. Mit ihnen soll gemessen werden, inwieweit Systeme den Informationsbedarf tatsächlich decken.
- Kennzahlen für ein innovationsfreundliches Klima. Mitarbeiter- und Systempotenzial können nur wirksam werden, insoweit die Mitarbeiter motiviert sind, sich für die Organisation

---

1 vgl. Kaplan, Norton (BSC), S. 121ff.
2 vgl. Kaplan, Norton (BSC), S. 121

einzusetzen, insoweit ihnen ausreichend Entscheidungs- und Handlungsspielräume eingeräumt werden (empowerment) und insoweit sie über taugliche Zielvorgaben verfügen. D. h. individuelle Ziele, Teamziele und Gesamtziele einer Geschäftseinheit müssen klar und aufeinander abgestimmt sein.

10.3.6 Strategie weiterentwickeln – Strategy Maps[1]

Ausgewogene Scorecards beinhalten nicht nur Kennzahlen aus allen vier Perspektiven, sondern sie setzen sich außerdem aus einer Mischung von Ergebnis-Kennzahlen und Leistungstreiber-Kennzahlen zusammen. Ergebnis-Kennzahlen zeigen an, inwieweit eine Strategie tatsächlich Früchte trägt oder ob eine bestimmte Initiative das gewünschte Ergebnis erzielt. Sie sind Spätindikatoren. Im Gegensatz dazu sind Leistungstreiber-Kennzahlen Frühindikatoren. Sie messen die Faktoren, die das Ergebnis kritisch beeinflussen.[2]

Eine grafische Darstellung aller Kennzahlen (geordnet nach den vier Perspektiven) und aller Ursache/Wirkungs-Zusammenhänge zwischen den Kennzahlen nennen Kaplan und Norton „Strategy Map" (siehe Abb. 10.2). Eine Strategy Map bildet so alle Annahmen ab, die einer Strategie zugrunde liegen. Sie zeigt ein Netz von Ursache/Wirkungs-Zusammenhängen, das festhält, wie sich eine Organisation die wettbewerbsfähige Umwandlung immaterieller und intellektueller Vermögenswerte in operative Ergebnisse vorstellt. (Strategy Maps kommen den Abbildungen vernetzter Systeme nahe, allerdings ohne dass die Autoren einen systemischen Ansatz zur Analyse der Wirkungszusammenhänge wählen.)

Die grafische Darstellung aller Annahmen, die eine Strategie ausmachen, sorgt für Klarheit. Eine gelungene Strategy Map erklärt die Strategie einer Organisation vollständig. Sie dient dem Management dazu, die eigene Strategie selbst „richtig zu verstehen"[3], darüber Einigkeit herzustellen und die Strategie den Mitarbeitern zu kommunizieren.

Schließlich ist die klare Darstellung der strategischen Annahmen auch die Voraussetzung, um diese Annahmen zu überprüfen. Das setzt einen Double-loop-Lernprozess in Gang, der es dem Management erlaubt, sein Wissen über die besonderen strategischen Ursache/Wirkungs-Zusammenhänge innerhalb der eigenen Organisation ständig weiterzuentwickeln.[4]

---

1 vgl. Kaplan, Norton (Organisation), S. 64ff.
2 vgl. Kaplan, Norton (BSC), S. 156ff.
3 Kaplan, Norton (Organisation), S. 66
4 vgl. Kaplan, Norton (BSC), S. 258ff.

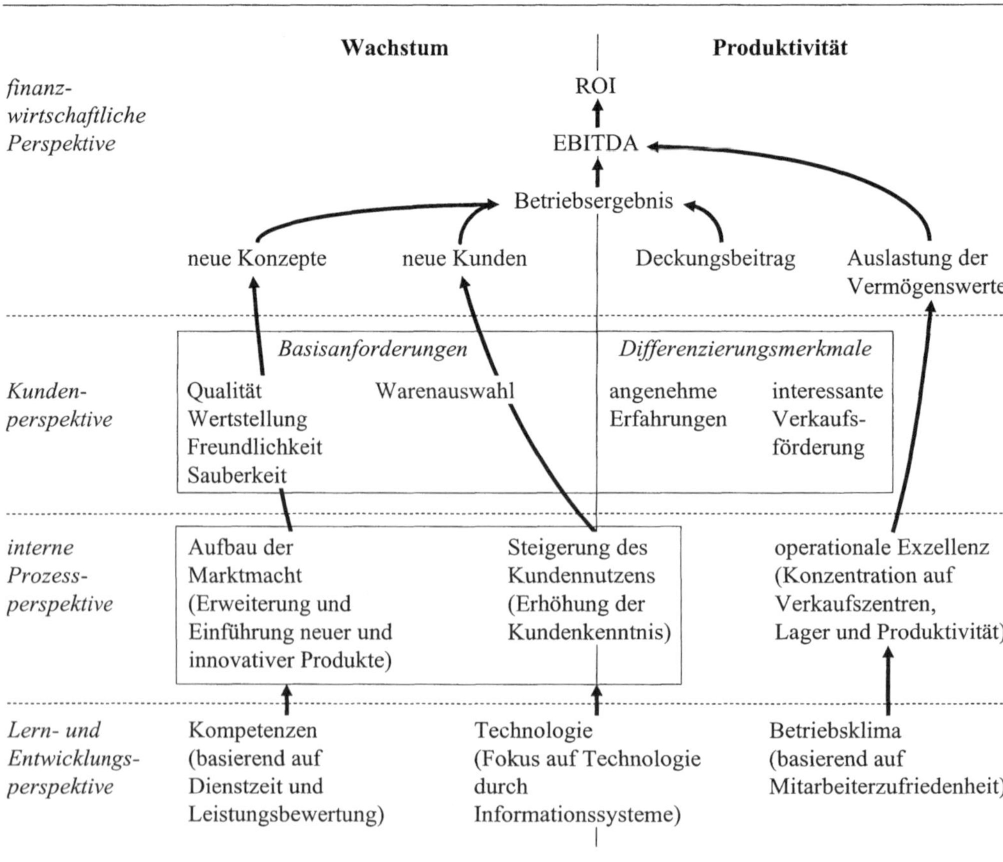

Abb. 10.2: Vereinfachtes Beispiel für eine Strategy Map einer Einzelhandelskette[1]

10.4 Stärken des Konzepts

- Balanced Scorecards koppeln strategisches Management eng an die gewohnte operative Ebene. Das trägt dazu bei, den Begriff „Strategie" zu entmystifizieren. Strategisches Management ist nicht länger die mitunter streng geheime Aufgabe einer elitären Stabsstelle an der Seite des obersten Managements, sondern die alltägliche Aufgabe aller Mitarbeiter – „Everyone's Everyday Job"[2].

---

1 vrg. Kaplan, Norton (Organisation), S. 75
2 vgl. Kaplan, Norton (Organisation), S. 189

- Mit Hilfe von Balanced Scorecards kann die Wirksamkeit von strategischem Management erhöht werden, weil alle Mitarbeiter sehr konkret an der Umsetzung der Strategie beteiligt sind.
- Das Konzept der Balanced Scorecard ist im Kern einfach zu verstehen und einfach zu kommunizieren. Darin unterscheidet es sich von vielen anderen strategischen Ansätzen.
- Für die Arbeit mit Balanced Scorecards stehen Standardsoftware-Lösungen zur Verfügung.[1] Das beeinflusst das Konzept zwar nicht inhaltlich, aber es macht es „handhabbarer".
- Im Prinzip sollen mit Balanced Scorecards definierte Visionen realisiert bzw. Strategie umgesetzt werden. Gleichzeitig ist die Arbeit mit einer Scorecard ein Test für die Qualität einer Strategie, wobei ein mögliches Defizit oder ein Nachholbedarf offensichtlich wird. Organisationen, deren Strategie unklar ist oder deren Führungsmannschaft sich über grundsätzliche Entscheidungen nicht geeinigt hat, erhalten einen Anstoß zur Lösung dieser Probleme.

10.5 Schwächen des Konzepts

- Balanced Scorecards sind keine Garantie für eine gute Strategie. Missverstanden sind sie nicht mehr als Management-Informationssysteme (MIS) mit überwiegend nichtmonetären Kennzahlen.
- Die Einbindung vieler Mitarbeiter macht Balanced-Scorecard-Projekte aufwändig, teuer und langsam.
- Balanced Scorecards verlangen nach einem sehr offenen Umgang mit strategischen Informationen. Diese Offenheit passt sicher nicht zur Führungskultur aller Organisationen.
- Die Perspektiven einer Balanced Scorecard, die strategischen Ziele und die Kennzahlen müssen für jede Organisation individuell auf Basis der besonderen Strategie erarbeitet werden. Es entsteht allerdings der Eindruck, dass sich bestimmte Elemente in sehr ähnlicher Form in auffallend vielen Scorecards wiederfinden. Insoweit Balanced Scorecards nur aus den üblichen Standardkennzahlen zusammengestellt werden, kann man wohl auch nicht mehr als eine Standardstrategie erwarten.
- In der Vergangenheit haben Autoren wesentlicher strategischer Konzepte großen Wert auf eine intellektuell klare Trennung von Strategie und Operation gelegt. So konnten sie ihre Leser von der Notwendigkeit expliziten, strategischen Managements überzeugen. Kaplan und Norton handhaben operative und strategische Kennzahlen mit ein und demselben Instrument. Das verwischt die Trennung in die beiden Ebenen wieder.

---

1 vgl. Schedl (BSC), S. 115ff.

- Balanced Scorecards werden in der Regel für das strategische Management von strategischen Geschäftseinheiten (oder funktionalen Abteilungen) verwendet. Es ist nicht klar, ob sie auch für die strategische Gesamtführung von diversifizierten Unternehmen brauchbare Ergebnisse liefern.[1]

10.6 Bedeutung für die Unternehmensführung

Kaplan und Norton veröffentlichten ihren ersten Aufsatz zum Thema Balanced Scorecard 1992 in der Januar/Februar-Ausgabe der Harvard Business Review. Seitdem hat sich das Konzept ausgesprochen rasch und gründlich verbreitet, was eine große Anzahl von Veröffentlichungen zum Thema widerspiegelt. Entsprechende Weiterbildungsseminare und Kongresse haben das Ihre dazu beigetragen, genauso wie spezialisierte Dienstleistungsangebote von Unternehmensberatern und Standardsoftware-Lösungen.

Zehn Jahre nach seiner Formulierung gehört das Konzept zum betriebswirtschaftlichen Allgemeinwissen. 1999 haben sich beinahe drei Viertel (73%), 2000 mehr als vier Fünftel (82%) aller DAX-100-Unternehmen mit dem Konzept beschäftigt.[2] Zahlreiche Organisationen entwickeln ihre Balanced Scorecard oder arbeiten bereits damit. Das schließt Unternehmen unterschiedlicher Branchen genauso ein wie Non Profit Organisationen und Teile der öffentlichen Verwaltung[3].

Ob allerdings mit jeder Balanced Scorecard tatsächlich strategisches Management betrieben wird? Zweifel sind angebracht. Manche Scorecards dürften eher als Management-Informationssystem mit überwiegend nichtmonetären Kennzahlen verwendet werden.

10.7 Empfohlene Literatur

- Kaplan, R.; Norton D.: Die strategiefokussierte Organisation – Führen mit der Balanced Scorecard, Stuttgart 2001. 350 Seiten. Die Fortsetzung von „Balanced Scorecard – Strategien erfolgreich umsetzen“ betont das strategische Management. Wieder leicht verständlich, mit ausgesprochen vielen Praxisbeispielen. In einer Liste von „frequently asked questions“ gehen die Autoren auf wesentliche Kritikpunkte an ihrem Konzept ein. Auch das zweite Buch wurde fachkundig unter der Leitung von Professor Péter Horvát übersetzt.
- Kaplan, R.; Norton D.: Balanced Scorecard – Strategien erfolgreich umsetzen, Stuttgart 1997. 309 Seiten. Leicht verständliche Darstellung des Konzepts der Balanced Scorecard mit vielen Praxisbeispielen. Im Mittelpunkt steht die Entwicklung von Kennzahlen. Fachkundig von einem Team um den Controlling-Spezialisten Professor Péter Horvát übersetzt.

---

1 vgl. Kaplan, Norton (Organisation), S. 334

2 vgl. Bischof (BSC), S. 131f.

3 vgl. Kaplan, Norton (Organisation), S. 119ff.

11 Hiroyuki Itami

A common characteristic of good strategy is
that the essential points have been well thought out.
The seven essential points, or key words, for strategic thinking are:
differentiation, concentration, repercussion, timing,
organizational momentum, imbalance, and combination.

11.1 Zur Person des Autors

Hiroyuki Itami ist Professor für Management an der Universität von Hitotsubashi.

11.2 Grundlagen

Wie viele theoretische und empirische Strategieforscher versucht auch Itami die Gründe für den Erfolg von Unternehmen herauszufinden. Anders als das PIMS-Konzept oder jenes von Porter, deren Ziel es ist, empirisch geleitete Einflussgrößen oder -faktoren festzumachen, versucht Itami einer grundlegenden strategischen Logik auf die Spur zu kommen. Er geht dabei weit über die Markt- und Wettbewerbsperspektive hinaus und bezieht auch Technologie, Psychologie etc. in seine Überlegungen mit ein. Er entwickelte dabei das Konzept der Invisible Assets und leitete damit eine neue Phase strategischen Denkens ein.

Die japanische Erstausgabe wurde zur gleichen Zeit wie die Arbeiten von Porter verlegt. Itami dürfte neben Porter auch der größte Entwicklungsschritt im strategischen Denken gelungen sein, obgleich sein Hauptwerk erst zehn Jahre nach dem ursprünglichen Erscheinungsdatum ins Englische übertragen wurde. In Europa und den USA wurde Itami in erster Linie durch Hamel und Prahalad bekannt, die seinen Ansatz weiterentwickelten.

Die Überlegungen sind stark von der klassischen amerikanischen Strategieliteratur geprägt: Ansoff, Porter, Andrews etc.

Als Ausgangspunkt von Itamis Thesen sind aber jene Denkweisen und Erfolge der japanischen Unternehmen anzusehen, die zum Zeitpunkt der Erstauflage ungebremst den Weltmarkt erobert hatten.

Die zentralen Elemente von Itamis Konzept des strategischen Managements sind:[1]

Differenzierung – Unternehmen können nur erfolgreich sein, wenn sie sich von ihren Konkurrenten unterscheiden.

Konzentration – Unternehmen müssen Prioritäten setzen, um besser zu werden als die Konkurrenz, da die Ressourcen immer beschränkt sind.

Rückkopplung – Erfolge müssen die automatische Grundlage weiterer Erfolge sein. Der Erfolg des ersten Produkts legt den Grundstein für Kundentreue etc.

Zeit – Der richtige Zeitpunkt kann in seiner Bedeutung nicht überschätzt werden. Neue Produkte vor der Konkurrenz einzuführen, Kundenwünsche rasch zu erkennen etc. sind wesentliche Erfolgsfaktoren.

Schwung – Bindung entsteht durch Konzentration und Rückkopplung, die einen Schwung in eine bestimmte strategische Richtung auslösen. Diese kann richtig, aber auch falsch sein, daher müssen Manager die Bedeutung und die Gefahr erkennen und richtig steuern.

Ungleichgewicht – Unternehmen sollten nie zu lange in einem Gleichgewichtszustand verweilen. Eine Strategie muss das Unternehmen zu neuen Zielen aufrütteln.

Kombination – Das Ganze kann mehr sein als die Summe seiner Teile. Die richtige Kombination von Märkten, Produkten, Technologien etc. macht den Erfolg.

11.3 Inhalt des Konzepts

11.3.1 Strategische Rahmenbedingungen und Strategic Fit[2]

Jede Strategie beruht für Itami auf drei Komponenten, auch wenn nicht immer alle drei explizit betrachtet und diskutiert werden:

- **Produkte und Märkte** (Geschäftsfeldstrategie),
- **Operating Mission** (Make or Buy von Wertschöpfungsschritten),
- **Corporate Resources** (Fähigkeiten des Unternehmens).[3]

Diese drei Komponenten definieren das Aktivitätsfeld eines Unternehmens: Welche Produkte werden wem mit Hilfe welcher Wertschöpfungsschritte verkauft und welche Fähigkeiten ermöglichen einen Fortbestand derartiger Leistungserstellung?[4]

Auf diese drei Strategiekomponenten haben externe und interne Faktoren Einfluss, die die strategischen Möglichkeiten des Unternehmens begrenzen. Im Rahmen der strategischen Planung muss daher versucht werden, Stimmigkeit (Fit) zwischen den wichtigsten dieser Einflussfaktoren und der Strategie herzustellen.

1 vgl. Itami (Assets), S. 169ff.
2 vgl. Itami (Assets), S. 7ff.
3 vgl. Itami (Assets), S. 3
4 vgl. Itami (Assets), S. 4

Im Unternehmensumfeld sind in erster Linie Kunden, Konkurrenten und Technologie von Bedeutung. Die Kundenbedürfnisse und das Verhalten der Konkurrenten definieren den Markt, in dem ein Unternehmen tätig ist, die technologischen Trends determinieren die Möglichkeiten der Wettbewerber hinsichtlich der Produkte und des Produktionsprozesses. Die entscheidenden internen Einflussfaktoren sind die Ressourcen des Unternehmens und die Organisation (im Sinne von Unternehmenskultur und Gruppendynamik der Mitarbeiter). Die internen Rahmenbedingungen beeinflussen vor allem die Implementierung einer Strategie.[1]

Alle fünf Faktoren unterliegen einem ständigen Wandel, sie lassen sich aber auch vom Unternehmen selbst beeinflussen. Strategien sollen daher nicht passiv auf die Veränderungen der Rahmenbedingungen reagieren, sondern aktiv gestaltend eingreifen. Daher ist nicht der momentane, kurzfristige, sondern ein langfristiger, dynamisch angelegter Strategic Fit (strategische Stimmigkeit) herzustellen. Momentanes Ungleichgewicht (beispielsweise zwischen derzeitigem Verhältnis zur Konkurrenz und angestrebter Wettbewerbsstellung) kann durchaus zu langfristigem Erfolg führen.

11.3.2 Unsichtbare Vermögenswerte[2]

11.3.2.1 Bedeutung unsichtbarer Vermögenswerte

Jedes Unternehmen verfügt über eine Vielzahl von Vermögenswerten. Die meisten davon sind allgemein verfügbare, sichtbare Ressourcen: Rohstoffressourcen, geschulte Mitarbeiter, Maschinen, Grund und Boden, Finanzen, Know-how etc. In aller Regel sind derartige Vermögenswerte nicht geeignet, einen langfristigen Wettbewerbsvorteil zu sichern. Sie verhelfen lediglich zu einem kurzfristigen Vorsprung gegenüber dem Wettbewerb. Die Konkurrenten können diese Vermögenswerte aber über kurz oder lang selbst am Markt beschaffen und damit den Wettbewerbsvorsprung vernichten (Schulung der Mitarbeiter, Erschließung von Rohstoffvorkommen, Bildung von Allianzen etc.).

Für eine langfristige Differenzierung gegenüber dem Wettbewerb sind andere, Invisible (unsichtbare[3]) Assets erforderlich. Diese sind stark an das Unternehmen gebunden und daher von anderen Unternehmen nur schwer nachahmbar beziehungsweise nicht transferierbar und nicht am Markt zu beschaffen. Aus diesem Grund gehören Menschen zu den wichtigsten Ressourcen eines Unternehmens, da sie meist die Träger dieser unsichtbaren Vermögenswerte sind.

Ein großer Unterschied zwischen sichtbaren und unsichtbaren Werten ist ihre Stellung im Wertschöpfungsprozess. Die klassischen Vermögenswerte sind Inputfaktoren des Produktionsprozesses. Invisible Assets sind dagegen sehr oft nur oder auch Output des Wertschöpfungsprozesses. Die Fähigkeiten der Mitarbeiter entstehen beispielsweise erst durch den Produkti-

---

1 vgl. Itami (Assets), S. 7ff.

2 vgl. Itami (Assets), S. 12ff.

3 Dabei muss beachtet werden, dass nicht der Vermögenswert an sich unsichtbar ist, sondern seine Entstehungsgründe.

onsprozess. Geld (verstanden als Cashflow) und Information sind ein notwendiger Inputfaktor, werden aber als Output des Wertschöpfungsprozesses erzeugt.

Viele japanische Beispiele zeigen, dass Unternehmen, die als kleine Zulieferer begonnen haben, die technologischen Erfahrungen aus dieser Phase in höherwertige Produkte umgesetzt haben. Epson hat als Lieferant für die Uhrenindustrie begonnen und sich schrittweise als Hersteller von Computerperipherie etabliert, um nun seine Fähigkeiten bei Flüssigkristallanzeigen in der TV-Industrie umzusetzen.[1]

11.3.2.2 Grundlagen unsichtbarer Vermögenswerte

Informationsfluss[2]

Information ist ein Kernpunkt unsichtbarer Vermögenswerte. Sie fließt überall, wo Entscheidungen getroffen und Tätigkeiten verrichtet werden. Sie ist ein Nebenprodukt des Tagesgeschehens, aber die Grundlage des Lernens. Dabei muss zwischen drei Arten von Informationen unterschieden werden, die alle drei für eine erfolgreiche Unternehmensentwicklung unerlässlich sind:

- **Umfeldinformationen** – fließen vom Umfeld in das Unternehmen.
- **Unternehmensinformationen** – fließen vom Unternehmen in das Umfeld.
- **Interne Informationen** – fließen innerhalb des Unternehmens.

Sowohl die Menge an bestehender Information als auch die Kapazität der Informationskanäle sind für den Aufbau von Invisible Assets bedeutend. Keine der drei Informationsarten darf dabei vernachlässigt werden.

Marktanteil

Hoher Marktanteil verhilft – entsprechend der Erkenntnisse der Erfahrungskurve – zu niedrigen Kosten und damit zu Erfolg. Unternehmen mit hohen Marktanteilen haben zudem auch andere Vorteile. Sie stehen in engerem Kontakt zum Kunden, weil sie mehr Güter umsetzen. Daher verfügen sie auch über mehr Marktinformationen und können dem Markt mehr Unternehmensinformationen zuführen. Sowohl die kumulierte Erfahrung als auch die Anzahl an Kundenkontakten beeinflussen die Menge an verfügbarer Information eines Unternehmens. Daher erhöht ein hoher Marktanteil die Chancen des Aufbaus informationsgetragener Invisible Assets.

Unternehmenskultur[3]

Die Unternehmenskultur definiert die allen Mitarbeitern gemeinsame Sicht der Dinge. Sie entsteht durch die Informationen im Unternehmen, denn diese gestalten die Arbeitsabläufe, die Beziehungen zwischen den Mitarbeitern und das gemeinsame Verständnis der Ziele.

---

1 vgl. Itami (Assets), S. 14ff.
2 vgl. Itami (Assets), S. 18ff.
3 vgl. Itami (Assets), S. 23ff.

Aufbau unsichtbarer Vermögenswerte

Invisible Assets können auf zweierlei Weise aufgebaut werden:

- **Direkt** – explizite Anstrengungen (Forschung und Entwicklung, Marketing etc.), um ein gestecktes Ziel zu erreichen (Markenimage, Technologieposition etc.).
- **Indirekt** – als Nebenprodukt des Wertschöpfungsprozesses, der täglichen operativen Tätigkeiten. Dabei entsteht Wissen nicht automatisch, da viele der täglichen Erfahrungen ungeeignet sind, um Invisible Assets aufzubauen. Unternehmen müssen daher, wenn sie diesen Weg beschreiten wollen, ein klares Bild ihrer Invisible Assets und der Auswirkungen des Tagesgeschäfts auf die unsichtbaren Vermögensgegenstände haben, um gezielt jene Informationen filtern zu können, die ein zielgerichtetes Lernen ermöglichen.

Das klassische Beispiel für die indirekte Vorgehensweise ist Mazda während der japanischen Wirtschaftskrise der 1970er Jahre. Mazda versetzte viele Entwicklungsmitarbeiter in den Außendienst, um die Verkäufe anzukurbeln. Nachdem die Krise überwunden war, kamen diese Mitarbeiter auf ihre Posten zurück. Sie hatten als Nebenprodukt ihrer Verkaufstätigkeit enormes Wissen über die Kundenbedürfnisse aufgebaut.

Zerstört oder vernachlässigt ein Unternehmen seine unsichtbaren Vermögenswerte, zerstört es auch die Quelle des Wettbewerbsvorsprungs und in aller Regel auch die Fähigkeit, Invisible Assets überhaupt aufzubauen. Wer Kundenkontakte nicht mehr pflegt, kennt den Kunden nicht mehr und verlernt auch, mit ihm zu reden.

Daher haben alle strategischen Entscheidungen nachhaltigen Einfluss auf die unsichtbaren Vermögensgegenstände. Die Strategie muss einen auf Invisible Assets aufbauenden Wachstumskreislauf erzeugen: Bestehende Invisible Assets, die die Möglichkeiten des derzeitigen Unternehmensportfolios begrenzen, müssen zu neuen Invisible Assets umgewandelt werden, um zusätzliche Geschäftsfelder zu erschließen.[1]

11.3.3 Strategische Stimmigkeit (Strategic Fit)

Hat man die Bedeutung unsichtbarer Vermögenswerte erkannt, kann eine darauf aufbauende Strategie entwickelt werden. Diese muss über einen längeren Zeitraum zu den bereits angesprochenen internen und externen Rahmenbedingungen passen.

Stimmigkeit wird von Itami immer in einem dynamischen Sinn verstanden. Die traditionelle Strategieliteratur verlangt nach einer statischen – zum Zeitpunkt der Strategiefindung bestehenden – Übereinstimmung von Ressourcen, Umfeld und Strategie.[2] Strategien entwickeln aber eine Dynamik: Mitarbeiter lernen, Markenimage wird aufgebaut, Fertigungs- und Produkttechnologie werden weiterentwickelt. Eine Strategie muss daher Raum für diese Weiterentwicklung im Zeitablauf bieten, sie muss diese Dynamik sogar anregen und nützen. Nur so bleibt Platz für Entwicklung und Wachstum. Daher müssen die Ziele höher sein als mit den

---

1 vgl. Itami (Assets), S. 31
2 vgl. Itami (Assets), S. 9

vorhandenen Ressourcen erreichbar. Dann wird die Organisation herausgefordert, zusätzliche Invisible Assets aufzubauen.

Dynamischer Strategic Fit ist keine reine Anpassung an die Umfeldgegebenheiten, er kann auf drei Arten erzielt werden:

- **passiv** – Bei dieser am häufigsten vorkommenden Form werden die Rahmenbedingungen als gegeben angenommen und die Strategie wird angepasst.
- **aktiv** – Hier versucht das Unternehmen sowohl die internen als auch die externen Einflussfaktoren in seinem Sinne zu gestalten.
- **ausgewogen** – Eine Kombination von aktivem und passivem Verhalten sieht leichter aus, als sie ist: Das Unternehmen muss erkennen, welche Fähigkeiten und unsichtbaren Vermögenswerte (Invisible Assets) es besitzt, um abschätzen zu können, wo und wie aktiv eingegriffen werden kann beziehungsweise soll und wo auf der anderen Seite passiv zu reagieren ist.[1]

Ein ausgewogener Weg ist gefährlich, aber er ist möglich, wenn:

- sinnvolle kurzfristige Erfolgsmaßstäbe für alle Mitarbeiter definiert werden,
- Sicherheiten in der anfänglichen Krisensituation existieren (vorhandene Marken etc.),
- für Ausdauer bei Mitarbeitern und Management gesorgt wird,
- kurzfristige finanzielle Ziele vernachlässigt werden und der Wille zu Investitionen besteht,
- ein starkes Management für die Idee geradesteht.

11.3.3.1 Stimmigkeit mit den Kunden

Im Marketing und in der Strategie ist seit jeher die Bedeutung der Kundenbedürfnisse bekannt. Kunden wollen nicht Produkte oder Dienstleistungen, sondern Möglichkeiten, ihre Bedürfnisse zu befriedigen. Daher müssen die Produkte eines Unternehmens hinsichtlich ihrer Wirkungen auf das gesamte Bündel an Kundenbedürfnissen geprüft werden. Ein Sportverein erfüllt nicht nur das Bedürfnis nach sportlicher Betätigung, sondern dient darüber hinaus zur Sozialisation, Kontaktaufnahme etc. In die Strategiefindung muss daher das breite Spektrum an Kundenwünschen Eingang finden. Die Ressourcen reichen in der Regel zwar nicht aus, um allen Bedürfnissen Rechnung zu tragen, doch jene Kundenwünsche, die im Rahmen der eingeschlagenen Strategie nicht im Zentrum stehen, dürfen nicht vernachlässigt werden. Es existieren immer Mindestanforderungen, die jedenfalls erfüllt werden müssen, z. B. Servicenetz beim Autokauf etc. Geschieht dies nicht, kann auch eine Stärke bezüglich eines Kundenwunsches nicht umgesetzt werden.[2]

Unternehmen müssen dieser Tatsache Rechnung tragen, indem sie den gesamten Katalog der Kundenwünsche herausfinden und bei der Gestaltung ihrer Leistung beachten. Dabei müssen gerade jene Kunden berücksichtigt werden, die die Kaufentscheidung treffen. Wird beispielsweise an große Unternehmen geliefert, sind die Einkäufer die wirklichen Kunden; in der Erleb-

---

1 vgl. Itami (Assets), S. 10
2 vgl. Itami (Assets), S. 40ff.

nisgastronomie sind es in vielen Fällen die Kinder, die die Kaufentscheidung maßgeblich beeinflussen – ihre Bedürfnisse gilt es zu befriedigen.[1]

Problematisch beim Herausfinden der Kundenbedürfnisse sind häufig bestehende Vorurteile. Viele Marktforschungen sind nutzlos, weil sie diese Vorurteile nicht überwinden und daher nur empirisch belegen. Darüber hinaus können Kundeninformationssysteme auch „Störgeräusche" – also falsche und unnütze Informationen – liefern, die zu filtern sind.

Bei allen diesen Überlegungen muss beachtet werden:[2]

- **Nicht alle Kunden weisen identische Bedürfnisbündel auf** – Unternehmen müssen Schwerpunkte setzen und segmentieren.
- **Bedürfnisse wandeln sich ständig** – Unternehmen, die derartige Veränderungen früher als ihre Konkurrenten erkennen, können Vorsprünge aufbauen.[3]
- **Einzelne Bedürfnisse beeinflussen einander gegenseitig** – Unternehmen müssen Strategien hinsichtlich der durch sie entstehenden Wechselwirkungen analysieren.

Um für Unvorhersehbares gerüstet zu sein, müssen Unternehmen ausreichend Ressourcen bereithalten, die im Bedarfsfall wirksam eingesetzt werden können. Daher müssen sie Kernressourcen (Kernkompetenzen) aufbauen, die sich von jenen der Konkurrenten unterscheiden. Von den vielen Möglichkeiten – Technologie, Kundenservice, Produktion etc. – müssen die Entscheidungsträger jene auswählen, die aus Sicht des Unternehmens am besten für Reaktionen auf unerwartete Veränderungen geeignet sind. Eine Maßnahme unterstützt die Vorbereitung auf unerwartete Veränderungen aber immer: der Aufbau einer auf Unternehmertum fußenden Kultur.[4]

11.3.3.2 Stimmigkeit mit dem Wettbewerb[5]

Der Kern des Wettbewerbs besteht im Aufbau von Unterschieden zur Konkurrenz, die in Erfolge umgewandelt werden können. Dies kann auf drei Arten erfolgen:

Aufbau von Wettbewerbsvorteilen[6]

Da es keine zwei vollständig identischen Unternehmen gibt, kann man versuchen, die bestehenden Unterschiede in Wettbewerbsvorteile umzuwandeln. Beim Aufbau dieser Vorteile muss ein Unternehmen die Eigenschaften der Konkurrenten studieren, um entscheiden zu können, ob ein Wettbewerbsvorteil mit Hilfe von

- Produktdifferenzierung,
- Servicedifferenzierung oder
- Preisdifferenzierung erarbeitet werden kann.

---

1 vgl. Itami (Assets), S. 34ff.
2 vgl. Itami (Assets), S. 37ff.
3 vgl. Itami (Assets), S. 49ff.
4 vgl. Itami (Assets), S. 52ff.
5 vgl. Itami (Assets), S. 61ff.
6 vgl. Itami (Assets), S. 65ff.

Die drei Formen der Differenzierung sind aber – entgegen der allgemein verbreiteten Meinung – nicht unabhängig voneinander, sondern sie unterliegen einem Zyklus. Den Beginn setzt zumeist eine neue Technologie oder ein neues Produkt. Wenn der erzielte Vorsprung aufgebraucht ist, löst die Servicedifferenzierung die Produktdifferenzierung ab, ihr folgt die Preisdifferenzierung. Danach müssen neue Formen der Produktdifferenzierung folgen, um wieder Dynamik in den Wettbewerb zu bringen.

Anders als Porter vertritt Itami daher nicht die Ansicht, dass die gewählte Basisstrategie (Differenzierung oder Kosten(Preis-)führerschaft) klar eingeschlagen und über eine längere Periode beibehalten werden sollte. Vielmehr müssen Unternehmen ständig die Wahl ihrer Differenzierung ändern und den Rahmenbedingungen und dem Verlauf des Zyklus anpassen (z. B. Wechsel von der Produktdifferenzierung zur Servicedifferenzierung usw.). Japanische Unternehmen haben bei ihrem Eintritt in den amerikanischen und europäischen Markt gezeigt, dass der Zyklus der Differenzierungsalternativen aber auch individuell gestaltet und genutzt werden kann. Sie sind anhand einer Preisdifferenzierung in ein Volumensegment des Marktes eingedrungen und haben danach erfolgreich Produktdifferenzierung durchgeführt.

Dennoch bleibt die Produktdifferenzierung die den meisten Erfolg versprechende Form. Sie stellt aber auch die höchsten Anforderungen an die spezifischen Invisible Assets (Patente, Know-how, Technologieführerschaft etc.) des Unternehmens. Preisdifferenzierung benötigt dagegen keine Invisible Assets, kann aber auch von jedem Wettbewerber sofort imitiert werden.

Verhindern von Gegenreaktionen[1]

Konkurrenten sehen den Strategien ihrer Wettbewerber in aller Regel nicht tatenlos zu. Sie ergreifen Gegenmaßnahmen, wenn sie sich dadurch einen Vorteil erhoffen. Ist aber keine Verbesserung der eigenen Situation zu erwarten, werden diese Reaktionen unterlassen, was für den nicht attackierten Wettbewerber einen Wettbewerbsvorteil bedeutet. Daher sollte man immer versuchen, die Gegenmaßnahmen der Konkurrenten zu verhindern. Einige Möglichkeiten, Gegenmaßnahmen auszuschließen, sind:

- **Kapazitätsmäßiges Ausschöpfen eines Marktes**, sodass Neueintretende nicht kostengünstig produzieren können, weil ihr anfänglicher Absatz zu gering ist.
- **Bindung von Ressourcen** an das eigene Unternehmen, damit sie dem Konkurrenten nicht zugänglich sind. Boeing hat beispielsweise mit einigen europäischen Unternehmen Zulieferverträge abgeschlossen, um sie von Airbus fernzuhalten.
- **Verschlechtern der Position des Wettbewerbers**. Preiskampf führt beispielsweise zu verringerten Margen. Wenn die zu erwartenden Absatzzuwächse für den Konkurrenten nicht ausreichen, ist eine Preisreduktion unattraktiv, auch wenn dadurch Marktanteile verloren gehen.

---

1 vgl. Itami (Assets), S. 74ff.

Erfolg ohne Wettbewerb[1]

Die Kosten des Wettbewerbs sind hoch. Um diese gering zu halten, kann der Wettbewerb vermieden werden. Dabei müssen die Konkurrenten im Glauben gelassen werden, dass es sich beim eigenen Unternehmen gar nicht um einen Konkurrenten handelt. Dies erreicht man durch:

- Aufteilen (Segmentieren) des Marktes und Konzentration auf wettbewerbsarme Segmente,
- Aufbau von Eintrittsbarrieren,
- Kooperieren und Bilden von Allianzen.

11.3.3.3 Technologische Stimmigkeit[2]

Das Paradoxon der Technologie ist, dass sie unvorhersehbar und – im Nachhinein betrachtet – doch logisch ist. Drei Formen der Ungewissheit sind in diesem Zusammenhang für das strategische Management bestimmend:

- Entdeckungen werden nicht immer durch Forschungsanstrengungen initiiert.
- Märkte akzeptieren nicht jedes neue Produkt.
- Neue Technologien können sofort obsolet sein.

Technologie ist mit großer Unsicherheit behaftet, folgt aber dennoch einem generellen Trend, den es zu erkennen gilt. Kein Unternehmen kann, um die Unsicherheit zu verringern, die gesamte technologische Entwicklung selbst mitgestalten. Vielmehr muss sich das Unternehmen auf einen bestimmten Bereich konzentrieren, der zur Kerntechnologie wird. Diese muss den Mitarbeitern einen „Traum" geben, denn nur ein Traum macht es möglich, das mit der Entwicklung verbundene Risiko einzugehen – Romantik ist damit ein wesentlicher Teil der Strategie.

Neue Technologien sollten deshalb immer mit der Weiterentwicklung vorhandener Technologien (Träume) einhergehen, da diese eine höhere Erfolgschance haben und damit den Stimulus für Neuentwicklungen bilden. Das Entwicklungsrisiko kann aber auch dadurch gesenkt werden, dass frühzeitig Produktions- und Vertriebsversuche gemacht werden. Dadurch kommt es zu positiven Rückkopplungen mit Forschung und Entwicklung.

Eine weitere Grundvoraussetzung für eine erfolgreiche technologische Entwicklung ist die Übereinstimmung des technologischen Entwicklungsstands von Forschung, Produktion und Vertrieb. Überragende Technologien sind zum Scheitern verurteilt, wenn die notwendigen Fähigkeiten in der Produktion oder bei den Zulieferfirmen nicht vorhanden sind oder wenn der Vertrieb die Produkte nicht versteht und daher nicht verkaufen kann.

Technologische Neuerung ist aber kein Wert für sich. Sie erhält ihren Sinn erst durch Stimmigkeit mit den Kundenbedürfnissen und dem Wettbewerb.

---

1 vgl. Itami (Assets), S. 78ff.

2 vgl. Itami (Assets), S. 87ff.

11.3.3.4 Stimmigkeit mit den Ressourcen[1]

Neben den externen Faktoren gibt es auch interne, mit denen die Strategie in Einklang gebracht werden muss; einer davon sind die Ressourcen des Unternehmens. Die Strategie muss zu den vorhandenen Ressourcen passen, darf nicht zu leicht erreichbar, aber auch nicht unerfüllbar sein. Der traditionelle Weg, diese Stimmigkeit herzustellen, besteht in der Beantwortung folgender Fragen:

- **Hat das Unternehmen die notwendigen Ressourcen, um die Strategie zu realisieren?** – Viele Unternehmen begehen den Fehler, die Strategie nicht ausreichend genau zu planen und daher die benötigten Ressourcen, insbesondere die Invisible Assets, zu niedrig einzuschätzen.
- **Nützt die Strategie die vorhandenen Ressourcen effektiv?** – „As the old Japanese proverb says, ‚Too much is just like too little', because the firm cannot use those resources to gain some other strategic goal."[2]
- **Baut das Unternehmen ausreichend neue Ressourcen für die Zukunft auf?** – Nützt ein Unternehmen seine Ressourcen effektiv und hat demnach Erfolg, sind Manager oft davon überzeugt, die Ressourcen würden sich nicht ändern. Die Ressourcen und ihre jeweilige Bedeutung ändern sich aber laufend, daher müssen kontinuierlich neue Ressourcen aus den vorhandenen entwickelt werden.

Itami geht einen Schritt weiter. Er betrachtet alle möglichen Beziehungen zwischen den Strategieelementen (Geschäftsfeld, Ressourcen, Operating Mission), um jenen Mix zu finden, der ideal zu den Ressourcen passt. Lässt sich eine Ressource (z.B. Know-how) beispielsweise für mehrere strategische Geschäftseinheiten nützen, entsteht Synergie.

Mögliche Synergien unterstützen die dynamische Stimmigkeit einer Strategie, weil sie im Allgemeinen nicht für alle Elemente zeitgleich zum Tragen kommen. Synergien können in zweierlei Ausprägung auftreten:

- **Komplementärwirkung** (Portfolio-Effekte) – Ein strategisches Feld nützt die Lücken des komplementären, um die Kapazitäten der betrachteten Ressource voll auszuschöpfen. Ein Beispiel: Ein Wintersportzentrum baut Golfplätze, um die Gästezahl im Sommer zu erhöhen.
- **Echte Synergie** (Freifahrt-Effekte) – Diese entstehen, wenn mehrere Strategien simultan und ohne weiteren Aufwand auf eine Ressource zugreifen können. Mehrere strategische Geschäftseinheiten nützen dasselbe Markenimage etc. Invisible Assets ermöglichen in der Regel derartige Synergien, die physischen Ressourcen zumeist verschlossen bleiben. Oft steigert das gemeinsame Nutzen eines Invisible Assets dessen Wert im Zeitablauf sogar.

---

1 vgl. Itami (Assets), S. 110ff.
2 Itami (Assets), S. 114

11.3.3.5 Stimmigkeit mit der Organisation[1]

Um eine Strategie umsetzen zu können, ist mehr nötig als ein guter Plan: engagierte Mitarbeiter auf allen Ebenen, Informationskanäle und viele psychologische Einflussgrößen, denn eine Organisation lebt von Träumen und nicht von harten Fakten. Daher müssen die Auswirkungen erkannt werden, die eine Strategie auf die Mitarbeiter hat.

Strategien müssen für alle Mitarbeiter klar erkennbar sowie verständlich sein und im gesamten Unternehmen verbreitet werden. Es reicht nicht aus, dass alle Mitarbeiter die Strategie kennen; sie müssen von ihr gefordert sein.

Dabei sind drei Kriterien zu erfüllen:

- **Fokussierung** – Strategien müssen klare Prioritäten setzen. Sie müssen ein „core concept" (eine Mission) aufweisen.
- **Schwung** – Mit einem Traum und kurzfristigen Zwischenerfolgen kann eine Organisation in Dynamik versetzt und in Schwung gebracht werden. Diese Methode, die insbesondere von Turnaround-Managern gerne eingesetzt wird, gibt dem Unternehmen wieder den Flair des Erfolgs.
- **Kreative Herausforderung** – Eines der größten Probleme des strategischen Managements sind Selbstgefälligkeit und Wohlbehagen. Strategien führen immer zu Veränderungen, die Neues für die Mitarbeiter bringen. Das Management muss dauernden Druck auf die Organisation erzeugen, um sie vor dem „einfachen Weg" zu bewahren.

Durch das Herstellen einer dynamischen strategischen Stimmigkeit zwischen den fünf Rahmenbedingungen können Kernkompetenzen auf den Invisible Assets aufgebaut werden, die zu einem nachhaltigen Unternehmenserfolg führen. Für viele japanische Unternehmen lassen sich derartige unverwechselbare – „unsichtbare" – Vermögenswerte nennen, mit denen sie die Weltmärkte erobert haben: die Fähigkeit der Miniaturisierung bei Sony ebenso wie die Motorenkompetenz von Honda. Amerikanischen und europäischen Unternehmen fehlen hingegen zumeist solche unverwechselbaren Kompetenzen.

11.4 Stärken des Konzepts

- Itami liefert ein neues und überaus interessantes Denkmodell, das – gepaart mit seiner Weiterentwicklung durch Hamel und Prahalad – viele neue Aspekte in die Strategieliteratur und Praxis bringen kann.
- Viele moderne Managementkonzepte betonen die Bedeutung der Mitarbeiter für ein Unternehmen, ohne dies nachvollziehbar herzuleiten und weitere Konsequenzen darauf aufzubauen. Dadurch bleibt die Mitarbeiterorientierung oft plakatives Schlagwort. Itami hebt die Bedeutung des Menschen als Träger von Vermögenswerten hervor und macht sie damit zur zentralen Größe seines strategischen Konzepts.

[1] vgl. Itami (Assets), S. 135ff.

- Itami gibt viele praktische Beispiele, insbesondere von japanischen Unternehmen, und hilft so, den Gründen für deren Erfolg auf die Spur zu kommen. Viele Vorurteile und Phrasen über Erfolgsgründe und ihre Nachhaltigkeit in japanischen Unternehmen lassen sich dadurch besser beurteilen.
- Obwohl Itami der amerikanischen Strategieliteratur verhaftet ist, ist er ein japanischer Denker. Man erhält durch seinen Ansatz Einblick in das Wesen und die Denkgewohnheiten japanischer Manager.

11.5 Schwächen des Konzepts

- Itami zitiert in seinem Hauptwerk nur wenig und ermöglicht es damit nicht, zu den Quellen seiner Überlegungen vorzudringen.
- In der Strategieliteratur ist nur ein Hauptwerk von Itami verbreitet.

11.6 Bedeutung für die Unternehmensführung

Leider ist die englische Fassung seines Werkes erst sehr spät erschienen, daher wurden seine Arbeiten auch erst verspätet in der Literatur berücksichtigt. Im Zusammenhang mit ressourcenorientiertem Management wird Itami aber immer an erster Stelle genannt.

11.7 Empfohlene Literatur

- Itami, H.: Mobilizing Invisible Assets, Cambridge/MA 1991, 186 Seiten. Grundlagenwerk zum Verständnis von strategischem Management, Kernkompetenzen und des Konzepts der Invisible Assets.

12 Fredmund Malik

Unternehmen müssen immer häufiger
mit sich immer rascher verändernden
Umweltbedingungen fertig werden,
anhaltende Turbulenzen wirtschaftlicher
und gestaltender Natur bewältigen
und zusätzlich die aus ihrer Eigendynamik
resultierenden Probleme unter Kontrolle bringen.

12.1 Zur Person des Autors[1]

Professor Dr. oec. Fredmund Malik (geboren 1944 in Lustenau, Österreich) ist Titularprofessor für Unternehmensführung an der Universität St. Gallen für Wirtschaft, Rechts- und Sozialwirtschaft und Verwaltungsratspräsident des Management Zentrums St. Gallen. Malik studierte Wirtschaftswissenschaft an der Universität Innsbruck und an der Universität St. Gallen. 1974 promovierte er zum Dr. oec., 1978 habilitierte er sich in Betriebswirtschaftslehre, seither ist er als Dozent beziehungsweise Professor für Unternehmungsführung an der Universität St. Gallen tätig.

Seit 1977 ist er Direktor des Management Zentrums St. Gallen (MZST); von 1979 bis 1984 war er Mitglied der Direktion des Instituts für Betriebswirtschaftslehre an der Universität St. Gallen und ist seit 1984 Präsident des Verwaltungsrates der MZSG Holding AG und ihrer Tochtergesellschaften. 1980/81 war er Gastdozent für Betriebswirtschaftslehre an der Universität Innsbruck und von 1992 bis 1997 Gastprofessor am Institut für Unternehmensführung der Wirtschaftsuniversität Wien.

Homepage: http://www.mom.ch/malik/index.shtml

---

1 vgl. Malik (Management-Systeme), S. 2

12.2 Grundlagen

Malik beschäftigt sich mit der Weiterentwicklung der von Ulrich geprägten systemorientierten Managementlehre.

Er vergleicht die konstruktivistisch-technomorphen (K) Theorietypen (Denkmuster) mit dem für ihn wichtigen systemisch-evolutionären (S)[1] Ansatz, der von einer sich selbst generierenden, spontanen Ordnung ausgeht.[2]

konstruktivistisch-technomorph (K)	**systemisch-evolutionär (S)**
Management ...	Management ...
... ist Menschenführung	... ist Gestaltung und Lenkung ganzer Institutionen in ihrer Umwelt
... ist Führung weniger	... ist Führung vieler
... ist Aufgabe weniger	... ist Aufgabe vieler
... ist direktes Einwirken	... ist indirektes Einwirken
... ist auf Optimierung ausgerichtet	... ist auf Steuerbarkeit ausgerichtet
...hat im Großen und Ganzen ausreichend Information	... hat nie ausreichend Information
... hat das Ziel der Gewinnmaximierung	... hat das Ziel der Maximierung der Lebensfähigkeit

Dabei betrachtet er das Unternehmen als dynamisches, offenes und komplexes System.

Spontane Ordnung entsteht zwar durch menschliches Handeln, entspricht jedoch nicht notwendigerweise im Voraus gefassten menschlichen Absichten oder Plänen. Das Management steuert nur durch allgemeine Regeln generelle Züge des Verhaltens. Jeder Mitarbeiter eines Unternehmens soll einen produktiven Beitrag zur Unternehmenssteuerung leisten, denn Management beschränkt sich nicht auf die oberste Führungsebene.[3]

Lebensfähigkeit und kybernetische Organisationsstrukturen[4]

Der systemisch-evolutionäre Ansatz geht von der Idee der Lebensfähigkeit des Unternehmens aus. Lebensfähigkeit ist eine Struktureigenschaft von Systemen und beschreibt die Fähigkeit, die eigene Existenz unbefristet aufrechtzuerhalten. Stellt ein Unternehmen veränderte Umfeld-

1 vgl. Malik (Strategie), S. 48ff.
2 vgl. Malik (Strategie), S. 83ff.
3 vgl. Malik (Strategie), S. 82ff.
4 vgl. Malik (Strategie), S. 111ff.

bedingungen fest, so muss es seine Geschäftstätigkeit an die veränderten Umstände anpassen, um zu „überleben".

Dieser Prozess fällt kleinen Einzelunternehmen zumeist leicht, da der Einzelunternehmer die Umfeld- und Unternehmenssituation in der Regel noch überblicken kann. Mit zunehmender Größe des Unternehmens ist eine Konzentration der Führung auf Einzelpersonen jedoch nicht mehr möglich und es treten Probleme der Delegation, Verantwortung und Kompetenzen auf; auch die formale Organisation gewinnt an Bedeutung. Malik sieht im Modell des lebensfähigen Systems den Ausweg aus der Erstarrung hierarchisch strukturierter Systeme.

Ausgangspunkt und Bezugsobjekt für dieses Modell ist das menschliche Zentralnervensystem einschließlich des Gehirns. Das Zentralnervensystem ist die evolutionsgeschichtlich am höchsten entwickelte Lenkungsstruktur, wobei gewisse funktionelle Zusammenhänge auf Unternehmen übertragbar sind. Malik impliziert, dass ein System (ein Unternehmen) nur dann lebensfähig ist, wenn es eine dem Zentralnervensystem vergleichbare Struktur aufweist.

Das Modell des lebensfähigen Systems beschreibt eine grundlegende Lenkungsstruktur großer Unternehmen und ist im Wesentlichen in fünf Subsysteme gegliedert, von denen jedes Aktivitäten in seinem relevanten Umfeld vollzieht. Diese Umfelder können ihrerseits mit anderen Umfeldern verknüpft sein und bilden einen Teil des für das Gesamtsystem relevanten Umfelds.[1]

Subsystem eins

Die mit A, B, C, D bezeichneten Kreise (siehe Abbildung 12.1) stehen für die operativen Aktivitäten eines lebensfähigen Systems, wobei die einzelnen Aktivitäten den Bereichen oder Divisionen eines Unternehmens entsprechen. Sie sind also „quasiautonome" Einheiten, wobei die Systeme 1A bis 1D die Divisionsführung darstellen.

Subsystem zwei

Die Aufgabe von Subsystem zwei besteht in der Koordination der Verhaltensweisen der Subsysteme eins, die ihre Leistungen unabhängig voneinander optimieren. Die prinzipielle Verhaltensfreiheit dieser Divisionen wird durch Vorgabe von Richtlinien eingeschränkt, die das Gesamtsystem betreffen (Autonomieprinzip). Die Übereinstimmung wird durch Konferenzen, Planungssysteme und Kommunikationsbeziehungen sowohl zwischen den divisionalen Führungskräften als auch zwischen den Mitarbeitern der einzelnen Divisionen erreicht.

Subsystem drei

Subsystem zwei koordiniert zwar die Aktivitäten der Subsysteme eins, kann aber nicht garantieren, dass die koordinierten Subsysteme eins einen größeren Effekt erzielen als die Summe der Einzelaktivitäten. Das soll Subsystem drei sicherstellen. Dafür wird ein operativer Gesamtplan ausgearbeitet, in dem sämtliche Informationen aller anderen Subsysteme mit einbezogen werden.

---

1 vgl. Malik (Strategie), S. 86ff.

Subsystem vier

Alle drei bisher beschriebenen Subsysteme sind fast ausschließlich nach innen gerichtet. Das Gesamtsystem kann jedoch ohne Information über das Systemumfeld nicht existieren. Die Subsysteme eins nehmen zwar Umfeldinformationen auf, jedoch nur im Bereich ihrer Einzelaktivitäten. Via Subsystem vier gelangen alle für das Gesamtunternehmen relevanten Umfeldinformationen in das Unternehmen.

Subsystem vier ist eng mit der obersten Entscheidungsinstanz (Subsystem fünf) verbunden und leitet die gefilterten Umfeldinformationen an diese weiter. Subsystem vier hat die Möglichkeit, Informationen nach ihrer Bedeutung zu beurteilen, sie zu selektieren, zusammenzufassen oder zurückzuhalten. Durch das Zusammenwirken der Subsysteme drei und vier wird ein Ausbalancieren von internem und externem Gleichgewicht versucht.

Subsystem fünf

Subsystem fünf repräsentiert die oberste Entscheidungsinstanz in einem Unternehmen. Seine Funktion ist die Planung möglicher zukünftiger Entwicklungen und die Formulierung der Unternehmenspolitik. Dadurch setzt Subsystem fünf grundlegende Normen und Regeln fest, in deren Rahmen sich alle anderen Systeme bewegen. Diese generellen Verhaltensweisen werden in enger Interaktion mit Subsystem drei und Subsystem vier ausgearbeitet.

Subsystem fünf ist relativ isoliert und hat keinen direkten Zugriff auf Informationen über die Außenwelt und über interne Entwicklungen des Unternehmens. Somit hat die Informationsfunktion von Subsystem vier überragende Bedeutung für die Funktionsfähigkeit des Systems.

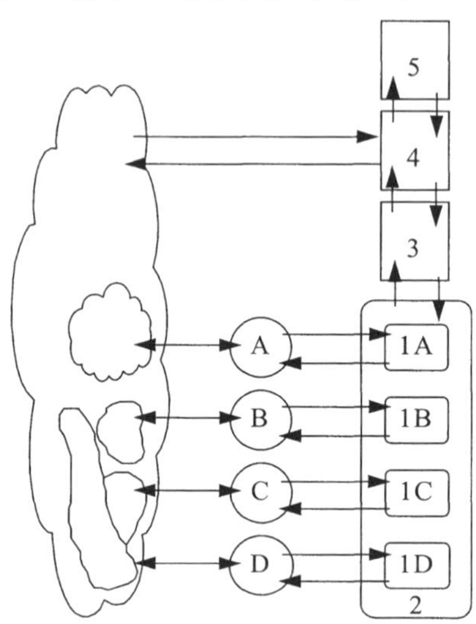

Abb. 12.1: Das lebensfähige System[1]

1 Malik (Strategie), S. 84f.

12.3 Inhalt des Konzepts

12.3.1 Probleme der Komplexität

Die Aufgabe des strategischen Managements ist die Bewältigung der komplexen Beziehung zwischen Unternehmen und Umfeld. Das Unternehmen muss Mittel und Wege finden, sich im Umfeld so zu verankern, dass es einerseits ausreichend Information über die Veränderungen des Umfelds aufnehmen und sich andererseits an diese Veränderungen anpassen kann. Das Modell des lebensfähigen Systems bildet eine Grundlage für die organisatorische Gestaltung und für die Lokalisierung aller vom Management zu lösenden Probleme. Neben diesen strukturellen Voraussetzungen sind Problemlösungsprozesse das zweite grundlegende Element der Komplexitätsbewältigung und der Gestaltung des strategischen Managements.

Ein System mit einer gegebenen Komplexität kann nur mit Hilfe eines ebenso komplexen Systems unter Kontrolle gebracht werden (Gesetz der erforderlichen Varietät). Denkweisen und Methoden, die in einfachen Systemen erfolgreich sind, können nicht ohne Weiteres auf komplexe Systeme übertragen werden.[1]

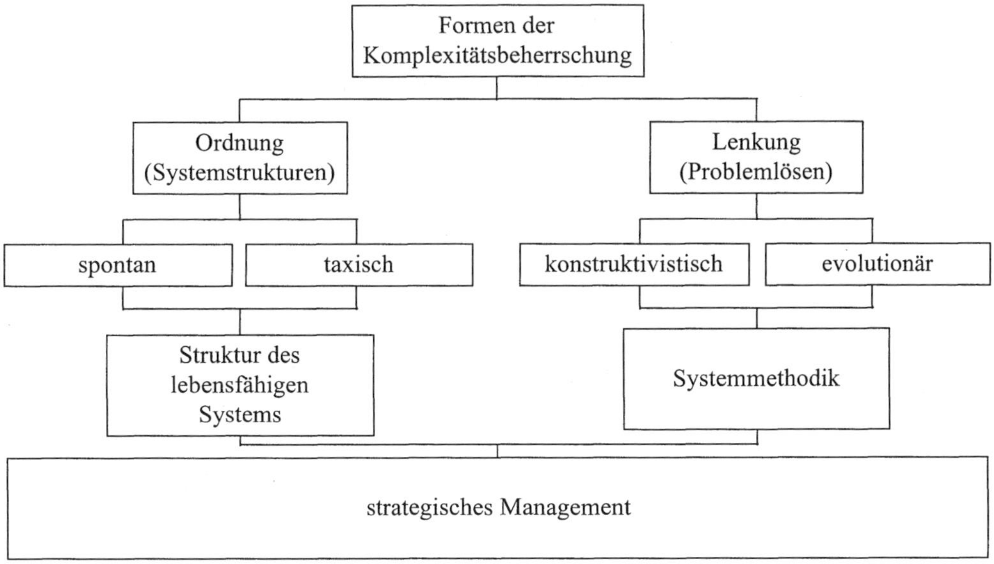

Abb. 12.2: Strategisches Management[2]

1 vgl. Malik (Strategie), S. 169ff.
2 Malik (Strategie), S. 177

12.3.2 Ordnung als Mittel der Komplexitätsbeherrschung[1]

Im Rahmen der Strukturen eines lebensfähigen Systems sind zwei wichtige System- oder Ordnungsarten unterscheidbar:

- Taxis, die gemachte oder bewusst geplante Ordnung,
- Kosmos, die gewachsene oder spontan entstandene Ordnung.

Eine bewusst geplante Ordnung kann nur so viele Informationen aufnehmen, wie der zentralen Ordnungsinstanz (Topmanagement) zugänglich sind. Klassisch-hierarchische Strukturen implizieren eine taxische Lenkungsform, deren Wesen zur isolierten Betrachtung von Teilaspekten des Unternehmensgeschehens führt und Interaktionen innerhalb eines Unternehmens kaum beachtet. Jedem Mitarbeiter sind konkrete Aufgaben zugewiesen. Der Manager wird als „Macher" dargestellt, der potenziell in der Lage ist, alle Schwierigkeiten zu bewältigen.

Es ist aber offensichtlich, dass komplexe Systeme mittels analytischer Methoden nicht gelenkt und Probleme auf diese Weise nicht gelöst werden können. Je komplexer eine Ordnung ist, um so mehr ist man auf spontane Ordnungskräfte angewiesen, da „ein erheblich höheres Maß an Wissen in ihre konkrete Gestaltung Eingang findet".[2] Spontane Ordnung ist meist in der Lage, erheblich komplexere Probleme zu lösen als bewusst geplante Ordnung, da sie fähig ist, sich veränderten Bedingungen ihrer Umwelt rasch anzupassen. Der Problemlösungsprozess erfolgt in mehreren Stufen. Zunächst trifft jedes Entscheidungszentrum selbstständig Entscheidungen, danach werden stufenweise die Problemlösungen der anderen mit berücksichtigt, bis eine gesamthafte Problemlösung oder Anpassung erzielt wird.[3]

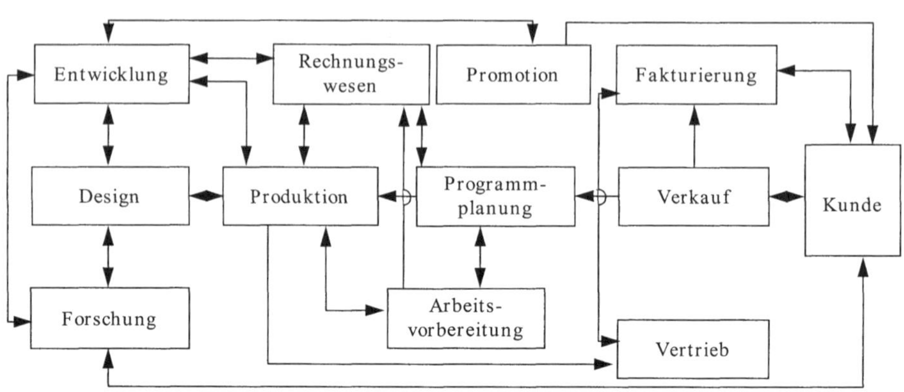

Abb. 12.3: Lebensfähige Struktur[4]

1 vgl. Malik (Strategie), S. 214ff.; Malik, Probst (Management), S. 126ff.
2 Malik (Strategie), S. 217
3 vgl. Malik (Strategie), S. 231ff.
4 Malik (Strategie), S. 243

12.3.3 Problemlösen als Mittel zur Komplexitätsbeherrschung[1]

Das zweite grundlegende Element zur Bewältigung des Problems der Komplexitätsbeherrschung ist die Anwendung von Problemlösungsprozessen. Malik unterscheidet dabei zwei Arten:

- konstruktivistische Methode,
- evolutionäre Methode.

Beide Methoden versuchen, Vorgehensweisen und Techniken zu entwickeln, deren Anwendung zu einer rationalen Problemlösung führt. Unter optimalen Bedingungen führt die konstruktivistische Methode zu einer besseren Entscheidung als die evolutionäre Methode. Derartige Bedingungen sind in der Realität aber nicht anzutreffen.

Im Rahmen der konstruktivistischen Methode analysiert der Problemlöser zunächst alle Ziele und Wertvorstellungen, die seiner Auffassung nach angestrebt werden sollen. Dann bringt er diese Ziele in eine stabile Rangordnung. Im nächsten Schritt überprüft er alle denkbaren Mittel und Wege, mit deren Hilfe er die Ziele unter Berücksichtigung seiner Wertvorstellungen erreichen kann. Im dritten Schritt untersucht er umfassend alle möglichen Folgen jeder einzelnen Mittel- oder Wegalternative. Schließlich wählt er jene Alternative, die ein „Maximum an Zielerreichung oder zumindest einen befriedigenden Grad der Zielerreichung verspricht".[2]

Durch das Planungsverfahren und die Informationsauswahl wird die Komplexität reduziert. Die Entscheidungsträger nützen nur einen Bruchteil der verfügbaren Informationen und konzentrieren sich auf isolierte Teilaspekte, wobei sie aber den Überblick über die komplexen Zusammenhänge verlieren. Die Anzahl der grundsätzlich möglichen Alternativen wird unterschätzt, die Zielbildung ist mangelhaft, Diskontinuitäten und plötzliche Veränderungen der anfänglichen Bedingungen werden kaum berücksichtigt.[3]

Die evolutionäre Methode konzentriert sich auf die Entwicklung von „rationalen Problemlösungsprinzipien", deren Anwendung im Bereich des Möglichen liegt. Sie ist durch ein „Versuch-Irrtum-Paradigma" geprägt, in dessen Zentrum ein ständiger Prozess der Selektion und Anpassung an die Umfelderfordernisse steht.[4]

Der Problemlöser der evolutionären Methode ist sich der Tatsache bewusst, dass sämtliche Informationen, die in den Problemlösungsprozess eingehen, nur vorläufigen Charakter haben und nie konstant bleiben. Er sieht den Problemlösungsprozess nicht als Ziel-Mittel-Prozess, sondern als Mittel-Ziel-Prozess an. Es werden nur jene Ziele ausgewählt, von denen man unter Berücksichtigung des Wissens über Mittel und Möglichkeiten vernünftigerweise annehmen kann, dass sie realisiert werden können. Evolutionäres Problemlösen ist permanentes Problemlösen. Jede reale Entscheidung ist ein Ereignis in einer Kette von vor- und nachgelagerten Entscheidungen.

---

1 vgl. Malik (Strategie), S. 248ff.
2 Malik (Strategie), S. 256
3 vgl. Malik (Systeme), S. 20ff.
4 vgl. Malik (Strategie), S. 268ff.

12.3.4 Strategiealternativen[1]

Malik beschreibt vier Strategiealternativen, die sich aus der Zuordnung der Problemlösungsprozesse ergeben: nämlich konstruktivistische und evolutionäre Methode zu den Organisationsformen Taxis und Kosmos. Sie sind die Grundformen der Organisation und Steuerung sozialer Systeme.

	konstruktivistische Problemlösung	**evolutionäre Problemlösung**
taxische Ordnung	In dieser Grundform werden vom Menschen soziale Systeme zur Erfüllung bestimmter Zwecke geschaffen. Die daraus resultierenden straffen, hierarchischen Organisationsformen machen eindeutige Befehls- und Informationskanäle notwendig. Die Problemlösungsprozesse folgen einem Routineverfahren. Auf dieser Strategiealternative beruht der größte Teil der herkömmlichen Managementlehre.	Evolutionär orientierte Problemlösungsprozesse können in taxischen Ordnungen nicht eingesetzt werden, da die gesamte Denkweise der Organisationsmitglieder auf die konstruktivistische Methode ausgerichtet ist. In der neueren Managementliteratur wird diese Kombination jedoch immer öfter behandelt.
spontane Ordnung	Spontane Ordnungen sozialer Systeme setzen sich gegen die Absicht der an taxischen Ordnungsformen orientierten Organisatoren durch. Mit konstruktivistisch ausgerichteten Problemlösungsprozessen greift man in diese Ordnungen ein, um sie zu verbessern. Dadurch werden die spontanen Tendenzen behindert und degenerieren schließlich. Diese Situation entspricht weitgehend der sozialen Wirklichkeit.	Der spontane Charakter der Ordnung und der evolutionäre Verlauf der Problemlösungsprozesse schließen zweckorientierte Handlungen nicht aus, da das sich selbst organisierende System durch eine übergeordnete Kategorie, die Meta-Ebene, organisiert wird. Auf diese Organisationsweise geht Malik näher ein. Mit dieser Kombination beschäftigt sich vor allem systemorientierte Literatur.

Abb. 12.4: Strategiealternativen

12.3.5 Metasystemische Lenkung[2]

In einem Unternehmen können zwei Ebenen unterschieden werden: die Meta-Ebene und die Objekt-Ebene. Die Meta-Ebene ist eine übergeordnete Ebene, die Strukturen und Regeln des Geschehens bestimmt und Rahmenbedingungen festsetzt, innerhalb derer die Objekt-Ebene ihre Aktivitäten setzen kann.

1 vgl. Malik (Strategie), S. 345ff.
2 vgl. Malik (Strategie), S. 399ff.

Unter metasystemischer Lenkung versteht man die Organisation eines sich selbst organisierenden Systems auf der Meta-Ebene. Sie soll die Objekt-Ebene in die Lage versetzen, die erforderlichen Strategien innerhalb der gesetzten Rahmenbedingungen inhaltlich zu entwickeln. Die Meta-Ebene überwacht die Aktivitäten innerhalb eines Unternehmens und leitet bei Bedarf entsprechende metasystemische Problemlösungsmaßnahmen ein. Befindet sich die Objekt-Ebene zur Gänze im Einflussbereich des Unternehmens, so ist der Einfluss der metasystemischen Lenkung sehr groß, da direkte Informationsgewinnung und Interaktion möglich sind. Liegt die Objekt-Ebene nicht ausschließlich im Einflussbereich des Unternehmens, müssen Bedingungen geschaffen werden, die in anderen Systemen ablaufende Prozesse in eine Richtung orientieren, die für das Unternehmen günstig ist.

12.4 Stärken des Konzepts

- Malik gelingt es, in seinem Ansatz auf der Basis einer interdisziplinären wissenschaftlichen Erkenntnis (Kybernetik, Soziologie, Biologie, Psychologie, Neurologie, Neurokybernetik, vergleichende Verhaltensforschung, Ökologie, Evolutionstheorie etc.) durch Anwendung neuer Denkweisen und Methoden der Tatsache Rechnung zu tragen, dass die Wirklichkeit sich nicht aus dem Wissen getrennter Fächer zusammensetzt. Er überwindet damit eine rein wirtschaftswissenschaftliche Betrachtungsweise.
- Im Mittelpunkt von Maliks Konzept steht die Lebensfähigkeit des Unternehmens. Das Modell des lebensfähigen Systems wirkt durch seinen klaren Aufbau leicht überschaubar. Die Funktionen der einzelnen Subsysteme sind ebenso wie die Zusammenhänge im Unternehmenskontext eindeutig definiert.
- Der Vorteil der metasystemischen Lenkung besteht darin, dass auf der Meta-Ebene eine grundsätzliche Richtung ausgearbeitet wird, an der sich das Unternehmen orientieren soll. Da die Meta-Ebene nicht direkt auf die Objekt-Ebene einwirkt, sondern dieser die Gestaltung der erforderlichen Strategien überlässt, sind die Mitglieder der Objekt-Ebene auf Grund ihrer Selbstständigkeit stark motiviert.

12.5 Schwächen des Konzepts

- Malik stellt normativ fest, dass nur jene Unternehmen lebensfähig sind, die nach dem Modell des lebensfähigen Systems strukturiert sind, was streng genommen einen Zirkelschluss darstellt. Weiters fehlt jegliche Abgrenzung der Lebensfähigkeit, das heißt eine Erklärung, ab welchem Zeitpunkt oder Organisationsstadium ein Unternehmen lebensfähig ist, welche Erfolge es verzeichnen sollte und ob es auch dann lebensfähig ist, wenn es „sich gerade über Wasser halten kann". Simon versucht dieses Problem in Anlehnung an die naturwissenschaftliche Evolutionstheorie zu lösen: „Um im Wettbewerb langfristig und profitabel zu überleben, muss eine Firma zumindest einen strategischen Wettbewerbsvorteil besitzen."[1] Die Analogie in der Evolutionstheorie ist das „Gesetz des gegenseitigen Ausschlusses". Danach kann eine Spezies nur überleben, wenn sie zumindest eine lebenswichtige Aktivität besser beherrscht als ihre Feinde.[2]

- Malik bietet eine Einführung in die Betrachtung eines Unternehmens als komplexes System. Die Darstellung erfolgt auf sehr hohem Abstraktionsniveau und weitgehend in der Terminologie der Systemtheorie. Eine direkte praktische Umsetzung ist nur schwer möglich. Malik setzt beim Management die Fähigkeit voraus, abstrakte, strukturierte Konzepte bei Managemententscheidungen zu berücksichtigen, was bei der Rezeptgläubigkeit mancher Führungskräfte ein allzu hoher Anspruch ist. Die grundlegende Schwierigkeit bei der Umsetzung des Modells in die Praxis ist die Schaffung zahlreicher Kommunikationswege, sodass die Informationen rasch und möglichst ungefiltert weitergeleitet, an einer Stelle (Subsystem drei oder Subsystem fünf) gesammelt und zur Entscheidungsfindung aufbereitet werden können. Je größer ein Unternehmen ist und/oder je mehr Mitarbeiter es beschäftigt, um so komplizierter gestaltet sich die rasche Weiterleitung von Informationen.
- Voraussetzung für die Lebensfähigkeit eines Unternehmens ist die Anpassung an sich verändernde Umfeldzustände. Malik hebt die dafür notwendige Flexibilität des Unternehmens hervor, gibt aber keine Instrumente an, mit deren Hilfe Umfeldveränderungen leichter erkannt und notwendige Anpassungen besser vollzogen werden können. Auch hier bietet er lediglich theoretische Grundlagen, wobei ergänzende praktische Ausführungen fehlen.

12.6 Bedeutung für die Unternehmensführung

In seinem Hauptwerk „Die Strategie des Managements komplexer Systeme", das 1984 erstmals erschienen ist, stellt Malik sein strategisches Konzept ausführlich vor, seither wird er in der betriebswirtschaftlichen Literatur häufig zitiert. In der Praxis der Unternehmensberatung wird Maliks Konzept vom MZSG angewendet, das unter anderem für ausgezeichnete Schulungsunterlagen zur Ausbildung von Führungskräften und für detaillierte Fragen- und Checklisten zur Erstellung eines Strategiekonzepts in Unternehmen bekannt ist.[3]

12.7 Empfohlene Literatur

- Malik, F.: Strategie des Managements komplexer Systeme, Bern 2002, 589 Seiten. Ausführliche Beschreibung seiner Konzepte. Ein sehr gutes Fallbeispiel im Epilog.
- Malik, F.: Management-Perspektiven, Bern 1999, 422 Seiten. Aufsatzsammlung zu Wirtschaft, Gesellschaft, Management und Ausbildung. Leicht lesbar und vielfältig.

---

1 Simon (Wettbewerbsvorteile), S. 465
2 vgl. Simon (Wettbewerbsvorteile), S. 465
3 vgl. Jersabek (Interview)

- Malik, F.: Management-Systeme, Die Orientierung, Bern 1994, 60 Seiten. Anschauliche und mit vielen Grafiken und Formularen unterstützte Kurzeinführung in das Konzept des systemorientierten Managements. Leicht verständlich und einfach zu lesen.

13 Rudolf Mann

Es ist das Dilemma unserer Schulausbildung,
dass wir trainiert wurden, gleicher als die Gleichen zu sein,
damit wir unsere Prüfungen bestehen.
Nicht die Entfaltung der Einzigartigkeit wird honoriert,
sondern die Anpassung an das Prüfungs-Rastersystem,
damit man dort möglichst erfolgreich hindurchkommt.
Gleichmacherei statt Individualität.

13.1 Zur Person des Autors

Dr. Rudolf Mann, geboren 1940, war viele Jahre in der Privatwirtschaft in leitender Position tätig: Chefcontroller in der Zentralverwaltung der Oetker-Gruppe, in der Geschäftsleitung der PWA Waldhof, als Organisationschef einer großen Philips-Tochter und als geschäftsführender Gesellschafter der DEGEMA, der Deutschen Gesellschaft für Strategische Unternehmensführung. Seit 1984 arbeitet er als selbstständiger Unternehmensberater, als geschäftsführender Gesellschafter von „UNTERNEHMENSERFOLG, Praxis für ganzheitliche Unternehmensführung".

Homepage: http://www.rudolfmann.de/

13.2 Grundlagen

Wie andere Autoren wählt auch Mann die zunehmende Umfeldkomplexität als Ausgangspunkt seiner Überlegungen. Mit klassischen, bereits überholten Unternehmensführungsmethoden ist das Management in der heutigen Zeit fast zwangsläufig zum Scheitern verurteilt. Mann sieht in einem neuen Bewusstsein der Unternehmensführung und in ganzheitlicher Betrachtung des Unternehmens einen Weg aus der potenziellen Krise.

Der Wandel von der operativen zur strategischen Planung

Bis vor einigen Jahren galt quantitatives Wachstum als Schlüssel zum Unternehmenserfolg. Buchhaltung und Kostenrechnung waren, in Verbindung mit einem autoritären Führungsstil, taugliche Instrumente der Gewinnsteuerung. In dieser Zeit entwickelten sich ausgereifte Systeme der operativen Planung. Das operative Controlling entstand aus der Notwendigkeit, im Rahmen der Langfristplanung (im Gegensatz zur Kurzzeitplanung) Rückkopplungseffekte zu berücksichtigen. Berichtswesen als Plan-Ist-Vergleich, Abweichungsanalysen und ähnliche Instrumente wurden weiterentwickelt.[1]

Stagnierende Märkte führten und führen in den letzten Jahren jedoch zu einem immer stärker werdenden Verdrängungswettbewerb und erhöhen damit die Komplexität des Unternehmens und seines Umfelds. Diese Entwicklung bringt es mit sich, dass eine rein auf operativen Daten aufgebaute Unternehmenssteuerung langfristig nicht mehr Erfolg versprechend sein kann. Der Weg vom operativen Denken zu strategischer Planung, strategischem Controlling und schließlich zum strategischen Management wird zur zwingenden Notwendigkeit. Folgende, bisher unbedeutende Faktoren treten in den Vordergrund:[2]

- Offener Zeithorizont,
- Mehrdimensionalität der Planung (einzubeziehende Faktoren sind z. B. Konsumgewohnheiten, Firmenimage, technische Innovation),
- Betrachtung des Unternehmens aus der Sicht des Unternehmensumfelds.

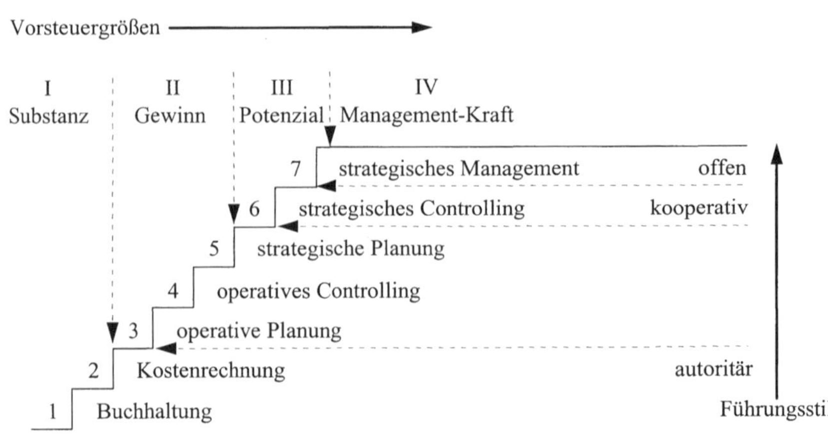

Abb. 13.1: Die sieben Stufen der Unternehmenssteuerung[3]

1 vgl. Mann (Unternehmen), S. 19ff.
2 vgl. Mann (Unternehmen), S. 27ff.; Mann (Praxis), S. 17f.
3 Mann (Unternehmen), S. 56

13.3 Inhalt des Konzepts

13.3.1 Strategisches Controlling

13.3.1.1 Konzeption

Aufgabe des strategischen Controlling ist es, die nachhaltige Existenzsicherung des Unternehmens zu unterstützen beziehungsweise zu gewährleisten.[1]

Mann baut sein Konzept des strategischen Controlling auf der Strategiedefinition Gälweilers auf, wonach Strategie als das Schaffen und Erhalten von Erfolgspotenzialen verstanden wird. Diese zu erkennen wird zur Grundlage einer nachhaltigen Existenzsicherung des Unternehmens. Erfolgspotenziale sind die Gewinnchancen der Zukunft und somit die Vorsteuergröße des Unternehmensgewinns.[2]

In diesem Kontext bedeutet strategisches Controlling „systematisch zukünftige Chancen und Risiken erkennen und beachten."[3] Strategisches Controlling stellt, als Weiterentwicklung der strategischen Planung, die Vorstufe des strategischen Managements dar. Als Hilfsmittel der Feedforward-Führung ermöglicht es, Probleme und Zielabweichungen festzustellen, ehe sie sich in Zahlen niederschlagen.[4]

Jedoch erst ein nahtloses Ineinandergreifen von operativem und strategischem Controlling zu einem Regelkreissystem sichert die Funktionstüchtigkeit des Gesamtsystems. Dadurch können die Auswirkungen strategischer Entscheidungen gezeigt und Strategien ständig auf ihre Durchführbarkeit geprüft werden.[5]

13.3.1.2 Kooperativer Führungsstil – die Basis des strategischen Controlling

Da die Basis aller Erfolgspotenziale menschliche Arbeit ist, weil Maschinen, Gebäude etc. nur von Menschen genutzt werden, muss sich strategisches Controlling, will es Potenziale steuern, am Menschen beziehungsweise an den Mitarbeitern orientieren.[6]

Strategisches Controlling muss dieser Bedeutung des Menschen als Erfolgsfaktor gerecht werden. Ein Wandel vom autoritären oder bürokratischen Führungssystem zu einem kooperativen, partizipativen Führungsverhalten ist daher unbedingt notwendig.[7]

---

1 vgl. Mann (Praxis), S. 37
2 vgl. Mann (Praxis), S. 38f.; Mann (Unternehmensführung), S. 80
3 Mann (Praxis), S. 33
4 vgl. Mann (Unternehmensführung), S. 79
5 vgl. Mann (Verzahnung), S. 218ff.
6 vgl. Mann (Führungsstil), S. 3; Mann (Praxis), S. 56
7 vgl. Mann (Wachstum), S. 14f.; Mann (Unternehmen v.), S. 115ff.; Mann (Unternehmen), S. 60

13.3.1.3 Werkzeuge des strategischen Controlling

Mann beschränkt sich nicht auf konzeptionelle Überlegungen, sondern beschreibt eine Fülle von Instrumenten, die im Rahmen des strategischen Controlling eingesetzt werden können. Diese entsprechen seinen Anforderungen als Praktiker, sind operational dargestellt und einfach anwendbar. Folgende strategische Controllinginstrumente stehen zur Auswahl:[1]

- Potenzialanalyse,
- strategische Bilanz,
- strategisches Leitbild,
- Portfolioanalyse,
- Klärung der Frage, welche Probleme für welche Zielgruppen nachhaltig besser gelöst werden als durch den Wettbewerb,
- Führungssystem.

Mittelpunkt des Konzepts sind für Mann die Potenzialanalyse, die strategische Bilanz und das Leitbild.

Potenzialanalyse[2]

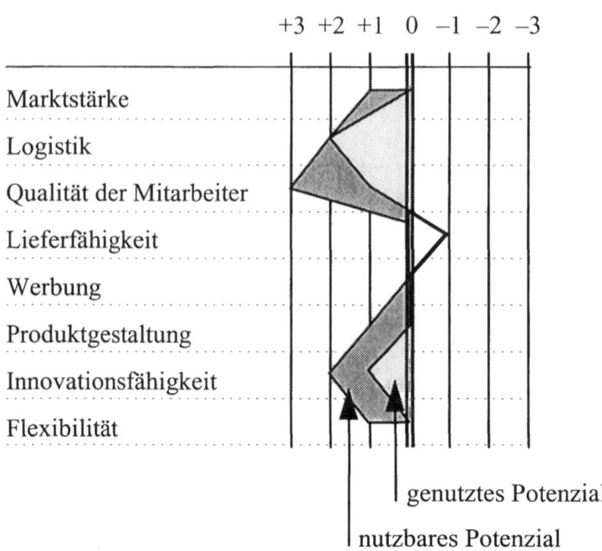

Abb. 13.2: Ergebnis einer Potenzialanalyse[3]

1 vgl. Mann (Unternehmensführung), S. 80f.
2 vgl. Mann (Praxis), S. 56ff.
3 vgl. Mann (Praxis), S. 62

Die Potenzialanalyse ist eine Weiterentwicklung der SOFT-Analyse, bei der die zehn wichtigsten Stärken und Chancen den zehn wichtigsten Schlüsselfaktoren gegenübergestellt werden. Die Potenziale ergeben sich aus dem Vergleich mit dem schärfsten Wettbewerber, bezogen auf die zehn Schlüsselfaktoren beziehungsweise Stärken und Chancen. Der Ausbau dieser Stärken bietet zusätzlich nutzbare Potenziale. Die Bestimmung der relativen Wettbewerbsposition im Verhältnis zum schärfsten Wettbewerber erfolgt bei Mann in vier Phasen mit jeweils mehreren Schritten:[1]

- Sammeln der zehn Schlüsselfaktoren, die über den Erfolg in einem Markt entscheiden (Checklisten bieten Hilfe bei der Überprüfung der Vollständigkeit).
- Erarbeiten der zehn wichtigsten (internen) Stärken beziehungsweise (externen) Chancen und (internen) Schwächen beziehungsweise (externen) Risiken.
- Darstellen der Schlüsselfaktoren beziehungsweise Stärken/Chancen des eigenen Unternehmens, relativ zum schärfsten Wettbewerber, in einem Diagramm = genutztes Potenzial.
- Simulation der Gegenüberstellung unter der Prämisse unbegrenzter Ressourcen, um das nutzbare Potenzial zu erkennen.

Schwächen und Risiken werden im Rahmen der Potenzialanalyse nur insofern beachtet, als durch sie der Fortbestand des Unternehmens akut gefährdet erscheint (tödliche Schwächen).

Strategische Bilanz[2]

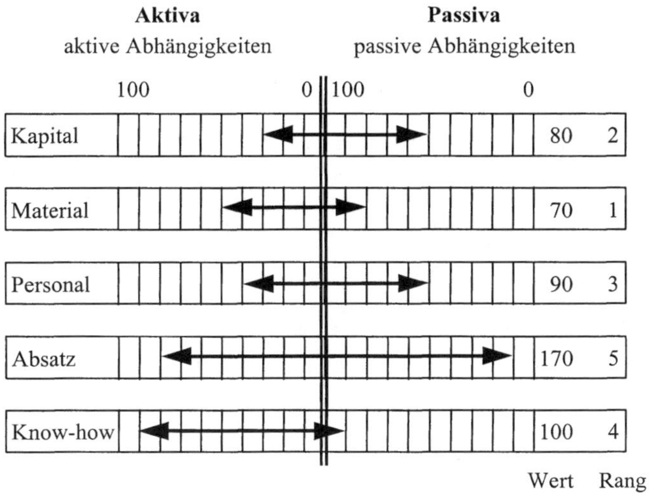

Abb. 13.3: Strategische Bilanz[1]

1 vgl. Hopfenbeck (Managementlehre), S. 610
2 vgl. Mann (Praxis), S. 43ff.

Die strategische Bilanz dient der Ermittlung des strategischen Engpasses. Das ist jener Engpass, „der ein Unternehmen daran hindert, seine Erfolgspotenziale voll auf die Ziele auszurichten".[2] Die „Aktivseite" der strategischen Bilanz stellt das Ausmaß dar, in dem das Umfeld vom Unternehmen abhängig ist. Die strategische „Passivseite" spiegelt den Bereich wider, in dem das Unternehmen vom Umfeld abhängt. Beide Seiten der Bilanz werden in der Regel in die „Bilanzpositionen" Kapital, Material, Personal, Absatz und Know-how gegliedert.

Durch die Ermittlung des strategischen Engpasses werden die Abhängigkeitsverhältnisse eines Unternehmens aufgedeckt, die sich langfristig positiv beziehungsweise negativ auf den Unternehmenserfolg (manifestiert im Jahresabschluss) auswirken.

Wie bei der Potenzialanalyse erfolgt eine zweite Bewertung unter der Hypothese, dass der einschneidendste Engpass beseitigt wird (Planbilanz). Damit wird überprüft, wie sich Abhängigkeiten bei Realisierung der Maßnahmen verändern, wobei das Ausmaß der Veränderung sämtlicher Faktoren signalisiert, ob der Engpass richtig gefunden wurde.

Sowohl die strategische Bilanz als auch die Potenzialanalyse enden mit der Ausarbeitung eines Maßnahmenplans zur Nutzung der Chancen und zur Abwehr der Bedrohungen für das Unternehmen. In diesem Maßnahmenplan werden Durchführungsverantwortliche, Zeitaufwand, Rangfolge und Beginn- beziehungsweise Endtermine festgehalten.[3]

Leitbild[4]

Das strategische Leitbild wird auf der Grundlage der übrigen Instrumente erarbeitet. Es stellt die qualitativen Ziele des Unternehmens dar und zeigt, wozu das Unternehmen da ist. Der Mindestinhalt eines strategischen Leitbilds umfasst:[5]

Inhalt eines Leitbilds	
Firma	Was vermittelt der Name des Unternehmens? Repräsentiert er das Selbstverständnis des Unternehmens nach außen?
Leistung	Wertschöpfungstiefe und -breite, Technologie, Fertigungsverfahren?
Produkte	Welche Problemlösungen werden angeboten?
Qualität	Welcher Qualitätsstandard wird angestrebt? Ist Qualität ein besonderes Kennzeichen des Unternehmens?
Preis	Wie verhält sich der Preis im Vergleich zur Qualität und zum Wettbewerb?

1 vgl. Mann (Praxis), S. 50
2 Mann (Unternehmen), S. 48
3 vgl. Mann (Praxis), S. 51ff.
4 vgl. Mann (Controlling), S. 3; Mann (Praxis), S. 71ff.
5 vgl. Mann (Praxis), S. 72

Marke, Image	Versteht sich das Unternehmen als Markenartikelerzeuger, werden Zweitmarken vertrieben? Welches Image strebt das Unternehmen an?
Vertrieb	Eigen- oder Fremdvertrieb, Vertriebspartner?
Aktionsradius	Versteht sich das Unternehmen als regionaler, nationaler, internationaler oder globaler Anbieter?
Zielgruppe	Welche sind die Zielgruppen des Unternehmens?
Umfeld	Wie gestaltet das Unternehmen sein gesellschaftliches und politisches Umfeld?

Abb. 13.4: Mindestinhalt eines strategischen Leitbilds[1]

Im strategischen Controlling muss immer beachtet werden, dass strategische Werkzeuge Modelle sind: „... die Fragen provozieren und dabei helfen, Plausibilitätsprüfungen durchzuführen. Sie sind aber nie der Beweis oder das Urteil an sich."[2]

13.3.2 Strategisches Management[3]

Strategisches Management ist die Weiterentwicklung des strategischen Controlling, indem dessen Gedankengut im Management internalisiert wird. Das Management besitzt von sich aus die Kraft und das Vorstellungsvermögen, den strategischen Gestaltungsprozess in Gang zu halten. Die Vorsteuergröße (für Potenziale), die im strategischen Management in den Mittelpunkt der Gestaltung rückt, ist die Vision. Damit verbunden ist der Übergang von einem kooperativen zu einem offenen Führungsstil, „der das Unternehmen für Signale der Veränderung öffnet, (...), der getroffene Entscheidungen in Frage stellt, wenn es notwendig ist, und Probleme nicht verdrängt".[4]

13.3.3 Die ganzheitliche Managementkonzeption

Strategisches Management und Controlling haben sich für Mann in eine Sackgasse entwickelt, weil

- das lineare Denken den menschlichen Verstand überschätzt,

---

1 vgl. Mann (Praxis), S. 72
2 Mann (Unternehmen), S. 69
3 vgl. Mann (Unternehmen), S. 56ff.
4 Mann (Unternehmen), S. 60f.

- anweisungsorientierte Führung, Gewinnvorgaben, Gleichmacherei und Überbetonung betriebswirtschaftlicher Instrumente die Beherrschbarkeit von Unternehmen nicht mehr sicherstellen,
- die Weiterverfolgung althergebrachter Denkweisen der Qualität strategischer Arbeit schadet.[1]

Diese Kritikpunkte können nur mit Hilfe eines ganzheitlichen Managementansatzes überwunden werden, den Mann auf folgenden Grundlagen aufbaut:

Systemtheorie

Ähnlich den Vertretern des systemorientierten Managements kritisiert Mann das lineare, kausale Denken und fordert die Konfrontation des Managements mit der Komplexität und Vernetztheit des Umfelds und des Unternehmensgeschehens.

Energiehaushalt

Mann versteht das Unternehmen als einen lebenden Organismus und baut darauf eine Reihe von Analogien auf. Er bezieht sich dabei auf Erkenntnisse der Biokybernetik (besonders Frederic Vester) und auf philosophische Gedanken zu Lebenskraft und -energie. Aus diesen Überlegungen lässt sich die Forderung nach einem „positiven“ Energiesaldo (Energieaufnahme im Verhältnis zu Energieabgabe) und nach ökologischer Grundhaltung des Unternehmens ableiten.

Evolution

Mann wendet Erkenntnisse der Evolutionstheorie auf das Unternehmen an. Demnach erzwingen Wachstums- und Entwicklungsschranken einen ständigen Evolutionsprozess, der das Unternehmen und dessen Mitarbeiter einem irreversiblen Veränderungsprozess unterwirft. Musterlösungen, Patentrezepte und Normstrategien, die in der Literatur angeboten werden, stellen sich vor dem Hintergrund ständiger Veränderung und Weiterentwicklung als inadäquate Hilfestellungen dar.

Holografie

Jeder Teil eines Hologramms enthält die Gesamtheit der im Hologramm vorhandenen Informationen. Mann sieht die Mitarbeiter eines Unternehmens als Teilhologramm der Unternehmensganzheit. Das Verhältnis des Managements zu den Mitarbeitern und das Verhältnis dieser untereinander sind ein Abbild des Unternehmens- und Gesellschaftssystems. Daraus lässt sich die Forderung nach Harmonie im Unternehmen ableiten.

Einheit von Leib, Seele und Geist

Der Mensch ist eine Einheit von Leib, Seele und Geist. Mann überträgt diese Vorstellung, entsprechend den Hologrammüberlegungen, auf das Unternehmen. Er interpretiert Leib als Substanz (operativer Steuerungskreis), Seele als Energie im Sinne von Aktivitäten und Abhängig-

---

1 vgl. Mann (Unternehmen), S. 63ff.

keiten (strategischer Steuerungskreis) und Geist als die Vision des Unternehmens. Darüber hinaus identifiziert er eine weitere Ebene: die Schöpfung beziehungsweise Zerstörung.

Aus diesen gedanklichen Grundlagen entwickelt Mann ein Managementkonzept, das aus fünf Modulen besteht:

- Potenziale,
- Vision,
- Engpassproblem,
- Kundennutzen,
- Umsetzung.

Trotz der Abwendung von der traditionellen Managementlehre und trotz der philosophisch-kontemplativ anmutenden Grundlage des ganzheitlichen Managements weist das Fünf-Module-Konzept deutliche Übereinstimmungen und Parallelen zum strategischen Controlling auf.

Mann stellt in seinen neueren Arbeiten frühere Werke in einen umfassenden Rahmen. Er greift bei der Umsetzung des ganzheitlichen Managements auf die von ihm bereits im strategischen Controlling eingesetzten Instrumente zurück: Potenzialanalyse, strategische Bilanz, Portfolio, Vision (Leitbild) etc.

1) Wahrnehmen der Situation, ohne sie sofort zu beurteilen oder zu bewerten.
2) Mit positiver Einstellung aus Fehlern lernen.
3) Probleme in Wünsche umformulieren und so mit Energie aufladen.
4) Ein Wunschbild erschaffen.
5) Erkennen, dass die Vision keine Grenzen kennt.
6) Durch Ausmisten Platz für Neuerungen schaffen.
7) Die Vision durch geistige Schöpfungskraft entwerfen.
8) Sich auf die wichtigsten Ideen konzentrieren.
9) Mitarbeiter einbeziehen und so die Vision mit Energie aufladen.
10) Realisierung der ersten Schritte.
11) Prüfung, ob das Vertrauen beziehungsweise die Festigkeit des Glaubens vorhanden ist.
12) Die Vision nicht krampfhaft erzwingen, sondern ihr freien Lauf lassen.

Abb. 13.5: Die zwölf Schritte der Entwicklung einer Vision

Dabei verschieben sich aber die Schwerpunkte in Richtung einer höheren Bedeutung der Vision (als Weiterentwicklung des Leitbilds), die übergeordneten Stellenwert erhält.

Die Vision dient wie das Leitbild zur Orientierung. Sie legt fest, wozu das Unternehmen da ist, ist Glaubensbekenntnis und Zielvorstellung. Damit sollen sich alle Mitarbeiter identifizieren, um ihre Energien zu bündeln.[1]

---

1 vgl. Mann (Unternehmen v.), S. 34f.

Die Entwicklung der Vision durchläuft zwölf Stufen: Sie beginnt auf den Ebenen der Materie (1, 2), der Energie (3, 4) und des Geistes (5, 6, 7, 8), um schließlich über die Ebene der Energie (9) wieder auf die Ebene der Materie (10, 11, 12) zurückzugelangen, wo sie sich manifestiert.[1]

13.3.4 Der ganzheitliche Mensch

Mann konzentriert sich in der Folge immer stärker auf die Bedeutung des Menschen, weil er für ihn die „Vitalkraft" im Unternehmen verkörpert. Er setzt Themen wie Lebenssinn, Erfolg, Erfüllung und Entfaltung im Beruf in Bezug zum Unternehmenserfolg. Die Ursache für Probleme im Unternehmen liegen im Menschen und in der mangelhaften „Abstimmung des äußeren Selbst mit dem Inneren".[2] Die Gründe dafür sind:

- Druck,
- Angst,
- Abhängigkeit.

Diesen Problemursachen kann Selbstständigkeit, Freiheit und Sicherheit entgegengesetzt werden. Das fordert vom Unternehmen ein neues Menschenbild, in dessen Zentrum Gleichwertigkeit, Einzigartigkeit und Andersartigkeit stehen.[3] Manns daraus abgeleitete Themen zur Führung „im neuen Bewusstsein" sind: Wertewandel, Transformation, Auflösung von Blockaden, Vertrauen, Ausstrahlung und Harmonie.

Mann stellt drei Anforderungen an Unternehmen beziehungsweise an das gesamte Wirtschaftssystem:

- Ökonomie der Partnerschaft,
- Verbundenheit mit der Natur,
- Ethik, die auf dem Grundsatz fußt: „Was du nicht willst, dass man dir tu, das füg auch keinem andern zu!"

Nur Unternehmen, die dieser Grundhaltung entsprechen, sind für Mann langfristig überlebensfähig.[4]

Heute stehen nicht mehr Controlling und strategisches Controlling im Mittelpunkt seiner Arbeit, sondern die permanente Weiterentwicklung eines neuen Führungskonzeptes.[5]

---

1 vgl. Mann (Unternehmen v.), S. 65ff.
2 Mann (Unternehmen v.), S. 160
3 vgl. Mann (Unternehmen v.), S160ff.
4 vgl. Mann (Unternehmen v.), S. 160ff.
5 vgl. http://www.rudolfmann.de/

13.4 Stärken des Konzepts

- Mann fühlt sich dem Praktiker verpflichtet. Der entscheidende Prüfstein seiner Konzepte ist Praxistauglichkeit. Seine Überlegungen sind von jahrzehntelanger praktischer Arbeit als Führungskraft und als Berater geprägt.
- Trotz der Vielfalt abstrakter und philosophischer Überlegungen gelingt es Mann, seine Konzeption operativ zu machen und Praktikern Hilfsmittel zur Verfügung zu stellen, die leicht verständlich und einfach zu handhaben sind.
- In seinen neueren Arbeiten hat sich der konzeptionelle Rahmen stark verändert und weiterentwickelt. Die konkrete Umsetzung knüpft aber handfest an den früher entwickelten Instrumenten an.

13.5 Schwächen des Konzepts

- Mann bezieht sich auf vielfältige wissenschaftliche und zum Teil auch metaphysische Erkenntnisse (bis hin zur Kabbala, Quelle: „Die neue Führung"). Seine Grundlagen werden aber nur kurz und oberflächlich behandelt. Die Auswahl seiner Analogien aus anderen Erkenntnisbereichen wirkt zum Teil etwas „zusammengewürfelt" und ist nicht immer nachvollziehbar. Das hat Mann das Etikett „unwissenschaftlich" eingetragen, obwohl wissenschaftlich anerkanntere, systemorientierte Konzepte auf ähnlichen Grundlagen – jedenfalls zum Teil – aufbauen.

13.6 Bedeutung für die Unternehmensführung

Mann versteht sich als Berater der Praxis und richtet seine Veröffentlichungen auch klar an diese Zielgruppe. Mit seinen ursprünglichen Ansätzen spricht er vor allem Führungskräfte an, die strategisches Controlling in ihren Unternehmen etablieren wollen. Der Adressatenkreis seiner neueren Arbeiten geht weit darüber hinaus. Seine Ansätze sind für die Praxis gemacht und werden in Beratung, Aus- und Weiterbildung eingesetzt. Dem steht nur eine sehr kleine Zahl von wissenschaftlichen Publikationen gegenüber, die sich auf das Konzept beziehen.

13.7 Empfohlene Literatur

- Mann, R.: Das ganzheitliche Unternehmen, Stuttgart, 1995, 256 Seiten. Praxisorientierte, leicht verständliche Zusammenführung von Elementen der Systemtheorie mit dem strategischen Controlling.

- Mann, R.: Praxis strategisches Controlling, Landsberg/Lech 1987, 230 Seiten. Leicht lesbare Einführung in Konzeption und Instrumente des strategischen Controlling. Viele Abbildungen, Musterformulare, Checklisten.

14 Henry Mintzberg

Strategic planning isn't strategic thinking.
One is analysis, and the other is synthesis.

14.1 Zur Person des Autors

Henry Mintzberg (geboren 1939) studierte an der Sloan School of Management des MIT und an der McGill Universität in Montreal, wo er derzeit als Professor für Management lehrt. Mintzberg ist Ehrendoktor der Universitäten von Venedig, Lund, Lausanne und Montreal. Von 1988 bis 1991 war er Präsident der Strategic Management Society und von 1995 bis 2000 Direktor des International Master Program in Practicing Management.

Homepage: http://www.henrymintzberg.com/

14.2 Grundlagen[1]

Henry Mintzberg vertritt einen empirisch geleiteten Forschungsansatz. Das grundlegende Problem traditioneller Literatur zum strategischen Management sieht er im Auseinanderklaffen von theoretischen Überlegungen und Unternehmenspraxis. Die dargestellten Konzepte sind zwar in sich schlüssig und analytisch richtig aufgebaut, bilden aber die tatsächliche Strategiefindung in Unternehmen nur unzureichend ab.

Bei der Ableitung seiner strategischen Überlegungen geht Mintzberg von den Kritikpunkten an der klassischen, konstruktivistischen Strategieplanung aus:

- Motivations-, Akzeptanz- und Durchsetzungsprobleme,
- Inflexibilität und konservative Grundhaltung,
- Tendenz zu politisch geleitetem Agieren,
- Illusion der Steuer- und Kontrollierbarkeit des Systems,
- Glaube an die Vorhersagbarkeit der Zukunft,
- Trennung von strategischem und operativem Management,

1 vgl. Mintzberg (Planung), S. 195ff.

- Glaube an die Formalisierbarkeit des strategischen Managements.

Aufbauend auf dieser Kritik und den Ergebnissen empirischer Erhebungen, leitet Mintzberg Bausteine eines strategischen Managements ab. Er wendet sich dabei nicht generell gegen die Modelle der von ihm kritisierten Konzepte, sondern gegen ihren rigiden Ablauf, der Kreativität, Individualität und Unternehmertum verhindert. Er versucht, sinnvolle Bestandteile insbesondere aus dem Konzept von Ansoff zu integrieren und um Fehlendes zu erweitern, tritt aber gegen Einbindung dieser Elemente in einen formalen Strategieplanungsprozess ein. Denn formale Abläufe verhindern unternehmerisches Lernen und wirken stabilisierend. Sie trennen Strategiefindung und Operationalisierung beziehungsweise Implementierung und damit auch Aufgaben der Synthese und Analyse. Für Mintzberg müssen im Rahmen des strategischen Managements aber Analyse und Synthese, Denken und Handeln, Stabilität und Wandel miteinander kombiniert werden.[1]

14.3 Inhalt des Konzepts

14.3.1 Formen der Strategiefindung

Strategische Ansätze gehen in der Regel davon aus, dass Strategien bewusst geplant werden. Als Unterstützung für dieses Planungsvorhaben stellen sie Instrumente zur Verfügung und leiten ideale Prozessabläufe ab. Betrachtet man die Ergebnisse empirischer Untersuchungen, stellt sich nur ein verschwindend kleiner Teil der Strategien als bewusst geplant heraus. Der Großteil entstammt keinem Planungsprozess, sondern tritt mehr oder weniger überraschend auf. Diesen aus dem Tagesgeschehen entstandenen Strategien darf man bei der Ableitung strategischer Konzepte nicht aus dem Weg gehen. Mintzberg unterscheidet daher bewusst geplante und entstandene (emergente bzw. intuitive) Strategien.[2]

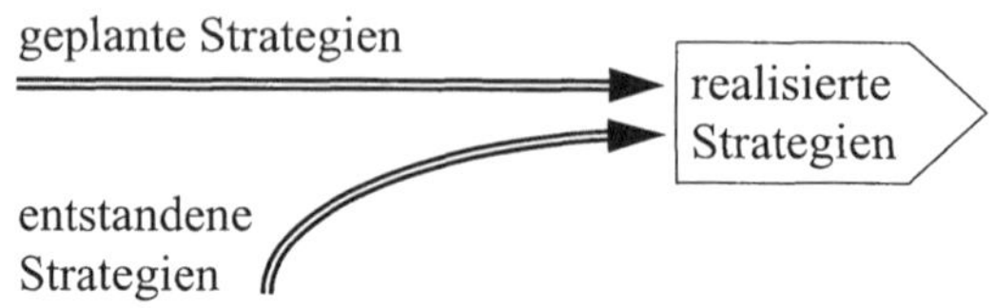

Abb. 14.1: Strategiefindung

Auf den ersten Blick erscheinen die beiden Formen der Strategiefindung als krasse Gegensätze. Es zeigt sich jedoch, dass es sich um ein Kontinuum handelt, das eine Reihe von Wegen umfasst:

1 vgl. Mintzberg (Management), S. 39ff.
2 vgl. Mintzberg (Planung), S. 29ff.

	Strategiefindung	Beschreibung
bewusst geplant	*Planung*	Präzise Ziele werden ausformuliert und der zentralen Führungsspitze artikuliert. Überraschungsfreie, kontrollierte Implementierung.
	Entrepreneur	Ziele bestehen als persönliche, nichtartikulierte Visionen des Unternehmers, der dominiert. Es besteht die Möglichkeit, auf neue Chancen einzugehen.
	Ideologie	Ziele existieren als gemeinsame Vision aller Organisationsteilnehmer. Kontrolle erfolgt durch die gemeinsamen Normen. Sehr oft sind derartige Unternehmen proaktiv.
	Schirmstrategie	Grundsatzstrategien werden als Leitlinien vorgegeben, innerhalb derer sich die dezentralen Einheiten bewegen müssen. Freiräume für emergente Strategien. Flexibilität gegenüber Detailstrategien.
	Prozessstrategie	Lediglich der Strategiefindungs- und -umsetzungsprozess wird formalisiert. Die Formulierung der Strategien wird den dezentralen Einheiten überlassen.
	unzusammenhängend	Dezentrale Einheiten führen ein eigenständiges strategisches Management durch. Eine Kontrolle durch die Zentrale erfolgt nicht.
	Konsensstrategie	Gegenseitige Abstimmung unterschiedlichster Organisationsteilnehmer verbindet Detailstrategien zu einer gemeinsamen Unternehmensstrategie. Keine zentralen Vorgaben.
aufgetaucht	*auferlegt*	Das Umfeld diktiert die Strategie des Unternehmens entweder durch direkte Einflussnahme oder durch indirekte Verpflichtungen.

Abb. 14.2: Wege der Strategiefindung[1]

14.3.2 Das Management von Strategien

Bezieht man entstandene Strategien in die Überlegungen des strategischen Managements ein, darf sich das Management nicht auf die Steuerung strategischer Planungsprozesse beschränken, sondern muss Strategien managen (im Sinne von „kunsthandwerklich handhaben").

---

1 vgl. Mintzberg (Strategy), S. 15

Dazu muss das Management:[1]

- **Die Branche kennen**: Dabei stehen persönliche Erfahrungen, praktische Kenntnisse und Gespür im Vordergrund – es geht nicht um intellektuelles Wissen, abstrakte Fakten und Analysen.
- **Mit Stabilität umgehen**: Das Management darf nicht ständig damit beschäftigt sein, Strategien zu machen. Es muss die Umsetzung strategischer Entscheidungen fördern. Dazu bedarf es eines Mindestmaßes an Stabilität. Ständige Neuformulierungen der Strategien führen zu permanenter Veränderung und damit zu Unruhe.
- **Diskontinuitäten erkennen**: Die Herausforderung für das Management liegt im Erkennen der subtilen Diskontinuitäten, die eine Anpassung der Strategie erforderlich machen.
- **Muster managen**: Auftretende Muster (Arbeits-, Strategiemuster) im Unternehmen müssen erkannt und beobachtet werden, ob sie sich zu entstandenen Strategien entwickeln und ob diese im Einklang mit den Intentionen des Managements stehen. Das bedeutet, dass ein Klima geschaffen werden muss, in dem das Entstehen von neuen Strategien gefördert wird: flexible Strukturen, kreative Mitarbeiter etc.
- **Wandel und Kontinuität in Einklang bringen**: Wandel und Stabilität sind keine Ideale für sich. Ihre Zweckmäßigkeit ist von der jeweiligen Situation abhängig, sie müssen daher überlegt und gezielt abgestimmt eingesetzt werden.

14.3.3 Die Rollen des Managers im Strategiefindungsprozess

Die Einbeziehung entstandener, emergenter Strategien hat weitere Konsequenzen für die Betrachtung des strategischen Managements. Der Prozess der Strategieformulierung wird zur „black box", die man letztlich nicht erklären kann. Manager können lediglich den Prozessinput und den Prozessoutput steuern sowie den Prozess selbst bestmöglich unterstützen.

Die Rollen, die Manager hier übernehmen, können idealtypisch systematisiert werden:[2]

- **Analytiker**: Eine der klassischen Rollen des Managers in der Strategieplanung ist jene des Analytikers, der als Ausgangspunkt für die Strategieformulierung systematisch interne und externe Analysen durchführt und diese zu interpretieren versucht. Es handelt sich dabei um eine Tätigkeit, die vor der „black box" stattfindet.
- **Katalysator**: Eine bedeutende Rolle des Managers ist es, den Anstoß des strategischen Planungsprozesses zu geben, nicht in erster Linie dessen Strukturierung. Manager müssen dem gesamten Unternehmen die Bedeutung strategischen Denkens vor Augen führen und die Mitarbeiter dabei unterstützen. Dieser Vorgang bezieht sich auf den Prozess innerhalb der „black box" und soll diesen fördern und vorantreiben, ohne die genauen Vorgänge zu kennen und steuern zu können.

---

1 vgl. Mintzberg (Management), S. 51ff.
2 vgl. Mintzberg (Planung), S. 417ff.

- **Strategiefinder**: Manager müssen durch Interpretation und Synthese die Outputs der „black box" in kommunizierbare Strategien umwandeln. Dabei ist es gleichgültig, ob es sich um geplante, entstandene oder „nur" realisierte Verhaltensmuster und Ideen handelt, die sich innerhalb der „black box" entwickelt haben.

14.3.4 Strategischer Handlungsspielraum[1]

Mintzberg bezieht sich auf die Strategiealternativen von Ansoff und Porter, die aus seiner Sicht zu eng gefasst sind, und beschreibt einen fünf Elemente umfassenden strategischen Handlungsspielraum, der von Unternehmen teilweise oder zur Gänze ausgenützt wird:

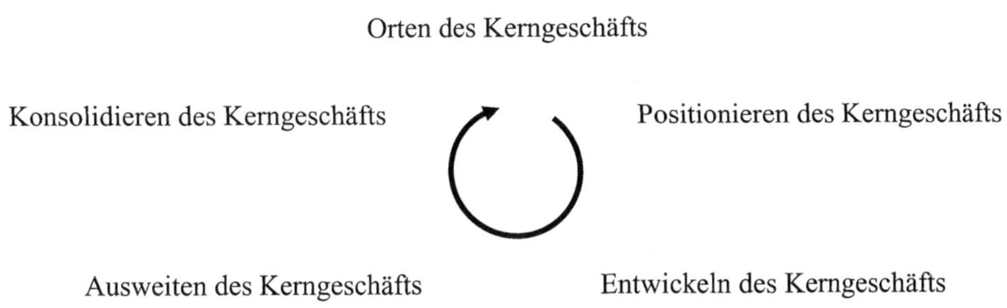

Abb. 14.3: Strategischer Handlungsspielraum

Orten des Kerngeschäfts

Im ersten Schritt muss das Kerngeschäft eines Unternehmens abgegrenzt werden. Dies geschieht in Hinsicht auf die

- Bestimmung der Verarbeitungsstufe innerhalb des Wertschöpfungssystems (primäre, sekundäre, tertiäre Verarbeitungsstufe etc.) und die
- Identifikation der Branche.

Positionieren des Kerngeschäfts

Ausgangspunkt der Positionierung des Kerngeschäfts ist eine Wertkettenanalyse. Darauf aufbauend, muss die Entscheidung für einen grundlegenden Strategietyp fallen. Mintzberg greift hier zwar auf die Dimensionen Porters zurück, kritisiert aber dessen Typologie. Kostenführerschaft an sich ist keine Strategie, da sie nicht direkt am Markt wirkt. Sie wird erst durch die von Porter implizit damit verbundene Preisdifferenzierung zur Strategie. Damit ist sie aber eine Form der Differenzierung (des Preises, bei undifferenzierter Behandlung aller anderen Bedingungen).

1 vgl. Mintzberg (Strategies), S. 70ff.; vgl. Mintzberg (Safari), S. 340ff.

Mintzberg unterscheidet nicht zwischen Kostenführerschaft und Differenzierung, sondern nennt sechs Formen der Differenzierung:

- Preisdifferenzierung (die nicht mit totaler Kostenführerschaft einhergehen muss),
- Imagedifferenzierung,
- Servicedifferenzierung,
- Qualitätsdifferenzierung,
- Designdifferenzierung,
- Undifferenziert (typischerweise die Strategie eines Nachahmers, muss jedoch nicht mit einer Niedrigpreisstrategie verbunden sein).

Auch hinsichtlich der Reichweite des Geschäfts löst sich Mintzberg von den Dimensionen Porters. Er unterscheidet vier Formen der Marktbearbeitung:

- **Unsegmentiert**: Eine Ausführung des Produkts wird am Gesamtmarkt angeboten.
- **Segmentiert**: Anpassung an (alle) Marktsegmente durch unterschiedliche Produktvarianten.
- **Nische**: Bearbeitung eines einzelnen Segments.
- **Kundenspezifizierung**: Für jeden Kunden wird individuell gefertigt; damit entspricht jeder Kunde einem eigenen Segment, was durch den Einsatz von CAD-CAM-Technologien erstmals industriell möglich ist.

Entwickeln des Kerngeschäfts

Im Rahmen der Entwicklung des Kerngeschäfts übernimmt Mintzberg die Ansoff-Matrix vollständig. Damit unterscheidet er:

- Marktdurchdringung,
- Produktentwicklung,
- Marktentwicklung und
- Diversifikation.

Ausweiten des Kerngeschäfts

Die Ausweitung des Kerngeschäfts kann durch vertikale Integration oder durch horizontale Diversifikation geschehen. Vertikale Integration erfolgt durch Vorwärts- oder Rückwärtsintegration, indem Kunden und/oder Lieferanten in die eigene Wertschöpfungskette integriert werden. Diversifikation ist ein Einstieg in eine völlig neue Wertschöpfungskette beziehungsweise Branche, der in einer verwandten Branche (konzentrische Diversifikation) oder ohne Zusammenhang mit dem Kerngeschäft (Konglomerat) stattfinden kann.

Konsolidieren der Geschäfte

Nach einer Phase der Expansion ist in vielen Fällen Konsolidierung notwendig. Dabei unterscheidet man:

- Redefinition der Geschäfte (Neubestimmung),
- Rekombination der Geschäfte (Zusammenführung und Durchforsten des Portfolios),
- Neuorten des Kerngeschäfts.

14.3.5 Strategie und Struktur[1]

Mintzberg erlangte vor allem mit seinen organisationstheoretischen Überlegungen breite internationale Anerkennung. Auch hier vertritt er einen situativen Forschungsansatz, wendet sich jedoch gegen eindimensionale Betrachtung der Zusammenhänge von Organisationsstruktur und Umfeldfaktoren, wie sie in der Organisationsforschung vielfach angewendet werden. Er versucht Konfigurationstypen zu generieren, worunter er netzwerkartige Beziehungen von Faktoren versteht, die einander gegenseitig beeinflussen, jedoch nicht in einer kausalen Ursachen-Wirkungs-Beziehung zueinander stehen. Die in der situativen Organisationsforschung typische Unterscheidung zwischen beeinflussenden Situationsvariablen und beeinflussten Strukturvariablen wird von ihm aufgegeben.[2]

Eine bestimmte Ausprägung der Kontextfaktoren verlangt daher nicht irgendeine genau zu definierende Idealorganisation[3], sondern es gibt eine bestimmte Anzahl von Situations-Struktur-Konfigurationen, die sich anderen Konfigurationsalternativen gegenüber besser bewähren und „innere Harmonie“ (Konsistenz) aufweisen. Ziel der organisatorischen Gestaltung ist es demnach, nicht „alles richtig“ zu machen, sondern sich selbst intern und extern anzupassen.

Konfigurationstypen

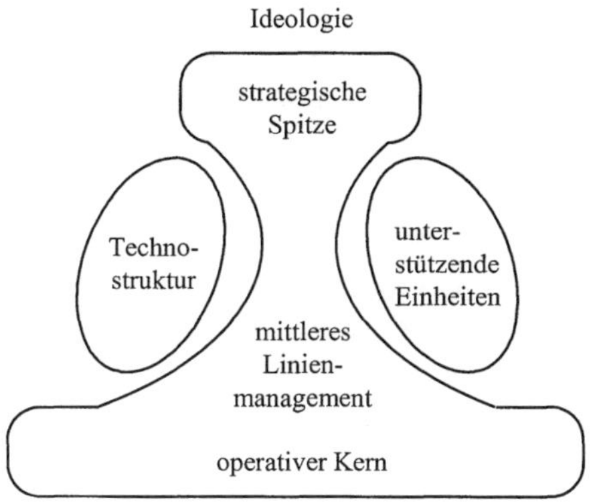

Abb. 14.4: Grundmodell der Organisation

1 vgl. Mintzberg (Management), S. 107ff.
2 vgl. Mintzberg (Management), S. 107ff.; Staehle (Management), S. 59f.
3 Mintzberg verneint keineswegs allgemein anerkannte Zusammenhänge, sondern baut sie in seine Überlegungen mit ein; vgl. Mintzberg (Management), S. 116ff.

Aus den Konfigurationsüberlegungen entwickelt Mintzberg Konfigurationstypen, die er aus sechs Grundbestandteilen aufbaut:

- Strategische Spitze (Direktoren),
- Mittleres Management,
- Operativer Kern (Operateure),
- Technostruktur (Analytiker),
- Unterstützende Einheiten,
- Ideologie (Kultur).

Aus dem Grundmodell entstehen sechs Konfigurationstypen, die aus der Sicht der strategischen Planung von Interesse sind, da jeder Typ zu einer anderen Form der Strategiefindung und Umsetzung tendiert. Die Form der Strategiefindung muss als integraler Bestandteil des Organisationstyps verstanden werden. Unternehmen können somit die Form des strategischen Managements nicht frei wählen, ohne ihre harmonische Konfiguration aufzugeben.

Die Rolle des Managers im Strategiefindungsprozess differiert in den unterschiedlichen Organisationstypen ebenso wie die für die Organisation typische Vorgehensweise bei der Strategiefindung.[1]

Die unternehmerische Organisation

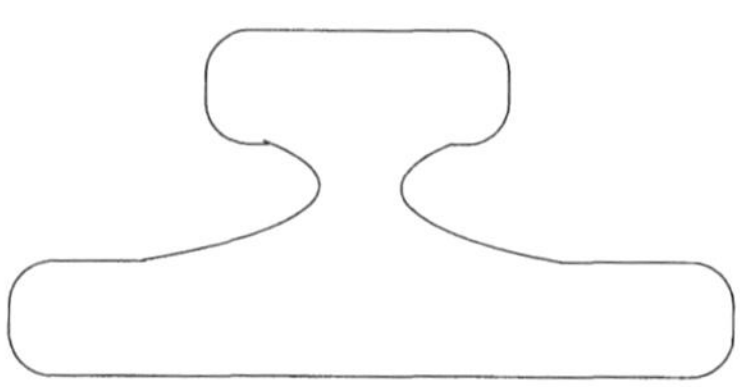

Struktur: einfach, informell, flexibel, Unternehmer steht im Mittelpunkt

Kontext: einfaches und dynamisches Umfeld, charismatische Führung, Gründung, Krise, Wandel

Themen: reaktionsfähig, sendungsbewusst, verletzlich, restriktiv

Ausrichtung: Richtung

Abb. 14.5: Unternehmerische Organisation

In der unternehmerischen Organisation steht die Vision im Vordergrund, die vom Unternehmer getragen wird. Dieser visionären Führung liegen in der Regel fundierte Kenntnisse des Geschäfts, Überzeugungskraft und Unmittelbarkeit zugrunde. Das gesamte Unternehmen ist vom Unternehmer geprägt, er steht im Mittelpunkt und entscheidet die strategische Ausrichtung aus dem eigenen Gefühl heraus. Allerdings besteht die Gefahr des Auseinanderfallens von Strategie und Operation.

Die Maschinenorganisation

Das Grundkonzept des strategischen Managements in der Maschinenorganisation ist die Trennung von Strategiefindung und Implementierung. Diese Trennung ist nur so lange erfolgreich, wie die strategische Führungsspitze alle strategierelevanten Informationen erhält und die Um-

[1] vgl. Mintzberg (Planung), S. 456ff.

feldentwicklung für die Zeit der Implementierung vorhersehbar ist. Reformulierungen der Strategie sind im Zuge des Implementierungsprozesses nicht vorgesehen.

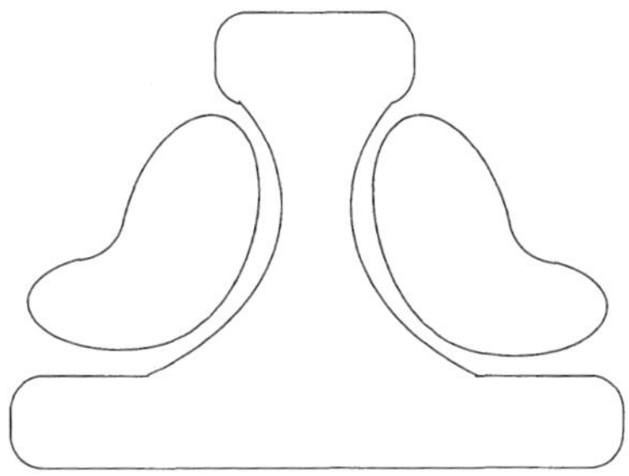

Struktur: zentralisierte Bürokratie, formale Verfahren, routiniert und standardisiert, ausgedehnte unterstützende Einheiten, Technostruktur standardisiert die Arbeitsprozesse

Kontext: einfaches, stabiles Umfeld, größere, etablierte Unternehmen, ausgeprägte externe Kontrolle

Themen: effizient, zuverlässig, präzise, kontrollfixiert, Koordinations-, Personal- und Motivationsprobleme

Ausrichtung: Effizienz

Abb. 14.6: Maschinenorganisation

In Perioden dynamischer Umfeldveränderungen werden diese Voraussetzungen nicht erfüllt. Neuartige Probleme werden in der Maschinenorganisation auf die nächsthöhere Hierarchieebene abgeschoben, was zu einem strategischen Engpass in der Unternehmensspitze führt und dadurch eine Blockierung des strategischen Wandels bewirkt.

Damit verbleiben der Maschinenorganisation nur zwei Formen der Strategiefindung:

- Vorübergehende Veränderung der Konfiguration (Richtung unternehmerische Organisation) beziehungsweise Bildung einer strategischen Sekundär(Projekt-)organisation, die Visionen entstehen lässt.
- Strategische Revolution als Quantensprung nach längeren Perioden strategischer Stabilität.

Die diversifizierte Organisation

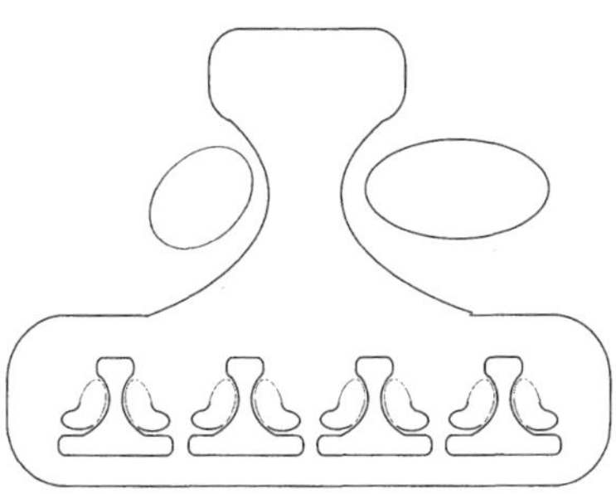

Struktur: marktorientierte Divisionen, lose durch Zentrale zusammengehalten, autonome Geschäftsführung, tendiert zur Maschinenorganisation

Kontext: große, reife Organisationen, Diversifikation in Nebenprodukte und verwandte Produkte, laterale Diversifikation

Themen: Risiko- und Kapitalverteilung, Leistungskontrolle, Gefahr von Unverantwortlichkeit

Ausrichtung: Konzentration

Abb. 14.7: Diversifizierte Organisation

Strategische Entscheidungen der diversifizierten Organisation beschränken sich auf das Portfoliomanagement der kontrollierten Geschäftsbereiche. Dabei steht die Frage der richtigen Diversifikationsstrategie und des Umgangs mit Konglomeraten im Vordergrund.

Die Organisation der Professionals

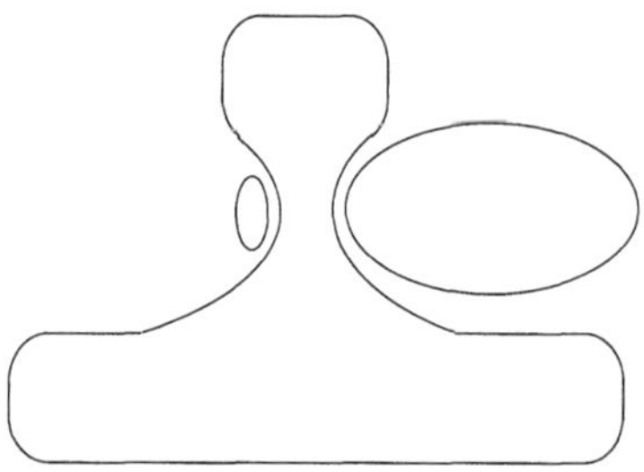

Struktur: Bürokratisch, dezentralisiert, von Ausbildung und Fähigkeiten der Professionals abhängig

Kontext: komplex, aber stabil

Themen: Demokratie und Autonomie, Koordinationsprobleme, Widerstand gegen Innovationen, Vergewerkschaftung, öffentliche Reaktionen auf Probleme

Ausrichtung: Können

Abb. 14.8: Organisation der Professionals

Strategiefindung und Gestalt einer Strategie unterscheiden sich in der Organisation der Professionals vollständig von jenen der traditionellen Planungstheorie. Das Unternehmen verfügt über eine Vielzahl von persönlichen Visionen und Strategien, ein einheitlicher Strategiefindungsprozess scheitert jedoch an der Struktur. Große strategische Veränderungen sind in diesen Organisationen wegen der vielfältigen Interessen nicht durchsetzbar. Dennoch existiert an der Basis ein ständiger strategischer Wandel.

Die innovative Organisation

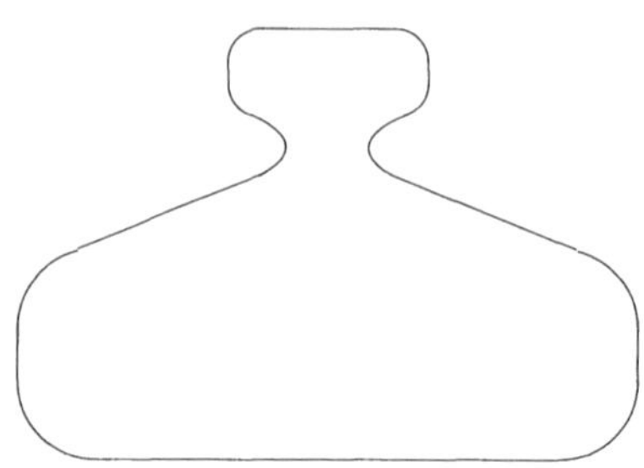

Struktur: fließend, organisch, dezentral, funktionale Experten, Koordination durch Abstimmung, Matrix

Kontext: komplexes, dynamisches Umfeld, Hightech mit ständigem Wandel, junge Branchen, mit zunehmendem Alter Bürokratisierungsdruck

Themen: Kombination von viel und wenig Demokratie effektiv bei Innovationen, Effizienz leidet unter der Effektivität, oft menschliche Probleme

Ausrichtung: Lernen

Abb. 14.9: Innovative Organisation

Das innovative Unternehmen reagiert ständig auf Veränderungen des Umfelds. Formale Strategieplanungsprozesse werden dabei nicht eingesetzt, sondern Strategien entstehen an vielen Stellen parallel. Dezentral entstandene Strategien werden an anderen Stellen nachgeahmt und konvergieren zu einer gesamten strategischen Neuorientierung. Aus der Auseinandersetzung mit dem Umfeld entstandene Strategien dominieren das Unternehmen.

Politische und missionarische Organisation

Politische und missionarische Organisationen treten in der Regel nicht allein stehend auf, sondern überlagern andere Organisationstypen. Sie können strategisches Management fördern oder behindern.

14.4 Stärken des Konzepts

- Mintzberg leitet seine Überlegungen aus der Unternehmenspraxis ab und versucht, allgemein gültige Muster zu erkennen. Im Vordergrund seiner Arbeit steht damit die Praxisrelevanz der Aussagen.
- Mintzberg bezieht sich auf eine Vielzahl von Autoren strategischer Konzepte und kritisiert diese. Dem Leser werden damit direkte Verbindungen und Abgrenzungen zu anderen Autoren vor Augen geführt.
- Mintzberg unterstreicht seine Überlegungen mit vielen Fallbeispielen, die das Verständnis erleichtern.
- Mintzberg integriert strategische und organisationstheoretische Überlegungen und bringt damit im Unterschied zu den meisten anderen Autoren eine situative Relativierung strategischer Planung zum Ausdruck. Er entwickelt nicht ein Konzept, sondern situativ sinnvolle Denkmodelle.

14.5 Schwächen des Konzepts

- Mintzberg bietet dem Leser zwar ein verständliches Denkmodell, lässt ihn aber bei der tatsächlichen Strategiefindung ohne Hilfe. Da er vorgegebene Planungsprozesse ablehnt, gibt er folgerichtig auch keine Anweisungen, wie strategische Planung erfolgen soll. Für den Praktiker sind diese Überlegungen eine wichtige Bereicherung, sie lassen sich aber nicht als „Kochrezept" einsetzen.
- Da Mintzberg auf pragmatische Vereinfachungen verzichtet, wirken seine Überlegungen teilweise unübersichtlich und wenig(er) plakativ.
- Mintzberg hat eine große Anzahl von Beiträgen über strategisches Management veröffentlicht, diese aber nur bedingt zu einem Gesamtkonzept vereinigt.

14.6 Bedeutung für die Unternehmensführung

Mintzberg wurde vor allem durch seine organisationstheoretischen Arbeiten international bekannt, auf die auch in allen einschlägigen Werken verwiesen wird. Mehrere seiner Arbeiten wurden international ausgezeichnet.

14.7 Empfohlene Literatur

- Mintzberg, H.; Ahlstrand, B.; Lampel, J.: Strategy Safari – eine Reise durch die Wildnis des strategischen Managements, Wien 2002. 456 Seiten. Kein neues strategisches Konzept, sondern ein breiter, interdisziplinärer Überblick über strategische Schulen, soweit sie im englischen Sprachraum verbreitet sind. Ansprechend und unkonventionell aufbereitet.
- Mintzberg, H: Die Strategische Planung, München 1995, 532 Seiten. Umfassende Auseinandersetzung mit Fragen des strategischen Managements, insbesondere für wissenschaftlich interessierte Leser zu empfehlen. Viele Literaturhinweise.
- Mintzberg, H.: Mintzberg über Management, Wiesbaden 1991, 382 Seiten. Aufsatzsammlung zu den Themen Management, Organisation und Gesellschaft. Witzig, leicht zu lesen und mit vielen anschaulichen Beispielen angereichert.

15 Michael Porter

The major focus of my research has been
to bring to strategy a sophisticated and disciplined set of frameworks
for understanding the competitive environment
and the source of competitive advantage within a firm.

15.1 Zur Person des Autors

Michael E. Porter, Jahrgang 1947, ist Professor und Leiter des Institutes for Strategy and Competitiveness an der Harvard Business School und gilt als führende Autorität auf den Gebieten Wettbewerbsstrategie, Wettbewerbsfähigkeit und ökonomische Entwicklung von Nationen, Staaten und Regionen. Seine Hauptwerke sind „Competitive Strategy: Techniques for Analyzing Industries and Competitors", „Competitive Advantage: Creating and Sustaining Superior Performance" und das von ihm herausgegebene Buch „The Competitive Advantage of Nations". Porter ist nicht nur auf theoretischem Gebiet, sondern auch in der wirtschaftlichen und politischen Praxis tätig.

Seine laufende Forschung über ökonomische Entwicklungen mündete in die Entwicklung eines dritten Hauptarbeitsgebietes: die Beziehung zwischen Wettbewerbsstrategie und Gesellschaft. Porter zieht seine wirtschaftswissenschaftlichen Forschungserkenntnisse zur Lösung sozialer Probleme heran. In diesem Zusammenhang hat er umfassende Forschungen über die ökonomische Entwicklung in Amerikas benachteiligten Innenstadt-Gebieten durchgeführt. 1994 gründete er „The Initiative for a Competitive Inner City" (ICIC), eine gemeinnützige Non Profit Initiative der Privatwirtschaft, um die innerstädtische Wirtschaftsentwicklung im gesamten Land voranzutreiben.

Homepage: http://www.people.hbs.edu/mporter/

15.2 Grundlagen[1]

Seit 1975 beschäftigt sich Porter mit Wettbewerbsanalysen. Als Basis seiner Überlegungen verwendet er einerseits die „Industrial Organization (I/O)"-Theorie von Bain und Mason, andererseits die Erkenntnisse der traditionellen „Business-Policy-Theorie".

Bain und Mason können als Pioniere der Erforschung von Wettbewerbsfaktoren bezeichnet werden. Sie ergänzen einander und kommen zu dem Schluss, dass das Marktergebnis vom Marktverhalten abhängt und dieses wiederum aus der Marktstruktur heraus zu erklären ist (structure-conduct-performance). Ihr Konzept erfuhr diverse Weiterentwicklungen, zum Beispiel durch Scherer, der „grundlegende Bedingungen" erkannte, die für die Ausprägung der Marktstruktur verantwortlich sind (Technologie, Ressourcenverfügbarkeit etc.). Scherer ist auch einer der ersten, der den Analysebereich auf ein globales Unternehmensumfeld (soziologische, politische, institutionelle Faktoren) ausweitet.[2]

Theoretisch und empirisch greift Porter auf dieses bereits vorhandene Material zurück. Sein entscheidender Schritt liegt in der Zusammenfassung und Strukturierung der Determinanten dieser „structure-conduct-performance"-Beziehung mit den Aussagen der Business-Policy-Theorie im Rahmen eines multidimensionalen Modells unter Beachtung der evolutionären Prozesse und der sich daraus ergebenden Chancen, die Konstellation des Wettbewerbs abzuändern beziehungsweise von Veränderungen zu profitieren.[3]

15.3 Inhalt des Konzepts

15.3.1 Das „Five-Forces-Modell"

Grundlegend für Porters Strategiekonzept ist das „Five-Forces-Modell", das eine Branchenstrukturanalyse ermöglicht. Porter definiert Branche als subjektive Grenzziehung zwischen einem Wettbewerber und den fünf Wettbewerbskräften, wobei er hervorhebt, dass eine genaue Definition für die Strategieformulierung unerheblich ist.[4]

Bedrohung durch potenzielle Konkurrenten[5]

Das Auftreten neuer Unternehmen in einer Branche kann für die bereits vorhandenen Wettbewerber negative Auswirkungen haben. Durch neue Konkurrenten kann es zu Preissenkungen am Markt kommen und bei bestehenden Unternehmen können Mehrkosten entstehen. In vielen Fällen sinkt durch das Eintreten eines neuen Wettbewerbers die Rentabilität etablierter Unternehmen.

1 vgl. Kreilkamp (Management), S. 84ff.; Mauthe (Analyse), S. 198ff.; Klinger (Umweltanalyse), S. 46ff.
2 vgl. Kreilkamp (Management), S. 75ff.
3 vgl. Klinger (Umweltanalyse), S. 47f.
4 Porter (Wettbewerbsstrategie), S. 33ff.
5 vgl. Porter (Wettbewerbsstrategie), S. 37ff.

Die Gefahr des Markteintritts neuer Konkurrenten hängt von den Barrieren ab, die dem Neueintretenden entgegenstehen. Je höher die Eintrittsbarrieren sind, desto kleiner ist die Chance eines erfolgreichen Markteintritts. Ursachen solcher Barrieren sind „Economies of Scale“, hoher Kapitalbedarf für einen Eintritt etc.

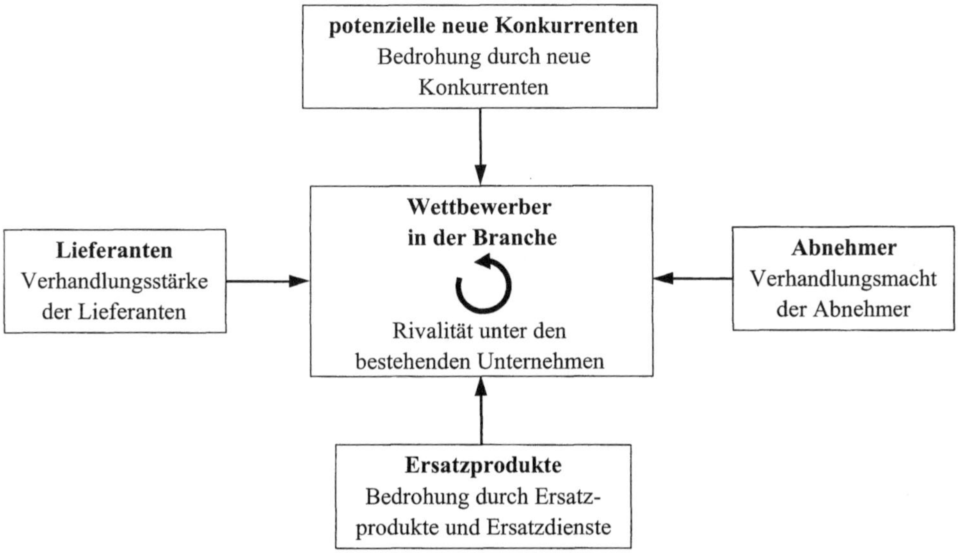

Abb. 15.1: Das „Five-Forces-Modell“[1]

Bedrohung durch Ersatzprodukte und Ersatzdienste[2]

Ist ein Produkt von seiner Beschaffenheit her geeignet, ein anderes zu ersetzen, und weist es ein günstigeres Preis-Leistungs-Verhältnis auf, kann es zur Bedrohung für das ursprüngliche Produkt werden. Für ein Unternehmen ist es essenziell, Substitute als Wettbewerbskraft zu erkennen und sie in der Unternehmensstrategie mit zu berücksichtigen. Diese kann etwa auf die Ausschaltung des Substituts oder auf eine weiter gehende Differenzierung der eigenen Produkte abzielen.

Verhandlungsstärke von Abnehmern und Lieferanten[3]

Sind Abnehmer oder Lieferanten auf Grund einer Machtposition in der Lage, Preise in ihrem Interesse zu beeinflussen, so sinkt die Rentabilität eines Unternehmens. Gründe für eine derartige Machtposition sind:[4]

1 vgl. Porter (Wettbewerbsstrategie), S. 34
2 vgl. Porter (Wettbewerbsstrategie), S. 57ff.
3 vgl. Porter (Wettbewerbsstrategie), S. 58ff.
4 vgl. Porter (Wettbewerbsstrategie), S. 176ff.

- hoher Konzentrationsgrad,
- hoher Anteil an den Gesamtumsätzen des unterlegenen Unternehmens oder
- glaubwürdige Drohung der Rückwärts(Vorwärts)-Integration.

Ein Unternehmen kann einer Machtausweitung seiner Marktpartner entgegenwirken. Dafür hat es zwei Möglichkeiten:

- Produktdifferenzierung vorantreiben. Eine fortgeschrittene Produktdifferenzierung erschwert es Lieferanten und Abnehmern, in den Markt einzutreten, und verhindert ein einfaches Überwechseln auf Alternativprodukte.
- Umstellungskosten in einer Branche erhöhen: Der Wechsel zu Alternativprodukten und damit die schnelle Auslastung neuer Anlagen werden für einen neu eintretenden Wettbewerber erschwert.

Rivalität unter den bestehenden Wettbewerbern

Porter betont die intensive wechselseitige Abhängigkeit der Unternehmen einer Branche und zwar im Sinne von Rivalität als Folge von einander bedingenden Reaktionsmustern. Der Grad der Rivalität lässt sich anhand von verschiedenen Faktoren messen:[1]

- Anzahl der Wettbewerber,
- Geschwindigkeit des Branchenwachstums,
- Fix- oder Lagerkostenanteil,
- Differenzierungsgrad.

15.3.2 Strategische Gruppen[2]

Die Analyse strategischer Gruppen ist eine Weiterführung der Branchenanalyse. Nicht nur zwischen unterschiedlichen Branchen, sondern auch innerhalb einer Branche können Rentabilitätsunterschiede auftreten. Der Grund dafür liegt in den unterschiedlichen Verhaltensweisen der Wettbewerber. Wettbewerber, die sich hinsichtlich wesentlicher strategischer Wettbewerbsdimensionen identisch verhalten, weisen auch eine ähnliche Rentabilität auf. Sie bilden eine strategische Gruppe, die aus einem einzelnen oder mehreren Wettbewerbern bestehen kann. Derartige strategische Gruppen unterscheiden sich untereinander hinsichtlich der von ihnen gewählten Strategie und hinsichtlich ihrer Beziehung zum Umfeld beziehungsweise zu den Wettbewerbskräften. Einem Wechsel der strategischen Gruppe stehen in der Regel hohe Mobilitätsbarrieren entgegen.

Für die Strategieentwicklung und die Rentabilität eines Unternehmens ist es daher von Bedeutung,

- in welcher strategischen Gruppe es angesiedelt ist,
- wie hoch der Wettbewerbsgrad innerhalb der strategischen Gruppe ist und

---

1 vgl. Porter (Wettbewerbsstrategie), S. 51ff.
2 vgl. Porter (Wettbewerbsstrategie), S. 183ff.

- wie hoch die Mobilitätsbarrieren sind.

15.3.3 Konkurrentenanalyse

Nach der Analyse der strategischen Gruppen folgt die eingehende Analyse der Konkurrenten. Je genauer sie analysiert werden, desto effizienter kann das Unternehmen seine Stärken ausspielen, denn „die Wettbewerbsstrategie verlangt, ein Unternehmen so zu platzieren, dass es den Wert der Fähigkeiten maximiert, die es den Konkurrenten voraushat“.[1]

Die einzelnen Elemente der Konkurrentenanalyse können folgendermaßen charakterisiert werden:

Annahmen[2]

Die Annahmen betreffen sowohl das Unternehmen selbst als auch die Branche und die anderen Unternehmen der Branche. Es soll versucht werden, so genannte „blinde Flecken“ und „konventionelle Weisheiten“ aufzudecken. Von „blinden Flecken“ spricht Porter, wenn bestimmte Ereignisse von einem Konkurrenten auf Grund seiner Annahmen nicht richtig beurteilt werden. „Konventionelle Weisheiten“ sind Denkweisen, die vom Wettbewerber nicht weiter hinterfragt werden (z. B. „Qualität siegt über billige Massenware“).

Die wichtigsten Fragen sind:

- Wie beurteilt der Konkurrent seine eigene Lage?
- Existieren historische oder emotionale Bindungen?
- Wie ist die Organisation strukturiert?
- Wie sieht der Konkurrent die Zukunft der Branche?

Ziele für die Zukunft[3]

Von besonderem Interesse sind die Ziele des Wettbewerbers, da sie Rückschlüsse auf sein zukünftiges Verhalten zulassen. Dabei sind in erster Linie folgende Fragen zu klären:

- Wie sehen die finanziellen Ziele des Wettbewerbers aus (z. B. Orientierung an Umsatz, Gewinn, Rentabilität etc.)?
- Sind Werte und Überzeugungen des Managements bekannt (etwa hinsichtlich der Stellung in der Branche – z. B. Marktführer, Einzelgänger – oder hinsichtlich der Unternehmenskultur)?
- Wie ist das Unternehmen organisiert (Verantwortlichkeit, funktionaler Aufbau, Preisfestsetzung etc.)?

---

1 Porter (Wettbewerbsstrategie), S. 86
2 vgl. Porter (Wettbewerbsstrategie), S. 99ff.
3 vgl. Porter (Wettbewerbsstrategie), S. 89ff.

Fähigkeiten[1]

Es ist zu klären, ob der Wettbewerber in der Lage ist, eigene strategische Schritte zu setzen oder auf Ereignisse in der Branche zu reagieren. Porter entwickelt eine „Checklist", die helfen soll, diese Frage für die Bereiche Marketing, Verfahren, Forschung und Technik, Gesamtkosten, Finanzen, Organisation, allgemeine Managementfähigkeit und Konzernportfolio zu untersuchen. Darüber hinaus wird nach Kernfähigkeiten (z. B. Konsistenz der Strategie), Wachstumsfähigkeiten sowie Reaktions-, Anpassungs- und Durchhaltefähigkeit des Konkurrenten gefragt.

Gegenwärtige Strategie

„Die Strategie eines Konkurrenten stellt man sich am besten vor als Kombination seiner wichtigsten Instrumente in jedem Funktionsbereich mit der besonderen Art, wie er die Funktionsbereiche untereinander zu verbinden sucht."[2]

Die Analyse der vier Bereiche gipfelt in der eigentlichen Konkurrentenanalyse zur Ermittlung des Reaktionsprofils des Konkurrenten. Dabei sollen mögliche offensive Schritte des Wettbewerbers, seine Verteidigungsfähigkeit und der Bereich, in dem sich der Konkurrenzkampf abspielen wird, antizipiert werden.[3]

15.3.4 Unternehmensanalyse – Analyse der Wertkette[4]

Die Unternehmensanalyse ist bei Porter vom Wertkettendenken geprägt. Er gliedert das Unternehmen (beziehungsweise dessen Wertschöpfungskette) in miteinander verknüpfte Einheiten, die „Wertaktivitäten". Wichtig ist die detaillierte Analyse der Wertkette, weil Wertschöpfung nicht einfach als Differenz zwischen Verkaufspreis und Rohstoffkosten verstanden werden darf.

Auch unter „Produkt" sieht Porter mehr als das Ergebnis bloßer produktionstechnischer Vorgänge. Ein „Produkt" ist quasi ein „Sammelbecken" für alle Tätigkeiten, die durch seine Herstellung und seinen Verkauf verursacht werden. „Wertschöpfung" vollzieht sich demnach in jeder einzelnen Aktivität des Unternehmens, die in der Folge den „Wert" (= Gesamtertrag inklusive Gewinnspanne) eines Produkts mehr oder weniger beeinflusst. Die Quellen der möglichen Wettbewerbsvorteile liegen im Kostenverhalten und im Differenzierungspotenzial der Wertaktivitäten.

Elemente der Wertkette[5]

Porter unterscheidet folgende Wertaktivitäten:

1 vgl. Porter (Wettbewerbsstrategie), S. 97ff.
2 Porter (Wettbewerbsstrategie), S. 105
3 vgl. Porter (Wettbewerbsstrategie), S. 110ff.
4 vgl. Porter (Wettbewerbsvorteile), S. 64ff.
5 vgl. Porter (Wettbewerbsvorteile), S. 70ff.

Primäre Wertaktivitäten befassen sich mit der physischen Herstellung des Produkts, seinem Verkauf sowie dem Kundendienst.

- Eingangslogistik: Wareneingang, Lagerhaltung und interner Transport sowie die damit in Verbindung stehenden Tätigkeiten,
- Operationen: Produktion, Montage, Verpackung etc.,
- Ausgangslogistik: Auftragsabwicklung, Kommissionierung und Distribution,
- Marketing: Werbung, Verkaufsförderung etc.,
- Kundendienst: Installierung, Wartung, Reparatur etc.

Unterstützende Aktivitäten sind in eine Reihe einzelner Wertaktivitäten zerlegbar und bilden einen absichernden Rahmen für das Unternehmen.

- Beschaffung,
- Technologieentwicklung,
- Personalwirtschaft,
- Infrastruktur.

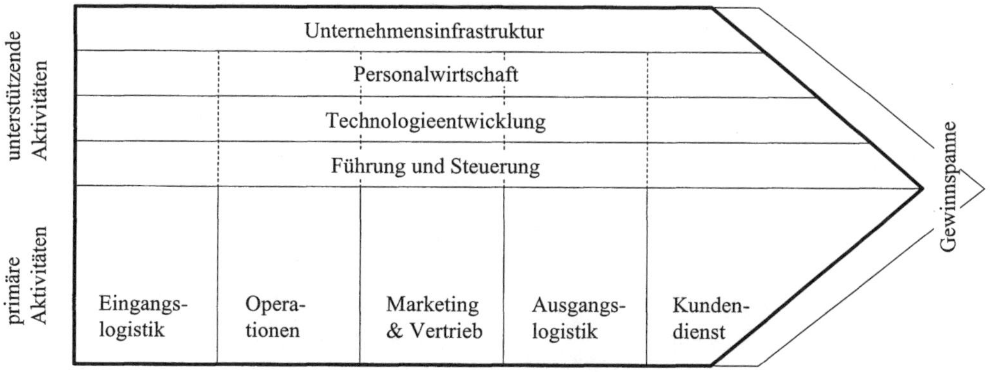

Abb. 15.2: Das Modell einer Wertkette[1]

Jede Aktivität weist folgende Elemente auf, die für Wettbewerbsvorteile von Bedeutung sind:

- Direkte Aktivitäten sind unmittelbar an der Wertbildung beteiligt (maschinelle Teilebearbeitung, Produktgestaltung, Werbung usw.).
- Indirekte Aktivitäten gewährleisten die Ausführung von direkten Aktivitäten (Instandhaltung, Terminplanung, Forschungsverwaltung etc.).
- Qualitätssicherung stellt die Qualität des Wertschöpfungsprozesses sicher (Überwachen, Güteprüfung, Testen).

1 Porter (Wettbewerbsvorteile), S. 66

Verknüpfungen und Verflechtungen[1]

Innerhalb der Wertkette bestehen Beziehungen („Verknüpfungen“) zwischen den Aktivitäten beziehungsweise zwischen den Aktivitäten und deren Elementen. Darüber hinaus muss die Unternehmenswertkette als Teil eines vernetzten Wertkettensystems angesehen werden, das auch die Wertketten der Lieferanten und Abnehmer mit einschließt. Die Betrachtung der Wertketten der Lieferanten und Abnehmer sowie deren Verbundwirkung mit der eigenen Wertkette eröffnen in der Regel den Zugang zu neuen Potenzialen („vertikale Verknüpfungen“).

Bei diversifizierten, auch global operierenden Unternehmen spielen „horizontale Verflechtungen“ der Wertketten von Unternehmenseinheiten bezüglich Differenzierungs- und Kosteneinsparungseffekten eine wesentliche Rolle. Synergieeffekte ergeben sich, wenn die Horizontalstrategie der Muttergesellschaft die Bedeutung dieser Ähnlichkeiten einbezieht, also auf mehr als die bloße Addition der Einzelergebnisse der Unternehmensteile abstellt.[2]

15.3.5 Strategietypen[3]

Schlusspunkt der strategischen Analysen im Rahmen von Porters Konzept ist die Entscheidung zwischen drei grundlegenden („generic“) Strategien.

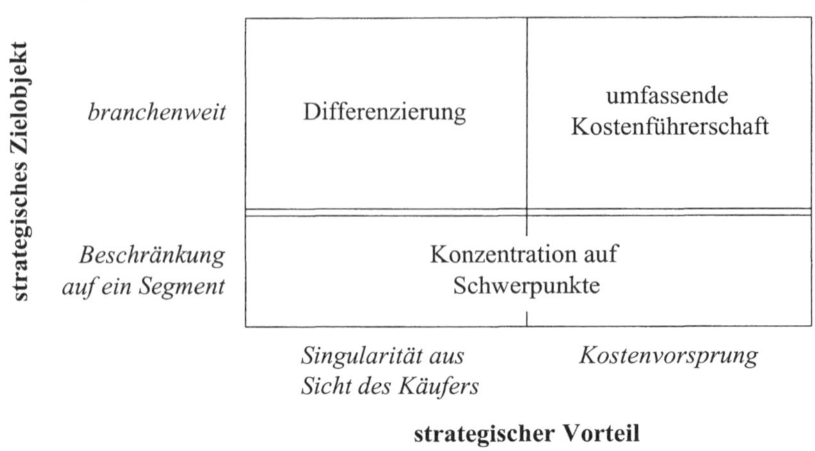

Abb. 15.3: Strategiemöglichkeiten nach Porter[4]

- **Differenzierung**[5] heißt, dem Abnehmer im Vergleich zu Konkurrenzprodukten einen zusätzlichen Wert zu schaffen, durch den ein höherer Preis durchgesetzt werden kann. Diffe-

1 vgl. Porter (Wettbewerbsvorteile), S. 80ff.
2 vgl. Porter (Wettbewerbsvorteile), S. 409ff.
3 vgl. Porter (Wettbewerbsvorteile), S. 31ff., S. 93ff.; Porter (Wettbewerbsstrategie), S. 62ff.
4 Porter (Wettbewerbsstrategie), S. 73
5 vgl. Porter (Wettbewerbsvorteile), S. 168ff.

renzierung führt dann zu Spitzenleistungen, wenn dieser über den zusätzlichen Kosten der Einmaligkeit liegt (wenn die Gewinnspanne in Relation zu den Wettbewerbern gleich bleibt oder größer wird).

- **Kostenführerschaft**[1] besteht, wenn ein Kostenvorsprung gegenüber dem Wettbewerb einer Branche erreicht wurde. Basis dafür ist die Analyse, in welcher Weise Kostenantriebskräfte das Kostenverhalten bestimmter Aktivitäten beeinflussen. Kostenantriebskräfte sind kostenwirksame Strukturfaktoren, zum Beispiel betriebsgrößenbedingte Kostendegression, Lernvorgänge, Verknüpfungen, Integration etc. Ziel ist eine Verbesserung der relativen Kostenposition gegenüber der Konkurrenz. Dabei ist es nötig, die Kostenantriebskräfte einer intensiven Kontrolle zu unterziehen und die eigene Wertkette neu zu strukturieren. Die Kostenführerstrategie darf aber nie dazu verleiten, die Qualität des Produkts herabzusetzen, um ein niedrigeres Kostenniveau zu erreichen („Cost leadership starts with a good product.“[2]).
- **Schwerpunktbildung**[3] (Nische) bedeutet, sich entweder als Kostenführer oder als Anbieter eines differenzierten Produkts auf die speziellen Bedürfnisse eines Abnehmersegments innerhalb einer Branche (= Nische) zu konzentrieren. Eine derartige Strategie ist immer dann empfehlenswert, wenn ein auf eine Marktnische konzentriertes Unternehmen den spezifischen Bedürfnissen des Segments besser gerecht werden kann als ein Unternehmen, das sich auf den Gesamtmarkt ausgerichtet hat.

15.3.6 Besonderheiten eines globalen Wettbewerbs

Die Schwerpunkte des wirtschaftlichen Geschehens verlagern sich immer mehr von der nationalen auf die internationale Ebene. Diese Entwicklung, die massiv in der zweiten Hälfte des 20. Jahrhunderts einsetzte, wird am überproportionalen Wachstum des Welthandels im Vergleich zur Steigerung des internationalen Bruttosozialprodukts deutlich. Maßgeblichen Anteil an dieser Entwicklung haben die multinationalen Unternehmen, für die der globale Wettbewerb zu einer Schlüsselfrage geworden ist.[4]

Grundsätzlich können im globalen Wettbewerb die gleichen analytischen Methoden und strategischen Ansätze angewendet werden wie auf nationaler Ebene. Es gibt aber spezielle Probleme, die nur im internationalen Wettbewerb auftreten. Insbesondere erhöht sich der Grad der Komplexität, da im Analysemodell nicht nur die einzelnen Teilmärkte eines nationalen Markts, sondern auch die nationalen Märkte selbst berücksichtigt werden müssen.[5]

1 vgl. Porter (Wettbewerbsvorteile), S. 97ff.
2 Porter (Viewer's Guide), S. 9
3 vgl. Porter (Wettbewerbsstrategie), S. 75f.
4 vgl. Porter (Globaler Wettbewerb), S. 18f.
5 vgl. Porter (Globaler Wettbewerb), S. 19

Konfiguration und Koordination[1]

Schlüsselbegriffe globaler Wettbewerbsstrategien sind internationale Konfiguration und Koordination. Unter Konfiguration ist die geografische Streubreite der Einzelaktivitäten zu verstehen. Die nachgelagerten Aktivitäten müssen meistens in Kundennähe angesiedelt werden (z. B. Absatz), um Kundenbedürfnissen gerecht zu werden. Bei den vorgelagerten Aktivitäten beziehungsweise bei den flankierenden Maßnahmen ist das in der Regel nicht der Fall, dort obliegt es dem Unternehmen, diese Funktionen zu streuen oder zu konzentrieren. Mit der Konfiguration verbunden ist die Koordination, die das Maß festlegt, in dem die Aktivitäten der Wertkette aufeinander abgestimmt werden. Ist der Grad der Koordination gering, genießen die einzelnen Bereiche hohe Autonomie.

Porter definiert die globale Strategie als ein Konzept, mit dessen Hilfe international tätige Unternehmen entweder durch eine konzentrierte Konfigurationsstruktur, durch Koordination der geografisch gestreuten Aktivitäten oder durch beides Wettbewerbsvorteile zu realisieren suchen. Entscheidend ist, auf welche Weise Konzentration und Koordination zu Wettbewerbsvorteilen – Kostensenkung oder Differenzierung – führen können.

Koordination der Aktivitäten	*geografische Streuung*	*geografische Konzentration*
hoch	hohe Auslandsinvestitionen mit straffer Koordination der Niederlassungen	einfache globale Strategie
niedrig	länderspezifische Strategie eines multinationalen Unternehmens oder einer Inlandsfirma, die nur in wenigen Ländern tätig ist	exportorientierte Strategie mit dezentralisiertem Marketing

Konfiguration der Aktivitäten

Abb. 15.4: Varianten der internationalen

Sind die Aktivitäten eines Unternehmens auf einige wenige Standorte (im Extremfall nur auf einen) konzentriert, so ergeben sich folgende positive Effekte:[1]

1 vgl. Porter (Globaler Wettbewerb), S. 20ff.

- Economies of Scale,
- Erfahrungskurveneffekte,
- Komparative Kostenvorteile,
- Koordinationsvorteile.

Es gibt aber auch eine Reihe von Faktoren, die für eine Streuung der Aktivitäten sprechen (z. B. Produktanforderungen, staatliche Einflüsse).

Ein hohes Maß an Koordination bedingt hohen Informationsaustausch und damit Wissenszuwachs in den verschiedenen Bereichen (z. B. Marketing, Produktentwicklung, technische Verfahren), was auch zur Verbesserung von Skalenerträgen führen kann. Dem stehen organisatorische, sprachliche und kulturelle Schwierigkeiten gegenüber.

Allerdings besitzen nicht alle in globalen Branchen tätigen Unternehmen die nötigen Voraussetzungen oder Ressourcen, um eine globale Strategie zu verfolgen. Sowohl hinsichtlich der wettbewerbspolitischen als auch der geografischen Streubreite bieten sich für Unternehmen alternative Strategien an. Aus der Kombination dieser Dimensionen globaler Strategie ergeben sich vier strategische Alternativen:[2]

Koordination der Aktivitäten	*geografische Streuung*	*geografische Konzentration*
hoch	hohe Auslandsinvestitionen mit straffer Koordination der Niederlassungen	einfache globale Strategie
niedrig	länderspezifische Strategie eines multinationalen Unternehmens oder einer Inlandsfirma, die nur in wenigen Ländern tätig ist	exportorientierte Strategie mit dezentralisiertem Marketing

Konfiguration der Aktivitäten

Abb. 15.5: Die wichtigsten strategischen Alternativen in einer globalen Branche[3]

1 vgl. Porter (Globaler Wettbewerb), S. 32
2 vgl. Porter (Globaler Wettbewerb), S. 51ff.
3 Porter (Globaler Wettbewerb), S. 53

Wichtige Merkmale der **globalen Kostenführerschaft** sind Standardisierung der Produkte und Nutzung von Skalenvorteilen in den verschiedenen betrieblichen Funktionen. Ebenso bedeutend ist die Präsenz auf den meisten Auslandsmärkten und eine breite Produktpalette. Das gilt auch für die globale Differenzierung, wobei in diesem Fall auf eine qualitative Verbesserung der Produkte abgestellt wird.

Globale Segmentierung bedeutet weltweite Konzentration auf ein Marktsegment.

Unter **geschützten Märkten** versteht man Märkte, in die ein Neueintritt auf Grund staatlicher Einflüsse (z. B. Zoll, Importquoten) sehr schwierig ist. Durch frühzeitige Direktinvestitionen kann sich ein Unternehmen jedoch einen Platz in solchen Märkten sichern.

Konzentriert sich ein Unternehmen auf jene Segmente, die große länderspezifische Unterschiede aufweisen, so spricht man von **länderspezifischer Anpassung**.

Bei der Wahl der globalen Strategie muss auf die spezielle Situation des Unternehmens eingegangen werden. Es lassen sich jedoch allgemeine Entwicklungstendenzen erkennen, die in Richtung einer hohen Koordination und weg von einer zu strikten Konzentration weisen.[1]

15.3.7 Nationale Wettbewerbsvorteile – „Diamantenmodell“[2]

Im Zuge der Globalisierung des Wettbewerbs wird die Frage nach der Rolle und Wettbewerbsstellung des Heimatstaats eines Unternehmens immer wichtiger. Vor diesem Hintergrund entwickelt Porter das Modell der nationalen Wettbewerbsvorteile, das grafisch aufbereitet einem Diamanten ähnelt und von Porter selbst daher als „Diamantenmodell“ bezeichnet wird. Die vier Haupteinflussgrößen nationaler Wettbewerbsvorteile sind:

- **Faktorbedingungen** – nationale Verfügbarkeit der Inputfaktoren im internationalen Vergleich,
- **Nachfragebedingungen** – Inlandsnachfrage in einer Branche,
- **Verwandte beziehungsweise unterstützende Branchen** – international wettbewerbsfähige Zulieferer oder Branchen, zwischen denen Synergien genützt werden können,
- **Strategie/Struktur/Kontext** – spezifisches Umfeld (in einem Land), das die Unternehmensentwicklung beeinflusst.

Zwischen den vier Einflussgrößen besteht eine Vielzahl an Wechselwirkungen, deren Komplexität erfasst werden muss, wenn man die Wettbewerbsstrukturen verstehen will. Dabei lassen sich zwei weitere Einflussfaktoren bestimmen: der Staat (er steht in ständiger Wechselwirkung mit den vier Einflussfaktoren) und der Zufall (nicht vorhersagbare Trendbrüche).[3]

Auf Grund der Wechselwirkung der Einflussfaktoren wird die vertikale und horizontale Clusterbildung wettbewerbsfähiger Branchen eines Landes begünstigt. Dabei unterstützen

1 vgl. Porter (Globaler Wettbewerb), S. 61ff.
2 vgl. Porter (Nationale Wettbewerbsvorteile), S. 95ff.
3 vgl. Porter (Nationale Wettbewerbsvorteile), S. 155ff.

wettbewerbsfähige Branchen einander gegenseitig beim Ausbau ihrer Stärken, indem sie die eigenen, überdurchschnittlichen Leistungsanforderungen gegenüber ihren nationalen Marktpartnern durchsetzen, wodurch der Wettbewerb angeregt wird. Die gegenseitige Einflussnahme innerhalb derartiger Branchencluster manifestiert sich in der Regel auch in geografischer Konzentration der bedeutendsten Branchenvertreter und deren Zulieferer.[1]
So wie die Einflussfaktoren des Diamanten eine Steigerung der Wettbewerbsfähigkeit einer Branche auslösen und fördern können, liegt in ihnen oft auch der Grund einer Verminderung der Wettbewerbsfähigkeit einer Branche: Faktorbedingungen verschlechtern sich, Kundenbedürfnisse und Technologien verändern sich etc.[2]

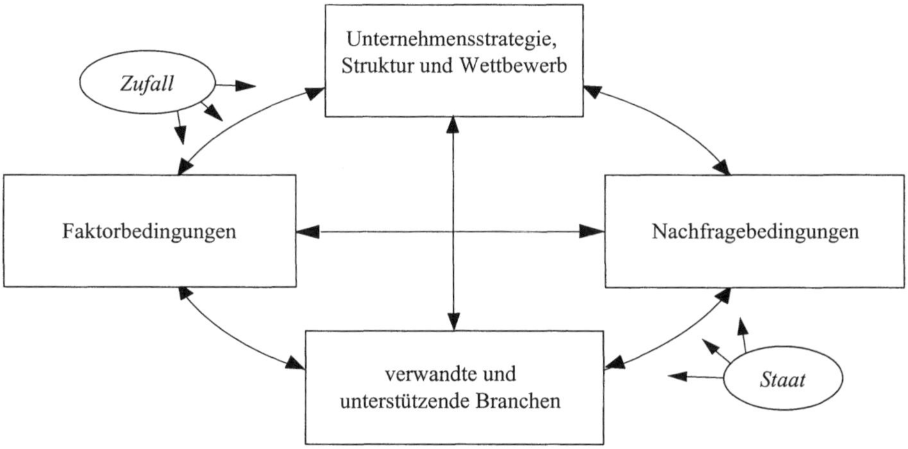

Abb. 15.6: Bestimmungsfaktoren des nationalen Wettbewerbs[3]

Vor diesem Hintergrund ist der Staat als Gestalter des Branchenumfelds eine bedeutende Einflussgröße bei der Erzielung von Wettbewerbsvorteilen, seine Bedeutung darf aber nicht überschätzt werden. Insbesondere die Unternehmen einer Branche haben auch selbst die Aufgabe, die Einflussfaktoren des Diamanten ständig aufzuwerten. Dazu muss man im Unternehmen verstehen, welche Einflussfaktoren auf den Wettbewerb wirken und wie diese gestaltet werden können. Der klare Auftrag lautet daher:[4]

- Sich dem Innovationsdruck aussetzen,
- Den leistungsfähigsten Konkurrenten als Messlatte wählen,
- Früherkennungssysteme installieren,
- Das nationale Wettbewerbsumfeld aktiv gestalten,
- Konkurrenz auf dem Heimmarkt fördern und nicht verhindern,

1 vgl. Porter (Nationale Wettbewerbsvorteile), S. 172ff.
2 vgl. Porter (Nationale Wettbewerbsvorteile), S. 190ff.
3 Porter (Nationale Wettbewerbsvorteile), S. 151
4 vgl. Porter (Nationale Wettbewerbsvorteile), S. 593ff.; Porter (Wettbewerbskraft), S. 116

- Überlegt globalisieren,
- Allianzen nur selektiv einsetzen,
- Den Stammsitz in einer Region wählen, deren Umfeld die Wettbewerbsfähigkeit fördert.

15.3.8 Corporate Strategy[1]

Alle bisher dargestellten Bestandteile von Porters Konzept beziehen sich auf die Geschäftsfeld- beziehungsweise Branchenebene, denn dort findet der Wettbewerb statt und werden Strategien benötigt. Trotzdem müssen auch auf Unternehmens- oder Konzernebene Strategien formuliert werden. Dabei handelt es sich allerdings nicht um Wettbewerbsstrategien, sondern um Corporate Strategies, die eine völlig andere Ausrichtung haben. Im Rahmen einer Corporate Strategy müssen Entscheidungen über Märkte und Geschäftsbereiche sowie über die Führung der Geschäftsbereiche getroffen werden.

Corporate Strategy ist demnach immer eine Frage nach dem geeigneten Grad der Diversifikation. In vielen Fällen scheitern Diversifikationsvorhaben an den mit der Konzerngröße wachsenden Transaktionskosten. Um erfolgreiche Diversifikation sicherzustellen, müssen folgende Kriterien beachtet werden:

- Attraktivität der einzelnen Branchen,
- Kosten des Markteintritts in das Geschäftsfeld,
- Synergiepotenziale zwischen den unterschiedlichen Geschäftsbereichen.

Es lassen sich vier Ansätze von Konzernstrategien unterscheiden:

- **Portfoliomanagement**– Die Diversifikation beruht hier in erster Linie auf Akquisition attraktiver Unternehmen in zumindest artverwandten Geschäftsfeldern. In den meisten Fällen ist ein starkes Anwachsen interner Komplexität zu beobachten, das häufig zu Misserfolgen führt.
- **Sanierung** – Grundlage ist das Aufspüren von Unternehmen mit bisher ungenützten Erfolgspotenzialen. Für den Erfolg dieser Strategie ist es wichtig, sanierte Betriebe (damit nicht mehr unterbewertet) wieder abzustoßen, da der Konzern nach abgeschlossener Sanierung keinen Erfolgsbeitrag mehr leisten kann.
- **Know-how-Transfer** – Suche nach Geschäftsbereichen mit ähnlich gearteten Wertschöpfungsketten, um Erfahrung, Fähigkeiten etc. transferieren zu können. Der Erfolg dieses Ansatzes liegt in der Nutzung der Synergiepotenziale.
- **Aufgabenzentralisierung** – Hier werden Teile der Wertschöpfungskette aus den Geschäftsbereichen ausgegliedert und auf die Konzernebene verlagert. Vorteile ergeben sich aus Größe, Erfahrungskumulierung und besserer Kapazitätsauslastung. Erfolg bringt dieser

1 vgl. Porter (Diversifikation), S. 30ff.

Ansatz nur, wenn man sich bei der Zentralisierung der Tätigkeiten auf jene Bereiche beschränkt, „die von entscheidender Bedeutung für die Marktleistung sind".[1]

Die Wahl des Differenzierungsansatzes ist stark von der Unternehmensgeschichte geprägt. Das Management hat demnach keine vollständige Handlungsfreiheit. In der Regel sind jedoch synergieorientierte Diversifikationsstrategien erfolgversprechender als Sanierung und Portfoliomanagement.

Das wirklich entscheidende Problem der Corporate Strategy ist die klare Bestimmung der Unternehmensidentität und der Leistungen, welche die Konzernzentrale den Geschäftsbereichen zu deren Wertsteigerung beisteuert.[2]

15.4 Stärken des Konzepts

- Porter versteht es, seinen Industrial-Economics-Hintergrund, breiteste Kenntnisse aus der Unternehmenspraxis und eine Fülle von Literaturkonzepten zu einer fast simpel anmutenden Analysetechnik zu verschmelzen. Der konsequente Verzicht auf die Lösung operativer Detail-, Theorie- oder Implementierungsprobleme führt zu einem stringenten und einsichtigen Vorschlag, der darüber hinaus dem Denkstil des amerikanischen Managements entspricht.
- Ähnliches gilt für das Analyseinstrument Wert(schöpfungs)kette. Darstellungen der Wertschöpfungskette finden sich in vielen Managementbüchern, aber es ist das Verdienst Porters, diesen Ansatz in eine gut verständliche Form gebracht zu haben.
- Porter stellt das Analyseinstrumentarium nicht nur vor, sondern wendet es auch selbst auf „typische Branchensituationen" an. Er durchbricht dabei jedoch seine ursprüngliche Forderung nach evolutionärer Betrachtungsweise des Entwicklungsprozesses einer Branche[3] (im Gegensatz zur ausschließlich zeit- und marktanteilsabhängigen), wie dies zum Beispiel im Produktlebenszykluskonzept zum Ausdruck kommt, und betrachtet die Zeitkomponente isoliert. Gerechtfertigt wird diese Vorgangsweise durch das Unterstreichen des Beispielcharakters und der damit verbundenen Notwendigkeit, die Komplexität zu reduzieren.
- Eine weitere Stärke des Ansatzes ist die Beschreibung von Durchsetzungsmaßnahmen im Sinne von Angriffs- und Abwehrstrategien, indem explizite Angriffsbahnen, auf denen der Konkurrent am verwundbarsten ist, und Abwehrtaktiken, die das Unternehmen gegen die Attacken anderer am besten immunisieren, dargestellt werden.[4]
- Porter weitet sein Konzept ständig aus und passt sich den geänderten Rahmenbedingungen und Anforderungen an. Mit seinem Beitrag über nationale Wettbewerbsvorteile geht er als

1 Porter (Diversifikation), S. 44
2 vgl. Porter (Diversifikation), S. 49
3 vgl. Porter (Wettbewerbsstrategie), S. 215ff.
4 vgl. Porter (Wettbewerbsvorteile), S. 560ff.

erster Autor über die Unternehmensebene hinaus und schafft eine Verbindung zwischen gesamtwirtschaftlicher und unternehmensspezifischer Betrachtungsebene.

15.5 Schwächen des Konzepts

- Porters Betrachtungen weisen hauptsächlich qualitativen Charakter auf. Der Leser steht vor dem Problem, selbst Wege zur Operationalisierung beziehungsweise Quantifizierung der Wettbewerbsfaktoren finden zu müssen.
- Ein Problembereich ist die mit der umfassenden Analyse verbundene Informationsbeschaffung und -verarbeitung. Die Datenbeschaffung kann für kleinere Unternehmen mit zu hohen Kosten verbunden sein, oder die Ausarbeitung komplexen Datenmaterials kann ein Unternehmen organisatorisch überfordern.
- Kritisiert wird Porter wegen der mangelnden „quantitativ-methodischen Realisation" einer strategischen Kostenrechnung. Er befasst sich intensiv mit der Kostenanalyse und ortet etwa bei der gemeinsamen Durchführung von Wertaktivitäten Koordinations-, Kompromiss- und Inflexibilitätskosten. Es gibt aber keine Hinweise, wie diese Kosten quantitativ zu ermitteln und den Wertaktivitäten zuzurechnen sind. Inwieweit sich überhaupt alle Kosten den Wertaktivitäten zuordnen lassen, bleibt eine offene Frage.[1]

15.6 Bedeutung für die Unternehmensführung

Da Porter mit seinen Arbeiten Meilensteine im Bereich der strategischen Forschung setzte, wird er in der betriebswirtschaftlichen Literatur häufig zitiert. Darüber hinaus werden seine Erkenntnisse mittlerweile auch im Grundstudium an der Harvard Business School und an vielen anderen Universitäten gelehrt. Ebenso baut eine Reihe von strategischen Konzepten zum Teil auf Porters Überlegungen auf (z. B. Hinterhuber)[2]. Die breite Anerkennung, die Porter genießt, hat ihren Ursprung darin, dass er die komplexe Vernetzung des wirtschaftlichen Geschehens in plastischer, prägnanter Sprache und mit sehr kompakten Schlussfolgerungen darstellen konnte.

1 vgl. Scholz (Management), S. 630; Porter (Wettbewerbsvorteile), S. 422ff.
2 vgl. Hinterhuber (Wettbewerbsstrategie, 1. Aufl.), S. 57ff., S. 94ff.

15.7 Empfohlene Literatur

- Porter, M.: Wettbewerbsvorteile: Spitzenleistungen erreichen und behaupten, Frankfurt/Main, New York 2000, 688 Seiten. Basierend auf der „Wettbewerbsstrategie“, wird der Aufbau von Wettbewerbsvorteilen anhand vieler anschaulicher Beispiele dargestellt.
- Porter, M.: Wettbewerbsstrategie, Frankfurt/Main 1999, 488 Seiten. Standardliteratur zur strategischen Unternehmensführung. Anschaulich und durch viele Fallstudien angereichert, werden Wettbewerbsanalyse und strategische Positionierung aufgearbeitet. Das Buch ist Pflichtlektüre für jeden Strategen.

16 Gilbert Probst, Peter Gomez

Wie wir über eine Unternehmung denken, in ihr organisieren, planen, realisieren, informieren, kontrollieren, hängt davon ab, wie wir sie wahrnehmen.
Die Grundvorstellungen des vernetzten oder ganzheitlichen Denkens bilden eine Perspektive ... um in sozialen, komplexen Problemsituationen gestaltend und lenkend einzugreifen.

16.1 Zur Person der Autoren

Dr. Gilbert Jean Bernard Probst (geboren 1950) ist ordentlicher Professor und Direktor des Nachdiplomstudiengangs Management an der Universität Genf. Er promovierte und habilitierte sich in Betriebswirtschaftslehre an der Universität St. Gallen. Er beschäftigt sich mit der Bearbeitung von Planungs- und Organisationsfragen in privaten Unternehmen und Institutionen der öffentlichen Hand, war Forschungsleiter und Vizedirektor am Institut für Betriebswirtschaft der Hochschule St. Gallen, Visiting Assistent Professor an der Wharton School, Philadelphia, Visiting Faculty Member am IMI, Genf, und ist Vorstandsmitglied der Schweizerischen Kurse für Unternehmungsführung. Er ist Gründer und Partner der Geneva Knowledge Group und des Forums für Wissensmangement in Genf. Gleichzeitig ist er Mitglied des Verwaltungsrates der Reisebüro Kuoni AG, der Alu Menziken Holding und der Holderbank Financière Holding.

Homepage: http://hec.info.unige.ch/organisation/CVprobst.htm

Dr. Peter Gomez (geboren 1947) ist ordentlicher Professor der Betriebswirtschaftslehre an der Universität St. Gallen sowie Partner in der Valcor AG, Küsnacht/Zürich. Davor war er Mitglied der Geschäftsleitung der Ringier-Gruppe, Zürich, und der Distral-Gruppe, Zürich. Er promovierte mit Malik und Oeller über Systemmethodik und hat zahlreiche Beiträge auf den Gebieten ganzheitliches Management und Unternehmensstrategie veröffentlicht. Seit 1999 ist er Präsident der Universität von St. Gallen.

Homepage: http://www.unisg.ch

16.2 Grundlagen

Vernetztes Denken ist ein Ansatz, der von den Organisationsstrukturen und Überlebensregeln der Natur ausgeht und auf verschiedenste Organisationen übertragen werden kann.[1] „Früher konnten Projekte noch einzeln geplant werden, das, was sie anrichteten, wurde von einem Puffer aufgefangen."[2] „Die Wachstumsgrenzen sind gleichzeitig Grenzen eines eindimensionalen Denkens, dessen Folgen heute mehr als unüberschaubar sind. Zubetonierte Landschaften, verseuchte Gewässer, störanfällige Kernkraftwerke, Fehlinvestitionen (...) sind Beispiele für Entscheidungen wirtschaftlicher und politischer Art, die ohne Verzahnung mit der Umwelt und ohne Nachdenken über Spätfolgen getroffen wurden."[3] Wesentlich ist in diesem Zusammenhang der Wunsch, „zur Entwicklung einer empirisch begründeten Alternative zum neuzeitlichen Wissenschaftspositivismus" beizutragen, die „nicht den Trends irrationalistischer Wissenschaftskritik erliegt, sondern in produktiver Weise über relativistische und skeptizistische Positionen hinausgeht."[4] Die Kybernetik ist ein Forschungsansatz, der diesen Weg beschreitet. Er basiert im Wesentlichen auf[5]

- einer biologischen Kognitionstheorie (Maturana und Varela),
- einer eigenen Theorie der Wissenschaftskonstruktion (von Foerster und von Glasersfeld),
- Untersuchungen zu Selbstregulation, Autonomie und hierarchischer Ordnung, inspiriert durch die allgemeine Systemtheorie (von Bertalanffy), und
- den Prozessen der Selbstorganisation und Selbstreferenz.

Der Ansatz von Probst und Gomez zum vernetzten Denken und Handeln ist das Resultat der theoretischen Auseinandersetzung mit den genannten Theorien. Er kann als Weiterführung gesehen werden, die die Anwendung in der Praxis zum Ziel hat. Die Autoren entwickeln aus der theoretischen Grundlage sieben wesentliche Bausteine einer ganzheitlichen Unternehmensführung.

Ausgehend von ihren gemeinsamen Arbeiten, haben beide Autoren den Ansatz jeweils eigenständig weiterentwickelt. Gomez bringt das Konzept mit den Arbeiten von Rappaport in Verbindung und erarbeitet ein ganzheitliches Wertmanagement. Probst konzentriert sich dagegen auf organisatorische Fragestellungen, insbesondere auf organisationales Lernen. Obwohl beide Autoren somit in unterschiedliche Richtungen gehen, werden ihre Arbeiten wegen des gemeinsamen Ursprungs gemeinsam behandelt.

---

1 vgl. Vester (Neuland), S. 53ff.
2 Vester in: Wittenzellner (Expedition), S. 100
3 Wittenzellner (Expedition), S. 100f.
4 Schmidt (Diskurs), S. 7f.
5 vgl. Schmidt (Diskurs), S. 11ff.

16.3 Inhalt des Konzepts

16.3.1 Das Ganze, die Teile und ihre Vernetzung

Ein System besteht aus Teilen. Um das Gesamtsystem (die Ganzheit) zu verstehen, muss beachtet werden, wie die Teile miteinander verbunden sind. Diese Verbindungen sind weder linear noch monokausal.

Ganzheiten sind von ihrem Umfeld nicht objektiv abgrenzbar. Die Grenzziehung ist ein gedankliches Konstrukt, das vom jeweiligen Standpunkt des Betrachters abhängig ist. Je nach Betrachtungsebene besteht ein System aus Teilen oder ist selbst Teil eines übergeordneten Ganzen. Ebenso wie die Grenzen sind auch Sinn und Zweck des Systems nicht objektiv definierbar. „Es geht um das Zusammenfügen von Teilen zu einem funktionierenden produktiven sozialen Ganzen (...) und um die Einbettung des Systems in seine Umwelt (...).“[1]

„Die Realität, in der sich alles Leben abspielt, ist jedoch nicht das, als was sie uns die Schulen und Universitäten präsentieren: Ein Sammelsurium von getrennten Einzelbereichen (...), alles schön geordnet nach Ressorts und Fachbereichen und damit zu Bruchstücken auseinandergerissen, sondern diese Realität ist ein vernetztes System, in dem es oft weniger auf jene Einzelbereiche ankommt als auf die Beziehungen zwischen ihnen.“[2]

Die Grundvorstellung eines vernetzten Systems (Netzwerk) ist ein Kreis. Im Netzwerk verändern sich durch Interaktionen nicht nur die Elemente, sondern auch das System selbst; es kann eine neue Qualität annehmen. Daraus ergibt sich eine Reihe von Fragen:

- Welcher Art sind die Wechselwirkungen?
- Wie ist ihr zeitlicher Wirkungsverlauf?

Positive oder negative Regelkreise führen zum Wachsen, Schrumpfen, Stabilisieren, Explodieren, Umkippen etc. des Systems. Die Entwicklungen sind auf den ersten Blick unabsehbar, weil die jeweils betrachteten Elemente nur Teile von dynamischen Ganzheiten sind, die aus einer unendlichen Vielzahl von aufeinander einwirkenden und miteinander verknüpften Regelkreisen bestehen.

Analog zu den Wechselwirkungen im System sind die Wirkungsbeziehungen zwischen System und Umfeld zu sehen. Damit man diese Beziehungen beleuchten kann, bedarf es einer vorherigen Systemabgrenzung, die allerdings nie objektiv sein kann. Jedes System kann als Teil eines größeren Ganzen betrachtet werden. Systeme sind in hohem Maß von ihrem Umfeld abhängig, daher ist Anpassungsfähigkeit an das Umfeld eine für das Überleben des Systems notwendige Eigenschaft.

---

1 Probst, Gomez (Systemdenken), S. 180
2 Vester (Neuland), S. 19

16.3.2 Komplexität

Probst und Gomez unterscheiden einfache, komplizierte und komplexe Probleme.[1] Beim Vorliegen von geringer Verknüpfung der Einflussfaktoren und geringer Dynamik spricht man von einfachen Problemen, bei vielen relativ stark verknüpften Einflussfaktoren und geringer Dynamik von komplizierten Problemen. Komplex ist ein Problem dann, wenn viele verschiedene, stark verknüpfte Einflussgrößen in dynamischer Interaktion vorliegen.

Dynamik heißt, dass das System nicht einer Funktion gehorcht, sondern ein „Eigenleben" hat, die Interaktionen zwischen den Teilen sich also im Zeitablauf verändern. Damit ergeben sich für den Betrachter Irrationalitäten und Unvorhersehbarkeiten, die dieser durch gedankliche Trivialisierung zu beseitigen versucht. Dadurch verleiht er dem Problem eine andere Qualität, die nicht mehr der Realität entspricht.[2] Der Versuch einer Problemlösung durch Trivialisierung impliziert vollständiges Verständnis und endgültige Erfassbarkeit der Situation und ist deshalb für komplexe Probleme nicht geeignet. Für die Steuerung komplexer Systeme benötigt man allgemeine Modelle, die die grundlegenden Ordnungsmuster und Funktionsweisen des Systems verdeutlichen.

16.3.3 Ordnung[3]

Ordnung entsteht, wenn einem Netzwerk durch interaktive Prozesse oder durch Erwartungen beschränkende Regeln gegeben werden. Ordnung legt die Abläufe zwischen einzelnen Systemteilen und ihre Beziehung zueinander fest. Sie ist nicht monokausal konstituiert, sondern das Resultat unzähliger Ursachen. Ordnung ermöglicht es, einzelne Faktoren im Kontext des Ganzen zu erfassen und damit Komplexität zu bewältigen. Das Umfeld kann als globaler Rahmen gesehen werden. Charakteristisch für systemorientierte Sichtweise ist die Betrachtung der Organisation auf unterschiedlichen Beobachtungsebenen. Dabei erfolgen Systemabgrenzung und Definition des Umfelds entsprechend der jeweiligen Perspektive.

16.3.4 Lenkung

Lenkung ist nur dann möglich, wenn zwischen dem „Lenker" und dem System Wirkungsbeziehungen bestehen. Der Lenkende steht dem System nicht autonom gegenüber, sondern muss – einer sinnvollen Systemabgrenzung entsprechend – als zum System gehörend angesehen werden. Lenkung ist demnach die Fähigkeit eines zielgerichteten Systems, sich selbst unter Kontrolle zu halten. Aus der Kybernetik abgeleitet, unterscheidet man Steuerung und Regelung als verschiedene Arten der Lenkung. Unter Steuerung verstehen Probst und Gomez zielgerichtete Einflussnahme auf ein System von außen; Regelung hat reaktiven Charakter und erfolgt

1 vgl. Gomez, Probst (Praxis), S. 13ff.
2 vgl. Dörner (Schwierigkeiten), S. 163ff.
3 vgl. Probst (Organisation), S. 162ff.

durch gegenseitige Beeinflussung und Rückkopplung bei Abweichung von einem Ziel. Je vernetzter das System und je stärker die Intensität von Wirkungskreisen ist, desto eher wird Steuerung durch Regelung ersetzt, Lenkung aber nicht ausgeschlossen.

16.3.5 Denkfehler des traditionellen Managements

Probst und Gomez unterstellen, dass beim Umgang mit Problemsituationen im Unternehmensbereich immer wieder die gleichen Denkfehler begangen werden. Diese beruhen darauf, dass die in den Bausteinen aufgezeigten Problembereiche nicht beachtet werden. Sie gelten als Hauptursache für die Unfähigkeit, komplexe Probleme zu bewältigen und daraus mögliche Lösungsschritte abzuleiten:[1]

1. Denkfehler: „Probleme sind objektiv gegeben und müssen nur noch klar formuliert werden."

Probleme im Unternehmen sind in der Regel nicht objektiv definierbar, abgrenzbar oder fassbar. Jeder Betroffene sieht das Problem aus seiner eigenen Sicht, die von Einstellung, sozialem Umfeld, Interessenlage usw. stark beeinflusst und subjektiv ist. Daraus ergeben sich verschiedene Aussichten und auch unvereinbare Standpunkte. Die Folge ist: „... dass wir immer Beobachter bleiben, die die Wirklichkeiten nur beschreiben können, niemals aber so erfassen, wie sie sind. Wirklichkeit ist keine objektiv feststellbare Größe, sondern Produkt individueller Konstruktionen, die individuell bleiben, sich allenfalls im Zug der Kommunikation angleichen können. Wir erschaffen unsere Umwelt, wir reagieren nicht auf sie."[2]

2. Denkfehler: „Jedes Problem ist die direkte Konsequenz einer einzigen Ursache."

Man ist gewohnt, in einfachen kausalen Beziehungen zu denken. Diese Denkweise wird schon in Erziehung und Ausbildung geprägt. Organigramme in Unternehmen verleiten dazu, bestimmte Ereignisse einem „Verursacher" zuzuordnen. Zur Problemlösung in vernetzten, komplexen Systemen ist eine Betrachtung, die nur auf der Ursache-Wirkungs-Ebene erfolgt, aber nicht geeignet.

3. Denkfehler: „Um eine Situation zu verstehen, genügt eine Fotografie des Ist-Zustands."

Man ist versucht, den augenblicklichen Zustand einer Problemsituation zu analysieren, ohne die Entwicklung und die Wechselwirkungen der einzelnen Elemente aufeinander und miteinander im Zeitablauf zu berücksichtigen. Aber durch die Dynamik des Systems wird die Problemsituation für den Betrachter komplex. Der Kreislauf der Wechselwirkungen kann über den Zeitablauf stabilisierend oder destabilisierend sein. Die Beziehungen können unterschiedliche Stärke und Bedeutung und verschiedene quantitative und qualitative Eigenschaften aufweisen.

---

1 vgl. Probst, Gomez (Management), S. 7ff.
2 Vogel (Organisationsentwicklung), S. 24

4. Denkfehler: „Verhalten ist prognostizierbar; notwendig ist nur eine ausreichende Informationsbasis.“

Informationen beseitigen Unsicherheit. Je unfassbarer ein Problem scheint, desto mehr Informationen versucht man zu gewinnen, um zukünftige Entwicklungen – selbst von komplexen Situationen – voraussagen zu können. Es liegt im Wesen einer komplexen Situation, dass Unsicherheit auch durch höchsten Informationsstand nicht zur Gänze beseitigt werden kann.

5. Denkfehler: „Problemsituationen lassen sich beherrschen, es ist lediglich eine Frage des Aufwands.“

Einfache Probleme sind lenk- und beherrschbar, was allerdings nicht für komplexe Systeme mit ihrer Eigendynamik und Selbstorganisation gilt. Man kann die Elemente und Grundregeln erfassen, aber die konkreten Abläufe sind einzigartig und weder voraussagbar noch wiederholbar, obwohl sie einem allgemein gültigen Ordnungsmuster folgen.

6. Denkfehler: „Ein Macher kann jede Problemlösung in der Praxis durchsetzen.“

Man tendiert dazu, die Durchsetzungsproblematik auf Grund einer unikausalen Weltsicht als Kern der Problemlösung anzusehen, und meint, wenn jemand nur „stark“ genug ist, könne er alle Durchsetzungsbarrieren überwinden, vergisst dabei aber die Eigenaktivitäten und Reaktionen des Systems. In der Regel werden daher nur die Symptome beseitigt und die problemverursachenden Strukturen und Prozesse bleiben unangetastet.

7. Denkfehler: „Mit der Einführung einer Lösung kann das Problem endgültig ad acta gelegt werden.“

Mit der „Lösung“ eines Problems ist es noch lange nicht gelöst. Vernetzte Systeme reagieren auf jede Beeinflussung mannigfaltig und unvorhersehbar. Mit der Durchsetzung des ersten Problemlösungsschritts verändern sich die Grundlagen des Problemlösungsprozesses. Endgültige Problemlösungen sind starr, unsensibel und geschlossen und verhindern harmonische Weiterentwicklungen der Systeme und ihrer Umwelten.

16.3.6 Schritte ganzheitlicher Problemlösung

Probst und Gomez entwickelten vorerst sieben Schritte zur ganzheitlichen Problemlösung, die sie in ihren neueren Arbeiten in fünf zusammenfassen. Obwohl diese Schritte als logische Abfolge erscheinen, dürfen sie keinesfalls als Checkliste betrachtet werden, in der ein Punkt nach dem anderen bearbeitet, abgehakt und dann nicht mehr beachtet wird. Jeder Schritt wird hinsichtlich des vernetzten Denkens, unternehmerischen Handelns und persönlichen Überzeugens dargestellt.[1]

[1] vgl. Gomez, Probst (Praxis), S. 26ff.

Probleme entdecken und identifizieren[1]

Um die Probleme eines Systems abgrenzen zu können, müssen zuerst Zweck und Funktionen des Systems aus der Sicht aller Interessengruppen (Stakeholder: Mitarbeiter, Kunden, Lieferanten, Gesellschaft etc.) definiert werden. Das Ergebnis der Abgrenzung ist eine Auflistung aller wesentlichen Elemente des Systems (Einflussfaktoren). Jene Teile des Systems, die bestimmend für die Dynamik sind, werden von Gomez und Probst als Schlüsselfaktoren bezeichnet. Bereits hier lassen sich Schwerpunkte setzen und erste Weichenstellungen für notwendige Kompetenzen festlegen.

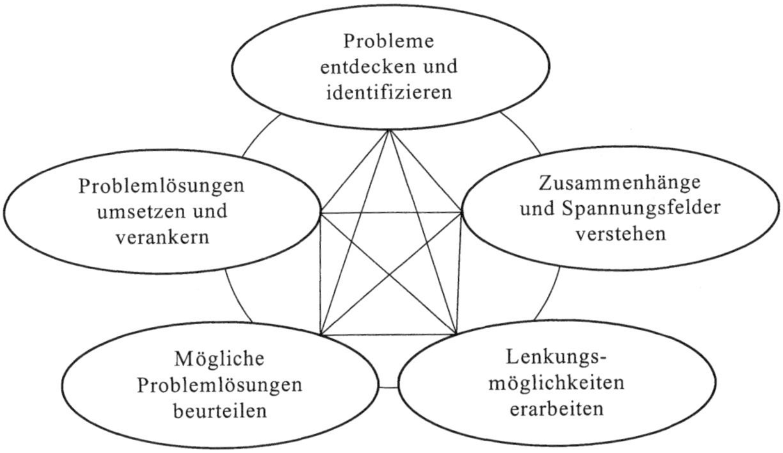

Abb. 16.1: Die Problemlösungsmethode – ein vernetztes System[2]

Die Problembeschreibung sollte in Arbeitsgruppen und Teams erarbeitet werden, nie von einem Einzelnen am Schreibtisch, da möglichst viele verschiedene Perspektiven und Standpunkte eingenommen werden müssen. Sind die Ziele und Interessen aller Anspruchsgruppen definiert, sollten Maßstäbe definiert werden, an denen sich die Problemlösungsmöglichkeiten messen lassen.

Zusammenhänge und Spannungsfelder verstehen[3]

Die einzelnen Einflussfaktoren müssen zueinander in Beziehung gesetzt und verknüpft werden. In einem Diagramm (Netzwerk) werden sie mit Pfeilen dargestellt. Die Art der Beeinflussung wird mit den Symbolen „+“ (für positive Beeinflussung) und „–“ (für negative Beeinflussung) gekennzeichnet. Schaukelt sich ein Regelkreis positiv oder negativ auf, wird er insgesamt mit „+“ bezeichnet. Stabilisiert sich ein Regelkreis auf Grund eines Zusammentreffens von positiven und negativen Beeinflussungen, wird er mit „–“ bezeichnet. Bei der Erstellung des Netz-

1 vgl. Gomez, Probst (Praxis), S. 35ff.
2 Gomez, Probst (Praxis), S. 27
3 vgl. Gomez, Probst (Praxis), S. 65ff.

werks ist es wichtig, den grundlegenden Erfolgsmotor – den zentralen Kreislauf – zu identifizieren.

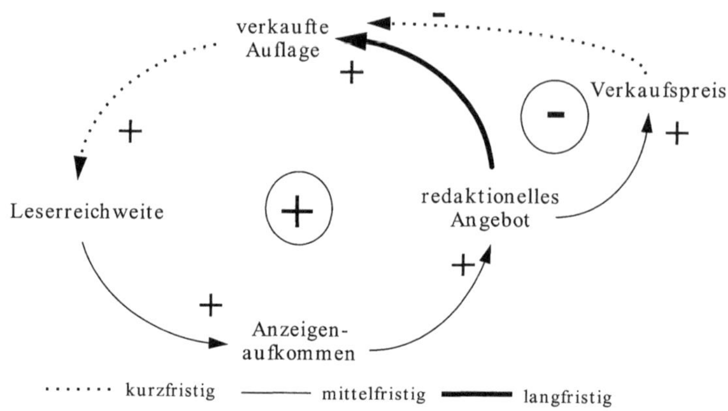

Abb. 16.2: Teil eines Netzwerks eines Verlags

Es entsteht ein Netzwerk, das die Zusammenhänge, in denen das betrachtete Problem eingebettet ist, möglichst umfassend darstellt:

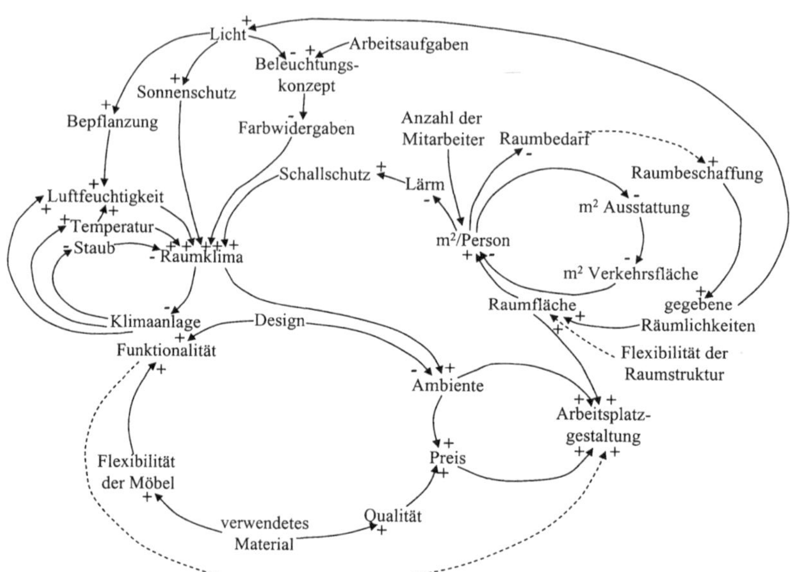

Abb. 16.3: Netzwerk am Beispiel: Arbeitsplatzgestaltung[1]

---

1 Eschenbach, Horak, Plasonig (Büroarbeitsplatz), S. 51

Da die Beeinflussungen unterschiedliche Reaktionszeiten aufweisen, muss der Zeitfaktor in die Betrachtung Eingang finden. Probst und Gomez schlagen kurz-, mittel- und langfristige Differenzierung vor. Grafisch wird das mit unterschiedlich dicken Pfeilen dargestellt.

Neben der zeitlichen Wirkung muss auch die Intensität der Beeinflussung visualisiert werden. Dabei unterscheidet man zwischen der aktiven Einflussnahme eines Elements auf sein Umfeld und dem (passiven) Beeinflusstwerden durch andere Elemente. Die Berechnung erfolgt mit Hilfe des Papiercomputers[1], einer zweidimensionalen Matrix, in der alle Elemente zueinander in Beziehung gesetzt werden. Die Intensitäten der wechselseitigen Beziehungen werden in ganzen Zahlen von Null bis Drei ausgedrückt. Für jedes Element erhält man:

- Einflussnahme auf jedes andere Element,
- Beeinflussung durch jedes andere Element.

Durch Addition dieser Bewertungen lässt sich eine Aktivsumme als Maß für die Einflussnahme auf das System und eine Passivsumme als Maß für die Beeinflussung durch das System ermitteln. Anhand dieser Summen kann man aktive, passive, kritische und träge Elemente in der Einflussmatrix unterscheiden.

auf Wirkung von	Funktionalität	Flexibilität	Qualität	Preis	...						**Aktivsumme**
Funktionalität	–										
Flexibilität		–									
Qualität			–								
Preis				–							
...					–						
						–					
							–				
								–			
									–		
										–	
Passivsumme											

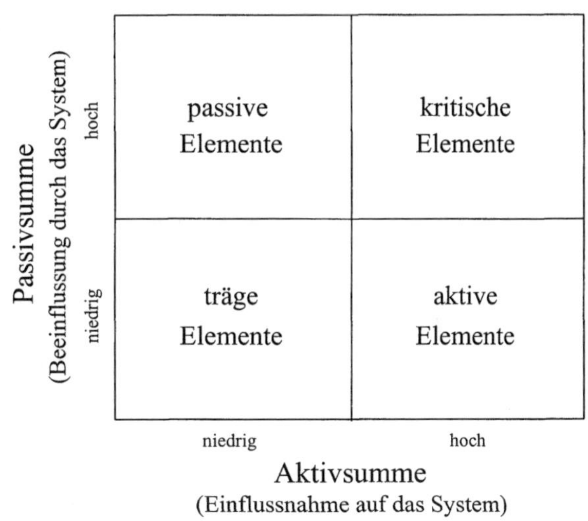

Abb. 16.4: Papiercomputer und Einflussmatrix[2]

In diesem Problemlösungsschritt muss sich das unternehmerische Handeln auf drei Dinge konzentrieren, die erreicht werden können, wenn Unternehmergeist im gesamten Unternehmen gefördert wird und Projektteams eingerichtet werden:[3]

1 vgl. Vester (Neuland), S. 76
2 vgl. Ulrich, Probst (Anleitung), S. 141ff.
3 vgl. Gomez, Probst (Praxis), S. 90ff.

- **Prozessorientierte Organisation** – Dies kommt dem Denken in Kreisläufen besser entgegen als die funktionale Organisation.
- **Geschäftslogik** – Das „Bild" vom Geschäft (Unternehmenstätigkeit) muss entsprechend der Erkenntnisse des Netzwerks angepasst werden.
- **Zeitmanagement** – Das Zeitverhalten des Unternehmens muss jenem des Gesamtsystems angepasst werden, um den zentralen Erfolgskreislauf zu beschleunigen.

Lenkungsmöglichkeiten erarbeiten[1]

Der Erfolg von Lenkungseingriffen hängt wesentlich davon ab, wie die Maßnahmen zur zukünftigen Weiterentwicklung passen. Dabei muss die Eigendynamik der Situation berücksichtigt werden, was durch die Erstellung von Szenarien erleichtert wird, die mögliche zukünftige Zustände eines komplexen Systems beschreiben.[2] Da die Zukunft nicht vorhersehbar ist, genügt es nicht, ein wahrscheinliches Szenario zu entwerfen, sondern es müssen alle positiven/optimistischen und negativen/pessimistischen Extreme gezeigt werden. In weiterer Folge müssen lenkbare und nichtlenkbare Größen sowie Indikatoren unterschieden werden, wobei auf die jeweilige Führungsebene zu achten ist. Auf verschiedenen Ebenen können sich jeweils andere Größen als lenkbar beziehungsweise nichtlenkbar darstellen. Allgemeine Wirtschaftsdaten sind für ein Unternehmen in der Regel nichtlenkbare Größen, auf der Ebene der Wirtschaftspolitik jedoch sehr wohl lenkbar.[3] Für die lenkbaren Größen sollten Stoßrichtungen festgelegt werden.

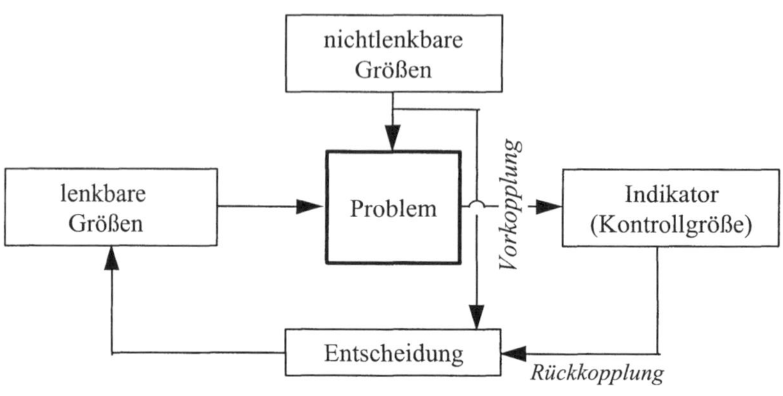

Abb. 16.5: Bestimmung der Lenkungsmöglichkeiten[4]

1 vgl. Gomez, Probst (Praxis), S. 113ff.
2 vgl. Reibnitz (Szenarien), S. 11ff.
3 vgl. Probst, Gomez (Management), S. 56
4 Probst, Gomez (Management), S. 58

Mögliche Problemlösungen beurteilen[1]

Die einzelnen Maßnahmen werden – basierend auf den Erkenntnissen der bisherigen Lösungsschritte – beurteilt.

Folgende Regeln sollen mithelfen, systemwidrige Maßnahmen zu vermeiden[2]:

1. Regel: „Passe deine Lenkungseingriffe der Komplexität der Problemsituation an."

2. Regel: „Berücksichtige die unterschiedlichen Rollen der Bestimmungsfaktoren der Problemsituation."

3. Regel: „Vermeide unkontrolliertes Wachstum."

4. Regel: „Nutze die Eigendynamik des Systems zur Erzielung von Synergieeffekten."

5. Regel: „Finde ein harmonisches Gleichgewicht zwischen Bewahrung und Wandel."

6. Regel: „Fördere die Autonomie der kleinsten Einheit."

7. Regel: „Erhöhe mit jeder Problemlösung die Lern- und Entwicklungsfähigkeiten."

Da bei der Beurteilung der Lösungsmöglichkeiten nicht alle Kriterien messbar sind, sollte die Beurteilung qualitativ erfolgen. Bei der Umsetzung der Lösungsmöglichkeiten ist auf die Eigengesetzlichkeiten des Unternehmens ebenso Rücksicht zu nehmen wie auf die erzielbare Wertsteigerung. Als Hilfsmittel kann hier Benchmarking eingesetzt werden; auf jeden Fall muss die Initiative der Mitarbeiter gefördert werden.

Problemlösungen umsetzen und verankern[3]

Aufbauend auf klaren Zweck- und Zielformulierungen, müssen die Maßnahmen so gestaltet werden, dass sie eine neuerliche Anpassung der Problemlösung erlauben (Reparaturfähigkeit), eine Weiterentwicklung der Lösung gestatten (Entwicklungsfähigkeit) und neue Probleme bereits frühzeitig erkennen helfen (Früherkennung). In diesem Zusammenhang sind klar definierte Ziele und ein strategiegerechtes Anreizsystem ebenso wichtig wie ein gut ausgebautes Controlling.

16.3.7 Ganzheitliches Wertmanagement

Ausgehend von den Arbeiten von Rappaport,[4] entwickelt Gomez den ganzheitlichen Managementansatz weiter. Er versucht, die Überlegungen des Shareholder Value-Ansatzes und der klassischen Strategieliteratur (insbesondere Porter) in einem Gesamtkonzept zu integrieren. Gomez unterscheidet in der Folge drei strategische Zielrichtungen:[5]

---

1 vgl. Gomez, Probst (Praxis), S. 165ff.
2 vgl. Gomez, Probst (Praxis), S. 171f.
3 vgl. Gomez, Probst (Praxis), S. 201ff.
4 vgl. Rappaport (Value)
5 Gomez (Wertmanagement), S. 107ff.

Geschäftsstrategien

Im Rahmen der Unternehmens- und Umfeldanalyse wird auf das Fünf-Faktor-Modell von Porter, auf Stärken-Schwächen-Profile und auf die Vermittlung der Vernetzung (Netzwerkerstellung) zurückgegriffen. Geschäftsstrategien entsprechen dem klassischen Strategiegedanken und sind auf den Ausbau der Wettbewerbsstellung gerichtet. Zur Erarbeitung der Geschäftsstrategien kann man sich der Portfoliotechnik bedienen.

Unternehmensstrategien

orientieren sich am Unternehmenswert. Gomez versteht unter Unternehmensstrategie mehr als Corporate Strategy im Sinne einer Diversifikationsstrategie oder eines Portfoliomanagements. Unternehmensstrategie bezieht sich in erster Linie auf Nutzenpotenziale, Kernkompetenzen, Kooperationen, Allianzen etc. Als Maßgrößen dienen jene Größen, die den Unternehmenswert beeinflussen: Umsatzwachstumsrate, Gewinnmarge, Ertragssteuerrate, Investitionen in das Nettoumlauf- und Nettoanlagevermögen sowie Kapitalkosten.

Eignerstrategien

orientieren sich an persönlichen Zielen und führen daher mitunter zu Entscheidungen, die aus Eigentümersicht gerechtfertigt, aus Unternehmenssicht jedoch schädlich sind. Daher ist es notwendig, auch Eignerstrategien zu artikulieren, die den Wertsteigerungsinteressen des Eigentümers entsprechen.

Die Erarbeitung der Strategien erfolgt

- qualitativ anhand von Stärken/Schwächen-Profilen oder Nutzwertanalysen,
- quantitativ anhand des freien Cashflows.

16.3.8 Lernende Organisation

Probst konzentriert sich in seinen Arbeiten auf organisationales Lernen. Voraussetzung dafür ist eine gemeinsame Wirklichkeit der Organisationsmitglieder, die ihr eigenes Wissen und ihre Bedürfnisse, Werthaltungen und Motive in einen kollektiven Aushandlungsprozess einbringen. Dieser Akt der Transaktion erfolgt durch Kommunikation, Transparenz und Interpretation.[1]

Unternehmen dürfen nicht ständig Identität, Kontinuität, Sicherheit etc. in Frage stellen, daher können sie sich auch nur beschränkt mit Veränderung und Lernen auseinander setzen. Um dieses Lernen in Gang zu bringen, stehen zwei auslösende Faktoren zur Verfügung:[2]

- Turbulenzen und Krisen (Konflikte, Unzufriedenheit, Stress etc.),
- Ressourcenreichtum (Slack, Redundanz und lose Kopplung der Organisationseinheiten).

Die Auslöser können zu drei Formen des Lernens führen:[3]

1 vgl. Probst (Organisation), S. 472ff.
2 vgl. Probst, Büchel (Lernen), S. 49
3 vgl. Probst, Büchel (Lernen), S. 35ff.

Anpassungslernen

Unter Anpassungslernen versteht man eine Adaption an das Umfeld und dessen Veränderungen. Die Organisationsmitglieder erkennen Situation und Veränderung des Umfelds, sie entwickeln und implementieren Reaktionsstrategien.

Veränderungslernen

Unter Veränderungslernen versteht man das Hinterfragen der organisationalen Normen und Ziele sowie deren Neuordnung und damit das Erreichen eines neuen Handlungsrepertoires.

Prozesslernen

Im Rahmen des Prozesslernens werden routinierte Abläufe beobachtet und neu gestaltet. Dies erfordert ein Infragestellen des bisherigen Normengebäudes und ist daher weiter gefasst als das Veränderungslernen. „Prozesslernen ist die Einsicht über den Ablauf der Lernprozesse ...“[1]

Welche Maßnahmen Manager ergreifen müssen, um die Lernfähigkeit des Unternehmens zu erhöhen, hängt vom Lernprofil des Unternehmens ab. Dieses fasst die relevanten Rahmenbedingungen zusammen. Das Lernprofil beinhaltet folgende Punkte mit den jeweiligen Ausprägungen:

- **Lernbedarf** (Außen-, Innenorientierung),
- **Wissensreservoir** (hohe, mittlere, geringe Übereinstimmung zur offiziellen Handlungstheorie),
- **Lernformen** (Anpassungs-, Veränderungs-, Reflexionsbedarf),
- **Auslösefaktoren** (Krisenbewältigung, Redundanz),
- **Träger des Lernens** (Individuen, Elite, Gruppe, Speichersysteme),
- **Lernhemmende Kräfte** (große, mittlere, geringe Anzahl),
- **Lernfördernde Kräfte** (große, mittlere, geringe Anzahl).

Die aus diesem Profil in weiterer Folge abgeleiteten konkreten lernfördernden Maßnahmen kann man in vier sich gegenseitig beeinflussende Dimensionen einteilen:[2]

Strategie

Im Rahmen der Strategieentwicklung bilden die Mitglieder des Entwicklungsteams die Basis des Lernprozesses. Hilfsmittel im Prozess des strategiegeleiteten Lernens sind:

- Szenariotechnik: Instrument zur Auseinandersetzung mit der Zukunft, wobei das eindimensionale Prognosedenken bewusst überwunden wird. Dies erfolgt durch mehrwertige Verhaltensmöglichkeiten, die mögliche Verhaltensräume aufspannen.
- Unternehmensspiele: Hilfsmittel, um in einem verkleinerten, überschaubaren Kosmos Handlungsweisen zu erproben und Erfolgsmuster zu erkennen.

---

1 Probst, Büchel (Lernen), S. 39

2 vgl. Probst, Büchel (Lernen), S. 93ff.

- Strategisches Controlling: Periodische Überprüfung der Planungsprämissen, mit dem Ziel, Korrekturmaßnahmen einzuleiten. Eine zentrale Stellung nehmen dabei die auf natürlichen Regelkreisen beruhenden Früherkennungsindikatoren ein.

Struktur

Organisationsstrukturen können Lernen fördern, aber auch hemmen. Um den Lernprozess im Unternehmen zu fördern, muss Gleichgewicht zwischen Kontrolle und Freiheit, Zentralität und Dezentralität, Stabilität und Veränderung erreicht werden. Den Lernprozess unterstützende strukturelle Gestaltungsmöglichkeiten sind insbesondere: Projektorganisation, Netzwerkorganisation und Kooperationen (strategische Allianzen).

Kultur

Kultur kommt in gemeinsamen Werten und Orientierungen der Organisationsmitglieder zum Ausdruck. Management kann daher nie unabhängig von der Kultur gesehen werden, da diese das Deutungsmuster der Handlungen liefert. Kulturbezogene Hilfsmittel sind:

- Leitbildentwicklung – dient der Schaffung von Systemidentität und Sinngebung,
- Image- und Selbstbildanalysen – dienen der Identitätsbildung und Motivation,
- Kommunikation – dient der erforderlichen Transparenz im Unternehmen und wirkt integrierend.

Personal

Im personellen Kontext steht nicht das individuelle Lernen, sondern es geht um Konzepte der partizipativen, gruppenorientierten Lerngestaltung. Dabei ist „der Aufbau von interkultureller, kommunikativer und partizipativer Kompetenz ein Schwerpunkt des Lernens“.[1]

- Lernpartnerschaftliche Beziehungen – Aufbau von zwischenmenschlichen Kontakten, die wissensorientierte Austauschbeziehungen zum Ziel haben.
- Arbeitsplatznahe Interventionen – Rotation, Projektarbeit, Vorschlagswesen, Anreizsysteme etc.
- Karten zeichnen – Karten sind Verbildlichungen unserer Vorstellungswelt. Gruppen können sich damit ein gemeinsames Bild von der Realität machen und daraus Handlungen ableiten.

16.4 Stärken des Konzepts

- Die Komplexität von System und Umfeld erfordert Verständnis für die Einführung und Aufrechterhaltung von (potenzieller) Varietät oder Flexibilität.[2] Probst und Gomez ist es mit ihrem Ansatz zum vernetzten Denken gelungen, diesen Ansprüchen gerecht zu werden.

---

1 Probst, Büchel (Lernen), S. 156

2 vgl. Probst (Selbst-Organisation), S. 119

Ihr Hauptverdienst liegt in der Schaffung einer leicht verständlichen Methode, die komplexe Probleme erfassbar und verstehbar macht und eine Grundlage für eine mögliche Lösung schafft. Das verbesserte Erkennen der Problemsituation kann den Anwender dazu bringen, zwischen vordergründigen und existenziellen Problemen zu unterscheiden. „Die Stufe des Problem-Setting mit Hilfe der hier vorgeschlagenen Methodik des Vernetzten Denkens kann wohl kaum einfacher, schneller, übersichtlicher und flexibler als in der hier vorgestellten Weise behandelt werden.“[1]

- Probst und Gomez haben in früheren Veröffentlichungen[2] die theoretische Grundlage ihres Ansatzes formuliert. Obwohl die veröffentlichte Form sehr praxisbezogen und „handfest“ erscheint, ist jene fundierte Grundlage als essenzielle Voraussetzung für die Umsetzbarkeit in die Praxis zu sehen.
- Der Ansatz von Probst und Gomez zeichnet sich durch größtmögliche Geschlossenheit aus. Die vorgeschlagene Methode zur Problemlösung reicht von der Ursachen- und Problemerfassung über die Entwicklung von Problemlösungsansätzen und deren methodische Ausformung und Implementierung bis zur Realisation, Kontrolle und Weiterentwicklung.
- Probst und Gomez verstehen es, die komplexen Gedankengänge des Ansatzes verständlich und plausibel darzustellen. Sie unterstützen das durch klar und einfach formulierte Sprache, logischen Aufbau, viele Beispiele und überlegte grafische Darstellungen.
- Probst und Gomez gelingt der Brückenschlag zwischen unterschiedlichen Ansätzen des strategischen Managements. Dadurch wird das Modell stark aufgewertet, da konkrete Handlungsempfehlungen gegeben werden.

16.5 Schwächen des Konzepts

- Trotz des in leicht verständlicher Form vorliegenden theoretischen Grundkonstrukts der Methode und der dokumentierten Anwendungsfälle erscheint es schwierig, den Versuch einer praktischen Umsetzung ohne einen „Trainer“ zu unternehmen, der mit Hilfe dieses Ansatzes bereits an mindestens einer vollständigen Problemlösung beteiligt war.
- Die Grundidee des vernetzten Denkens – die Ganzheitlichkeit – muss von den Anwendern verstanden und akzeptiert werden, das Verstehen der methodischen Schritte allein genügt nicht. Diese Problemlösung verlangt umfangreiche Vorarbeiten, lange bevor mit dem ersten Schritt begonnen werden kann. Ganzheitliches Denken fordert von den Beteiligten Fähigkeiten, die traditionell weder gewünscht oder verlangt noch in der Ausbildung vermittelt werden, und bindet wesentliche Führungskapazitäten – in der Regel auf hoher Ebene und für lange Zeit.
- Bei der Abgrenzung von Problemen muss man sich auf relevante Größen konzentrieren. Dabei fehlt die genaue Darstellung, wie man Relevanz definiert und die relevanten Ein-

1 Leimer (Bankverein), S. 86
2 vgl. z. B. Gomez (Modelle)

flussfaktoren aus der Umwelt von den nichtrelevanten unterscheidet. Aus dem zyklischen Durchlaufen der Problemlösungsschritte ergeben sich zwar Hinweise, welche Faktoren man beachten soll, was eine genaue Abklärung aber nicht ersetzen kann.

- Mit Hilfe des Papiercomputers „lässt sich die Bedeutung der einzelnen Komponenten im Netzwerk als Resultat der vielfältigen Interaktionen aufzeichnen und errechnen“.[1] Das Ergebnis sind Zahlen. Obwohl immer wieder betont wird, dass es sich nur um Verhältniszahlen handelt,[2] die Schätzungen von Relationen zwischen den Elementen ausdrücken sollen, sind Anwender geneigt, diese als absolut zu betrachten und damit Fehlschlüssen zu erliegen.
- Durch die Ausweitung des Modells in verschiedene Richtungen leidet die Geschlossenheit des Systems leider ein wenig. Instrumente des vernetzten Denkens stehen neben jenen der klassischen Strategieentwicklung, ohne dass ihre Berührungspunkte klar herausgearbeitet werden.
- Bezug zu den zugrunde liegenden theoretischen Konzepten wird insbesondere beim organisationalen Lernen nur an wenigen Stellen hergestellt, was den Eindruck vermittelt, dass komplexe Zusammenhänge stark vereinfacht und simplifiziert dargestellt werden.
- Auf die Bedeutung der Personalressourcen wird zwar hingewiesen, sie sind aber nur ein untergeordneter Bestandteil der Systeme.

16.6 Bedeutung für die Unternehmensführung

Die Arbeiten von Ulrich, Gomez und Probst haben in der Managementliteratur in der zweiten Hälfte der 1980er Jahre zu einem regelrechten Modetrend geführt. Daneben sind aber auch kritische Stimmen laut geworden. Neben der theoretischen Aufarbeitung existieren bereits mannigfaltige, sehr gut dokumentierte Fallbeispiele. Probst und Gomez wenden ihre Methode selbst im Rahmen ihrer Tätigkeit als Unternehmensberater an. In ihrem 1989 erschienenen Buch[3] beschreiben Praktiker in zehn Fällen detailliert ihre Erfahrungen, wobei die Fülle verschiedener Problemstellungen in unterschiedlichen Branchen besonders bedeutend erscheint. Aus dem Grundtenor der Beiträge kann abgeleitet werden, dass die Methode in der Praxis überwiegend positiv aufgenommen wurde.

16.7 Empfohlene Literatur

- Gomez, P.; Probst, G.: Die Praxis des ganzheitlichen Problemlösens, Bern 1999, 299 Seiten. Gelungene, gut lesbare Darstellung des Konzepts des vernetzten Denkens. Es ent-

1 Probst, Gomez (Systemdenken), S. 186
2 vgl. Ulrich, Probst (Anleitung), S. 148
3 vgl. Probst, Gomez (Denken), S. 19ff.

spricht im Aufbau den früheren Veröffentlichungen, wendet sich aber deutlich stärker der Umsetzung zu. Das Buch ist auch für jene interessant zu lesen, die bereits die früheren Arbeiten von Gomez und Probst kennen.

- Gomez, P.: Wertmanagement, Düsseldorf 1993, 303 Seiten. Empfehlenswerte, leicht lesbare, mit vielen Beispielen bereicherte Lektüre für den interessierten Praktiker.

17 Cuno Pümpin

Zunehmende Turbulenzen in Wirtschaft, Technologie, Ökologie sowie im rechtlich-politischen als auch im sozialen und kulturellen Bereich beeinflussen in immer stärkerem Ausmaß die Unternehmen. Dynamik wird somit zur Erfolgsvoraussetzung.

17.1 Zur Person des Autors[1]

Professor Dr. oec. Cuno Pümpin, geboren 1939, studierte an den Universitäten Basel und St. Gallen Betriebswirtschaft. Nach Abschluss seines Studiums war er acht Jahre in leitender Position in der Industrie tätig; gegenwärtig ist er freier Unternehmensberater und seit 1974 nebenamtlicher Extraordinarius an der Hochschule St. Gallen. Er bekleidet verschiedene Funktionen im Verwaltungsrat diverser Unternehmen und erhielt im Jahre 1985 den Schweizer Innovationspreis.

Homepage: http://www.puempin.com

17.2 Grundlagen

Das Konzept Pümpins ist geprägt von der Wissenschaftstheorie des Konstruktivismus (im Mittelpunkt stehen ein zweckrational und planvoll agierendes Wesen und hoher Glaube an die Machbarkeit, was sich z. B. in den an dieser Richtung orientierten, sehr idealtypischen Forderungen hinsichtlich eines bestimmten Managertyps äußert) und vom Evolutionsansatz Darwins (komplexe Systeme sind das Resultat eines Entwicklungsprozesses; die Kernidee ist die „natürliche Selektion"). Die Konzeption wird durch eine pragmatische Interpretation des Systemansatzes abgerundet.[2]

Als zentrales Problem ergibt sich für Pümpin daraus die Frage: Was sind die Schlüsselfaktoren (driving forces), die für langfristigen Unternehmenserfolg optimal gegeben sein müssen?[3] Über den Begriff der Erfolgsvoraussetzungen als Konsequenz absichtlichen menschlichen Handelns

---

1 vgl. Pümpin, Geilinger (Führung), S. 2
2 vgl. Pümpin (Management), S. 17f.
3 vgl. Pümpin (Management), S. 29ff.

kommt Pümpin zu den Erfolgspositionen, die operativer und strategischer Natur sein können. Der Terminus „strategische Erfolgsposition“ wurde von Pümpin neu eingeführt. Es handelt sich dabei um ein bewusstes Konstrukt, das die Entwicklung einer umfassenden Problemlösung unterstützen soll.[1]

17.3 Inhalt des Konzepts

17.3.1 Das Konzept strategischer Erfolgspositionen

17.3.1.1 Das Wesen strategischer Erfolgspositionen

Eine strategische Erfolgsposition (SEP) wird von Pümpin folgendermaßen definiert:

„Bei einer SEP handelt es sich um eine in einer Unternehmung durch den Aufbau von wichtigen und dominierenden Fähigkeiten bewusst geschaffene Voraussetzung, die es dieser Unternehmung erlaubt, im Vergleich zur Konkurrenz langfristig überdurchschnittliche Ergebnisse zu erzielen.“[2]

Drei wesentliche Charakteristika zeichnen strategische Erfolgspositionen aus:[3]

- Strategische Erfolgspositionen unterstützen die langfristige Erfolgssicherung und sind von Wettbewerbern nicht ohne weiteres nachahmbar.
- Strategische Erfolgspositionen sind im Rahmen der zukünftigen Umwelt- und Marktentwicklung bedeutungsvolle Faktoren.
- Strategische Erfolgspositionen sollen den langfristigen Erfolg sichern.

Aus Pümpins Überlegungen ergibt sich eine Reihe von Konsequenzen, die für das strategische Konzept von Bedeutung sind:[4]

- Die strategischen Erfolgspositionen aufzubauen und festzulegen ist eine grundsätzliche unternehmerische Aufgabe und Entscheidung.
- Die strategischen Erfolgspositionen bilden die Basis für Strategie, Planung und Unternehmungsorganisation.
- Die strategischen Erfolgspositionen sind ein fundamentales Entscheidungskriterium für alle Unternehmensangehörigen.
- Führungsinstrumente sind auf die strategischen Erfolgspositionen zu konzentrieren.
- Die von der Unternehmungsführung ausgehenden Signale und die strategischen Erfolgspositionen müssen stimmig sein („Fit“).

---

1 vgl. Pümpin (Management), S. 31ff.
2 vgl. Pümpin (Management), S. 34
3 vgl. Pümpin (Management), S. 34
4 vgl. Pümpin (Management), S. 103ff.

17.3.2 Das Dynamikprinzip

17.3.2.1 Grundlagen des Dynamikprinzips

Im Dynamikprinzip vertieft und erweitert Pümpin das Erfolgspositionenkonzept. Er bezeichnet jene Unternehmen als dynamisch, denen es gelingt, den Nutzen für ihre Bezugsgruppen (z.B. Aktionäre, Kunden, Mitarbeiter etc.) innerhalb einer relativ kurzen Zeit um ein Mehrfaches zu erhöhen.[1]

Das Konzept wird im Wesentlichen von drei Eckpfeilern getragen:[2]

Konzentration auf attraktive **Nutzenpotenziale:** In der Umwelt, im Markt oder im Unternehmen sind verschiedene Konstellationen latent oder effektiv vorhanden, die durch Aktivitäten des Unternehmens zum Vorteil der Bezugsgruppen erschlossen werden. Es gibt externe und interne Nutzenpotenziale, die alle einem Lebenszyklus unterliegen. Deshalb müssen laufend neue, vom Wettbewerb noch unentdeckte Nutzenpotenziale gesucht werden.

Multiplikatorwirkung: Eine einmalige Erschließung neuer Nutzenpotenziale verliert sich im Zeitablauf, daher muss die Erschließung bewusst auf Wiederholbarkeit erfolgreicher Aktivitäten ausgelegt sein. Nur so können Effekte von Prozess- oder Systemmultiplikation genutzt werden.

Promotoren: Dabei handelt es sich um Unternehmer/Manager, die stark zukunftsorientiert sind und es verstehen, geeignete Impulse zu setzen.

17.3.2.2 Methoden der Dynamisierung des Unternehmens[3]

Drei Schritte führen zur Dynamisierung des Unternehmens:

Beurteilung der bisherigen Dynamik

Dieser Schritt mündet in einem Rechenschaftsbericht über die bisherige Unternehmensdynamik, in dem der Nutzenzuwachs der Interessengruppen des Unternehmens in den vergangenen Jahren beurteilt wird. Als Instrumente lassen sich Dynamik-, Nutzen-, Multiplikator- und Kulturprofile einsetzen.

Identifikation von Dynamisierungspotenzialen

In dieser Phase werden unausgeschöpfte Dynamisierungspotenziale aufgedeckt, um sie einer Nutzung zuzuführen. Dabei ist zu beachten, dass durch Umfeldveränderungen immer neue Dynamisierungspotenziale entstehen und dass diese in der Folge einem Lebenszyklus unterliegen.

In einem ersten Schritt werden sämtliche möglichen Potenzialbereiche aufgelistet. Im nächsten Schritt werden für jeden Potenzialbereich externe Trends (Szenarien), interne Stärken und Instrumente für seine Ausschöpfung erarbeitet. Anschließend werden die Multiplikationsmög-

---

1 vgl. Pümpin (Unternehmungs-Dynamik), S. 11
2 vgl. Pümpin (Dynamik), S. 38ff.
3 vgl. Pümpin (Unternehmungs-Dynamik), S. 27ff.

lichkeiten beurteilt. Kurzfristige Sofortmaßnahmen sollen möglichst rasch Dynamik induzieren.

Erstellen eines Dynamisierungskonzepts

Vier Schritte führen zur Festlegung eines Dynamisierungskonzepts:

- **Beurteilung der identifizierten Potenziale**. Für die Beurteilung der Nutzenpotenziale lassen sich Größe, Alter, Homogenität, Abschirmbarkeit und Mittelbedarf als Kriterien heranziehen. Bei der Auswahl ist insbesondere auf die Verbundwirkung zwischen den Nutzenpotenzialen zu achten, da diese zu einer positiven Verstärkung führen können.
- **Erarbeitung eines Konzepts zur Nutzung der am meisten Erfolg versprechenden Potenziale**. Nutzenpotenziale können nur dann nachhaltig gegenüber dem Wettbewerb aufgebaut werden, wenn sie im Einklang mit den strategischen Erfolgspositionen des Unternehmens stehen. Daher müssen die Wechselwirkungen zwischen strategischen Erfolgspositionen und Nutzenpotenzialen untersucht und jene strategischen Erfolgspositionen bestimmt werden, die für den Aufbau von Nutzenpotenzialen notwendig sind.
- **Erstellung eines Multiplikatorkonzepts**. Form, Ausmaß und Wirkungsweise von Multiplikatoren sind notwendig, um diese in eine Rangfolge bringen zu können.
- **Formulierung des Dynamisierungskonzepts**. Das abschließende Dynamikkonzept sollte folgende Punkte beinhalten:
  - Vision,
  - Nutzenpotenziale,
  - strategische Erfolgspositionen,
  - Multiplikatoren,
  - Produkte und Märkte,
  - funktionale Grundsätze,
  - Maßnahmen.

17.3.3 Das Konzept der dynamischen strategischen Unternehmensführung

Das Konzept der dynamischen strategischen Unternehmensführung entstand als Synthese aus den beiden vorangegangenen Konzepten (strategische Erfolgspositionen/Dynamikprinzip) und wendet diese gemeinsam an.

17.3.3.1 Das strategische Führungskonzept

Die dynamische strategische Unternehmensführung findet im Rahmen der vier Phasen des strategischen Führungskonzepts und entsprechend den zehn Leitsätzen zur dynamischen strategischen Unternehmensführung statt. Ziel des Führungskonzepts ist es, die Unternehmensentwicklung dahingehend zu steuern, den Nutzen für die Bezugsgruppen nachhaltig und markant zu erhöhen.[1]

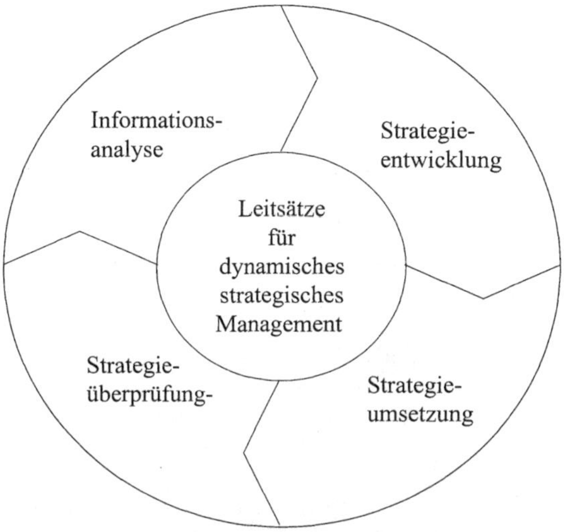

Abb. 17.1: Übersicht über das Konzept der strategischen Führung[2]

Als Basis für das Konzept dynamischer strategischer Unternehmensführung formuliert Pümpin zehn Leitsätze. Sie beschreiben Relationen, die für die Unternehmensführung bedeutsam sind.

1. Leitsatz:	„Dynamische Strategien sind auf die Erschließung attraktiver Nutzenpotentiale ausgerichtet.“
2. Leitsatz:	„Dynamische Strategien zielen darauf ab, in bezug auf die zu erschließenden Nutzenpotentiale strategische Erfolgspositionen (SEP) aufzubauen.“
3. Leitsatz:	„Dynamische Strategien sind darauf ausgerichtet, attraktive Geschäftstätigkeiten zu multiplizieren.“
4. Leitsatz:	„Dynamische Strategien haben zum Ziel, den Nutzen rasch und nachhaltig zu steigern.“ Durch die Multiplikation von Erfolg versprechenden Aktivitäten kommt es von selbst zu einer Konzentration der Ressourcen auf die SEP, wodurch eine Zersplitterung der Kräfte ausbleibt. Durch Vereinfachung der Aktivitäten, Nutzung der Erfahrungskurven-Effekte und des Zeitgewinns durch Multiplikation wird der Nutzen für die Bezugsgruppen rasch erhöht.
5. Leitsatz:	„Dynamische Strategien werden von unternehmerischen Promotoren getragen.“

[1] vgl. Pümpin (Strategie), S. 16
[2] vgl. Pümpin (Strategie), S. 17

6. Leitsatz:	„Von dynamischen Strategien geht eine hohe Motivationswirkung aus.“
7. Leitsatz:	„Dynamische Strategien bauen auf vorhandenen Stärken auf und nützen Synergien harmonisch aus.“
8. Leitsatz:	„Dynamische Strategien messen dem Zeitfaktor eine hohe Bedeutung zu.“
9. Leitsatz:	„Dynamische Strategien sind durch eine wohlüberlegte Risikopolitik gekennzeichnet.“
10. Leitsatz:	„Differenzierung, Effizienz und Timing sind Schlüsseldimensionen dynamischer Strategien.“

Abb. 17.2: Zehn Leitsätze zu einer dynamischen strategischen Unternehmensführung[1]

Die Informationsanalyse[2]

Die Informationsanalyse erstreckt sich auf das Unternehmen und sein Umfeld:

Unternehmensanalyse	
Tätigkeitsgebiete	Nutzen, Kunden und Technologie sämtlicher Produkte sind zu erfassen. Darauf aufbauend, muss geklärt werden, ob das Tätigkeitsgebiet beibehalten, vertikal oder horizontal erweitert wird, ob es zur Konzentration der Tätigkeiten oder zur Diversifikation kommen soll.
Fähigkeiten	Jene Fähigkeiten sind ausfindig zu machen, bei denen das Unternehmen den Wettbewerbern überlegen ist.
Kostenstruktur	Die Kostenstruktur lässt sich am besten anhand der Wertschöpfungskette analysieren.
Bisherige Strategie	Eine neue strategische Positionierung kann nur unter Berücksichtigung der bisherigen Unternehmensstrategie erfolgen.
Unternehmenskultur	Zwischen Kultur und Strategie besteht eine enge Beziehung. Der gesamte Strategieentwicklungsprozess wird durch die Unternehmenskultur nachhaltig beeinflusst. Daher ist das Erfassen der Kultur ein wesentlicher Bestandteil.

1 vgl. Pümpin (Strategie), S. 19ff.
2 vgl. Pümpin (Strategie), S. 77ff.

Umfeldanalyse	
Allgemeines Umfeld	Die Analyse des allgemeinen Umfelds erstreckt sich auf das gesamte ökonomische, technologische, soziale und politische Umfeld des Unternehmens.
Konkurrenz	Bestehende und potenzielle Wettbewerber werden auf ihre Strategie und Wettbewerbsstärke hin untersucht.
Markt/Kunden	Quantitative und qualitative Marktdaten müssen erhoben werden. Dabei sollte auch eine Analyse aus der Sicht eines Unternehmensexternen vorgenommen werden.
Branche	Die Branchenanalyse entspricht der Analyse des allgemeinen Umfelds auf Branchenebene.

Abb. 17.3: Informationsanalyse

Strategieentwicklung[1]

Oberstes Ziel ist es, ein klares und konzentriertes Dokument zu verfassen, das die Grundstrategie verkörpert. Folgende Elemente müssen enthalten sein:

Leitidee, Nutzenpotenziale, Multiplikation, strategische Erfolgspositionen, Leistungs/Marktprioritäten, funktionale Grundsätze, zeitbezogenes Vorgehen/Maßnahmen.

Diese Grundstrategie soll zur Klarheit der Zielsetzung. Harmonisierung sämtlicher Unternehmensaktivitäten und Konzentration auf die strategische Stoßrichtung führen.

Aufbauend auf der Informationsanalyse, erfolgt die Strategieentwicklung in mehreren Schritten:

- **Erarbeitung von Strategiealternativen**. Breite Aufarbeitung möglicher strategischer Alternativen stellt sicher, dass nicht bereits bei der Strategiefindung unbewusst Wertungen einfließen.
- **Bewertung der Strategievarianten**. Nach der Erarbeitung der Alternativen werden diese möglichst objektiv bewertet. In der Praxis bieten sich dazu Nutzwertmodelle an.
- **Ausarbeitung der Strategie**. Die ausgewählte Strategie muss unter Berücksichtigung folgender Punkte verfeinert und ausgestaltet werden:
  - Leitidee,
  - strategische Erfolgspositionen,
  - Produkte und Märkte,
  - Funktionalstrategien,
  - Meilensteine.

1 vgl. Pümpin (Strategie), S. 119ff.

Strategieumsetzung[1]

Die SEP ist der Schlüssel zum multiplikativen Ausschöpfen von Nutzenpotenzialen und somit Ausgangspunkt der erfolgreichen Strategieumsetzung.

Eine starke SEP führt zu:
- vermehrter Leistungsnachfrage und Möglichkeit der vermehrten Multiplikation
- erhöhter Profilierung

+

Multiplikation **SEP**

+

Multiplikation und Wiederholung führt zu:
- besserer Beherrschung der SEP-relevanten Fähigkeiten
- günstigeren Kosten und damit zur Möglichkeit von nachfragebelebenden Preissenkungen

Abb. 17.4: Die Selbstverstärkung zwischen SEP und Multiplikation[2]

Die Strategieumsetzung erfordert zwei Arten von Vorbereitungsmaßnahmen: Maßnahmen und Projektplanung sowie Organisation, denen sich indirekte, direkte und zeitbezogene Maßnahmen der Umsetzung anschließen.

- **Vorbereitungsschritte**[3]

  Maßnahmen- und Projektplanung: Bevor die tatsächliche Umsetzung einer Strategie eingeleitet werden kann, müssen die einzelnen Projektphasen eingehend geplant werden.

  Organisation: Mit Hilfe von Strategieausschüssen, Projektteams etc. müssen die organisatorischen Grundlagen für die Umsetzung geschaffen werden.

- **Maßnahmen der Umsetzung**

  Direkte Maßnahmen: Die wichtigsten direkten Maßnahmen betreffen Budgets, Anreiz-, Informationssysteme etc.

  Indirekte Maßnahmen: Indirekte Maßnahmen flankieren und fördern die eingesetzten Instrumente. Es handelt sich dabei in erster Linie um Information der Mitarbeiter, Schaffen von Corporate Identity sowie Schulung und Festigung der Unternehmenskultur.

1 vgl. Pümpin (Strategie), S. 139ff.
2 vgl. Pümpin (Strategie), S. 141
3 vgl. Pümpin, Geilinger (Führung), S. 40ff.

Zeitbezogene Maßnahmen: Die Instrumente der zeitbezogenen Strategieumsetzung konzentrieren sich darauf, vor dem Wettbewerb die strategisch wichtigen Positionen einzunehmen und die dynamische Strategie in Schwung zu bringen. Als Instrumente führt Pümpin hier Testen, die zeitliche Wertanalyse und Time Management etc. an.

Strategieüberwachung und -anpassung[1]

Pümpin unterscheidet zwei Arten strategischer Überprüfung:

- Überprüfung der Prämissen (Prämissenkontrolle). Die in die Strategieentwicklung eingegangenen Annahmen und Trends müssen laufend auf Veränderungen hin untersucht werden, da sie die Grundlage der strategischen Entscheidung waren.
- Fortschrittskontrolle der Umsetzung. Das Erreichen der angestrebten Meilensteine und strategischen Ziele muss überwacht werden.

Die nächsten Schritte sind die Erstellung einer Abweichungsanalyse, Einleitung von Maßnahmen und Neuformulierung der Strategie.

17.4 Stärken des Konzepts

- Pümpin gelingt es, seiner Forderung nach hohem Praxisbezug und den Bedürfnissen der Praxis gerecht zu werden: insbesondere durch Erstellung von strategischen Grundsätzen, Aufstellung von Leitsätzen zum Aufbau von strategischen Erfolgspositionen und durch Führungsregeln. Er spricht Praktiker an, die komprimierte Lösungsvorschläge erwarten, und bietet seinen Lesern ein sprachlich leicht verständliches Konzept im Rahmen der strategischen Unternehmensführung.
- Pümpin erarbeitet seine Konzeption beispielorientiert und dokumentiert sämtliche Verfahrensschritte an einer Vielzahl von Fällen. Diese Beispiele dienen dem Leser und Anwender der Konzeption als Handlungsanleitung.
- Das Fundament der Konzeption bildet eine empirische Erhebung, die hohen Grad an Praxisbezug, Rücksichtnahme auf aktuelle Probleme der Führungspraxis und Überprüfung der Leitsätze ermöglicht.
- Pümpin bietet eine Reihe von Checklisten als wesentliche Orientierungshilfe im Rahmen der Konzepterarbeitung und -anwendung. Die damit abgedeckten Bereiche sind die Unternehmensanalyse, die Analyse des allgemeinen Umfelds, die Absatz- und Beschaffungsmarktanalyse sowie die Branchen- und Konkurrenzanalyse. Die Checklisten sind einfach strukturiert und bewusst knapp gehalten, um dem Praktiker ihre Anwendung zu erleichtern.
- Pümpin beschäftigt sich außerordentlich intensiv mit den Problemen bei der Durch- und Umsetzung seiner Konzeption. Es genügt nicht, eine Strategie zu haben, sie muss auch durchgesetzt werden.

---

1 vgl. Pümpin (Strategie), S. 181ff.

17.5 Schwächen des Konzepts

- Pümpin bringt in seiner Konzeption wenig neue Fakten. Der Begriff „Strategische Erfolgspositionen" ist mit den „Erfolgspotenzialen" von Gälweiler und den „Competitive Advantages" von Porter durchaus vergleichbar. Pümpin definiert strategische Erfolgspositionen als „Fähigkeiten, die es der Unternehmung erlauben, im Vergleich zur Konkurrenz auch längerfristig überdurchschnittliche Ergebnisse zu erzielen".[1] Dafür sind Produkte und Dienstleistungen ebenso geeignet wie Märkte oder Funktionen innerhalb des Unternehmens.
- Der Autor geht zwar zu Beginn seiner Konzeption auf die Umwelttturbulenzen ein, auf die das Unternehmen reagieren muss beziehungsweise wo es sich pro-aktiv verhalten kann, der Stellenwert innerhalb des Ansatzes bleibt aber auf einen sehr schmalen Ausschnitt beschränkt. Im Rahmen der Informationsanalyse werden das eigene Unternehmen und sein Umfeld knapp analysiert. Nachdem die Ergebnisse aus diesem Schritt die Basis für das weitere Vorgehen bilden, erscheint der Raum, der dieser Aufgabe gewidmet wird, zu gering bemessen.
- Der Autor fordert zur effektiven Durch- und Umsetzung seiner Konzeption einen ganz bestimmten Unternehmertyp, der folgende Charakteristika aufweisen sollte: innovativ, kreativ, stark änderungsbereit und entscheidungsfreudig, mitarbeiterorientiert, Vertreter eines partizipativen Führungsstils. Mit diesen doch sehr idealtypischen Forderungen, die teilweise konstruktivistischen Ursprungs sind, schließt er zumindest Unternehmen für die Anwendung des Konzepts implizit aus, die ein hohes Maß an Tradition und festgefahrenen Strukturen haben.

17.6 Bedeutung für die Unternehmensführung

Das Konzept der strategischen Erfolgspositionen hat in vielen Publikationen Beachtung gefunden. Mehrere Publikationen Pümpins zeigen die vielfältigen Anwendungen in der Unternehmenspraxis.

17.7 Empfohlene Literatur

- Pümpin, C.: Strategische Erfolgspositionen – Methodik der dynamischen strategischen Unternehmensführung, Bern, Stuttgart 1992, 202 Seiten. Gut lesbare Synthese des Dynamik-Prinzips und des Managements der strategischen Erfolgspositionen. Hoher Praxisbe-

---

1 Pümpin, Geilinger (Führung), S. 11

zug durch eine Reihe von Beispielen. Plakative Darstellung von Leitsätzen und Führungsregeln.

- Pümpin, C.: Das Dynamik-Prinzip, Düsseldorf 1992, 336 Seiten. Taschenbuch für Manager, leicht zu lesen und mit Beispielen bekannter Unternehmen.
- Pümpin, C.: Management Strategischer Erfolgspositionen, Bern, Stuttgart 1986. 215 Seiten. Leicht lesbare Darstellung des Konzepts mit einer Reihe von Beispielen. Plakative Darstellung von Leitsätzen und Führungsregeln.

18 Hans Ulrich

Es erscheint mir notwendig,
wenn man die Welt des Managements verstehen will,
eine umfassende Perspektive zu wählen,
um die eigene Teilfunktion in einem größeren Zusammenhang zu sehen,
und auch eine abstraktere Denkweise anzuwenden,
die erst das konkret nicht Sichtbare,
Geistige an dieser gesellschaftlichen Funktion hervortreten lässt.

18.1 Zur Person des Autors

Dr. Hans Ulrich (1919–1997) wurde in Brig, Schweiz, geboren. Er studierte von 1938 bis 1947 an der ETH Zürich und an der Universität Bern Wirtschaftswissenschaften, wo er 1944 „summa cum laude“ promovierte. Seine Habilitationsschrift (1947) behandelte das Thema „Grundlagen der betriebswirtschaftlichen Organisationslehre“. Ulrich war von 1954 bis 1985 als ordentlicher Professor für Betriebswirtschaftslehre an der Universität (vormals Hochschule) St. Gallen tätig. 1971 erhielt er die Friedrich-Schär-Medaille. Von den Universitäten Zürich (1977), Augsburg (1980) und Mannheim (1985) wurde er mit der Ehrendoktorwürde ausgezeichnet.[1]

18.2 Grundlagen

Der von Ulrich dargestellte Systemansatz legt den Grundstein zur Entwicklung von Führungssystemen. Das im Folgenden dargestellte Managementmodell basiert auf diesem Ansatz und versucht die verschiedenen Aspekte der in einem Unternehmen zu bewältigenden Tätigkeiten und Aufgaben zu erfassen, um den Führungskräften durch die modellhafte Beschreibung von Sachverhalten, Problemen und Instrumenten Interdependenzen im Unternehmensgeschehen zu zeigen. Führungskräfte sollen durch Ulrichs Managementmodell lernen, die Denkweise und das Instrumentarium des Systemansatzes zu beherrschen.

---

1 vgl Probst, Siegwart (Management), S. 639f.; Ulrich (Unternehmungspolitik), Klappentext

Zentrales Element ist der Systembegriff: Ein System ist ein Ordnungskonzept, das aus einer geordneten Gesamtheit von Elementen besteht, zwischen denen Beziehungen hergestellt werden können.[1] Die Begründer der Systemtheorie wie Norbert Wieners, Ross Ashby oder Heinz von Förster legten den Ausgangspunkt fest, aus dem sich insbesondere in den 1960er Jahren die Kybernetik als Wissenschaft von der dynamischen, selbstregulierenden Steuerung und Regelung von Systemen entwickelte. Im Laufe der Entwicklungsgeschichte veränderten sich die Schwerpunkte: Anfänglich stand die Beschreibung gleichgewichthaltender Prozesse in Systemen im Vordergrund (Kybernetik 1). In der Folge traten jedoch Probleme der Instabilität, Flexibilität, Evolution und Selbstreferenz ins Zentrum der Betrachtung (Kybernetik 2).[2]

Auch Ulrich hat diese Entwicklung vollzogen und kann heute als Vertreter der Kybernetik 2 angesehen werden.[3] Er versteht die Systemtheorie als spezifische (systemische, das heißt praktisch anwendbare, ganzheitliche[4]) Denkweise zur Lösung komplexer Probleme, die im Gegensatz zum klassisch-reduktionistischen Denken steht.

Folgende Charakteristika sind für systemisches Denken typisch:[5]

Interdisziplinäre Denkweise

Unter interdisziplinärer Denkweise versteht man ein speziell problemorientiertes Vorgehen, bei dem Lösungswissen verschiedenartiger Wissensdisziplinen auf ein Entscheidungsproblem angewendet wird, um eine differenzierte Problemanalyse zu ermöglichen.

Ganzheitliche Denkweise

Um die Betrachtung von Teilaspekten zu vermeiden, wird eine integrierte und umfassende Problemsicht angestrebt, die der Komplexität von Situationen und Problemen gerecht wird. Das ganzheitliche Denken spielt bei Ulrich eine zentrale Rolle. Die ganzheitliche Problemlösungsmethodik vollzieht sich in sechs Schritten:[6]

1. Erstellung der Zielaspekte und der Problemsituation,
2. Untersuchung und Interpretation der Wirkungsbeziehungen,
3. Analyse der zukünftigen situativen Veränderungsmöglichkeiten,
4. Definition der Lenkungsalternativen,
5. Strategie- und Maßnahmenplanung,
6. Realisierung der Problemlösung.

[1] vgl. Ulrich (Die Unternehmung), S. 105
[2] vgl. Ulrich (Die Unternehmung), S. 100ff.; Staehle (Management), S. 41ff.
[3] vgl. Staehle (Management), S. 43
[4] vgl. Ulrich, Probst (Anleitung), S. 20
[5] vgl. Guntram (Systemtheorie), S. 297
[6] vgl. Ulrich, Probst (Anleitung), S. 114ff.

Analytische und synthetische Denkweise

Um das Wesentliche vom Unwesentlichen zu trennen, ohne den Bezug zum Gesamtzusammenhang beziehungsweise zur Detailerarbeitung zu verlieren, ist das Vorgehen auf unterschiedlichen Abstraktionsebenen notwendig.

Pragmatische Denkweise

Um komplexe Situationen zu bewältigen, wird der Zustand unvollkommener Information bewusst akzeptiert, aber keine vollständige Erklärung angestrebt. Innerhalb dieser Denkart sind die rückgekoppelten Lenkungs- und Lernprozesse von Bedeutung.

Prozessorientierte Denkweise

Um die Verhaltensweisen, Strukturen und Informationsbeziehungen dynamischer Systeme zu verstehen, muss man auf das Zusammenwirken der Subsysteme sowie auf deren Beeinflussungs- und Lernprozesse achten. Das Erfassen statischer Zustände ist dagegen von geringer Relevanz.

18.3 Inhalt des Konzepts

18.3.1 Das Unternehmen aus systemorientierter Sicht

Verfolgt man eine systemtheoretische Sichtweise, die den oben dargestellten Denkweisen entspricht, ist das Unternehmen als dynamisches, zielorientiertes, soziales, offenes und komplexes System zu charakterisieren, das in einem sich ändernden Umfeld produktive Funktionen erfüllt.[1]

Die einzelnen Bestandteile dieser Charakterisierung umfassen Folgendes:

Das Unternehmen als offenes soziales System[2]

Primäre Aufgabe eines Unternehmens ist die Versorgung seines Umfelds durch die Produktion von Output. Diese Versorgungsfunktion unterstreicht die enge Beziehung zwischen Unternehmen und Umfeld, sodass es als unzweckmäßig erscheinen muss, Unternehmen als isolierbare Wirtschaftsgebilde zu verstehen. Wichtiger ist das Betrachten der Vernetzung des Unternehmens mit Gesellschaft, staatlicher Ordnung und allen übrigen Umfeldbereichen.

Das Unternehmen als zielorientiertes System[3]

Im Rahmen einer systemorientierten Betrachtung ist die unternehmerische Zielformulierung als Anpassungsprozess anzusehen, bei dem die Anforderungen des Umfelds an das Unternehmen, aber auch der Versuch der Veränderung des Umfelds durch das Unternehmen zu berücksichtigen sind. Der Prozess der Zielbestimmung ist dabei nicht isoliert zu betrachten und setzt sich aus

1 vgl. Ulrich (Die Unternehmung), S. 158ff.
2 vgl. Ulrich (Die Unternehmung), S. 166ff.
3 vgl. Ulrich (Die Unternehmung), S. 161 und S. 186ff.; Ulrich, Probst (Anleitung), S. 115ff.

Teilen umfassender Vorgänge der Willensbildung und -durchsetzung im Unternehmen zusammen. Angestrebt wird, die einzelnen Phasen des Unternehmensgeschehens miteinander zu verknüpfen, um eine Ausrichtung der Tätigkeiten aller unternehmerischen Subsysteme zur Realisierung der Unternehmensziele zu erreichen.

Das Unternehmen als strukturiertes System[1]

Die Unternehmensstruktur beziehungsweise -organisation muss in einer Form angelegt werden, die auch bei wechselnden Bedingungen eine zielgerichtete Durchführung der Aktivitäten ermöglicht. Generell besteht durch die sich im Zeitablauf ändernden Ziele, Umfeldansprüche und -bedingungen ständig die latente Notwendigkeit einer Organisationsrevision.[2] „Organisationsprinzipien" sind daher nur als formale oder methodische Hilfestellungen, nicht aber im Sinn inhaltlicher „Gesetze" zu verstehen.[3]

Durch die Anforderung zielorientierten, rationellen Handelns wird in der Regel eine hierarchische Ordnung der Elemente für notwendig erachtet. Auf Grund der begrenzten Anzahl von Elementen, die eine Vielzahl unterschiedlicher Prozesse zu bewältigen haben, wird die Aufgliederung in Subsysteme höherer und niedriger Ordnung vorgenommen. Daraus ergibt sich für die Planung die generelle Aufgabe, auf der Basis des Unternehmensleitbilds eine Zielhierarchie zu entwickeln. Anschließend sind die für die einzelnen Aufgaben entworfenen Prozessstrukturen zu einem hierarchisch strukturierten Prozesskomplex zusammenzufügen, um diesen dann in eine Beziehungsstruktur zu übersetzen.

18.3.2 Dimensionen des Unternehmensgeschehens

Die materielle Dimension[4]

Das Unternehmen hat als produktives soziales System die Funktion, Marktleistungen zu erstellen und diese an die Umwelt abzugeben: Input in Output zu transformieren. Das Unternehmensgeschehen stellt somit einen Transformationsprozess dar. Zur Bestimmung operationaler Ziele ist die Fixierung anzustrebender Outputleistung in der materiellen Dimension nach technologischer Qualität, Menge, Zeit und Raum notwendig. Bei der Outputbestimmung – in der Sortimentsplanung oder in den Absatzprogrammen – sind als Einflussfaktoren die Absatz- und Beschaffungsmärkte sowie das eigene Zielsystem und Leistungspotenzial zu berücksichtigen. Innerhalb der einzelnen Subsysteme und Elemente des Unternehmens werden die Teilleistungen des allgemeinen Marktleistungsprozesses vom Marktleistungsziel her determiniert.

Die soziale Dimension[5]

Der Mensch ist die kleinste Einheit des interpersonellen Systems. Zusammen mit den technischen Anlagen bildet der Mensch die dauerhaft nutzbaren, produktiv tätigen Elemente des Un-

---

1 vgl. Ulrich (Die Unternehmung), S. 212ff.
2 vgl. Ulrich, Probst (Anleitung), S. 66ff.
3 vgl. Ulrich (Die Unternehmung), S. 213
4 vgl. Ulrich (Die Unternehmung), S. 227ff.
5 vgl. Ulrich (Die Unternehmung), S. 246ff.

ternehmenssystems. Der Mensch ist jedoch mehr als nur Betriebsmittel: eigenständiger Wille, Verwirklichung persönlicher Bedürfnisse sowie individuelle und kollektive Wertvorstellungen gehören untrennbar dazu. Für Unternehmen ergibt sich durch diese soziale Dimension eine weit höhere Komplexität verglichen mit technischen Systemen.

Die kommunikative Dimension[1]

Das Unternehmen als Kommunikationssystem bezieht sich auf die Nachrichtenübermittlung zwischen den Elementen und zwischen Unternehmen und Umfeld, ohne die zielorientiertes Handeln nicht möglich wäre. Im Kommunikationssystem eines Unternehmens besteht das kleinste Subsystem aus zwei Elementen, die durch einen Informationskanal miteinander verbunden sind. Das entspricht dem Grundmodell des Kommunikationsvorgangs.

Die wertmäßige Dimension[2]

Im Gegensatz zur materiellen Dimension, in der das Unternehmensgeschehen in seiner physischen Erscheinung erfasst und gestaltet wird, soll die wertmäßige Dimension den Sinn für Menschen beurteilen. Das Wertsystem entspricht einem Nutzen, der als Tausch-, Gebrauchs- oder Ertragswert verstanden werden kann. Somit kann das Unternehmensgeschehen als Wertekreislauf betrachtet werden, in dem mit gewisser zeitlicher Verschiebung den meisten materiellen Inputs und Outputs Geldströme in Form von Zahlungen entgegenlaufen. Die wertmäßige Erfassung des Unternehmensgeschehens kann sowohl durch eine „Momentaufnahme" erfolgen als auch durch laufende Bewegungsrechnung der wertmäßigen Zu- und Abgänge.

18.3.3 Das Managementmodell

Ulrich formuliert eine Reihe von Richtlinien, denen unternehmenspolitische Entscheidungen genügen sollten: Allgemeingültigkeit, Wesentlichkeit, langfristige Gültigkeit, Vollständigkeit, Wahrheit, Realisierbarkeit, Konsistenz, Klarheit. Vor dem Hintergrund dieser Anforderungen entwickelt Ulrich ein Ordnungsgerüst, das dem Management helfen soll, diese allgemeinen Anforderungen im Rahmen unternehmenspolitischer Entscheidungen weitgehend zu berücksichtigen. Das so entstehende Managementmodell umfasst drei Bestandteile:

- Unternehmensleitbild,
- Unternehmenskonzept,
- Führungskonzept.[3]

---

1 vgl. Ulrich (Die Unternehmung), S. 257ff.
2 vgl. Ulrich (Die Unternehmung), S. 269ff.
3 vgl. Ulrich (Unternehmungspolitik), S. 29ff.

18.3.4 Das Leitbild[1]

Das Leitbild fasst den gewollten zukünftigen Charakter eines Unternehmens zusammen. Dabei müssen die wesentlichsten Merkmale herausgegriffen und zu einem Idealbild geformt werden. Für die Entwicklung des Leitbilds ist es zweckmäßig, „die Unternehmung gewissermaßen von außen zu betrachten und sie in erster Linie in ihrer Funktion in der Umwelt zu charakterisieren“.[2]

Bestandteile eines Leitbilds sind:

- Marktleistungen, Befriedigung von Kundenbedürfnissen (Qualität, Preisniveau, Service etc.),
- Marktstellung (Marktanteil, geografische Reichweite etc.),
- Verhaltensweise gegenüber Kunden, Konkurrenten und Lieferanten,
- Funktionen des Unternehmens in der Gesellschaft (soziale, ökologische und politische Verantwortung).

Zur Unterstützung bei der Erstellung des Leitbilds bietet Ulrich eine zwölf Punkte umfassende Checkliste an, die durch eine Unternehmensanalyse und eine Prognose der Umfeldeinflüsse in Form von Szenarien ergänzt werden muss.

18.3.5 Das Unternehmenskonzept[3]

Das Unternehmenskonzept baut auf dem Unternehmensleitbild auf. Die im Leitbild gemachten Aussagen müssen konkretisiert werden, damit den ausführenden Führungskräften, vor allem der mittleren Managementebene, greifbare, operationalisierte Vereinbarungen vorliegen. Im Rahmen des Unternehmenskonzepts werden Ziele vereinbart, Aussagen über die Mittel (das Leistungspotenzial) getroffen, die dem Unternehmen zur Verfügung stehen sollen, und grundsätzliche Verfahrensweisen (Strategien) beim Mitteleinsatz zur Zielerreichung festgelegt.

Ulrich gliedert das Unternehmenskonzept in drei Teilkonzepte (leistungswirtschaftliches, finanzwirtschaftliches, soziales Konzept), für die jeweils Strategien, Leistungspotenziale und Ziele zu vereinbaren sind.

Die Ziele charakterisieren einen „Vorzugszustand“, der als erstrebenswert gilt. Die Gesamtheit aller Ziele bildet das System der obersten Unternehmensziele. Aufgabe des Topmanagements ist es, weitgehende Harmonie der obersten Unternehmensziele zu erreichen und miteinander vereinbarte Anspruchsniveaus festzulegen.[4]

Das Leistungspotenzial ist als Gesamtheit aller materiellen und immateriellen Ressourcen definiert, die dem Unternehmen zur Verfügung stehen. Es ist in Übereinstimmung mit den Unter-

---

1 vgl. Ulrich (Unternehmungspolitik), S. 91ff.
2 Ulrich (Unternehmungspolitik), S. 91
3 vgl. Ulrich (Unternehmungspolitik), S. 99ff.
4 vgl. Ulrich (Unternehmungspolitik), S. 100ff.

nehmenszielen festzulegen, wobei der ein integriertes Leistungspotenzial sicherstellende Harmonisierungsprozess klar im Vordergrund steht.[1]

	Leistungswirtschaftliches Konzept	**Finanzwirtschaftliches Konzept**	**Soziales Konzept**
Ziele	Produkt/Markt-Konzept Marktziele • Bedürfnisse • Märkte • Umsatzvolumen Produktziele • Art und Qualität • Sortiment • Produktmengen	Zahlungsbereitschaftsziele • Liquiditätsreserve • Liquiditätskennzahlen Ertragsziele • absolut • Rentabilität	gesellschaftliche Ziele • restriktive Ziele • Zusatzziele mitarbeiterbezogene Ziele • Ziele des Personalwesens
Leistungspotenziale	personelles Potenzial räumliches Potenzial technisches Potenzial Verbrauchsgüter	Kapitalvolumen Kapitalstruktur • Finanzierungsgrad • Deckungsgrad	gesellschaftliches Potenzial • finanziell • personell • materiell mitarbeiterbezogenes Potenzial
Strategien	Strategie der Marktleistungsentwicklung • Leistungserstellung • Leistungsverwertung • Leistungsbeschaffung	Wirtschaftlichkeitsstrategien Finanzierungsstrategien	gesellschaftsbezogene Verhaltensnormen mitarbeiterbezogene Verhaltensnormen

Abb. 18.1: Überblick über das Unternehmenskonzept[2]

Ulrich vertritt einen sehr engen Strategiebegriff: Strategie ist die Bestimmung der grundsätzlichen Vorgehensweise zur Erreichung unternehmenspolitischer Ziele. Der Zielbildungsprozess und die unternehmenspolitischen Ziele sind damit keine Bestandteile der Strategie. Die Strategie ist ein weiterer Schritt in der Konkretisierung der Unternehmensziele, wobei das verfügbare Leistungspotenzial berücksichtigt werden muss.[3]

Das leistungswirtschaftliche Konzept[4]

Das leistungswirtschaftliche Konzept umfasst die wesentliche zukünftige Charakteristik des Unternehmens. Bezeichnendes Merkmal ist seine Dualität, da es einerseits nach außen gerichtet ist, sich also mit der Stellung des Unternehmens auf den Märkten befasst, andererseits aber

1 vgl. Ulrich (Unternehmungspolitik), S. 105f.
2 vgl. Ulrich (Unternehmungspolitik), S. 171
3 vgl. Ulrich (Unternehmungspolitik), S. 106f.
4 vgl. Ulrich (Unternehmungspolitik), S. 108ff.

darauf abzielt, Absatz-, Produktions- und Forschungspolitik als ganzheitliches Konzept zu betrachten, um rivalisierendes Denken und Handeln in diesen Bereichen zu vermeiden.

Die leistungswirtschaftlichen Ziele lassen sich in Markt- und Produktziele unterscheiden. Marktziele haben im Wesentlichen die Bestimmung der Märkte und Marktsegmente, der Marktstellung in den einzelnen Segmenten und die Bestimmung des angestrebten Umsatzvolumens zum Inhalt. Produktziele legen Art, Menge und Qualität der erzeugten oder bereitgestellten Güter fest.

Die enge Verflechtung dieser Zielbereiche erfordert simultane Berücksichtigung, die sich im Produkt/Markt-Konzept niederschlägt. Zur Umsetzung dieses Produkt/Markt-Konzepts müssen personelle und materielle Kapazitäten (Leistungspotenziale) vorhanden sein, unter Berücksichtigung der Anforderungen, die die Ziele an Leistungspotenziale stellen.

Das Leistungspotenzial ist so zu gestalten, dass die angestrebten Produkt- und Marktziele erreicht werden können. Notwendige Änderungen der personellen und sachlichen Kapazitäten wirken sich vor allem in der Investitionspolitik aus. Daraus können sich auch Anpassungen der bereits verfolgten Ziele ergeben.

In der leistungswirtschaftlichen Strategie wird die grundsätzliche Vorgangsweise zur Zielerreichung festgelegt, wobei man von bisherigen Produkt/Markt-Kombinationen ausgeht. Als Methodik zur Entwicklung eines Produkt/Markt-Konzepts bedient sich Ulrich der Portfolioanalyse.

Das finanzwirtschaftliche Konzept[1]

Im Mittelpunkt des finanzwirtschaftlichen Konzepts stehen die monetären Aspekte des Unternehmensgeschehens.

Die finanzwirtschaftlichen Unternehmensziele werden in drei Bereiche unterteilt:

- *Zahlungsbereitschaftsziele* betreffen vor allem die jederzeitige Liquidität, ein Basisziel und darüber hinaus eine legistisch vorgeschriebene Existenzbedingung des Unternehmens.
- *Ertragsziele* orientieren sich an den Geldmitteln, die ein Unternehmen durch seine laufende Tätigkeit auf den Märkten zu generieren imstande ist.
- *Wirtschaftlichkeitsziele* messen die Effizienz der Unternehmenstätigkeit.

Das finanzwirtschaftliche Potenzial ist durch die Finanzkraft des Unternehmens gekennzeichnet, die wiederum durch das in bestimmtem Volumen und bestimmter Struktur zur Verfügung stehende Kapital gegeben ist.

Finanzwirtschaftliche Strategien sind Richtlinien für das Finanz- und Rechnungswesen des Unternehmens. Liquiditätsstrategien orientieren sich an Liquiditätskennzahlen und beinhalten unter anderem die Planung der Liquiditätsreserve, die unvorhersehbare Liquiditätsbeanspruchungen abfangen soll. Ertragsstrategien beschäftigen sich mit Gewinnerzielung und Gewinnverwendung, wobei die unterschiedlichen Erwartungen verschiedener Interessengruppen berücksichtigt werden müssen.

1 vgl. Ulrich (Unternehmungspolitik), S. 123ff.

Das soziale Konzept[1]

Ulrich hebt das in der klassischen Betriebswirtschaftslehre vernachlässigte soziale Konzept besonders hervor. Dabei bilden die Beziehungen des Unternehmens als Ganzes zu seinem Umfeld das „externe soziale Konzept", während im „internen sozialen Konzept" die Ansprüche der Mitarbeiter im Vordergrund stehen.

Alle Ziele, die das Unternehmen in seinem sozialen Umfeld anstrebt, können als gesellschaftspolitische Ziele bezeichnet werden. Man kann davon ausgehen, dass das Unternehmen allgemeines Interesse daran hat, ein soziales, wirtschaftliches und rechtsstaatlich orientiertes Umfeld vorzufinden, das ihm beste Entfaltungsmöglichkeiten bietet. Das Unternehmen muss aber auch seinen Teil an der gesellschaftlichen Verantwortung übernehmen und durch seine Aktivitäten insbesondere dafür sorgen, dass es wirtschaftliche Funktionen ohne Schädigung des Umfelds erfüllt.

Das externe soziale Konzept wird durch mitarbeiterbezogene Ziele des Unternehmens ergänzt. Aus der Betrachtung des Unternehmens als Institution des Zusammenlebens und -wirkens von Menschen und aus den daraus resultierenden gruppendynamischen Eigenheiten ergibt sich die Frage nach sozialen Gesetzmäßigkeiten, wobei Arbeitszufriedenheit als wesentlichste Komponente hoher Arbeitsproduktivität gilt. Zu rational erfassbaren Elementen stoßen emotionale Faktoren, die der Mensch zur Selbstentfaltung und -verwirklichung benötigt. Ganz allgemein soll das Unternehmen daher trachten, das Selbstwertgefühl der Mitarbeiter zu respektieren und zu fördern.

18.3.6 Das Führungskonzept[2]

Neben dem Vollzug der von der Unternehmensführung vorgegebenen Ziele müssen auch die Führungstätigkeiten selbst in einem System arbeitsteiliger Zusammenarbeit erfolgen. Die Unternehmensführung ist Teilsystem des Unternehmens. Das Führungskonzept verfolgt den Zweck, Grundsatzentscheidungen der „Führung der Führung"[3] festzulegen.

Um Verständnis für die Führungsprobleme der Zukunft zu wecken, fasst Ulrich die Anforderungen an ein Führungskonzept in zehn Thesen zusammen:[4]

a) **„Unternehmensführung besteht nicht nur aus dem Topmanagement, sondern aus dem ganzen Kader."** Ulrich bestreitet nicht, dass es Unternehmerpersönlichkeiten gibt, die Unternehmen prägen, doch erweist es sich immer wieder, dass solche individuellen Ausnahmeleistungen nur zusammen mit einer Anzahl von unbekannten Führungskräften möglich gemacht werden.

---

1 vgl. Ulrich (Unternehmungspolitik), S. 146ff.
2 vgl. Ulrich (Unternehmungspolitik), S. 181ff.
3 vgl. Ulrich (Unternehmungspolitik), S. 181
4 vgl. Ulrich (Unternehmungspolitik), S. 183ff.

b) **„Es gibt keine Führung an sich, sondern nur eine Führung verbunden mit zu lösenden Sachaufgaben.“** Nur wenn die Probleme erkannt werden, die ein Unternehmen in Zukunft lösen muss, lässt sich ein zweckmäßiges Führungskonzept entwickeln.

c) **„Unternehmensführung ist nicht nur Menschenführung, sondern Gestaltung und Lenkung eines sozialen, wirtschaftlichen und technischen Systems.“** Menschenführung ist ein wichtiger Teil der Gesamtaufgabe der Unternehmensführung, reicht allerdings nicht aus, um das komplexe System des Unternehmens erfolgreich zu lenken.

d) **„Unternehmensführung kann nicht mit Organisation gleichgesetzt werden.“** Organisation ist die Strukturierung des Systems mit Blick auf die in Zukunft zu bewältigenden Aufgaben. Sie versteht sich daher als Bestandteil des Führungssystems.

e) **„Die konkreten Führungsaufgaben sind von Chef zu Chef verschieden.“** So wie das Unternehmen ist auch die Führung ein arbeitsteiliges System, bei dem die Führungskräfte die unterschiedlichsten Aufgaben in den zugewiesenen Kompetenzbereichen zu erfüllen haben.

f) **„Führungspositionen erfordern ein breites, aber nicht allgemein definierbares Spektrum von persönlichen Fähigkeiten und Wissen.“** Erfolgreiches Führen erfordert Fähigkeiten, über die nicht alle Menschen verfügen. Um langfristig geeignete Führungskräfte zu haben, muss im Rahmen des Führungskonzepts auf deren Ausbildung extremes Augenmerk gelegt werden.

g) **„Das Wissen um Führungstechniken, -instrumente und -konzepte ist lernbar und für alle Führungspositionen von zunehmender Bedeutung, veraltet aber relativ rasch.“** Für einen Chef sind nicht nur persönliche Eigenschaften von Bedeutung, sondern auch Wissen über Sachbereiche und Führungsinstrumentarien. Die rasche Entwicklung erfordert ständige Erneuerung des Wissensstands. Das Führungsmodell muss auch sicherstellen, dass der Wissensstand auf aktuellem Niveau gehalten werden kann.

h) **„Führungskräfte sollen möglichst selbstständig denken und handeln, Führungsinstrumente und -methoden sollen sie dabei unterstützen und nicht hindern.“** Die Art der Führung kann nicht in ein bestimmtes Schema gepresst werden, sondern muss Spielraum lassen. Nur so kann auf sich verändernde Umfeldbedingungen rasch (und) entsprechend reagiert werden.

i) **„Aus der Vielfalt angebotener Führungsmittel und -methoden muss eine sinnvolle Auswahl getroffen werden, wobei der gegenseitigen Abstimmung der einzelnen Instrumente und ihrer Integration zu einem Gesamtkonzept hohe Bedeutung zukommt.“** Was für ein Unternehmen gut ist, muss für ein anderes noch lange nicht passen. Ein entscheidender Erfolgsfaktor ist die situationsgerechte Auswahl.

j) **„Führen bedeutet Lösen schwieriger Probleme für ein komplexes System im Zustand der Unsicherheit.“** Aufgabe des Führungsmodells ist es, Voraussetzungen für die Anwendung von geeigneten Lösungsaufgaben zu schaffen.

Das Führungssystem[1]

In der Praxis gibt es eine Vielzahl von Führungsinstrumenten, die aber kaum koordiniert werden. Zielsetzung ist, ein abgestimmtes System von Führungsinstrumenten zu entwickeln. Ein so integriertes Führungssystem macht einen konzeptionellen Rahmen notwendig. Dabei geht man davon aus, dass das Unternehmen aus ausführenden beziehungsweise operativen Teilsystemen besteht, die von einem dreistufigen Führungssystem überlagert sind:

- **Dispositionssystem**

  Die unterste Stufe des Führungssystems sind die Dispositionssysteme. Sie sind die direkte Verbindungsstelle zu den operativen Einheiten. Ihre Aufgabe ist es, ein Arbeitsvorbereitungssystem zu entwickeln, das die wirtschaftlichste Bearbeitung von Aufträgen gewährleistet. Danach wird der Arbeitsvorgang in Gang gesetzt und – wenn notwendig – durch Korrekturmaßnahmen gesteuert.

  Alle Aufgabenbereiche müssen mit einem Kontrollsystem gekoppelt sein, das die Arbeit des Dispositionssystems unterstützt und den höheren Führungssystemen als Informationsquelle dient.

- **Planungssystem**

  Die nächsthöhere Führungsstufe ist das Planungssystem, in dem das zukünftige Handeln des Unternehmens langfristig und vorgreifend entworfen wird. Ergebnis sind Pläne, die später durch die dispositiven beziehungsweise operativen Systeme realisiert werden. Das Planungssystem sollte daher als ein alle Unternehmensaktivitäten umfassendes System gestaltet werden.

- **Politiksystem**

  Das oberste Teilsystem wird als Politiksystem bezeichnet. Hier werden unternehmenspolitische Grundsatzentscheidungen getroffen und allgemeine Richtlinien, Zielsetzungen und Verhaltensnormen als Führungsanweisung für die übrigen Führungs- und Ausführungssysteme erarbeitet.

Die dreistufige Hierarchie funktioniert nur, wenn ein ausreichendes, integriertes Kommunikations- und Informationssystem besteht, das die jeweilige Führungsstufe mit den tatsächlich benötigten Informationen, sowohl externer als auch interner Natur, versorgt. Damit kann auch vermieden werden, dass viele Informationen doppelt bearbeitet werden oder unnötig bei den einzelnen Stellen einlangen.

Der elektronischen Datenverarbeitung kommt speziell in diesem Bereich große Bedeutung zu. Sie muss für problemgerechte Aufarbeitung und Verteilung von Basis- und Kontrollinformationen sorgen und zur Bewältigung zahlreicher logischer Operationen im Entscheidungsprozess herangezogen werden. Die Konzeption der elektronischen Datenverarbeitung ist daher ein wesentlicher Faktor, um ein maximal effizientes Mensch-Maschinen-System zu erreichen.

---

1 vgl. Ulrich (Unternehmungspolitik), S. 192ff.

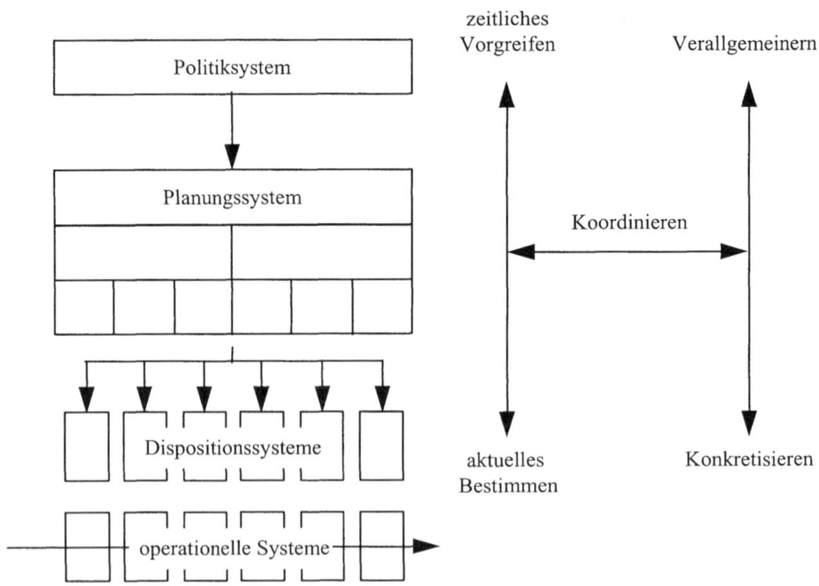

Abb. 18.2: Stufen der Führung[1]

Das integrierte Organisationskonzept[2]

Die Organisation des Unternehmens ist jenes Element, das die innere Stabilität eines Systems sicherstellt. Um jedoch den Bedürfnissen strategischer Einheiten gerecht zu werden und größtmögliche Flexibilität (zum Zweck der Anpassung an Umfeldveränderungen) zu erzielen, muss statt einer einfachen, eindimensionalen Denkweise eine mehrdimensionale Betrachtungsweise verfolgt werden. Daraus entstehen Organisationsstrukturen höherer Ordnung, die die notwendige Varietät gewährleisten.

Die primäre Struktur errichtet im Unternehmen eine einfache hierarchische Ordnung. Von Bedeutung ist die Aufteilung des Unternehmens in relativ kleine, selbstständige Einheiten. Gemäß diesem Dezentralisationsprinzip müssen operative Einheiten, zentrale Dienste und eine zentrale Unternehmensleitung gebildet werden.

Die sekundäre Struktur ist im Gegensatz zur primären Struktur nicht permanent, sondern wird nur in speziellen Fällen zur Unterstützung herangezogen. Ein Beispiel ist die Einführung einer neuen Produkt/Markt-Orientierung: Dabei ist Zusammenarbeit über die Grenzen der primären Organisationsbereiche notwendig.

Die tertiäre Struktur dient der Projektorganisation und ist ebenfalls eine temporäre Struktur. Dabei geht es nicht nur um Forschungsprojekte und spezielle Marketingaktivitäten, sondern

1 vgl. Ulrich (Unternehmungspolitik), S. 192
2 vgl. Ulrich (Unternehmungspolitik), S. 197ff.

um jede Art von Problemsituationen, die in einem Unternehmen auftreten können und mit Hilfe von Projektgruppen gelöst werden sollen. Wichtige Teilaspekte der tertiären Struktur sind das Krisenmanagement und die Vorbereitung des Unternehmens auf Ausnahmesituationen.

	organisatorische Dimension	**konzeptionelle Frage**
permanente Struktur	1. Primärstruktur	Nach welchen Kriterien ist das Unternehmen in dezentrale operative Einheiten gegliedert? • Produktbereiche • Marktbereiche • Funktionsbereiche Welche zentralen Dienststellen sind nötig? Wie ist die zentrale Unternehmensleitung aufgebaut? • Aufsichtsfunktion • Leistungsinstanzen • Hilfsstellen
temporäre Struktur	2. Sekundärstruktur	Für welche periodisch wiederkehrenden Aufgaben ist die Primärstruktur nicht geeignet? Nach welchen Kriterien soll zu deren Lösung eine zusätzliche Sekundärstruktur aufgebaut werden? • Produktbereiche • Marktbereiche • Funktionsbereiche
	3. Tertiärstruktur	Für welche zukünftigen Projekte sind Primär- und Sekundärstruktur nicht geeignet? Nach welchen Kriterien soll zu deren Lösung eine zusätzliche Tertiärstruktur aufgebaut werden? Z. B.: • Krisenmanagement • Firmenübernahmen • Bauvorhaben • Rationalisierungsprogramme
	4. Quartärstruktur	Nach welchen Regeln soll die Zusammenarbeit aller organisatorischer Einheiten im Rahmen eines umfassenden Planungs- und Kontrollsystems erfolgen?

Abb. 18.3: Mehrdimensionale Organisationsstrukturen

Die quartäre Struktur beschreibt die Regeln, nach denen die Zusammenarbeit aller organisatorischen Bereiche erfolgen soll, um eine funktionierende Gesamtheit und Integration der verschiedenen Organisationselemente zu erreichen. Die Verwirklichung der strategischen Zielsetzung hängt sehr vom strukturierten und koordinierten Wirken der einzelnen Organisationsebenen ab, da sie untereinander abhängig sind.

Weitere Bestandteile des Führungskonzepts sind Führungsmethodik und -potenzial. Die Führungsmethodik betrachtet die Instrumente beziehungsweise Konzepte, die sich auf den Prozess der Führung beziehen, das Führungspotenzial stellt die Anforderungen an die Führungskräfte in den Mittelpunkt der Betrachtung.[1]

18.4 Stärken des Konzepts

- Ulrich bedient sich beim Aufbau seines Managementmodells der Weiterentwicklung anerkannter, interdisziplinärer Wissenschaftsbereiche wie der Kybernetik und des Systemansatzes. Basis des Konzepts sind theoretisch fundierte Modelle.
- Ulrich gelingt es in seinem Managementmodell, sämtliche Bereiche des Unternehmens und des Unternehmensgeschehens einzubeziehen und liefert damit eine allgemeine Grundlage einer Betriebswirtschaftslehre des Unternehmens, die auch anderen strategischen Konzepten als Grundlage dient. Dazu kommt universelle Anwendbarkeit auf Unternehmen jeder Größenordnung und Branche. Durch modellhafte Beschreibung des Unternehmens als Ganzes wird es den Führungskräften ermöglicht, die sich immer rascher verändernden Umweltbedingungen in ihrer Komplexität und Vernetztheit mit den Teilbereichen und den Dimensionen des Unternehmens zu erfassen.
- Der Systemansatz und die ganzheitlichen Denkweisen bilden die Elemente einer ganzheitlichen Unternehmensführung, durch die sich verändernde Einflussfaktoren in unterschiedlichen Konstellationen unter Kontrolle gehalten werden können. Die ganzheitliche Betrachtungsweise bezieht bewusst nicht messbare, nicht quantifizierbare und nicht mathematisch formulierbare Phänomene in ihr Denkmodell mit ein. Dadurch können unterschiedlichste Sachverhalte nach einheitlichen Gesichtspunkten analysiert und gestaltet werden.
- Die Berücksichtigung der sozialen Dimension des Unternehmensgeschehens ist eine wesentliche Bereicherung der betriebswirtschaftlichen Unternehmensbetrachtung und damit ein umfassendes Abbild der Realität. Die klassische Betriebswirtschaftslehre beschränkte sich in vielen Fällen auf die Ebene der wertmäßigen Betrachtung.

18.5 Schwächen des Konzepts

- Die Schwierigkeit des ganzheitlichen Denkens beziehungsweise der ganzheitlichen Unternehmensführung in der Praxis besteht vorwiegend darin, dass es keine allgemein gültige Anleitung zur Umsetzung gibt. Ulrich schenkt auch dem Aspekt der Schulung ganzheitlichen Denkens sowie der Berücksichtigung der individuell verschiedenen intellektuellen Aufnahmefähigkeit der Menschen nicht genügend Beachtung.

---

1 vgl. Ulrich (Unternehmungspolitik), S. 192 und 213ff.

- Ulrich beschränkt sich in seinen Ausführungen auf die Forderung nach mehr Flexibilität und Anpassungsfähigkeit des Unternehmens, ohne näher auf die Arten der Veränderung im Unternehmensumfeld und auf deren Ursachen einzugehen. Er bietet weder Maßnahmen zur Früherkennung von Veränderungen noch Anpassungsalternativen an.
- Das Unternehmen als gesellschaftliche Institution ist ein System, dessen Elemente Menschen sind. Daraus ergibt sich zwangsläufig eine Dynamik des Unternehmensgeschehens, die nicht immer rational begründbar ist, sondern Resultat sozialer, zwischenmenschlicher Vorgänge und Konstellationen. Diese Eigendynamik des Unternehmens lässt sich in der Regel weder berechnen und quantifizieren noch in ihren Auswirkungen vorhersagen und findet im Systemansatz kaum Berücksichtigung.
- Ulrich beschreibt zwar den Aufbau von Zielsystemen als Grundlage zur Strategieentwicklung, gibt aber keine konkreten strategischen Handlungsanweisungen für die einzelnen funktionalen Unternehmensbereiche. Fragen der Strategieimplementierung und der strategischen Kontrolle werden ebenfalls nicht behandelt.

18.6 Bedeutung für die Unternehmensführung

Der systemorientierte Ansatz kann als Basiskonzept der Betriebswirtschaftslehre angesehen werden. Das breite Spektrum, das dieser Ansatz abdeckt, und seine formale Gestaltung ermöglichten es zahlreichen Autoren, ihre strategischen Konzepte darauf aufzubauen oder davon ausgehend weiterzuentwickeln. Ulrich ist Begründer des St. Galler Managementmodells und damit einer – zumindest in der deutschsprachigen Betriebswirtschaftslehre – sehr verbreiteten Denkschule.[1]

Das Managementmodell ermöglicht den Führungskräften die Verknüpfung theoretisch-wissenschaftlicher Grundlagen mit praktischer Unternehmensführung und fördert die über die rein wertmäßige Betrachtung hinausgehende soziale Komponente des Unternehmensgeschehens.

Ulrichs Systemansatz ist auf Grund seines formalen Charakters und der systemtheoretischen und kybernetischen Terminologie von bleibender theoretischer Bedeutung.

18.7 Empfohlene Literatur

- Ulrich, H.: Systemorientiertes Management, St. Gallen 2001. Sorgfältig zusammengestellte Auswahl der wichtigsten Aufsätze aus dem Werk von Hans Ulrich.

---

1 siehe Kapitel Probst/Gomez und Malik in diesem Buch

- Ulrich, H.: Unternehmungspolitik, Bern, Stuttgart 1987, 246 Seiten. Darstellung einer ganzheitlichen Sichtweise des Unternehmensgeschehens auf der Basis des Systemansatzes, insbesondere für den wissenschaftlich interessierten Leser geeignet.
- Ulrich, H.: Die Unternehmung als produktives soziales System, St. Gallen 1970, 353 Seiten. Basiswerk zum betriebswirtschaftlichen Systemansatz. Das Buch ist Ausgangspunkt vieler weiterer wissenschaftlicher Arbeiten, insbesondere für den wissenschaftlich interessierten Leser geeignet.

19 PIMS-Programm

To enable business managers to „reality test“
and strengthen their strategic thinking
by comparing their thinking with the experience of comparable businesses
drawn from the actual business cases documented
in the PIMS (Profit Impact of Market Strategy) database.

19.1 Entstehung des PIMS-Programms[1]

Die Anfänge von PIMS (Profit Impact of Market Strategies) reichen bis in die 1960er Jahre zurück. General Electrics versuchten damals, eigene strategische Geschäftsfelder zu analysieren. 1972 wurde das PIMS-Programm durch das Marketing Science Institute der Harvard Business School institutionalisiert. PIMS baute auf ein von Sidney Schoeffler entwickeltes statistisches Modell auf. Im Bereich der strategischen Unternehmensplanung sollten Wirkungszusammenhänge empirisch belegt und quantifiziert werden. Heute ist der Träger des PIMS-Programms das gemeinnützige Strategic Planning Institute (SPI) in Cambridge, Massachusetts, das 1975 aus der Harvard Business School ausgegliedert wurde. Durch eine Mitgliedschaft erwirbt ein Unternehmen das Recht, das PIMS-Programm und damit sein Datenbanksystem, sei es durch PIMS-Mitarbeiter oder durch eigene Mitarbeiter in Form eines unternehmenseigenen Datenbankanschlusses, für seine spezifischen Fragestellungen und Probleme zu nutzen. 1978 wurde PIMS in das SPI eingebunden und ein eigener Beratungsdienst für die Mitgliedsunternehmen aufgebaut; und seit den 1980er Jahren (Gründung von PIMS Europe 1981, mit Niederlassungen z.B. in London, Köln und Mailand) hat sich das Programm in Europa verbreitet.

Aus dem Forschungsprojekt hat sich bis dato eine Beratungsfirma entwickelt; eine primäre Rolle des PIMS-Programms ist es, Manager dabei zu unterstützen, ihre Geschäftsentwicklungen zu verstehen und darauf richtig zu reagieren. Dies geschieht durch Unterstützung beim Entwickeln und Testen von Strategien, die auf eine akzeptable Gewinn-Rate abzielen. Das PIMS-Programm ist heute laut Eigendefinition ein „Beratungsunternehmen“[2].

Homepage: http://www.pimsonline.com/ und http://www.pims.de/

---

1 vgl. Buzzell, Gale (PIMS-Programm), S. Vf. und 29ff.; Barilits (Gültigkeit), S. 34

2 vgl. Broschüre PIMS-Deutschland

19.2 Arbeitsweise des PIMS-Programms[1]

Grundannahmen:[2]

- Wie in der Naturwissenschaft existieren auch in der Wirtschaft Gesetze, welche die Stärke der Veränderung des Outputs bei verändertem Input beeinflussen bzw. bestimmen. Da Gesetze unabhängig von Ort und Zeit sind, wird davon ausgegangen, dass die ermittelten Wirkungszusammenhänge (unter gleichen Rahmenbedingungen) immer und überall gelten.
- Diese Marktgesetze sind (durch das PIMS-Programm) erfassbar, also auch erlernbar. Aus Erfolgen und Fehlern anderer Geschäftseinheiten können Prämissen für das eigene Handeln abgeleitet werden.

Die PIMS-Datenbank ist ein Zusammenschluss mehrerer Datenbanken, die jeweils noch in industrieübergreifende und -spezifische Bereiche unterteilt sind:

- Kunden-, Marketing- und Innovationsdatenbank,
- Produktionsdatenbank,
- Verwaltungsdatenbank,
- Unternehmenskultur-Datenbank,
- durch Nutzung all dieser Datenbanken: Unternehmensstrategie-Datenbank.

In diesem Pool sind Daten von heute ca. 4000 *Strategischen Geschäftseinheiten* (SGE) enthalten. „Eine Geschäftseinheit ist nach der PIMS-Definition eine Division, eine Produktlinie oder ein anderes Profit Center eines Unternehmens, das

- eine genau definierte Menge von verwandten Produkten und/oder Dienstleistungen herstellt und vermarktet,
- einen klar definierten Kreis von Kunden innerhalb eines abgegrenzten geografischen Bereichs bedient und
- mit einem genau definierten Kreis von Konkurrenten in Wettbewerb steht."[3]

Von diesen SGE werden Daten über

- ihr Umfeld,
- ihre Wettbewerbsposition,
- ihre Produktionsprozess-Struktur,
- ihre Forschungs- und Entwicklungsanstrengungen,
- ihre Marketing-Aufwendungen und
- ihre finanziellen Ergebnisse in der Vergangenheit

erhoben und in anonymisierter Form in das PIMS-Programm eingegeben. Diese Daten stammen von etwa 400 Unternehmen, die zunächst in SGE unterteilt werden, wobei sich diese Unterteilung nicht zwangsläufig mit den traditionell gewachsenen Unternehmensbereichen decken

---

1 vgl. Buzzel, Gale (PIMS-Programm), S. 28ff.; Luchs, Müller (Strategien), S. 80ff.
2 vgl. Buzzel, Gale (PIMS-Programm), S. 1ff.
3 Buzzel, Gale (PIMS-Programm), S. 30

muss. Pro Geschäftseinheit werden rund 200 Daten (über einen Zeitraum von mindestens vier Jahren) erhoben, zusätzlich etwa 300 relevante Verhältniszahlen gebildet, damit ergeben sich ungefähr 500 Daten je Geschäftseinheit. Anfänglich wurden die Daten von nordamerikanischen Firmen gesammelt, im Laufe der 1980er Jahre breitete sich das System zunehmend (zunächst in Großbritannien) auf Europa aus. Es wurden keine signifikanten Abweichungen zwischen nordamerikanischen und europäischen Daten festgestellt. Das gilt auch für die Gegenüberstellung von Daten aus Perioden mit niedrigen Inflationsraten mit Daten aus Perioden mit hohen Inflationsraten, ein ebenfalls oft genannter, aber unberechtigter Kritikpunkt.[1] Ein jährliches Up-dating erfüllt die Forderung nach Aktualität; die benötigten Daten werden von den Mitgliedsunternehmen bereitgestellt.

Die SGE teilen sich auf einzelne Bereiche der Wirtschaft folgendermaßen auf:

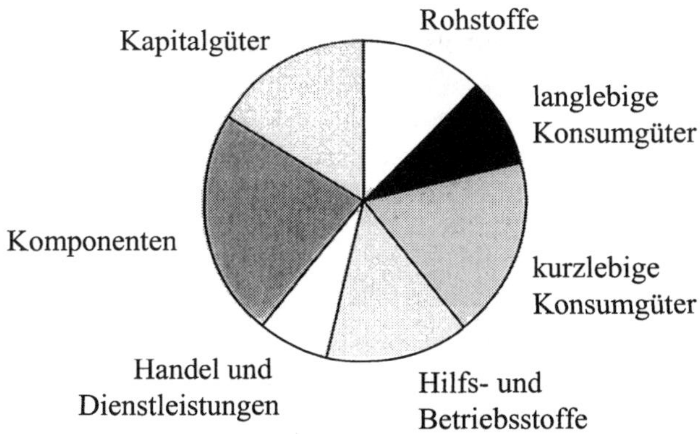

Abb. 19.1: Aufteilung der Geschäftseinheiten nach Branchen[2]

Erfolgsmaßstäbe:

Erfolg wird beim PIMS-Programm durch die Rentabilität und den Cashflow einer Geschäftseinheit quantifiziert. Dabei werden zwei Kenngrößen für die Rentabilität verwendet:

- Der „Return on Investment" (ROI), definiert als Nettobetriebsgewinn (vor Steuern und Zinsen auf das Fremdkapital) in Prozent des investierten Kapitals (= Anlagevermögen zu Buchwerten plus Working Capital), und
- der „Return on Sales" (ROS), definiert als Nettobetriebsgewinn (vor Steuern und Zinsen) in Prozent des Umsatzes.

1 vgl. Luchs, Müller (Strategien), S. 89ff.
2 vgl. Buzzell, Gale (PIMS-Programm), S. 33

19.3 Schlüsselfaktoren

Durch empirische Forschung wurden (etwa drei Dutzend) entscheidende Faktoren aufgedeckt. Die wichtigsten sind:

Marktwachstumsrate[1]

Die Marktwachstumsrate hat positiven Einfluss auf die Rentabilität (also auf ROI und ROS). Bei einer Wachstumsrate über 10 % liegen die ROI-Werte um durchschnittlich 4 % höher als bei einer negativen Wachstumsrate von 5 %. Die Rentabilität wird aber auch tendenziell durch die Lebenszyklusphase beeinflusst. Der ROI sinkt ab, je weiter sich das Produkt im Lebenszyklus weiterentwickelt.

Auftragsgröße[2]

Die Höhe der Auftragsgröße (definiert als Größe der einzelnen Transaktion) hat negativen Einfluss auf den ROI. Diese Wirkung lässt sich dadurch erklären, dass der Kunde bei Einkäufen mit hohen Beträgen aggressiver verhandelt und verschiedene Angebote einholt. Wenn man auch die Bedeutung der Produkte/Dienstleistungen für den Kunden quantifiziert (definiert als Prozentsatz der Gesamteinkäufe eines Kunden), kann man dabei ebenfalls negativen Einfluss auf die Rentabilität feststellen.

Marktanteil[3]

Ein hoher Marktanteil trägt wesentlich zur Rentabilität bei. Dabei unterscheidet man zwischen absolutem, relativem und effektivem Marktanteil. Der Marktanteil wird immer im Verhältnis zum bedienten Markt gesehen, der als Teil oder Segment einer Branche (bezogen auf Produkte, Kundengruppen, geografische Lage) definiert wird, in dem eine Geschäftseinheit tatsächlich mit anderen Anbietern konkurriert. Gründe für positive Korrelation zwischen ROI und Marktanteil können in den Größenvorteilen (economies of scale), in der Risikoaversion der Kunden, in der Marktmacht oder in der Qualität des Managements liegen.

Produktqualität[4]

Produktqualität wird als relative, wahrgenommene Qualität definiert: das heißt, nicht die interne, produktionsorientierte Sicht, sondern der Blickwinkel des Kunden steht im Vordergrund. Die Beziehung zwischen Produktqualität und ROI ist (stark) positiv, da bessere Qualität zu stärkerer Kundentreue, zur Durchsetzung höherer Preise und zu Marktanteilserhöhungen führt. Dabei ist hervorzuheben, dass die relative Produktqualität den relativen Preis (definiert als Preis einer Geschäftseinheit im Vergleich zu ihren wichtigsten Konkurrenten) positiv beeinflusst. Mit zunehmendem Marktanteil sinken die relativen Kosten (definiert als Kosten einer

---

1 vgl. Buzzell, Gale (PIMS-Programm), S. 48ff.
2 vgl. Buzzell, Gale (PIMS-Programm), S. 56
3 vgl. Buzzell, Gale (PIMS-Programm), S. 65ff.
4 vgl. Buzzell, Gale (PIMS-Programm), S. 91ff.

Geschäftseinheit im Vergleich zu ihren wichtigsten Konkurrenten). Sowohl höhere Preise als auch niedrigere Kosten führen zu einem höheren ROI.

Investmentintensität[1]

Die Investmentintensität ist definiert als Investment im Verhältnis zum Umsatz. Dieser Schlüsselfaktor wirkt sich negativ auf den ROI aus. Gründe dafür sind Preiskämpfe auf Grund hoher Investmentintensität, der erschwerte Austritt aus unwirtschaftlichen Geschäften oder die geringere Effizienz bei Nutzung des Anlagevermögens oder des Working Capital. Eine andere Begründung liegt im Fehler, dass sich die Gewinnvorgaben nicht an den Investitionen orientieren. So erreicht der durchschnittliche ROS nur ein Drittel der erforderlichen Höhe, um einen ROI von 20 % zu erwirtschaften.

Vertikale Integration[2]

Die vertikale Integration als Kombination mehrerer Produktions-oder Vertriebsstufen, die in der Regel getrennt sind, kann einerseits als absolute Größe (= Wertschöpfung zu Umsatz) oder als relative Größe (= vertikale Integration hinsichtlich ihrer wichtigsten Konkurrenten) ermittelt werden. Der Zusammenhang zwischen vertikaler Integration und ROI lässt sich als V-förmige Beziehung darstellen. Der ROI ist sowohl am linken als auch am rechten Ende der Kurve am höchsten, was sich mit der positiven Korrelation zwischen Integration und Investmentintensität erklären lässt. Die Zunahme des ROI ab etwa 60 % hängt mit dem langsameren Ansteigen der Investmentintensität zusammen.

Produktivität[3]

Produktivität, definiert als das Verhältnis „Wertschöpfung pro Mitarbeiter", hat positive Wirkung auf den ROI. Diese ist jedoch nicht so stark wie vermutet, denn obwohl das investierte Kapital pro Mitarbeiter die Produktivität steigert, vermindert die dadurch gestiegene Investmentintensität den ROI. Höhere Produktivität bei gleich bleibendem investiertem Kapital pro Mitarbeiter führt zur Erhöhung des ROI, dagegen entsteht durch Erhöhung des investierten Kapitals pro Mitarbeiter bei gleich bleibender Produktivität ein niedrigerer ROI.

Das SPI beschreibt seine „key strategic factors influencing business performance"[4] folgendermaßen:

Competitive Position (Market Share, Relative Share, Relative Quality, Relative Price)

- **Market Environment** (Marketing/Sales, Customer Concentration, Customer Purchase Amount)
- **Stage of Lifecycle** (New Products/Sales, R&D/Sales, Real Market Growth)

1 vgl. Buzzell, Gale (PIMS-Programm), S. 118ff.
2 vgl. Buzzell, Gale (PIMS-Programm), S. 137ff.
3 vgl. Buzzell, Gale (PIMS-Programm), S. 128ff.
4 http://www.pimsonline.com/about_pims_db.htm, „About PIMS Database"

- **Capital and Operating Structure** (Investment/Sales, Investment/Value Added, Gross Book Value of P&E/Total Investment, Operating Effectiveness, Receivables/Investment, Capacity Utilization, Value Added/Sales)[1]

19.4 Modelle und Reports[2]

Das PIMS-Programm arbeitet mit mehreren Modellen und Reports. Als „Report" wird eine Auswertung bezeichnet, der eines der Modelle zugrunde liegt. Die wichtigsten sind:

PAR-ROI-Modell (PAR = Profit Analysis Report)

Der empirische Zusammenhang zwischen der abhängigen Variablen ROI und etwa drei Dutzend unabhängigen Erfolgsdeterminanten wird durch eine multiple Regressionsanalyse quantifiziert. Das Ergebnis liefert den zu erwartenden ROI, den eine Geschäftseinheit auf Grund ihres strategischen Profils erwirtschaften müsste. Etwa 70 % der ROI-Varianz werden durch die unabhängigen Variablen bestimmt.

Die Frage, warum eine Geschäftseinheit einen höheren oder niedrigeren Ist-ROI hat, lässt sich durch eine Stärken/Schwächen-Analyse untersuchen. Dabei werden Größe und Richtung des Einflusses auf den Par-ROI mit der durchschnittlichen Ausprägung des Merkmals in der Grundgesamtheit verglichen. Weiters können auch Sensitivitätsanalysen durchgeführt werden, bei denen man eine Variable ändert und die Auswirkungen auf den Par-ROI feststellt.

Limited Information-Modell

Bei diesem Modell handelt es sich um eine vereinfachte Form des Par-ROI-Modells. Auf Grund der geringen Anzahl von Eingabedaten eignet es sich vor allem für Situationen, in denen nur wenige Informationen vorhanden sind: beispielsweise für die Beurteilung von Mitbewerbern oder die Analyse von Akquisitions- oder Fusionskandidaten.

ROLA – Report on „Look Alikes"[3]

Der Bericht „über strategisch ähnliche Geschäftseinheiten" unterteilt sich in drei Schritte. In der ersten Phase wird eine Stichprobe aus strategisch ähnlich positionierten Geschäftseinheiten gesucht. Die Auswahl erfolgt auf Grund frei bestimmbarer Kriterien („matching criterias"). Das können gleiche Merkmale in der Wettbewerbsposition, in der Kosten- und Produktionsstruktur oder im Markt-, Kunden- und Produktbereich sein. Im zweiten Schritt wird die Stichprobe nach einem frei bestimmbaren Kriterium in zwei Gruppen aufgeteilt, in eine „Verlierer"- und in eine „Gewinner"-Gruppe. In der dritten Phase werden die signifikanten Unterschiede zwischen den beiden Gruppen festgestellt. Man erhofft sich dadurch Hinweise auf erfolgreiche taktische Maßnahmen.

---

1 vgl. http://www.pimsonline.com/about_pims_db.htm, „About PIMS Database"

2 vgl. Staehle (Management), S. 603; Hopfenbeck (Managementlehre), S. 584; Luchs, Müller (Strategien), S. 94ff.

3 vgl. Buzzell, Gale (PIMS-Programm), S. 110

Strategie-Simulationsmodell

Es handelt sich um ein komplexes Simulationsmodell, mit dem einerseits die Auswirkungen bestimmter Strategien auf die Erfolgskennzahlen ROI beziehungsweise Cashflow analysiert werden, andererseits können damit auch „optimale" Strategien zur Erreichung bestimmter Ziele ermittelt werden.

Qualitätsreport

Das Qualitätsprogramm von PIMS ermöglicht durch systematische und kostengünstige Vorgangsweise die sichere Berechnung der relativen Produktqualität aus Kundensicht. In einem ersten Schritt werden Führungskräfte aus verschiedenen Funktionsbereichen des Unternehmens in so genannten „Quality Workshops" aufgefordert, Kriterien zu bestimmen, die den Kunden bei seiner Kaufentscheidung beeinflussen. Im weiteren Verlauf soll die Gewichtung dieser Kriterien (aus Kundensicht!) festgestellt werden. In einer nächsten Phase werden die eigene Geschäftseinheit und die wichtigsten Konkurrenten auf einer ordinalen Skala eingestuft. Befragungen bei den Mitarbeitern der Vertriebs- und Serviceniederlassungen und bei den wichtigsten Kunden ergänzen die Ergebnisse. Das Programm verarbeitet diese so, dass jedem Anbieter und jedem Produkt-/Marktsegment eine einzige Qualitätskennziffer zugeordnet wird. Die Preis-Leistungs-Matrix wird grafisch dargestellt und dient zur Entwicklung strategischer Vorgangsweisen gegen den Konkurrenten.[1]

Besondere Bedeutung hat in den letzten Jahren die so genannte **Start-up-Datenbank** gewonnen, wo etwa 200 Geschäftseinheiten abgebildet sind. Sie ermöglicht Aussagen zum Erfolgspotenzial geplanter oder begonnener (auf der Basis erfolgreicher und gescheiterter) Start-ups.

19.5 Nutzung der Erkenntnisse im strategischen Management

- Die Marktumwelt ist einer jener Bereiche, die von der Geschäftseinheit kaum oder nicht beeinflusst werden können. Die Geschäftseinheit muss die relevanten Faktoren des Umfelds weitgehend als gegeben betrachten.
- Die Frage der Marktselektion gewinnt an Bedeutung. Marktselektion bedeutet Auswahl erfolgversprechender Märkte. Gehört der eigene, bediente Markt nicht zu diesen, kann unter langfristigen Gesichtspunkten der Marktaustritt diskutiert werden. Gibt es andererseits einen lukrativen Markt, der vom Unternehmen noch nicht bearbeitet wird, so ist (wieder unter langfristigen Gesichtspunkten) der Markteintritt zu überlegen.
- „Auf lange Sicht ist der wichtigste Einzelfaktor, der den Erfolg einer Geschäftseinheit bestimmt, die Qualität ihrer Produkte und Dienstleistungen im Vergleich zu ihren Konkurrenten."[2]

---

1 vgl. Becker, Müller (Erfahrungen), S. 256ff.; Hildebrandt, Strasser (Controllingsystem), S. 131f.

2 vgl. Buzzell, Gale (PIMS-Programm), S. 7

- „Ein Qualitätsvorteil kurbelt den Erfolg in zweierlei Hinsicht an: Kurzfristig führt überlegene Qualität zur Gewinnsteigerung über Premiumpreise. Längerfristig ist überlegene und/oder steigende Qualität der wirksamste Weg für ein Unternehmen, um zu wachsen. Qualität führt sowohl zur Marktausdehnung als auch zum Gewinn von Marktanteilen. Das daraus resultierende Mengenwachstum bedeutet, dass ein Wettbewerber, der höhere Qualität bietet, gegenüber der Konkurrenz Größenvorteile erzielt. Somit werden in der Regel die erhöhten Kosten, die kurzfristig mit Qualitätsverbesserung verbunden sind, nach einer Weile durch Economies of Scale ausgeglichen. Dies wird durch die Tatsache bewiesen, dass Unternehmen mit qualitativ höherwertigen Produkten im Durchschnitt die gleichen Kosten zu verzeichnen haben wie ihre Konkurrenten in führender Marktposition. Sofern ihre Preise nicht überzogen sind, werden solche Unternehmen weiterhin wachsen und gleichzeitig höhere Gewinnspannen erzielen.“[1]
- Der Zusammenhang zwischen relativem Marktanteil und ROI wurde nicht erst durch PIMS aufgezeigt. Die Boston Consulting Group (BCG) erkannte diesen Zusammenhang – gestützt auf die Argumentation des Erfahrungskurvenkonzepts – schon früher und baute ihre Marktwachstums-Marktanteils-Matrix darauf auf. Der Zusammenhang wurde aber in seiner Intensität überschätzt und konnte erst durch PIMS realistisch quantifiziert werden. Die Propagierung der Growth-Share-Matrix führte zu simplifizierter Betrachtung des Zusammenhangs Marktanteil-Rentabilität, wobei andere wichtige Faktoren teilweise bis völlig vernachlässigt wurden. Dadurch kam es oftmals zu schwerwiegenden strategischen Fehlentscheidungen.[2]
- Problematisch ist auch die Vierteilung der Wirtschaftswelt durch die Marktwachstums-Marktanteils-Matrix in Cash Cows, Stars, Question Marks und Dogs. Empirische Untersuchungen zeigen, dass manche Unternehmensbereiche, die als Dogs oder Question Marks bezeichnet werden, Cash produzieren, manchen Cash Cows dies dagegen nicht gelingt.[3]
- Die Investmentintensität ist weitgehend von der Branche abhängig, in der man tätig ist. Es ist dabei zu bedenken, dass die Investmentintensität in der Geschäftseinheit durch eine Reihe von Maßnahmen erhöht wird: Erhöhung der Anlagenkapazität, Automatisation der Fertigungsprozesse und Liberalisierung von Kreditlaufzeiten oder Bestandslimits in der Hoffnung auf Umsatzausweitung.
- „Die Tatsache, dass Marktanteil mit Rentabilität einhergeht, bedeutet nicht, dass jede Geschäftseinheit eine Erhöhung ihres Marktanteils anstreben kann oder sollte. Die Kosten, die bei einer solchen Maßnahme zur Anteilserhöhung anfallen, können sich als unerschwinglich herausstellen, besonders, wenn die dabei vorrangig eingesetzte Waffe „Preissenkung“ heißt.“[4]

1 Buzzell, Gale (PIMS-Programm), S. 7
2 vgl. Buzzell, Gale (PIMS-Programm), S. 65ff. und S. 8f.
3 vgl. Buzzell, Gale (PIMS-Programm), S. 11
4 Buzzell, Gale (PIMS-Programm), S. 9

- Die Frage, ob sich Strategien der vertikalen Integration lohnen, ist differenziert zu beantworten. Das PIMS-Programm liefert in Verbindung mit anderen Daten einige Anhaltspunkte für die Bewertung möglicher Vorteile und Risiken vertikaler Integration:
  - Vorsicht vor erhöhtem Investitionsbedarf (Erhöhung der Investmentintensität),
  - Berücksichtigung von Alternativen zum Kauf (z. B. langfristige Lieferverträge),
  - keine „halbherzigen" Integrationen,
  - die einzelnen Stufen der Produktion und des Absatzes darauf untersuchen, ob die Losgrößen nicht zu klein sind, um mit unabhängigen Zulieferern oder Kunden zu konkurrieren,
  - Skepsis gegenüber der Behauptung, dass Integration die Rohstoffkosten senke.[1]

19.6 Bedeutung für die Unternehmensführung

- PIMS bietet die Möglichkeit, die Auswirkungen von Erfolgspotenzialen auf den operativen Bereich durch Vergleich mit Fällen aus der Datenbank zu quantifizieren. PIMS geht aber nicht bis zu den Ursachen des Erfolgs; Aufbau und Erhaltung von Erfolgspotenzialen als zentrale Aufgabe des strategischen Managements und Controlling liegen auf einer übergeordneten Ebene, wo PIMS keine Hilfestellung gibt. Erst wenn es darum geht, die „Ergebnisse" dieser übergeordneten Ebene auf den operativen Bereich umzuwälzen – um durch Quantifizierung zu wirklichen Ergebnissen zu gelangen –, ist PIMS einsetzbar. PIMS kann Vorsteuergrößen empirisch fundiert quantifizieren, aber nicht aufbauen oder erhalten.
- Bei der Suche nach Stärken und Schwächen beziehungsweise Schlüsselfaktoren des Markts ist man üblicherweise auf die eigene Einschätzung (oder die der dazu befragten Personen) angewiesen, beim PIMS-Programm kann man die Zusammenhänge mittels Sensitivitätsanalyse (Feststellung des Einflusses einzelner Faktoren auf den ROI) bestimmen. Damit lässt sich sicherstellen, dass die strategische Planung nicht unbedeutende oder gar falsche Ansatzpunkte wählt.
- Erkenntnisse des PIMS-Programms können auch bei der Portfolioplanung genutzt werden. Bei der Portfoliomethode taucht fast immer das Problem auf, dass der Anwender vor allem bei Grenzfällen nicht weiß, auf welchem Niveau die Trennlinien zwischen den Portfoliofeldern positioniert werden sollen. Bei PIMS lässt sich eine solche Trennlinie auf Grund der fundierten Datenbasis weitgehend exakt bestimmen.
- Das „Look-Alikes-Modell" kann eingesetzt werden, um das Verhalten anderer Unternehmen in einer der eigenen Lage ähnlichen Situation sowie die erfolgsmäßigen Folgen des jeweiligen Verhaltens zu zeigen. Das gibt einer Diskussion über mögliche Alternativen des eigenen Handelns entsprechende quantitative Untermauerung.

---

1 vgl. Buzzell, Gale (PIMS-Programm), S. 148f.

- Wenn eine Strategie formuliert wurde, kann diese mittels eines „Simulationsmodells“ auf ihren Erfolg untersucht werden. Damit könnten auch „ideale“ Strategien generiert werden. Das Simulationsmodell wird aber in der Praxis nicht so häufig eingesetzt wie die vorher genannten Anwendungen.
- Die PIMS-Erkenntnisse gelten für SGE von Unternehmen aller Betriebsgrößenklassen. Untersuchungen[1] der SGE von Unternehmen, deren Gesamtumsatz weniger als 100 Millionen Dollar im Jahr beträgt, bestätigen die PIMS-Erkenntnisse ausdrücklich auch für SGE mittelständischer Unternehmen in folgender Weise:
  - Starke Marktposition ist mit besserer Rentabilität verbunden.
  - Die relative Qualität kann als positiver Einflussfaktor der Rentabilität identifiziert werden.
  - Eine hohe Innovationsrate wirkt sich negativ auf die gegenwärtige Rentabilität aus.
  - Die Marketingausgaben korrelieren negativ mit der Rentabilität.
  - Die F&E-Ausgaben korrelieren negativ mit der Rentabilität.
  - Eine hohe Investmentintensität hat starken negativen Einfluss auf die Rentabilität.
  - Die vertikale Integration weist einen V-förmigen Zusammenhang mit der Rentabilität auf.
  - Die Produktivität korreliert stark positiv mit der Rentabilität.
  - Mit zunehmender Kapazitätsauslastung steigt im Durchschnitt die Rentabilität.
  - Die Marktwachstumsrate korreliert positiv mit der Rentabilität.
  - Die Marktkonzentration hat schwachen positiven Einfluss auf die Rentabilität.
  - Die Anzahl der Kunden, mit denen 50 % des Umsatzes erzielt werden, korreliert negativ mit der Rentabilität.
  - Mit zunehmender durchschnittlicher Auftragsgröße sinkt die durchschnittlich erzielte Rentabilität.

Um mit der PIMS-Datenbank sinnvoll arbeiten zu können, ist es erforderlich, dass man die SGE so abgrenzt, wie es die PIMS-Definition vorsieht. Problematisch ist, dass für die PIMS-Datenbank viele Größen des betrieblichen Rechnungswesens nicht ohne Erhebungsaufwand übernommen werden können.

19.7 Empfohlene Literatur

- Buzzell, R.; Gale, B. T.: Das PIMS-Programm, Wiesbaden 1989, 255 Seiten. Umfassende, leicht verständliche und anschauliche Aufbereitung des PIMS-Programms. Viele Grafiken und Tabellen und eine Reihe von Literaturhinweisen.

---

1 vgl. Barilits (Gültigkeit), S. 199

20 Eine Eselsbrücke: Was ist Strategie? Was ist Operation?

Die Geschichte spielt bei uns zu Hause. Im Keller meiner Eltern steht ein Sauerkrautfass. Jeden Herbst kaufen die Eltern Weißkohl in erheblicher Menge. Weißkohl enthält besonders viel Vitamin C. Der Kohl wird fein gehobelt und unter Zugabe von Salz und Gewürzen im Keller in ein Holzfass eingestampft. Auf das Kraut kommt ein dicker Holzdeckel, der mit einem Stein beschwert wird. Durch Milchsäuregärung entsteht haltbares Sauerkraut. So steht der Kohl nicht nur im Herbst zur Verfügung; dann gibt es ohnehin genügend frisches Gemüse und Obst. Er spendet der Familie den ganzen Winter lang das überlebensnotwendige Vitamin C.

Sie wissen ja: Ohne Vitamin C erkrankt man nach etwa einem Monat an Skorbut. Man fühlt sich matt, verfällt in Apathie, die Zähne werden locker und fallen aus, es kommt zu Blutungen, Wunden heilen schlechter, die Herztätigkeit ist gestört. Kommt der Körper weiterhin zu keinem Vitamin C, endet die Krankheit letal.

Meine Eltern kaufen – zur rechten Zeit – Kraut und stampfen es ins Holzfass. Sie handeln strategisch. Sie schaffen und pflegen die Möglichkeit unserer Familie, den Winter gesund zu überleben.

Im Management sind wir gewohnt, uns etwas raffinierter auszudrücken: Wir sagen „Potenzial“ statt „Möglichkeit“. Aloys Gälweiler definiert Strategie als „die Suche, den Aufbau und die Erhaltung hinreichend hoher und sicherer Erfolgspotentiale unter Berücksichtigung der damit verbundenen langfristigen Liquiditätswirkung“.[1] Meine Eltern schaffen und erhalten Überlebens-Potenzial für unsere Familie.

Im Spätherbst und im Winter, besonders am Sonntagmittag, wenn die ganze Familie zum Essen nach Hause kommt, drückt meine Mutter dem Vater eine große Schüssel in die Hand, um Sauerkraut zu holen. Er geht in den Keller zu unserem Sauerkrautfass, hebt zuerst den Stein und dann den hölzernen Deckel vom Fass, füllt mit einer großen hölzernen Gabel die Schüssel mit Kraut und verschließt alles wieder sorgfältig (erstes Bild). Meine Mutter bringt das Kraut auf den Tisch. Die Familie ist für eine weitere Woche vor den Folgen des Skorbuts geschützt.

Die Eltern nutzen das im Herbst geschaffene Überlebens-Potenzial. Sie handeln operativ.

---

1 Gälweiler (Unternehmensführung), S. 28

Mit sorgfältigem strategischem und genauso sorgfältigem operativem Management und einer Portion Glück kommen wir durch den Winter, bis im Frühjahr wieder frische Vitaminspender angeboten werden.

Abb. 20.1: Die Geschichte vom Sauerkrautfass

Ende Februar Anfang März: Wieder ist es Sonntag. Wieder schickt die Mutter den Vater in den Keller, um Sauerkraut zu holen. Wieder hebt er zuerst den Stein vom Fass und dann den Holzdeckel. Inzwischen muss er tief ins Fass greifen. Unten auf dem Fassboden findet er Sauerkraut (zweites Bild). An diesem Sonntag genügt es noch, um die Familie für eine weitere Woche zu versorgen — nicht so großzügig wie gewohnt, aber doch ausreichend. Niemand erkrankt an Skorbut und deshalb wird auch niemandem bewusst, wie dramatisch sich unsere Lage zugespitzt hat.

Am folgenden Sonntag kommt der Vater unverrichteter Dinge vom Sauerkrautholen aus dem Keller zurück. Nichts! Er ist förmlich ins Fass hineingekrochen. Aber unser Sauerkraut-Vorrat ist verbraucht (drittes Bild). Wir haben unser Potenzial, den Winter zu überleben, restlos „aufgefressen".

Wie reagiert meine Mutter? Was würde in Ihrer Familie passieren? Es gibt zwei Möglichkeiten. Entweder heißt es: „Hast Du auch genau nachgesehen?" Mit einer Taschenlampe bewaffnet, wird der Vater ein zweites Mal in den Keller geschickt. Oder es heißt: „Um alles muss man sich selber kümmern!" Dann geht die Mutter selbst in den Keller.

Das Management kurbelt die operative Tätigkeit an. Manchmal hilft das. Kurzfristig! Vielleicht lassen sich mit besserem Werkzeug (der Taschenlampe) oder fähigerem Personal (der Mutter) doch noch allerletzte Reste des Potenzials aufspüren. Oder man versucht es mit Rationalisierung: Ein Familienmitglied weniger und die Verbleibenden kommen eine ganze Weile länger mit dem Sauerkraut aus.

Die Lehre daraus liegt scheinbar auf der Hand: „Na seht ihr: Man muss nur kräftig – operativ – zupacken, dann läuft die Sache schon. Denkt nicht lange nach, tut was!" Von außen ist der Verlauf des Dramas relativ leicht zu verstehen. Aber je mehr man selbst involviert ist, je dramatischer die Situation, je knapper das Potenzial, desto intensiver verbeißt man sich in operative Anstrengungen. Eine möglicherweise tödliche Falle.

Soweit ich weiß, verdanken wir die klare Trennung in die zwei Ebenen des Managements Carl von Clausewitz (1780–1831), preußischer Generalmajor, zuletzt Chef des Generalstabs unter Feldmarschall von Gneisenau. Sein berühmtes Buch trägt den Titel „Vom Kriege", veröffentlicht posthum 1832 – also im Todesjahr Goethes. Statt „Operation" verwendet er die Begriffe „Gefecht" oder „Taktik". Clausewitz erklärt[1]:

„In der Strategie gibt es keinen Sieg [...] Der strategische Erfolg ist von der einen Seite die glückliche Vorbereitung des taktischen Sieges; je größer dieser Erfolg ist, um so unbezweifelter wird der Sieg im Gefecht. Von der anderen Seite ist der strategische Erfolg die Benutzung des erfochtenen Sieges [um den Zweck des Krieges zu erreichen]."

Sein Begriff von Strategie geht über das hinaus, was wir heute im Management darunter verstehen. (Es würde lohnen, seinen umfassenderen Begriff für das Management zu nutzen, vor allem für Non Profit Organisationen.)

---

1 Clausewitz (Kriege), S. 142

Anstrengungen auf den beiden Ebenen des Managements lassen sich nicht kompensieren. Strategische Versäumnisse können auch durch perfektes operatives Management nicht wettgemacht werden. Eine Organisation, die über keine Überlebens- und Erfolgs-Potenziale verfügt, wird untergehen (auch radikales Cost Cutting hilft da nichts). Eine Organisation, der es nicht gelingt, ihre Potenziale zu nutzen, ist nicht zu retten (auch nicht mit einer ausgefeilten Strategie).

Übrigens hatten wir bei uns zu Hause bisher keine Opfer des Skorbuts zu beklagen. Vitaminmangel hie und da, das schon, aber nichts, was mit dem Inhalt des von den Eltern gepflegten und gehegten Sauerkrautfasses in unserem Keller nicht wieder ins Lot zu bringen war.

Quellenverzeichnis

Al-Laham A.: (Strategieprozesse) Strategieprozesse in deutschen Unternehmungen, Wiesbaden 1997

Andrews, K. R.: (Concept) The Concept of Corporate Strategy, Homewood 1987

Ansoff, H. I.: (Bewältigung) Die Bewältigung von Überraschungen und Diskontinuitäten durch Unternehmensführung – Strategische Reaktion auf schwache Signale, in: Steinmann, H. (Hrsg.): Planung und Kontrolle, München 1981, S. 233-264

Ansoff, H. I.: (Implanting) Implanting Strategic Management, London 1992

Ansoff, H. I.: (Management) Strategic Management, London 1984

Ansoff, H. I.: (Managementstrategie) Managementstrategie, München 1966

Ansoff, H. I.: (Managing Surprise) Managing Surprise and Discontinuity – Strategic Response to Weak Signals, Zeitschrift für betriebswirtschaftliche Forschung (zfbf) 28/1976, S. 129-152

Ansoff, H. I.: (Strategy) The New Corporate Strategy, New York 1988

Ansoff, H. I.: (Surprise) Managing Surprise by Reponse to Weak Signals, California Management Review (CMR) 2/1975

Arnold, U.: (Unternehmensführung) Strategische Unternehmensführung und das Konzept der Schwachen Signale, Wirtschaftswissenschaftliches Studium (WiSt) 6/1981

Barilits, M.: (Gültigkeit) Die Gültigkeit der PIMS-Erkenntnisse für Klein- und Mittelbetriebe – eine empirische Überprüfung, Wien 1994

Becker, M.; Müller, R.: (Erfahrungen) Erfahrungen mit PIMS aus der Sicht eines Anwenders, Strategische Planung (SP), Band 2, 1986

Bischof, J.: (BSC) Die Balanced Scorecard als Instrument einer modernen Controlling-Konzeption – Beurteilung und Gestaltungsempfehlungen auf der Basis des Stakeholder-Ansatzes, Wiesbaden 2002

Boyd, B.; Reuning-Elliott, E.: (Measurement) A Measurement Model of Strategic Planning, Strategic Management Journal (SMJ) 1998, S. 181-192

Braubach, M.: (Westf. Frieden) Vom Westfälischen Frieden bis zur Französischen Revolution, in: Gebhardt, B.: Handbuch der deutschen Geschichte, Band 10, Taschenbuchausgabe München 1974

(Britannica 1962), Encyclopaedia Britannica, Band 13, London 1962

(Britannica), The New Encyclopaedia Britannica, Band 7 und 11, 15. Auflage, London 1986

Burgelman, R.: (Ecology) Intraorganizational Ecology of Strategy Making and Organizational Adaption – Theory and Field Research, Organization Sience 1991, S. 239-262

Buzzell, R.; Gale, B. T.: (PIMS-Programm) Das PIMS-Programm, Strategien und Unternehmenserfolg, Wiesbaden 1989

Clausewitz, C. von: (Kriege II) Vom Kriege, ungekürzter Text, Augsburg 1998

Clausewitz, C. von: (Kriege) Vom Kriege, Hamburg 1996

Dellbrück, H.: (Modern Warfare) History of the Art of War, Volume IV – the Dawn of Modern Warfare, Lincoln 1996

Dörner, D.: (Schwierigkeiten) Über die Schwierigkeiten menschlichen Umgangs mit Komplexität, Public Relations (PR) 7/1981, S. 163-179

Drucker, P.: (21. Jahrhundert) Management im 21. Jahrhundert, München 1999

Drucker, P.: (Foundation) The Peter Drucker Foundation – Mission Statement, o. J.

Drucker, P.: (Innovation) Innovation and Entrepreneurship – Practice and Principles, New York 1999

Drucker, P.: (Management) Was ist Management?, München 2002

Drucker, P.: (Managing) Managing for Results, New York 1993

Drucker, P.: (Praxis) Praxis des Managements, Düsseldorf 1998

Drucker, P.: (Self-Assessment Tool) Drucker Foundation Self-Assessment Tool, San Francisco 1993

Drucker, P.: (Theory) The Theory of the Business, Harvard Business Review (HBR) 5/1994, S. 95-104

Duffy, C.: (Friedrich) Friedrich der Große – Ein Soldatenleben, Augsburg 1994

Earle, E. M.: (Modern Strategy) Makers of Modern Strategy – Military Thought from Machiavelli to Hitler, Princeton 1944

Eschenbach, R. (Hrsg.): Controlling, Stuttgart 1996

Eschenbach, R.; Horak, Ch.; Plasonig, G. (Hrsg.): Der Büroarbeitsplatz – Lebensraum und Produktivitätsfaktor, Wien 1989

Eschenbach, R.; Niedermayr, R.: (Konzeption) Die Konzeption des Controlling, in: Eschenbach, R. (Hrsg.): Controlling, Stuttgart 1996, S.65-125

Gälweiler, A.: (Divisionalisierung) Grundlagen der Divisionalisierung, Zeitschrift für Organisation (zfo) 2/1971, S. 55-66

Gälweiler, A.: (Unternehmensführung) Strategische Unternehmensführung, Frankfurt/Main 1990

Gälweiler, A: (Unternehmensplanung) Unternehmensplanung – Grundlagen und Praxis, Frankfurt/Main 1986

Gälweiler, A.: (Zeithorizont) Determinanten des Zeithorizonts in der Unternehmensplanung. In: Hahn, D.; Taylor, B. (Hrsg.): Strategische Unternehmensplanung – Strategische Unternehmensführung, Heidelberg 1990, S. 203-220

Gebhardt, B.: Handbuch der deutschen Geschichte, Band 10, Taschenbuchausgabe München 1974

Ghemawat, P.: (Commitment) Commitment – The Dynamic of Strategy, New York 1991

Ghemawat, P.: (Strategy) Strategy and the Business Landscape – Core Concept, Upper Saddle River/N. J. 2001

Ghemawat, P.: (Wettbewerbsvorteile) Dauerhafte Wettbewerbsvorteile aufbauen, Harvard Manager (HM) 2/1987, S. 104-108

Gomez, P.: (Wertmanagement) Wertmanagement, Düsseldorf 1993

Gomez, P.; Probst, G.: (Praxis) Die Praxis des ganzheitlichen Problemlösens, Bern 1999

Hahn, D.: (Stand) Stand und Entwicklungstendenzen der strategischen Planung. In Hahn, D.; Taylor, B.: Strategische Unternehmensplanung – Strategische Unternehmensführung, Heidelberg 1990, S. 3-30

Hahn, D.: (Zweck) Zweck und Entwicklung der Portfolio-Konzepte in der strategischen Unternehmensplanung. In: Hahn, D.; Taylor, B.: Strategische Unternehmensplanung – Strategische Unternehmensführung, Heidelberg 1990, S. 221-253

Hamel, G.: (Revolution) Das revolutionäre Unternehmen, München 2000

Hamel, G.; Prahalad, C.: (Kernkompetenzen) Nur Kernkompetenzen sichern das Überleben, Harvard Manager (HM) 2/1991, S. 66-78

Hamel, G.; Prahalad, C.: (Zukunft) Wettlauf um die Zukunft, Wien 1997

Hart, St.: (Framework) An Integrative Framework for Strategy-Making Processes, Academy of Management Review (AMR) 1991, S. 327-351

Hart, St.; Banbury, C.: (Processes) How Strategy-Making Processes Can Make the Difference, Strategic Management Journal (SMJ) 1994, S. 251-269

Hax, A.: (Interview) Interview mit Professor Hax am 22. Mai 1989

Hax, A.; Majluf, N.: (Concept) The Strategy Concept and Process, Englewood Cliffs 1996

Hax, A.; Majluf, N.: (Strategisches Management) Strategisches Management – Ein integratives Konzept aus dem MIT, Frankfurt, New York 1991

Hax, A.; Wild, D.: (Delta) The Delta Model – Discovering New Sources of Profitability in a Networked Economy, New York 2001

Hildebrandt, L.; Strasser, H.: (Controllingsystem) PIMS in der Praxis – ein Controllingsystem, Harvard Manager (HM) 4/1990, S. 127-132

Hillmer, H.: (Unternehmensflexibilität) Planung der Unternehmensflexibilität, Frankfurt/Main, 1987

Hinterhuber, H.: (Unternehmensführung) Strategische Unternehmensführung, Band 1 und 2, Berlin, New York 1996

Hinterhuber, H.: (Wettbewerbsstrategie 1. Auflage) Wettbewerbsstrategie, 1. Auflage Berlin, New York 1982

Hinterhuber, H.: (Wettbewerbsstrategie 2. Auflage) Wettbewerbsstrategie, 2. Auflage Berlin, New York 1990

Hoffmann, W.: (Faktoren) Faktoren erfolgreicher Unternehmensberatung, Wiesbaden 1991

Höhn, R.: (Vermächtnis) Scharnhorsts Vermächtnis, Bonn 1952

Homburg, Ch.; et al.: (Consensus) Strategic Consensus and Performance – The Role of Strategy Type and Market Related Dynamism, Strategic Management Journal (SMJ)1999, S. 339-357

Hopfenbeck, W.: Allgemeine Betriebswirtschafts- und Managementlehre, Landsberg/Lech 2000

Inkpen, A.: (Seeking) The Seeking of Strategy Where it is Not: Towards a Theory of Strategy Absence, Strategic Management Journal (SMJ) 1995, S. 313-323

Itami, H.: (Assets) Mobilizing Invisible Assets, Cambridge/Mass. 1991

Jersabek, G.: (Interview) Interview am 14. November 1989, Bereich Konzernstrategie, ÖIAG, Wien 1989

Jomini, A. H.: (Art of War) The Art of War, London 1996

Kaplan, R.; Norton D.: (BSC) Balanced Scorecard – Strategien erfolgreich umsetzen, Stuttgart 1997

Kaplan, R.; Norton D.: (Organisation) Die strategiefokussierte Organisation – Führen mit der Balanced Scorecard, Stuttgart 2001

Karl, Erzherzog von Österreich: (Schriften) Ausgewählte Schriften weiland seiner kaiserlichen Hoheit des Erzherzogs von Österreich, Band I-V, Wien 1987

Kirsch W.: (Wegweiser) Wegweiser zur Konstruktion einer evolutionären Theorie der strategischen Führung, München 1997

Koller, J.: (Vorläufer) Vorläufer des strategischen Managements in Europa, Wirtschaftsuniversität Wien 1999

Leimer, H. W.: (Bankverein) Vernetztes Denken im Schweizerischen Bankverein. In: Probst, G.; Gomez, P. (Hrsg.): Vernetztes Denken, Wiesbaden 1989, S. 63-88

Liddell Hart, B. H.: (Strategie) Strategie, Wiesbaden 1955

Liddell Hart, B. H.: (Strategy) Strategy, London 1991

Luchs, R. H.; Müller, R.: (Strategien) Das PIMS-Programm – Strategien empirisch fundieren, Strategische Planung (SP), 2/1985, S. 79-98

Malik, F.: (Management) Systemisches Management, Evolution, Selbstorganisation, Bern 2000

Malik, F.: (Management-Systeme) Management-Systeme, Bern 1994

Malik, F.: (Planungsmanagement) Planungsmanagement, in: Hofmann, M.; et al. (Hrsg.): Funktionale Managementlehre, Berlin, New York 1988

Malik, F.: (Strategie) Strategie des Managements komplexer Systeme, Bern 2000

Malik, F.: (Systeme) Controlling und Strategie des Managements komplexer Systeme. In: Eschenbach, R. (Hrsg.): Schwerpunkte der Unternehmensführung von morgen, Wien 1987

Mann, R.: (Controlling) Praxis strategisches Controlling mit Checklisten und Arbeitsformularen, Landsberg/Lech 1989

Mann, R.: (Dimension) Die Fünfte Dimension in der Führung, Düsseldorf 1993

Mann, R.: (Führungsstil) Wir brauchen einen offenen Führungsstil, Blick durch die Wirtschaft, 30. November 1984, S. 3

Mann, R.: (Praxis) Die Praxis des strategischen Controlling, Blick durch die Wirtschaft, 1. Juli 1985, S. 3

Mann, R.: (Unternehmen v.) Das visionäre Unternehmen, Wiesbaden 1990

Mann, R.: (Unternehmen) Das ganzheitliche Unternehmen, Stuttgart 1995

Mann, R.: (Unternehmensführung) Strategisches Controlling und strategische Unternehmensführung, in: Mayer, E.; Landsberg, G. v.; Thiede, W. (Hrsg.): Controlling-Konzepte im internationalen Vergleich, 1986, S. 77-84

Mann, R.: (Verzahnung) Die Verzahnung zwischen operativem und strategischem Controlling, controller magazin (cm), 5/1979, S. 218-220

Mann, R.: (Wachstum) Führen bei qualitativem Wachstum. In: Eschenbach, R. (Hrsg.): Neue Tendenzen und Werkzeuge im Controlling, Wien 1985, S. 7-18

Mintzberg, H.: (Rise) The Rise and Fall of Strategic Planning, Hertfordshire 1994

Mintzberg, H.: (Mangement) Mintzberg über Management, Wiesbaden 1991

Mintzberg, H.: (Planung) Die Strategische Planung, München 1995

Mintzberg, H.: (Rise) The Rise and Fall of Strategic Planning, Hertfordshire 1994

Mintzberg, H.: (Strategies) Generic Business Strategies, in: Mintzberg, H.; Quinn, J.; Ghoshal, S.: The Strategy Process, Hertfordshire 1995, S. 73-83

Mintzberg, H.: (Strategy) Five P's for Strategy, in: Mintzberg, H.; Quinn, J.; Ghoshal, S.: The Strategy Process, Hertfordshire 1995, S. 12-19

Müller-Stewens, G.; Lechner, Ch.: (Prozessforschung) Strategische Prozessforschung: Zentrale Fragestellungen und Entwicklungstendenzen, Arbeitspapier des Instituts für Betriebswirtschaft der Universität St. Gallen Nr. 33, St. Gallen 1999

Müller-Stewens, G.; Lechner, Ch.: (Management), Strategisches Management, Stuttgart 2001

Niedermayr, R.: (Entwicklungsstand) Entwicklungsstand des Controlling, Wiesbaden 1999

Porter, M.: (Diversifikation) Diversifikation – Konzerne ohne Konzept, Harvard Manager (HM) 4/1987, S. 30-49

Porter, M.: (Globaler Wettbewerb) Globaler Wettbewerb – Strategien der neuen Internationalisierung, Wiesbaden 1989

Porter, M.: (Nationale Wettbewerbsvorteile) Nationale Wettbewerbsvorteile, Wien 1999

Porter, M.: (Viewers Guide) Viewers Guide zu Michael Porter on Competitive Strategy, Harvard Business School Video Series, Harvard 1988

Porter, M.: (Wettbewerbskraft) Nationale Wettbewerbskraft – woher kommt sie? Harvard Manager (HM) 4/1990, S. 103-118

Porter, M.: (Wettbewerbsstrategie) Wettbewerbsstrategie – Methoden und Analyse von Branchen und Konkurrenten, Frankfurt/Main, New York 1999

Porter, M.: (Wettbewerbsvorteile) Wettbewerbsvorteile – Spitzenleistungen erreichen und behaupten, Frankfurt/Main, New York 2000

Powell, T.: (Planning) Strategic Planning as Competitive Advantage, Strategisches Management Journal (SMJ) 1992, S. 551-558

Probst, G.; Siegwart, H.: (Management) Integriertes Management, Bern 1985

Probst, G.: (Organisation) Organisation, Landsberg am Lech 1993

Probst, G.; Büchel, B.: (Lernen) Organisationales Lernen, Wiesbaden 1998

Probst, G.; Gomez, P. (Hrsg.): (Denken) Vernetztes Denken, Wiesbaden 1989

Probst, G.; Gomez, P.: (Management) Vernetztes Denken im Management, Die Orientierung, Bern 1987

Probst, G.; Gomez, P.: (Systemdenken) Systemdenken im Management, Die Orientierung, Bern 1987

Pümpin, C.: (Dynamik) Das Dynamik-Prinzip, Düsseldorf 1992

Pümpin, C.: (Management) Management strategischer Erfolgspositionen, Berlin, Stuttgart 1986

Pümpin, C.: (Strategie) Strategische Erfolgspositionen – Methodik der dynamischen strategischen Unternehmensführung, Bern, Stuttgart 1992

Pümpin, C.: (Unternehmens-Dynamik) Unternehmens-Dynamik, Die Orientierung, Bern 1991

Pümpin, C.; Geilinger, U.: (Führung) Strategische Führung, Die Orientierung, Bern 1988

Quinn, J.: (Change) Strategic Change: „Logical Incrementalism", in: Quinn, J., Mintzberg, H.: The Strategy Prozess, Englewood Cliffs 1991

Rappaport, A.: (Value) Shareholder Value, Stuttgart 1995

Reibnitz, U. v.: (Szenarien) Szenarien – Optionen für die Zukunft, Hamburg 1987

Roventa, P.: (Portfolio-Analyse) Portfolio-Analyse und strategisches Management, München 1981

Schadenhofer, M.: (Neuausrichtung) Die Neuausrichtung des Controlling, Wien 2000

Schedl, Ch.: (BSC) Die Balanced Scorecard – Ein Leitfaden für die erfolgreiche Entwicklung und Implementierung, Wien 2002

Schmidt, S. (Hrsg.): Der Diskurs des radikalen Konstruktivismus, Frankfurt 1987

Schreyögg, G.: (Unternehmensstrategie) Unternehmensstrategie – Grundfragen einer Theorie der strategischen Unternehmensführung, Berlin 1984

Simon, D.: (Signale) Schwache Signale, Wien 1986

Simon, H.: (Wettbewerbsvorteile) Wettbewerbsvorteile und Wettbewerbsfähigkeit, Stuttgart 1988

Staehle, W.: (Management) Management – Eine verhaltenswissenschaftliche Perspektive, München 1999

Stahel, A.: (Strategisch denken) Strategisch denken, Ziel-Mittel-Einsatz in Politik, Wirtschaft und Armee, Zürich 1997

Steinmann, H.; Schreyögg, G.: (Management) Management, Wiesbaden 1990

Töpfer, A.; Afheldt, H. (Hrsg.): (Unternehmensplanung) Praxis der strategischen Unternehmensplanung, Frankfurt 1986

Ulrich, H.: (Die Unternehmung) Die Unternehmung als produktives soziales System, St. Gallen 1970

Ulrich, H.: (Unternehmungspolitik) Unternehmungspolitik, Bern und Stuttgart 1990

Ulrich, H.; Probst G.: (Anleitung) Anleitung zum ganzheitlichen Denken und Handeln, Bern und Stuttgart 1995

Vancil, R.; Lorange, P.: (Planning) Strategic Planning in Diversified Companies, in: Lorage, P.: Strategic Planning and Control, Cambridge/MA 1993, S. 6-20

Vester, F.: (Neuland) Neuland des Denkens, München 1999

Vogel, H. C.: (Organisationsentwicklung) Organisationsentwicklung als Begleitung selbstorganisierter Lernprozesse, Zeitschrift für Organisationsentwicklung (ZOE), 7/1988, S. 23-38

Williamson, O.: (Markets) Markets and Hierarchies, New York 1975

Wittenzellner, C.: (Expedition) Expedition ins Innere des Systeme, Management Wissen, 6/1989, S. 99-111

Stichwortverzeichnis